2014 金牛年鉴

JINNIU YEARBOOK

成都市金牛区人民政府　主办　　成都市金牛区地方志编纂委员会办公室　编

新 华 出 版 社

金牛区行

郫
县
绕城高速公路
金牛区
西华街道办事处
成灌高速公路
温
江
区
绕城高速公路
金牛高科技产业园西区
金泉街道办事处
西华街道办事处
茶店子街道办事处
营门口街道办事处
黄忠街道办事处
青
羊
区
图例
省委
市委、市政府
区政府
乡、镇政府
街道办事处
行政村、社区
自然村
区、县界
街道办事处界
社区界
铁路及车站
高速公路
一级街道
二级街道
三级街道
公交车站、街道编号
学校、医院
宾馆、邮电所、寺庙
地铁站、及地铁线
河流、渠道、流向
一般单位、体育场
比例尺 1：24 000
天回镇街道办事处
沙河源街道办事处
五块石街道办事处
金泉街道办事处
黄忠街道办事处
茶店子街道办事处
营门口街道办事处
九里堤街道办事处
西安路街道办事处
抚琴街道办事处
荷花池街道办事处
驷马桥街道办事处
人民北路街道办事处

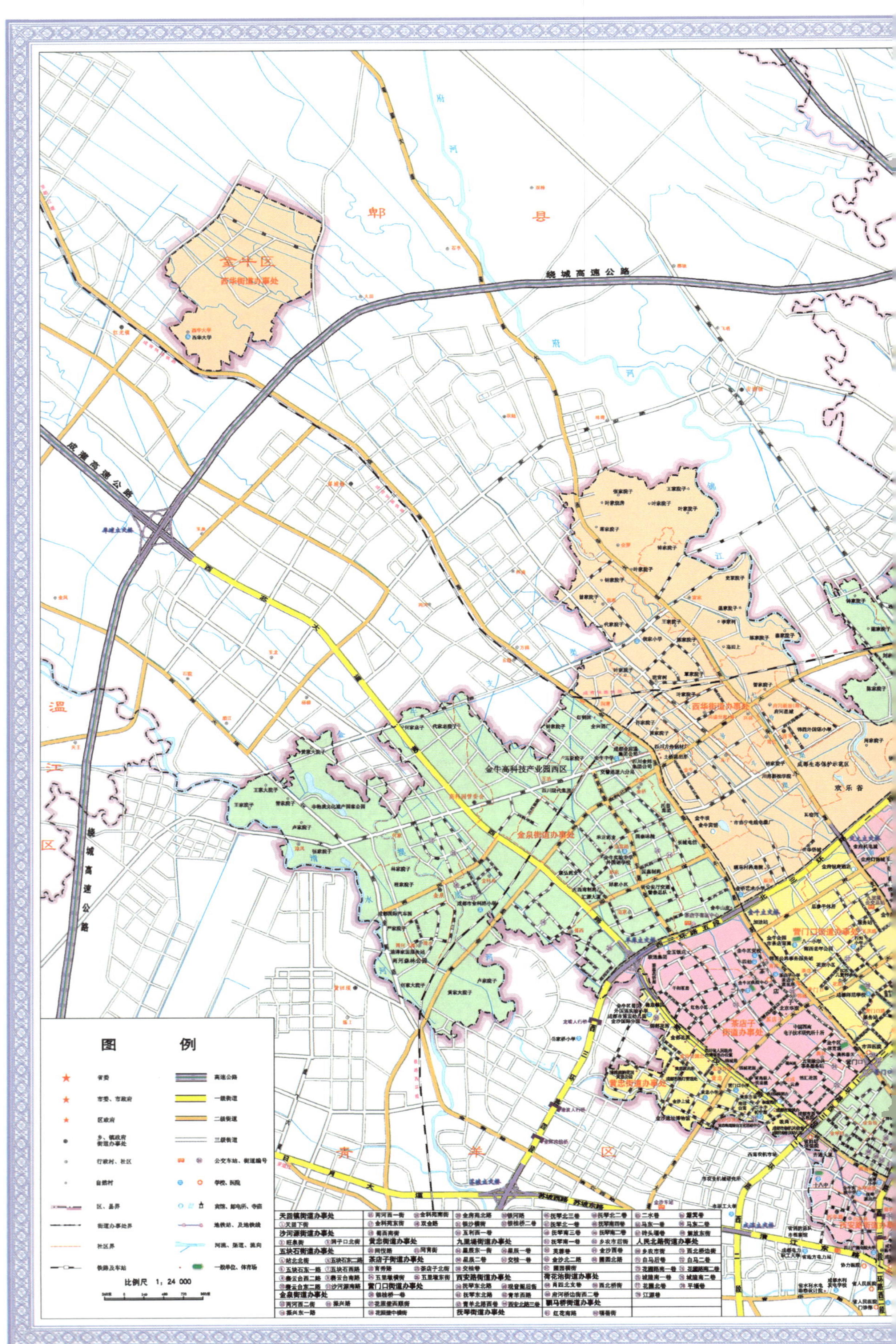

区划图

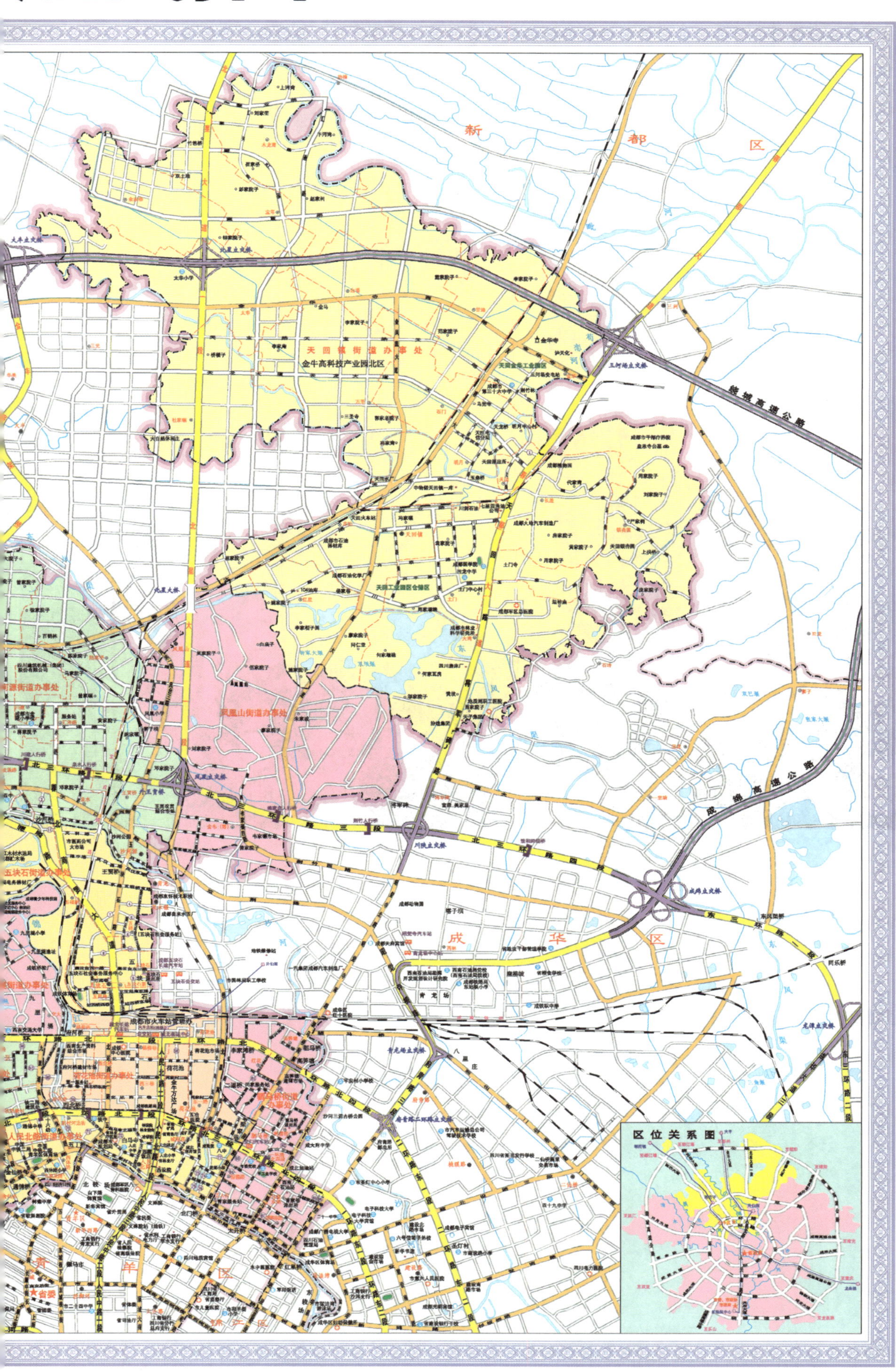

金牛区民政局编制　　二〇一二年七月

1月12日

抚琴街道为民路、光荣西路旧城改造搬家坝坝宴。

2月16日

金牛区北改项目攻坚年动员暨2012年度纳税大户表彰大会。

3月9日

曹家巷一、二街坊自治改造附条件协议搬迁正式签约。

3月20日

金牛区获全国社区教育实验区称号。

3月28日

西南地区最大的品牌鞋类、皮具箱包专业市场——成都国际商贸城三区市场开业运营。

4月16日

四川新华印刷厂南片区附条件协议搬迁动员大会。

4月23日

金沙客运站整体搬迁至茶店子客运站。

5月12日

北改重大交通项目金芙蓉大道主车道通车。道路起于沙西线，止于绕城高速，全长11.8千米。

6月

中铁轨道交通高科技产业园首期150亩建成并陆续投入使用。

7月16日

曹家巷一、二街坊棚户区自治改造签约完成，项目正式启动。

8月12日

北改工程首个文态建设项目——九里堤遗址建成并免费开放。

9月29日

成都西北区域单体规模最大的一站式购物中心——凯德广场·金牛二期建成试营业。

10月

九里堤锦江河段景观工程全面竣工。

10月

驷马桥街道马鞍东路社区精品院落整治工程完工。

12月

茶花城中村拆迁改造项目锦西人家安置房竣工。

12月

全区15个街道全部建成社区居家养老服务中心。图为黄忠街道社区居家养老服务中心。

2013·数字金牛

面积：108平方千米
建成区面积：55.64平方千米
户籍人口：74.08万人
常住人口：120.24万人
地区生产总值：752.49亿元
第一产业：0.17亿元
第二产业：193.50亿元
工业增加值：109.50亿元
第三产业：558.82亿元
第一、二、三次产业构成：0.02：25.72：74.26
人均地区生产总值：62598元（按常住人口）
全口径财政收入：129.31亿元
地方财政收入：53.90亿元
地方财政支出：59.53亿元
地方公共财政支出：50.24亿元
全社会固定资产投资总额：336.65亿元
社会消费品零售总额：542.07亿元
外贸出口总额：15.60亿美元
引进国内省外资金：204.81亿元
实际使用外资：8.70亿美元
旅游总收入：117.20亿元
旅游外汇收入：975.27万美元
中小学校：78所
在校学生数：11.33万人
卫生机构总数：662个
城区环境空气质量优良天数：230天
绿地面积：2176.14公顷
绿化覆盖率：39.11%（按建成区55.64平方千米）
市区居民人均公园绿地面积：11.19平方米（按户籍人口）
城市居民人均可支配收入：29633元
涉农居民人均纯收入：19050元

编辑说明

一、《金牛年鉴》(2014)是成都市金牛区人民政府主办的综合性地方年鉴,旨在整体反映金牛区2013年发展情况,为各级党政机关、研究部门、社会各界人士及中外投资者了解、认识金牛区提供翔实信息资料,也为续写《金牛区志》积累史料。

二、《金牛年鉴》(2014)记载时限从2013年1月1日起至2013年12月31日止,为金牛区第十二卷综合年鉴,记录金牛区社会、经济等方面的主要发展变化,全区各街道、部门、各行业的基本情况和年度大事,力求突出金牛区区域特色。

三、《金牛年鉴》(2014)采取分类编辑法,按类目、分目、条目三个层次体例编辑,部分分目下设子目,以不同字体、字号及版式设计区别不同层次,条目均加【】表示。全书设有区情概貌、特载、大事记、北城改造与城市建设、工业、建筑业·房地产业、商贸业·服务业、功能区建设与产业化项目、统筹城乡发展、政治、教育·卫生、科学·文化、民生·社会、街道、人物、统计资料、文件·文献17个类目,85个分目,44个子目,977个条目,人物部分收录2013中国好人和"金牛十大好人"。除刊载全书目录外,本年鉴在正文后设置索引,具有较完善的检索系统。

四、《金牛年鉴》(2014)选登部分资料性、实用性较强的内容,以提高年鉴的信息量和可读性,并随书配送全书电子版以方便读者使用。

五、《金牛年鉴》(2014)收录的信息资料主要由区域内各部门、各街道提供,并经供稿单位领导审核。所有综合性数据和统计图表均由区统计局提供,如需引用应以区统计局核实的数据为准。图片由新金牛采编中心、金牛区摄影协会提供。

六、《金牛年鉴》(2014)组稿、撰稿及编纂工作依靠集体力量完成,并得到各部门、各单位热情关怀和大力支持。编辑部对所有关心、支持和直接参与编纂工作的同志表示衷心感谢。本年鉴的内容虽经多次审核和校对,仍难免有差错和疏漏之处,恳请广大读者批评指正。

《金牛年鉴》(2014)编审委员会

顾　问：杨林兴　张文友　李凯威

主　任：白国欣

副主任：胡　斌　王　洁　戴延峰　甘立军　潘雪松
魏　柯　朱国新　王凤鸣　梅　健　王　峰
刘　毅　郭兰涛

委　员：杜宪伟　胥厚全　戴吉春　王　洪　吴明举
张德君　鲁　健　谭洪奎　罗孟秋　余　戬
文贤代　罗焕钧　熊　军　刘　清　刘明书
夏　珂　邓开龙　谢　江　吴　莉　徐　忠
徐青松　雷　勇　胡　健　朱　锐　王　健
方弟均　胡秀健　汪福聪　赵　军　刘永海
刘兴宇　唐晓红

《金牛年鉴》(2014)编辑部

主　　编：梅　健

总　　纂：贾迎霜

责任编辑：张　蓉　格桑周毛

稿件审读：黄发弟　邓开龙　黄智太
汤纪利　杨枝苍　薄　宇

图片提供：新金牛采编中心、金牛区摄影协会

统计数据审核：谢　江　王　磊

英文目录翻译：杨黎明(译审)

校　　对：苏晓宁

《金牛年鉴》(2014)编写组成员

中共成都市金牛区纪律检查委员会
田　梅　苏小波
中共成都市金牛区委办公室
杨枝苍　李静雯
成都市金牛区人民代表大会常务委员会办公室
杜宪伟　钟建军
成都市金牛区人民政府办公室
胥厚全　雷少军
政协成都市金牛区委员会办公室
张　淼　谢正伟
中共成都市金牛区委组织部
杨　皎　祝　勇
中共成都市金牛区委宣传部
吴明举　胡海阳
中共成都市金牛区委统一战线工作部
张　冬　何梦海
中共成都市金牛区委政法委员会
谭洪奎　黄　涛
中共成都市金牛区委直属机关工作委员会
文　华　崔大勇
中共成都市金牛区目标管理督查办公室
吴明成　吴建华　徐　艳
中共成都市金牛区委政策研究室
汤纪利　崔　蓉
金牛区精神文明办公室
贾志忠　李　敏
中共成都市金牛区委机构编制委员会办公室
党尚银　赵　飚
中共成都市金牛区委党校
尹　雷　唐光荣
金牛区新金牛采编中心
邓　熠　唐骏波
中国人民解放军成都市金牛区人民武装部
王立民　侯　俊
金牛区人民法院
高　文　胡　敏
金牛区人民检察院
袁　芳　王丽娜
金牛区发展改革局
叶　静　刘二双
金牛区教育局
许　娅　李忠明
金牛区经济和科学技术局(金牛高科技产业园管理委员会办公室)
魏　强　梁　平

金牛区民政局
陈　波　彭念贵
金牛区司法局
张洪涛　李　鉴
金牛区财政局
曾　义　代　桦
金牛区国有资产监督管理办公室
袁　勇　任晓宏
金牛区人力资源和社会保障局
赵　静　林　威　钟　磊
金牛区房产管理局
王　胤　向汉英　周兴林
金牛区城市管理局
欧阳鲲　陈　畅
金牛区统筹城乡工作局
何　春　陈嘉斌
金牛区商务局
张元谱　吴　叶
金牛区环境保护局
李　兆　李　政
金牛区建设和交通局(金牛区人民防空办公室)
吴世衡　蔡艾琳
金牛区投资促进局
杨　岳　蒲　飞
金牛区统筹城乡功能区发展中心
田　俊　洪　艳
成都市规划管理局金牛分局
李立平　罗焱希
金牛区北部新城现代商贸综合功能区管委会办公室
谢　丹　尚旺盛
金牛区文化旅游和体育局
陈久平　朱文林
金牛区卫生局
白中毅　黄知明
金牛区人口和计划生育局
夏　珂　陈　蓉
金牛区审计局
王康军　陈　波
金牛区统计局
谢　江　胡雪蕾　王　磊
金牛区安全生产监督管理局
杨秀明　彭　忠
金牛区法制办公室
田　锐　陈培渊

金牛区机关事务管理局
程碧仙　杨　齐
金牛区有线电视台
刘　钊　曾亚莉
金牛区档案局
吴　玲　黄诗雨
金牛区信访和群众工作局
刘斌蓉　邓　梅
金牛区信息化办公室
戴国英　何晓晓　郭建忠
金牛区政务服务中心
何　英　毛利文
金牛区供销合作社联合社
白世红　梁红忠
金牛区棚户区危旧房改造中心
郭　健　吴　靖
金牛区国家税务局
朱　莉　谢晓燕
金牛区地方税务局
李　江　王毓婧
成都市公安局金牛区分局
邓　威　吴树威
金牛区公安消防大队
罗富军　李阳旭
成都市公安局交通警察支队二分局
肖润君　谭箭平　雷　霆
成都市金牛工商行政管理局
黄　俊　吴雪松
成都市国土资源局金牛分局
刘宗荣　谢统军
成都市金牛质量技术监督局
徐淑英　周　翔
成都市金牛食品药品监督管理局
王劲峰　徐　兵
成都市粮食局金牛分局
叶启文　贺广辉
金牛区总工会
杜　军　何文杰
共青团成都市金牛区委员会
牛　虹　蒲雨薇
金牛区妇女联合会
杨　淳　杨亚丹
金牛区工商业联合会
涂　勇　蒋万友
金牛区残疾人联合会
黄谷子　刘　杰
金牛区红十字会
白建飞　荣　鹤　李立明
抚琴街道办事处
马　丽　张雪梅　王秋芳
西安路街道办事处
杨栋川　牛小安
人民北路街道办事处
张　勇　肖　颖
驷马桥街道办事处
黄　丽　吴　兵
荷花池街道办事处
肖义琳　熊茂竹
五块石街道办事处
沈柳荫　何　伟
九里堤街道办事处
郭　凤　胡　瑾
营门口街道办事处
林国民　陈　科
茶店子街道办事处
高　宇　龚　珂
黄忠街道办事处
梅　红　潘仲明
金泉街道办事处
李纯明　侯曾梅
沙河源街道办事处
陈　剑　王　波
天回镇街道办事处
娄　昆　李立波
西华街道办事处
王建江　马军国
凤凰山街道办事处
熊晓东　洪　滔
金牛区邮政局
王　红　何圆圆
成都市鑫地建设投资有限责任公司
黄廷文　钟元明　林婷婷
成都金信源建设投资有限责任公司
陈　维　汪慧丽
成都市鑫金工发投资有限公司
董　理　李金全
成都市金牛城建投资有限公司
江　波　姚　沛
成都市鑫金资产投资经营有限公司
杨　磊　蒋鹏凯
中国银行股份有限公司成都金牛支行
杨红予　唐世杰　曹　韫
中国建设银行股份有限公司成都第四支行
陈兴林　康　顺　程　钢
中国农业银行成都金牛支行
张晓琴　葛　懿
中国工商银行股份有限公司成都金牛支行
刘华俊　石　涛
中国人寿保险股份有限公司成都市金牛区支公司
陈　敏　石雪琴
中国人民财产保险股份有限公司成都市金牛区支公司
周　平　杨雪艺

目录
CONTENTS

区情概貌
GENERAL SURVEY OF JINNIU

基本情况

地理气候……1
人口……2
2013年金牛区总户数、总人口……2
区域交通……2
文化旅游资源……3
2013年金牛区街道名单……4
金牛区缔结的国际友好城市……4
金牛区合作区（市）县……4

2013年经济和社会发展

经济总量……5
商贸业发展……6
科技服务业发展……6
旧城改造……6
对外开放……6
城乡环境……7
公共服务……7
社会事业……7
社会管理……7

特 载
SPECIAL REPORTS

大力推进北改工程　促进区域产业全面转型升级……8
充分发挥居民自治　扎实推进北改工程……11
深入推动北改　共建和谐新城北……17
创建全国社区教育实验区……23

大事记
A CHRONICLE OF EVENTS

1月……28
2月……29
3月……29

4 月 30
5 月 31
6 月 31
7 月 32
8 月 33
9 月 34
10 月 35
11 月 36
12 月 36

北城改造与城市建设
THE PROJECT OF NORTHERN CITY REDEVELOPMENT AND URBAN CONSTRUCTION

北改规划
五块石片区实施规划 37
金府市场片区实施规划 37
木综厂–铁路局片区实施规划 37
旧城改造
解放路二段棚户区 37
为民路和光荣西路片区 38
花牌坊街新16号 38
薛公馆项目 38
曹家巷一、二街坊危旧房棚户区自治改造 38
工业学校片区 38
中铁二局自主旧城改造 38
新华印刷厂南片区 38
新华印刷厂北片区 38
人民北路一段6号、8号院 38
原市委党校片区 38
邮区中心局 39
荷花名都 39
五块石城市社区综合体 39
北城盛世 39
成都铁路局片区 39
合力达嘉州财富中心 39
沙湾路220号 39
西南交大银桂桥片区 39
尚熙庭苑安置房 39
红泰国际（孙家大院）棚户区 39
一品天下健康巷 39
荷花池汽车站 40
一环路北一段134号 40
茶店花照城中村 40
成灌路两侧500米及土桥场镇城中村 40
道路建设
金芙蓉大道 40
天丰路 40
金粮路 41
金凤凰大道 41
凤凰大道 41
天龙大道 41
万石路（绕城段） 41
古柏路综合整治 41
金府路茶店子段 41
校园路 41
商贸大道北延线 41
二环路改扩建 41
地铁3号线金牛段 41
成蒲铁路项目 42
老旧院落整治
100个老旧院落整治 42
精品院落周边中小街道整治 42
163个“三无院落”整治 42
居住区建设
新建居住小区 42
2013年金牛区新建居住小区 43
特色街区建设
解放北路整治工程 43
交大路特色街区 43
二环路风貌打造 43
老成灌路提升工程 44
羊西线特色街区 44
蜀都大道特色街区 44

市政建设

停车场建设……44
公厕建设……44
花照壁农贸市场……44
成都北三环220千伏输变电通道……44
驷马桥二期变电站工程……44
花照110千伏变电站工程……44
北府河（量力）220千伏变电站工程……44
火车北站扩能改造……44

生态环境建设

下河排污口治理……44
河道清淤……45
生态输水工程……45
公共绿地建设……45
绿化管理……45
九里堤锦河两岸生态环境提升改造……45

环境保护

概　况……45
大气和水环境综合整治……45
工业污染防治……45
环境监察执法……46
节能减排……46
油气回收……46
环境监测和环境质量……46

城市日常管理

数字化城管……46
“12319”城管服务热线……46
城管执法……46
违法建设治理……46
解放路周边中小街道整治……46
桥梁加固维修工程……47
道路养护管理……47

市容管理

县乡公路沿线非交通标志牌（户外广告）清理整治……47
车站、地铁站、停车场环境整治……47
扬尘污染治理……47
市容专项行动……48
立面整治……48
水环境整治……48
出入城通道品质提升……48
园林绿化环境整治……48
市政设施提升……48
景观照明提升……48
城郊结合部环境整治……48
背街小巷环境整治……48
种养殖场污染整治……49
生活垃圾清运……49
公共厕所管理……49
户外广告整治……49
招牌整治……49
餐厨垃圾收运体系……49
“门前三包”……49
二环路周边管理……49

交通安全

交通执法……49
缓堵保畅……50
交通秩序管理……50
事故预防……50
交通秩序管理……50
交通运输市场管理……50

工　业
INDUSTRY

概　述

2013年金牛区工业经济基本情况……51
工业重点项目……51
工业投资和技改投资……51
贷款项目资金贴息……51
2013年金牛区规模以上工业企业分行业主要经济指标……52
2013年金牛区规模以上工业企业分组情况……52

2013年金牛区规模以上工业企业
分街道主要经济指标 52
制造业
概　况 53
2013年金牛区四大支柱产业运行情况 53
电子及通信设备制造业 53
机械制造业 53
医药制造业 53
食品制造加工业 54
工业园区建设
概　况 54
项目引进 54
企业科技创新 54
大学生创业园 54
工业项目
工业总部项目 54
年度重点项目 54
工业企业选介
成都康弘药业集团 56
四川徽记食品股份有限公司 56

建筑业·房地产业
BUILDING AND REAL ESTATE INDUSTRIES

概　述
建筑市场
建筑企业 57
2013年金牛区建筑业基本情况 59
2013年金牛区建筑业总产值
前20名企业 59
建筑行业管理
建筑工程质量监督 59
建筑工程安全监管 60
建筑工程重点项目管理 60
房地产市场
概　况 60
2013年金牛区房地产投资基本情况 60
2013年金牛区房地产销售基本情况 60
2013年金牛区房地产施、竣工基本情况 61
2013年金牛区房地产投资前10名企业 61
房产管理
公共住房制度 62
安全管理 62
物业管理 62
直管公房 62
房政监察 62

商贸业·服务业
BUSINESS & TRADE AND SERVICE INDUSTRIES

概　述
商贸业态提升 63
服务外包产业 63
省级服务贸易特色示范基地 63
商贸纳税十强企业 63
批发·零售业
2013年金牛区销售额前50名批发企业 64
2013年金牛区销售额前50名限额以上
零售企业 65
2013年金牛区批发和零售业商品
销售情况 65
2013年金牛区限额以上批发业商品
销售额分类情况 66
2013年金牛区限额以上零售业商品
销售额分类情况 67
四川苏宁云商销售有限公司 68
住宿·餐饮业
概　况 68
2013年金牛区营业额前50名
住宿餐饮企业 68
2013年金牛区住宿和餐饮业经营情况 69
成都金牛山庄有限责任公司 69

物流·市场

概　况 69

宏正商业广场 69

大西南茶叶城 70

成都量力钢材物流有限公司 70

成都国际商贸城 70

成都西联钢铁物流港 71

电子商务

概　况 71

成都九正科技实业有限公司 71

成都万贯网络科技有限公司 71

成都三分球电子商务有限公司 71

成都量力时代科技有限公司 71

成都思力威网络科技有限公司 72

四川文轩在线电子商务有限公司 72

展会业

中国西部建材家居行业发展高峰论坛 72

第十四届中国西部国际博览会金牛分展场 72

第三届中国（成都）南亚商品交易会 72

第十届中国国际美食旅游节 72

软件业

概　况 73

产业招商 73

金牛区通过省级软件认证企业 73

金牛区通过系统集成资质认证的软件企业名录 73

金牛区通过CMM/CMMI国际认证的企业名录 73

金牛区软件及信息服务业上市企业名录 73

企业服务 73

软件企业选介 73

旅游业

概　况 74

旅游业提档升级 75

旅游行业管理 75

重点旅游项目 75

文化旅游体育产业项目 75

成都喜玛拉雅大酒店 75

润邦国际酒店 75

2013年金牛区文化旅游纳税十强企业 76

邮政·通信

邮　政

概　况 76

邮政运营 76

2013年金牛区邮政网点名录 76

通　信

光网城市建设 76

中国移动通信集团四川有限公司成都金牛分公司 76

中国电信股份有限公司成都金牛分公司 77

中国联合网络通信有限公司成都金牛分公司 77

银行·保险

中国银行股份有限公司成都金牛支行 77

中国建设银行股份有限公司成都第四支行 77

中国建设银行股份有限公司成都第四支行金牛区营业机构名录 77

中国工商银行股份有限公司成都金牛支行 78

中国农业银行股份有限公司成都金牛支行 78

中国人寿保险股份有限公司成都市金牛区支公司 78

中国人民财产保险股份有限公司成都市金牛区支公司 78

功能区建设与产业化项目

FUNCTIONAL AREAS CONSTRUCTION AND INDUSTRIALIZATION PROJECTS

北部新城现代商贸综合功能区

概　况 79

基础及配套设施建设 79

高端功能培育 79

成都市环城生态区

概　况 79

片区建设 80

项目招商 80

生态建设方案 80

“198”土地整理 80

新型社区建设 80

重点产业化项目

概　况 80

西部地理信息科技产业园项目 80

中铁轨道交通高科技产业园二期 81

东忠软件服务外包基地 81

龙湖·北城天街 81

凯德广场·金牛二期 81

凤凰山涵碧楼酒店及西片区综合体项目 82

韩国希杰影院 82

瑞安城中汇项目 82

茶文化创意大厦 82

绿地世纪城 82

北府河摄影主题公园 82

天乐集团城北综合体 82

金美安防总部 82

统筹城乡发展
INTEGRATED DEVELOPMENT OF URBAN AND RURAL AREAS

农村产权制度改革

2013—2017年统筹城乡改革发展工作方案 83

农村产权管理和保护 83

农村产权维护法律援助 83

涉农街道农村产权制度改革 83

集体经济合作社成员登记备案 84

涉农街道集体经济组织 84

基层治理与公共服务

涉农街道“三资”监管平台建设 84

“村公”专项资金 84

涉农街道基层治理机制建设 84

涉农街道社区公共服务与社会管理 84

农村土地综合整治

耕地保护 85

集体土地征收 85

征地拆迁补偿安置 85

金泉街道土地挂钩整理 86

涉农集中居住区

概　况 86

河滨森邻 86

兴盛世家 86

泉水人家 86

鑫房名苑 86

明月锦苑二期 86

万圣新居 86

王贾8组 87

余家新居 87

种植养殖业

农业产业化 87

一线一品打造 87

农村惠农和扶贫 87

农产品质量安全监管 87

动物重大疫病预防免疫 87

养殖场专项整治 87

秸秆综合利用和禁烧 87

2013年金牛区耕地面积及人均占有量 88

2013年金牛区主要农产品生产情况 88

2013年金牛区主要畜牧业产品产量 88

2013年金牛区农林牧渔总产值 88

政　治
POLITICS

中国共产党

会议和活动

区委全委会议 89

金牛区第六次党代会第三次全体会议……89
区委常委（扩大）会议……89
区委常委民主生活会……89
金牛区党政考察团赴青羊区考察……90
区委和工作部门
中国共产党成都市金牛区委员会……90
金牛区委工作机构……90
金牛区委直属事业单位……90
纪检监察
监督检查……90
惩治和预防腐败体系建设……90
党内监督……91
违纪违法案件查办……91
行政效能建设……91
2013年中共成都市金牛区纪律检查委员会……91
组织建设
主题教育实践活动……91
基层党组织建设……91
干部教育培训……92
宣　传
区委中心组学习……92
对外宣传……92
核心价值体系建设……92
“百姓故事会”活动……93
文联工作……93
社科联工作……93
统一战线
民主党派工作……93
党外干部工作……93
民族宗教工作……93
侨台事务工作……94
政法工作
平安建设……94
见义勇为保护和奖励……94
“大调解”组织体系……94
维稳安保……94
人民武装
正规化建设……94
兵员征集……94
参建参治……95
抢险救灾……95
信访群众工作
来信来访和网上信访办理……95
领导干部接访约访……95
矛盾纠纷排查和形势研判……95
目标管理督查
目标管理……95
决策督查……95
专项督查……95
政策调研
文稿起草……96
调查研究……96
成果转化……96
精神文明建设
文明城市建设……96
公民思想道德建设……96
基层文明创建……96
未成年人思想道德建设……97
志愿服务……97
人民代表大会
会议和活动
金牛区第六届人民代表大会第二次会议……97
金牛区第六届人民代表大会第三次会议……97
区人大常委会会议……97
主任会议……98
区人大常委会和工作部门
人大机构设置……99
成都市金牛区人民代表大会常务委员会……99
金牛区人大工作机构……99
金牛区人大街道工作委员会……99
人大工作
人大监督……99

工作调研……100
人事任免……100
人大信访……100
代表工作……100
金牛区六届人大二次会议代表建议、批评、意见……101
人民政府
政务会议和活动
区政府常务会议……103
区政府和工作部门
成都市金牛区人民政府……105
金牛区政府工作部门……105
金牛区政府直属事业单位……106
金牛区政府部门管理县级事业单位（不含学校、医院）……106
金牛区政府派出机构……107
政务服务
人大代表建议、政协委员提案办理……107
区长公开电话办理……107
行政管理体制改革……107
机构编制管理……107
事业单位登记管理……108
行政审批服务……108
行政审批制度改革……108
金牛市民中心建设……108
街道政务服务体系建设……108
政务微博微信……108
公务员管理……109
人才服务……109
军转安置与服务……109
因公出国（境）管理……109
国际交流活动……109
车辆管理……109
政府采购……109
法制工作
行政执法规范……109
行政权力清理……110
政府信息公开……110
行政复议与应诉……110
矛盾化解工作……110
人民调解……110
法律援助……110
全国法治城市创建……110
安置帮教与社区矫正……110
法律服务进社区……111
公证服务……111
律师服务……111
综合管理
发展计划管理
《金牛区国民经济和社会发展第十二个五年规划纲要实施情况中期评估报告》……111
省、市重点项目投资……111
项目评审监管……111
“十二五”规划中期评估修编……111
财税管理
财政收入……112
财政项目资金评审……112
绩效评价试点……112
预算管理……112
税收征管……112
“营改增”试点……112
2013年金牛区地方税务纳税额前20名企业……113
国有资产管理
投融资管理体制改革……113
公司监管……113
招商融资……114
国资监管……114
金融管理……114
审　计
概　况……114
拆迁资金审计……114
领导干部经济责任审计……114

统　计
第三次全国经济普查……114
统计基础建设……115
统计调查……115
土地管理
土地供应服务与管理……115
土地执法监察……115
地质灾害防治……116
国土分户办证……116
高家2组土地上市……116
安全生产监督
安全管理……116
全国安全生产大检查……116
隐患排查治理……116
安全社区建设……117
企业安全生产标准化建设……117
“打非治违”专项行动……117
职业健康监管……117
烟花爆竹安全监管……117
液化石油气安全监管……118
事故查处……118
市场监管
工商行政管理
市场准入……118
商标品牌战略……118
消费维权……118
肉类蔬菜溯源体系建设……118
价格管理……118
再生资源回收网络管理……118
食品药品及医疗器械监管
餐饮服务环节安全监管……119
餐饮服务许可……119
食品安全专项整治……119
食品质量安全监管……119
药品市场经营秩序规范……119
中药材专业市场监管……119
质量技术监督
企业质量信用管理……119
强制性认证监管……120
特种设备安全监察……120
标准化工作……120
重点用能服务监督……120
公共信息标志专项整治……120
流通追溯……120
粮油市场监管
粮食应急供应网络建设……120
区域粮油应急配送中心建设……120
公共安全
应急管理
应急宣传教育……121
应急处置……121
公　安
维护社会稳定……121
刑事犯罪……121
治安防控……121
基础防范……121
消　防
监督执法……121
消防宣传……122
城市消防基础设施建设……122
火灾事故……122
人民防空
人防工程与管理……122
组织指挥与通信建设……122
人民政协
主要会议
政协第六届成都市金牛区委员会
第二次会议……123
主席会议……123
常务委员会会议……123
区政协委员会和工作部门
中国人民政治协商会议
成都市金牛区委员会……123

政协成都市金牛区委员会工作机构 124
政协工作
协商议政 124
专题视察 124
社情民意 124
提案工作 125
金牛区政协六届二次会议重点提案及领导督办分工 125
金牛区政协六届二次会议提案 125
民主党派与群众团体
民主党派
概　况 128
中国国民党革命委员会成都市金牛区支部 128
中国民主同盟会成都市金牛区支部 129
中国民主建国会成都市金牛区总支部 129
中国民主促进会成都市金牛区支部 129
中国农工民主党成都市金牛区支部 129
中国致公党成都市金牛区支部 129
群众团体
工　会
工会组织建设 130
职工民主管理 130
职工维权 130
困难职工帮扶 130
职工互助保险 130
共青团
“青春活力”工程 130
青年志愿服务 130
青年（大学生）创业园 131
妇女联合会
妇女就业促进 131
家庭教育 131
女性权益维护 131
妇联组织建设 131
工商业联合会
民营经济工作 131
商会建设 131
企业服务 131
人民法院
概　况 132
刑事审判 132
民商事审判 132
行政审判 132
执行工作 132
公正廉洁司法 132
人民陪审员 132
人民法庭建设 132
司法公开 132
诉讼服务中心 132
法院管理 133
审判调研 133
北改工程司法保障 133
人民检察院
刑事司法政策 133
未成年人权益保护 133
刑事检察 133
诉讼监督 133
预防职务犯罪 134
维稳工作 134
涉检上访 134
平安创建 134
社会管理创新 134
检察改革与创新 134

教育·卫生
EDUCATION AND HYGIENE

教　育
概　述
教育配套工程建设 135
学校整合 135
金牛区教育国际化海外分中心 135
全国首个“教育评价与质量管理”改革试验区 136

督学责任区……136
全国青少年棒球活动示范区建设……136
阳光学生艺术团……136
教育惠民政策……136
2013年金牛区教育事业基本情况……136
石渠支教……137
藏区“9+3”免费中等职业教育计划……137
成都市金牛实验中学临邛学校……137
成都七中领办西藏军区八一学校……137
金牛区首届国际理解教育课程研讨会……137
基础教育
概　况……138
2013年金牛区各级各类学校基本情况……138
2013年金牛区义务教育段新生入学、普通高中招生情况……138
四川省《3—6岁儿童学习与发展指南》实验区……138
市级新优质学校……138
四川省阳光体育示范学校……139
四川省等级示范性普通高中确认达标工作……139
高考成果……139
2013年金牛区幼儿园园长、专任教师学历情况……139
2013年金牛区小学专任教师专业技术职称、年龄结构情况……139
2013年金牛区初中专任教师专业技术职称、年龄结构情况……139
2013年金牛区普通高中专任教师专业技术职称、年龄结构情况……140
中等职业教育
概　况……140
重点职业学校建设……140
校企合作……140
中等职业学校招生……140
专业技能大赛……140
2013年金牛区直属中等职业中学专任教师职称情况……141
民办教育
概　况……141
民办教育扶持……141
民办培训机构安全管理……141
成人教育
概　况……141
全国社区教育实验区……141
数字化学习建设……141
社区教育实验项目研究……141
特殊教育
金牛区特殊教育中心……141
校园特色
金牛区机关第三幼儿园幼儿户外活动研究……142
成都市第四幼儿园市级园长发展基地建设……142
成都市第十八幼儿园健康教育特色……142
成都市白果林小学“生本”课堂建设……142
成都市金泉小学学生阳光体育活动……142
成都市锦西外国语实验小学生命教育研究……142
成都市九里堤小学国学经典教育……143
成都市全兴小学田园实践教育课程……143
成都市人民北路小学构建“全阅读”课程体系……143
成都市铁二院小学“DI”创新思维教育活动……143
成都市西一路小学成为市首批川剧艺术特色学校……143
成都市新桥小学美术工作室线描教学……144
成都市行知小学创造“心育”环境……144
成都市张家巷小学科技教育特色活动……144
西南交通大学子弟小学校本科研体系创新……144
成都七中万达学校阳光体育示范学校建设……145
成都市第三十三中学“体育、艺术2+1项目”……145

成都市通锦中学国际交流活动 145
成都市金牛中学德育活动 145
成都市金牛实验中学“立人”教育体系 146
成都市洞子口职业高级中学校（成都市第四十四中学）创新德育体系 146
成都七中八一学校成为军地联合办学样板学校 146

卫 生

概 述

2013年金牛区基本医疗卫生情况 146
2013年金牛区传染病发病情况 147

公共卫生

医药购销治理 147
医疗卫生体制改革 147
疾病防控 147
妇幼保健 147
数字化管理预防接种门诊 148
从业人员体检、办证系统建设 148
金牛区区域卫生信息化平台建设 148
爱国卫生工作 148
中医药事业 148
公共卫生应急管理 148
无偿献血 148
卫生执法 149
行政审批 149
金牛区与成都中医药大学附属医院签署社区卫生合作框架协议 149

医疗服务

医疗资源结构优化 149
医疗服务与保障 149
“金牛名医”工程 150
成都军区总医院改扩建工程 150
成都市建工医院安置拆迁 150
金牛区人民医院引进美国氩氦刀项目 150
金牛区妇幼保健院收治弃婴 150
成都骨伤医院社会经济效益双丰收 150
成都骨伤医院和金牛区中医院成功创建国家二级甲等中医医院 150
区人民医院 151
金牛区妇幼保健院 151
成都复兴医院 151
成都玛丽亚妇产儿童医院 151
成都中医药大学附属医院（四川省中医院） 151

科学·文化
SCIENCE AND CULTURE

科学技术

科技创新 153
科技奖励 153
2013年金牛区入选四川省战略性新兴产业发展项目 153
2013年金牛区获国家、省、市科技进步奖获奖项目 153
知识产权保护 154
专利工作 155
2013年金牛区获成都市专利奖项目 155
科普组织 155
科普项目 155
2013年金牛区科普资助项目 155
科普阵地 155
科普活动 155
企业技术中心 156
金牛区科技顾问团 156
全国科技进步考核先进区 156
国际科技合作项目 156
国家可持续发展先进示范区 156
2013年金牛区新增国家、省市科技计划项目汇总情况 156

文化事业

群众文化

国家公共文化服务体系示范区创建 158
书香金牛 158

公共文化设施标准化建设 159
公共文化“百千万工程” 159
公共文化经费 159
“文化惠民”四大品牌活动 159
文艺创作 160
金牛区文化艺术协会活动 160
文化市场管理
文化市场长效管理机制 160
广播电视及新闻出版管理 160
“扫黄打非”工作 160
文博保护
文物保护 161
九里堤遗址 161
朱悦燫墓遗址 161
新桥村明墓群 161
老官山汉墓 161
永陵博物馆 161
金沙遗址博物馆 161
薛公馆 162
张大千故居 162
原成都电子机械高等专科学校办公楼 162
刊物·电视
刊 物
概 况 162
刊物宣传 162
电 视
优秀作品 163
电视宣传 163
专题访谈节目 163
社教节目 163
欢行公益 163
档 案
档案馆基础管理 164
档案资源整合 164
区档案馆新馆建设 164
档案规范化管理 164
北改工程档案 164
档案信息化建设 164
档案法制宣传 164
爱国主义教育基地 164
地方志
《金牛年鉴（2013）》 165
《北改纪实》 165
《古柏调研》 165
体 育
概 况 165
全民健身活动先进单位 165
全国群众体育先进单位 165
“太极蓉城”嘉年华活动 165
全民健身400惠民工程 166
竞技体育 166
学校体育 166
体育彩票 166
体育产业 166
体育经营市场行业监管 166
全民健身体育设施建设 166
2013年金牛区体育竞赛获奖情况 166

民生·社会
PEOPLE'S LIVELIHOOD AND SOCIETY

人 口
概 况 167
2013年金牛区人口构成及变动情况 167
计划生育扶助政策 167
优生优育优教 167
免费技术服务 167
流动育龄人口服务管理 168
“12356”阳光计生服务热线 168
劳动与就业
行政审批与工伤认定 168
劳动争议调解仲裁 168
劳动保障监察 168

城乡就业和劳务输出......168
城乡就业培训......168
城乡创业促进工作......168
人才服务与高校毕业生创业就业......169
藏区“9+3”免费教育计划学生就业......169
就业援助......169
失业保险核发......169
2013年金牛区单位从业人员年平均人数......169
2013年金牛区单位从业人员年平均工资......170
社　保
基本养老保险......170
基本医疗保险......170
工伤保险......170
生育保险......170
失业保险......170
城乡社会保险......171
基金管理......171
残疾人权益保护
金牛区残疾人联合会第六次代表大会......171
惠民工程......171
“量体裁衣”式个性化服务......171
残疾人保障体系建设......171
残疾儿童救助工程......171
残疾人维权......172
社区康复......172
残疾人就业培训......172
残疾人文化生活......172
老年人权益保护
概　况......172
社会化养老服务和居家养老服务......172
高龄生活补贴......173
红十字会
应急救护培训......173
红十字宣传......173
博爱家园建设......173
抗震救灾......173
募捐筹资和救助......173
志愿者工作......173
学校红十字青少年活动......173
民政事务
双拥工作......174
优抚安置......174
军队离退休干部服务管理中心......174
婚姻和收养......174
殡葬......174
阳光圆梦助学金......174
慈善救助......174
低保工作......174
医疗救助......174
临时救助......174
价格补贴及调标......175
低保户液化气补贴......175
防灾减灾......175
区划地名......175
道路命名......175
社区建设
社区居委会换届选举......175
“社工之家”孵化基地......176
社区民主管理......176
居民院落小单元治理......176
社区人才队伍建设......176
社区居民院落自治运行机制......176
星级社区创建......176
社会组织管理......176
社区居家养老服务......176
民生工程
2013年金牛区承办省、市民生工程完成情况......177
生活水平
收　入
城镇居民收入......182
2013年金牛区城镇居民家庭基本情况......182

涉农地区居民纯收入 183
2013年金牛区涉农居民家庭基本情况 183
2013年金牛区涉农居民家庭人均总收入与总支出 183

消　费

城镇居民人均消费性支出 183
2013年金牛区每百户城镇居民家庭年末耐用消费品拥有量 183
2013年金牛区城镇居民家庭人均消费食品情况 184
涉农居民人均生活消费支出 184
2013年金牛区每百户涉农居民期末主要耐用消费品拥有情况 184
2013年金牛区涉农居民家庭人均消费食品情况 184

街　道
SUB-DISTRICTS

抚琴街道

概　况 185
重点项目 186
社区网格化管理运行机制 186
社会化服务平台建设 186
重点企业选介 186
光荣小区社区 186
金琴路社区 186
铁路新村社区 187
金鱼街社区 187
西南街社区 187
圃园路社区 187
西北街社区 187
金沙路社区 187

西安路街道

概　况 187
"三进三入"活动 187
社会管理工作创新 188
金琴南路社区 188
枣子巷社区 188
永陵社区 188
白果林社区 188
青羊北路社区 188

人民北路街道

概　况 189
重点企业选介 189
社会管理 189
院落自治新模式 189
人民北路社区卫生服务中心巡回医疗活动 189
新村河边街社区 189
城隍庙社区 189
金仙桥社区 190
马家花园社区 190
西体路社区 190
花牌坊社区 190

驷马桥街道

概　况 190
基层治理模式创新 191
曹家巷社区卫生服务中心创建全国"敬老文明号" 191
城乡环境综合治理 191
工人村社区 191
恒德路社区 191
马鞍东路社区 191
星辉东路社区 192
树蓓街社区 192
红花社区 192
高笋塘社区 192
一环路北四段社区 192

荷花池街道

概　况 192
北改项目 193
民生工程 193

城乡环境综合治理 193
院落环境专项整治 193
省级安全社区建设 193
安全社区创建 193
九里堤南路88号搬迁 194
区域化党建工作 194
三所联调 194
杨柳巷社区“四点半”乐园 194
东一路社区 194
荷花池社区 194
互助路社区 194
西北桥社区 194
西三巷社区 195
杨柳巷社区 195

五块石街道

概　况 195
华恒货运市场 195
老旧院落管理方式创新 195
五块石电子电器市场自主改造升级项目 195
社会治安 195
民生工程 196
五块石社区 196
玉局庵社区 196
五福社区 196
五块石新社区 196

九里堤街道

概　况 196
北改项目 196
康禧路社区 196
星河路社区 197
九里堤北路社区 197
西南交通大学社区 197

营门口街道

概　况 197
拆迁改造 198
安全维稳 198
文明创建 198
环境综合治理 198
民生保障 198
茶店社区 198
花照社区 198
银桂桥社区 199
银沙路社区 199
营门口路社区 199
长庆路社区 199

茶店子街道

概　况 200
夏季防洪 200
院落改造 200
茶店子公园地下公共停车场智能停车管理系统 200
锦城社区 200
奥林社区 201
化成社区 201
育苗路社区 201

黄忠街道

概　况 202
城乡环境综合治理 202
社会综合治理 202
残疾人辅助器具适配工作试点 202
社区“好人墙” 202
金沙公园社区 202
金沙公园东社区 203
金沙公园北社区 203

金泉街道

概　况 203
全国科普行动计划先进单位 203
拆迁安置 203
民生工作 203
北改工程 203
清淳家园电表改造 204
“7·9”特大暴雨洪涝灾害抢险救灾 204
重点企业选介 204
金科苑社区法治文化广场 205

郎家社区……205
高家社区……205
清水河社区……205
淳风桥社区……205
金桥社区……205
何家社区……205
互助社区……206
土桥社区……206
迎宾路社区……206
金科苑社区……206
两河社区……206
蜀西社区……207
沙河源街道
概 况……207
北改项目……207
沙河源社区卫生服务中心……207
安全社区创建……207
重点企业选介……207
川建社区……208
古柏社区……208
汇泽路社区……208
陆家桥社区……208
王贾桥社区……208
五福新社区……208
踏水桥社区……209
新桥社区……209
友联社区……209
长久社区……209
政通路社区……209
泉水社区……209
天回镇街道
概 况……210
社会保障……210
重点项目……210
产业发展……210
群众工作……211
杜家碾社区……211
石门社区……211
红星社区……211
甘油社区……211
白塔社区……211
余家巷社区……211
车站社区……212
土门社区……212
金华社区……212
宝年社区……212
大湾社区……212
天回社区……212
长胜社区……212
银杏园社区……212
木龙湾社区……213
太华社区……213
万圣社区……213
明月社区……213
西华街道
概 况……213
北改工程……213
省级安全社区创建……213
城乡环境综合治理……213
基层党建……214
重点企业选介……214
金牛社区……214
侯家社区……214
洞漕社区……215
兴盛社区……215
富家社区……215
金罗社区……215
跃进社区……215
瓦子社区……216
青杠社区……216
兴盛世家社区……216
西华大学社区……216
社会治安综合治理网格化管理……217

涉农集体“三资”管理……217
凤凰山街道
概　况……217
城乡环境综合治理……217
民生工程……217

人　物
PERSONAGE

中国好人
杨家云……218
罗　帅……218
张从国……218
刘　军……218
十大金牛好人
黄中玲……219
叶谷兰……219
何炳寅……219
钟崇贵……219
何　燕……219
蒋惠英、张治珍、徐弟全……219
米贵生……219
袁定清……219
金牛区见义勇为公民
王官忠……220
谢辉良……220

统计资料
STATISTICAL DATA

成都市金牛区二〇一三年国民经济和
社会发展统计公报……221
金牛区2007—2013年主要经济指标……224
2013年金牛区国民经济主要指标……224
2013年金牛区固定资产
投资完成情况……225
2013年金牛区社会消费品零售总额……225
2013年金牛区非公经济增加值……226
2013年金牛区地区生产总值构成项目……227
2013年金牛区规模以上工业分街道
工业企业主要经济指标表……227

文件·文献
DOCUMENTS AND LITERATURE

工作报告
全面深化改革　加快转型发展
为建设现代化国际化新金牛而不懈努力……228
成都市金牛区人民代表大会常务委员会
工作报告（节选）……232
成都市金牛区人民政府工作报告
（节选）……235
中国人民政治协商会议成都市金牛区委员会
常务委员会工作报告（节选）……240
文件选登
金牛区关于改进工作作风、密切联系
群众的实施办法……242
金牛区关于全面加强对外开放工作
快速助推北改龙头工程的实施意见……243
金牛区关于常态化解决城乡环境
综合治理中群众诉求的工作制度……246
2014—2017年全区城乡环境综合治理
工作方案……246
金牛区关于进一步加强环境保护
重点工作的实施意见……249

索　引
INDEX

A—Z……253

区情概貌

GENERAL SURVEY OF JINNIU

基本情况

地理气候　金牛区位于成都市中心城区西北部，东与成华区相邻，南与青羊区接壤，西与郫县毗邻，北与新都区交界，区政府驻成都市沙湾路65号。区域处于城市上风上水位置，是成都市生态、水资源保护区。区境内有天回山和凤凰山两处浅丘台地和府河、沙河、毗河、摸底河、清水河5条主要河流，属都江堰自流灌溉区。金牛区地理坐标位于东经103°57′03″—104°08′19″，北纬30°49′55″—30°48′35″，东西长18千米，南北宽16千米。区境内沿东北边缘靠近成华区和新都区一线属龙泉山西部边缘延伸带，地势起伏连绵，属缓坡台地，其余地区皆属平坝。海拔平均高度501米，最高点580.2米，最低点493.3米，呈西北向东南倾斜。全年温暖湿润、四季分明、热量丰富、雨量充沛。

茶店子西口新貌

永陵公园

全区面积108平方千米，下辖15个街道、109个社区。2013年，人均公园绿地面积11.19平方米（户籍人口）。空气质量优良天数230天。

人　口　截至2013年12月，全区总户数28.70万户（常住人口），户籍人口74.08万人，常住人口120.24万人；出生5504人，人口出生率7.43‰（户籍人口），死亡3757人，死亡率5.10‰，人口自然增长率2.38‰，出生人口性别比106:100。人口密度11133人/平方千米（常住人口）。全区人口自然增长较2012年有所上升。

区域交通　金牛区交通便捷通畅，路网功能完善，全区城市道路总里程555千米。区境内以内环路、一环路、二环

2013年金牛区总户数、总人口

单位：户、人

单位名称	年末总户数（户籍）	年末总人口（户籍）
合　计	286972	740829
西安路街道	25027	67499
西华街道	15045	36382
人民北路街道	23782	70333
抚琴街道	30218	80485
荷花池街道	20290	56985
驷马桥街道	32543	87039
黄忠街道	9289	22556
茶店子街道	24904	65912
营门口街道	16090	38083
九里堤街道	15066	44277
五块石街道	8937	20925
金泉街道	18347	39209
沙河源街道	19826	44360
天回镇街道	23051	57058
凤凰山街道	4557	9726

路、金府路、三环路、绕城高速公路为主形成环形路网骨架，以羊市街西延线、金牛大道、西华大道（沙湾路西延线）、商贸大道、北星大道、解放路为主形成辐射路网骨架。拥有连接成渝、宝成、成昆、成达4条铁路枢纽的成都火车北站和通往川西北地区客运线路的城北汽车客运中心、茶店子汽车客运中心。2013年，金芙蓉大道、天丰路形成通车能力，金粮路、金凤凰大道等6条道路启动建设，地铁3号线、7号线金牛段工程抓紧实施。

文化旅游资源 金牛区历史文化积淀深厚，都市旅游兴旺。区境内有商周蜀文化中心金沙遗址（部分区域）、前蜀皇帝王建墓永陵、三国老将黄忠墓、安史之乱期间唐玄

曹家巷一、二街坊危旧房棚户区自治改造

8月，“铁半城”中铁二局通锦片区签约

泉水人家二期

宗驻地天回镇、九里堤遗址。位于北三环路一段与交大路交界处的成都华侨城欢乐谷主题公园，是西部地区规模最大的4A级旅游主题公园。全年旅游总收入首次突破百亿元。8月，九里堤遗址公园建成并免费开放，成都欢乐谷二期正式开园。

欢乐谷

修复后的九里堤遗址内诸葛庙

2013年金牛区街道名单

街道名称	办事处地址
抚琴街道	光荣路19号
西安路街道	青西路6号
人民北路街道	新村河边街9号
驷马桥街道	泰宏路9号
荷花池街道	肖家村二巷89号
五块石街道	蓉北商贸大道一段7号
九里堤街道	星辰路东一街8号
营门口街道	银河北街198号
茶店子街道	安蓉路8号
黄忠街道	黄忠街8号
金泉街道	两河路555号
沙河源街道	洞子口路718号
天回镇街道	兴川路999号
凤凰山街道	凤凰山山王庙
西华街道	沙西线府河星城内

金牛区缔结的国际友好城市

城　市	国　别	缔结时间
塞维尔维尔市	美　国	2004年6月
索尔福德市	英　国	2005年7月
威乐比市	澳大利亚	2007年10月
正华区	新加坡	2009年12月
帕特纳市	西班牙	2013年7月

金牛区合作区（市）县

名　称	关　系	建立时间
邛崃市	区域合作	2005年8月
新都区	区域合作	2005年8月
彭州市	区域合作	2005年8月
郫县	区域合作	2010年1月

2013年经济和社会发展

经济总量 2013年，金牛区经济社会平稳发展，地区生产总值752.49亿元，比上年增长7%，其中第一产业增加值0.17亿元，比上年下降12.8%；第二产业增加值193.50亿元，比上年增长4.7%；第三产业增加值558.82亿元，比上年增长7.3%。三次产业比重为0.02∶25.72∶74.26。全年全口径财政收入129.31亿元，比上年增长23.90%，地方公共财政收入45.12亿元，比上年增长12.30%。全年农业总产值0.27亿元，比上年减少12.90%。年末实际耕种面积8126亩，比上年减少19%。全年工业增加值109.60亿元，比上年增长3.5%。高科技产业园区累计实现规模以上工业总产值160.89亿元，比上年增长2.1%。全区建筑业实现总产值696.87亿元，比上年增长9.0%，实现增加值83.90亿元，比上年增长6.6%。

全年固定资产投资336.65亿元，比上年增长0.4%。累计实现社会消费品零售总额542.07亿元，比上年增长13.50%。接待游客708.25万人次，比上年增长9.5%；旅游总收入117.2亿元，比上年增长21%。

商贸业发展 金牛区经济繁荣活跃，商贸特色突出。作为世界上最早的纸币——交子的诞生地，金牛历来商贾云集，经济繁荣活跃，特色突出。主要以批发零售、住宿餐饮业为支撑。2013年，全区有各类专业市场105个，数量和规模居全市之首。传统市场加快转型，

量力钢铁交易大厦

区属荷花池市场成功关闭，地块顺利出让；蓉北市场、火车北站市场完成签约，大西南建材城、金府石材城拆迁关闭加快实施；现代钢铁城一期完成拆迁交地。成都国际商贸城三期日用品市场、龙湖北城天街商场、凯德广场二期投入运营，金府财富中心、北府河摄影主题公园、绿地世纪城等项目加快建设，凤凰山涵碧楼酒店项目用地挂牌出让，推进中国（西部）国际珠宝中心、西部黄金总部基地等项目，通过省级服务贸易示范基地专家评审，服务外包接包合同金额2.4亿美元，4家实力电商企业成功落户，全市首家零售行业O2O电商平台成功运营。电子商务交易额400亿元，比上年增长100%。

科技服务业发展 新兴产业加快聚集，中铁轨道交通高科技产业园B区建成投运，日本东忠等30余家知名企业陆续入驻；西部地理信息科技产业园动工建设，首批23家优质企业协议入园。工业总部加快发展，引进总部和生产型服务企业201家、引进资金10.2亿元，总部项目竣工6个、竣工面积32.8万平方米，开工6个、开工面积29.2万平方米。建立国家级企业技术中心1家、省级1家、市级9家；新增国家级高新技术企业6家、专家（院士）工作站1个，新增中国驰名商标1件，省、市著名商标10件，全区拥有高新技术产业企业44家，获全国科技进步考核先进区称号。

旧城改造 解放路二段、为民路及光荣西路棚户改造项目启动建设；一品天下健康巷、薛公馆、花牌坊新16号危旧房改造等项目达到开工条件；曹家巷一、二街坊棚户区，中铁二局通锦桥片区等项目完成签约，进行旧房拆除；新华印刷厂南片区启动附条件搬迁协议签订；茶店花照城中村拆迁收尾，成灌路两侧500米及土桥场镇城中村拆迁按计划推进。

对外开放 金牛区借势《财富》全球论坛、华商大会等重要节会，完成项目签约18个、投资总额370亿元；新引进中铁科工成都总部等10个世界500强投资项目。利用旧改项目资源，吸引中核、保利等大型央企参与北改，借助金牛万达广场、信德环球广场等楼宇资源，引进大地财险、平安保险、远东百货等知名企业落户金牛。依托大企业开拓国际市场，鼓励支持企业深化国际经贸合作。引进国内省外到位资金204.81亿元人民币，比上年增长

交子制造地

成都国际商贸城三区日用品市场

龙湖・北城天街购物广场

欢乐谷

9.45%。签约引进重大项目18个，实际使用外资8.70亿美元，增长29.34%以上。

城乡环境 推进大气环境治理，制订环境污染应急预案，建立油烟治理长效机制，全面加强工地扬尘、秸秆焚烧等源头管控。加强水环境治理，整治完成下河排污口322个，实施河道清淤13条，提升河道景观6处。群众居住环境逐步改善，整治完成老旧院落100个、"三无"院落163个。九里堤遗址公园建成开园。新增健身路径49条，新增绿地12.5万平方米，绕城两侧200米范围复垦绿化24.4万平方米。通过全国环保模范城市复核检查。

公共服务 全年新增城镇就业15289人，涉农地区富余劳动力向非农产业转移就业946人。基本实现人有普保，城乡居民基本医疗保险、养老保险参保率分别为98%和90%。培训农民工9409人。办理低保人员养老保险523名，实施困难群众医疗救助1182人次。新建15个街道居家养老服务中心，驷马桥居家养老服务中心被评为"全国敬老文明号"。为2122户困难群众提供城市住房保障，完成64万平方米安置房建设。

社会事业 成功创建全国社区教育实验区。全年新增7所公益性幼儿园，提前完成金牛中学改扩建。完善基层医疗卫生服务体系，增强社区公共卫生服务能力。沙河源社区卫生服务中心通过国家示范社区卫生中心复评。金牛区获全国科技进步考核先进区称号，金仙桥社区被评为全国科普行动计划先进单位。金牛区图书馆通过国家一级公共图书馆评估验收。金牛区被评为全国群众体育工作先进单位。启动第三次全国经济普查。

社会管理 金牛区基层组织建设不断强化，全面开展第九届社区居委会换届选举，完善社区民主管理制度，实施居民院落小单元治理；第二次全国和谐社区建设示范城区创建通过省、市验收。加强社会组织管理，在全市率先成立社工机构孵化基地，新增社会组织25家；开展社会组织信用等级评估，推进社会组织管理改革，成为首批全国社会工作服务标准化建设示范地区。群众组织作用有效发挥，创新群众自治改造模式，坚持顺应民意、依靠民力、善用民智推进工作，曹家巷以"居民自治"为内核的"基层群众工作一二三"创新实践取得实效，"自治改造"模式受到央视持续关注，获全国社会管理创新最佳案例奖，金牛区被评为全国社会管理创新示范基地。

整治后的枣子巷社区青羊东二路41号院

社区医院的医生为老人体检

特 载
SPECIAL REPORTS

大力推进北改工程
促进区域产业全面转型升级

中共成都市金牛区委 成都市金牛区人民政府

按照市委、市政府建设开放型区域中心和国际化城市的要求，金牛区始终把北改作为落实“五大兴市战略”的一号工程，切实提升投资促进水平，有力推进区域产业转型升级。2013年，全区开放型经济各项指标实现大幅提升，实际到位内资首次突破200亿元人民币，实际利用外资同比增长近30%，签约引进重大项目超目标4个，引进中国建筑地下空间中国总部、中铁三局桥隧公司总部基地等10个世界500强企业投资重大项目。在省、市重大活动中签约项目18个，协议总投资370亿元人民币。

一、大力推进高端发展，产业品质持续优化

（一）以发展新兴产业为目标，促进高端企业聚集　2013年，金牛区进一步加大“一区一主业”产业项目的招商力度，利用新兴产业园区“以商招商”成效明显。一是做强轨道交通产业。随着中铁轨道交通高科技产业园一、二期项目开工建设，引进了中铁成都投资发展有限公司，中铁一、二、三局，中铁科工，中铁隧道装备制造，日本东忠集团，德国莱茵TUV集团等轨道交通产业链的国际国内知名企业30多家挂牌入驻。二是壮大地理信息产业。随着西部地理信息科技产业园项目正式奠基开工，包括北京天元四维科技有限公司、中测新图（北京）遥感技术有限责任公司等国内地理信息行业知名企业29家已签订入园协议。金牛区“一区一主业”产业基地核心竞争力优势凸显。

(二)以升级传统产业为目标，促进高端项目落户 一是商业地产向高端发展迈进。台湾乡林集团凤凰山片区综合体项目用地已成交，金牛区第一家外资五星级酒店——乡林“涵碧楼”酒店正式开工建设，绿地世纪城、瑞安金牛商业中心等商业地产项目加快建设。二是商业招商吸引国际品牌进驻。随着龙湖北城天街、凯德广场二期等商业地产项目建成开业，金牛区第一家外资百货——远东百货、第一家外资电影院——韩国希杰（CJ)集团金牛凯德广场影城项目正式落地。三是传统服务业转型有序推进。成都国际商贸城三期日用品市场投入运营，区属荷花池市场成功关闭并实现地块出让，现代钢铁城一期用地即将挂牌出让，蓉北市场、火车北站市场已关闭，大西南建材城、金府石材城拆迁关闭加快实施。

二、大力开展机制创新，开放合作深入推进

(一)以破解资金瓶颈为目标，携手央企参与北改 围绕现有载体创新机制，吸引央企参与投资，缓解北改资金难题。引进国有大型企业以成立合资公司的方式参与北改，与中国核工业第二建设有限公司合作成立项目公司；创新完善“地随房走”公开选择实施主体办法，引进了中铁二局股份有限公司投资参与新华印刷厂南片区地块旧城改造项目；与中国水电地产签订协议，促成其与阿坝州岷江造林局合作，参与大西南建材城改造。

金牛万达广场

（二）以“走出去”、“请进来”为目标，促进企业合作并购　促进宏华集团增资1.2亿美元及到位外债1.4亿美元，并与世界500强企业贝克休斯合作开发成都页岩油气研发中心；促进帝亚吉欧（DIAGEO）溢价收购全兴集团股权项目实施，累计到位外资3.59亿美元；促进中铁二局集团有限公司与厦门滕王阁房地产开发有限公司、厦门龙邦置业投资有限公司签订开发建设合作协议，合作开发金牛区中铁二局旧城改造项目。以上合作并购类项目的实施，促使更多企业“走出去”、“请进来”，破解资金瓶颈，使改造项目早见成效。

三、大力打造投资环境，服务水平不断提升

（一）以改善区域环境为目标，夯实招大引强基础　一是推动基础设施先建，优化投资硬环境。金芙蓉大道提前通车，天丰路形成通车能力，金粮路、金凤凰大道等6条道路启动建设，地铁3号线、7号线金牛段工程抓紧实施。二是更新改造加快推进，放量打造资源载体。解放路二段、为民路及光荣西路棚改项目启动建设，一品天下健康巷、薛公馆、花牌坊新16号危旧房改造等项目达到开工条件，曹家巷一、二街坊棚户区，中铁二局通锦桥片区等项目完成签约并实施旧房拆除，新华印刷厂南片区开始兑付工作，茶店花照城中村拆迁接近收尾，成灌路两侧500米及土桥场镇城中村拆迁全面推进。

（二）以提升服务水平为目标，强化行政效能建设　一是加大企业服务力度。采取“一对一”服务模式，为目标投资企业量身定做招商项目DM单和投资SWOT分析，组织小分队上门“点对点”招商，为投资者提供更具针对性的服务，避免了大型投资说明会的高昂成本。狠抓外商（来）企业服务，在坚持召开每季度外企座谈会的同时，通过定期走访、现场办公等形式，拜访企业27次（其中赴省外上门协调5次），实地考察48人次。与企业高层面对面交流，挖掘企业真实意愿和顾虑，收集企业不愿报、不愿提的问题50余个，解决企业反映多年、悬而未决的困难26个。二是切实提高行政效能。深化行政审批制度改革，调整、取消行政审批事项42项，实现区政务中心审批服务事项全程网上办理。加快便民服务向基层延伸，“一窗式”综合服务模式全面铺开。加大行政效能监察力度，推进行政权力依法规范公开运行平台建设。

成都国际商贸城日用品市场

充分发挥居民自治 扎实推进北改工程

中共成都市金牛区驷马桥街道工作委员会
成都市金牛区驷马桥街道办事处

推进和实现城市社区自治，是社会转型的内在要求和基层民主发展的必然趋势。党的十七大将“基层群众自治制度”纳入中国特色政治制度范畴，并作为我国的基本政治制度。党的十八大进一步指出：“完善基层民主制度。在城乡社区治理、基层公共事务和公益事业中实行群众自我管理、自我服务、自我教育、自我监督，是人民依法直接行使民主权利的重要方式。”因此，进一步理顺社区关系，全面提升社区管理和服务水平，实现“发展基层民主，保障人民享有更多更切实的民主权利”，是街道办事处适应新形势，大力推进社区居民自治，贯彻落实科学发展观的重要举措，是实现辖区长治久安的基础性工作，是扎实推进北改工作的重要抓手。

一、街道居民自治基本情况

驷马桥街道面积2.79平方千米，居民总户数3.43万户，户籍人口12.7万人，流动人口4万人。街道辖社区居民委员会8个，居民协商议事会8个。辖区内共有院落407个，其中无物管或门卫的院落369个，占总数的91%。居民住房主要是农转非安置房和华西集团下属单位职工用房。因历史原因沉积下来的老旧院落在各社区所占比例很大。街道办事处以“最基层的人做好最基础的事”为指导，牢固树立“以人为本，服务群众”的意识，围绕北改龙头工程，通过抓好社区的建设、管理和服务，充分发挥社区居民的自治作用，大力推进北改工程的深入开展。

（一）建立和健全社区居民自治组织，加强社区队伍建设

街道大力推进基层民主政治建设，积极探索基层治理机制，不断健全社区居民代表大会、社区协商议事委员会、社区居务监督委员会、社区民主理财小组等社区自治组织，使社区居民依法实行居民自治。秉承“群众利益无小事”的原则，组织社区工作者参加“知百姓事，进千户门、识万家人”活动，让社区工作人员深入到居民院落和居民群众中，耐心倾听群众心声，切实了解群众需求，逐步培养和造就“心中有群众、工作有效率”的社区工作者队伍。结合北改的需要，各社区抽调工作人员直接参与北改，在实践中锻炼提高社区工作者的能力。

（二）大力推进社区自治的规范化管理，加强居民自治工作

督促指导各社区建立和完善居民自治章程以及各项规章制度，坚持重大事项听证制，按要求实行“党务公开、居务公开，财务公开”，切实发挥居务监督小组和民主理财小组的作用，保证群众的知情权、参与权和监督权。加强对社区居委会财务收支及资产的管理，实行社区会计委派制，从制度上进一步规范社区财务管理，杜绝违纪行为发生。按照“公开透明、民主决策”的原则，用好社区公共事务和公共管理专项资金，促进政府行政管理与社区事务自治有效衔接和良性互动。开展基层公开综合服务信息平台录入维护工作，引导群众积极参与社区的民主政治建设。

二、发挥居民自治推进北改的探索和实践

北改工程是成都市最大规模的民生工程，是顺应群众热切期盼的民生大计，街道办事处按“建新、更新、改旧”的思路，坚持“群众主体，政府主导，社会参与，市场运作，依法改造”的总原则，完成曹家巷一、二街坊附条件自主改造项目危旧房棚户区和薛公馆历史建筑保护项目棚户区的拆迁改造签约工作，扎实推进马鞍东路社区精品院落打造。

（一）汇集治理正能量，创新自治改造

曹家巷一、二街坊危旧房棚户区位于一环路内，东临府青路一段，西临马鞍南路，北靠马鞍东路，南临府河，区域面积198亩，有住户3364户、1.4万人，拆迁面积20万平方米，涉及华西集团、石油、电力等十余家权属单位。项目拟建设城市综合体56万平方米，返迁房31万平方米。项目总投资67亿元，其中拆迁投资30亿元、建设投资37亿元。作为北改龙头工程的曹家巷一、二街坊危旧房棚户区改造项目，自2013年6月16日住户正式签约到100天止，累计签约3337户，完成99.2%。截至7月15日，除马鞍南苑一栋外，整个片区和马鞍南苑二、三栋签约率均为100%，项目实施正式启动。至9月12日，累计交旧房2923户，兑付2355户，兑付金额3.95亿元。

1. 因地制宜，明确思路，迎难而上

曹家巷一、二街坊的建筑，绝大多数是建于1950年代和1960年代的红砖房筒子楼

和平房，建筑设计寿命为30年，由于年久失修，特别是2008年“5·12”地震后，房屋多被鉴定为D级危房，片区群众要求改善居住环境的愿望和呼声日趋强烈。虽然区政府、街道多次与主要权属单位华西集团协商该片区旧城改造召开专题协调会，但由于公房关系错综复杂，利益诉求各自不一，涉及整合单位较多，拆迁安置成本巨大的现实情况和巨大矛盾，按照传统城市拆迁方式对该片区进行旧城改造难以实施。区委、区政府经过反复调研，决定以“片区住户自治搬迁改造”的模式，实施“北改第一改”——曹家巷一、二街坊危旧房棚户区改造。为做好这项民生工程，街道办事处以顺应民意为前提，依靠民力为基础，探索出“群众主体，政府主导，市场运作，依法改造”的居民自治改造模式。

2. 群众主体，政府主导，自治改造

以居民为主体的自治改造模式，在全国的旧城改造中尚属首创，在全国也没有成功的经验可以借鉴。在区委、区政府的领导下，街道办事处积极探索群众主体、政府主导的自治改造模式，实现共谋、共管、共评、共享，充分发挥居民自治正能量。

一是还权于民。政府将改造项目业主的委托权、补偿安置方案的裁定权，项目实施的决定权都交给群众，成立居民自治改造组织，代表全体住户议事和进言。街道和社区在有关部门的积极配合下，广泛发动片区居民，从曹家巷一、二街坊65栋房屋中推选出65名住户代表，并由他们公开投票选出13位住户作为自治改造委员会成员候选人，经逐户征求意见并签字同意确认为自治改造委员会委员，之后又补充整合单位内的8名住户代表，由21人组成自治改造委员会（简称自改委）。自改委成员

曹家巷一街坊南一幢全景

基本上具有服务群众的热情、大公无私勇于奉献的精神，一定的政策理论水平和社会影响力及凝聚力。他们利用固有的居民基础，广泛收集意见，及时反映诉求，积极做好政策宣传、思想沟通和情感联络工作，并帮助居民解决在拆迁改造过程中的一些实际问题和矛盾。因此，自改委成为居民利益诉求合理表达的平台，发挥居民自治作用的主要载体，沟通政府、企业与居民群众的重要桥梁。自改委成立后本着自我组织发动、自我教育引导、自我管理约束的工作准则开展工作，全程参与项目摸底调查、民意收集、政策宣传和规划设计，签约搬迁等一揽子事宜。自治改造模式让居民群众自己当“设计师”，为自己将来的生活区域规划建设出谋划策，真正实现了当家做主。

二是角色归位。在还权于民的基础上，街道办事处改变了传统拆迁政府大包大揽的方式，强化组织领导推进，强化规划政策引领，强化监督检查指导。街道办事处的重要任务就是团结引导居民发挥正向作用，自觉变“政府主体”为“政府主导”，变“代民做主”为“请民做主”。同时，为确保有序可控，街道办事处对自治改造过程中释放出的群众热情，既做好鼓动和推动，更进行引导和把控。

三是公平公正。在项目改造的过程中，街道办事处坚持及时公开信息，

星辉东路曹家巷片区庆祝签约成功

将改造方式、工作流程、补偿方案、住户确权、测绘面积、住户签约进展等情况公之于众，让群众全程参与、自我监督，切实保障群众的知情权、选择权、参与权和监督权，真正做到“监督贯穿全过程、一把尺子量到底”，确保了自治改造公开、公正实施。

四是巧解矛盾。街道办事处坚持依靠群众组织去做群众工作，依靠多数群众去做少数群众工作，建立以群众为主体的基层民主沟通协商机制和矛盾争议调解小组，利用片区内住户相互熟悉、地利人和等优势，面对面交流，心与心沟通，合理化解了各类矛盾纠纷。如房屋产权不明晰，一房拥有多个产权等，即利用自改委大多数成员都来自华西集团熟悉产权人的有利条件，主动介入进行产权调解，还原产权房真正的主人。在签约末期，针对少部分住户不切实际的诉求，自改委成员利用邻里感情，走家入户“拉家常”，对当事人进行晓之以理，动之以情，反复深入宣传政策、化解疑虑。同时，利用多种途径进行宣传，自改委组织片区居民文艺宣传队，对未签约的住户进行动员宣传，号召他们顺应改造大势，早日签约。

通过充分发挥居民自治作用，深入挖掘居民自治正能量，重点突出居民自治正导向的自治改造模式，产生了良好的社会效果，得到上级领导的充分肯定和社会各界的持续关注。2012年底和2013年初，中央电视台新闻频道《走基层·为人民服务新观察》栏目，连续8天滚动播出《曹家巷拆迁记》。2013年1月4日，中央电视台《新闻联播》栏目连续5天播出该组系列报道。1月6日，中办国办联合督查组到项目现场专题调研。7月，金牛区被授予全国“加强和创新社会管理示范基地”称号。10月19日，中央电视台财经频道的《中国财经报道》节目播出了长达一个小时的专题节目《曹家巷的秘密》。北京、重庆、辽宁、山西、河南等全国各地40余个考察团共600余人先后到金牛区学习考察。

（二）发挥居民能动性，抓好自治管理

街道辖区老旧院落较多，很多院落是以前国有企事业单位的福利房，后来由个人买断，单位逐步放弃了直接管理。由于这些院落的居民大多是来自同一个单位，对其中一些有影响力号召力的居民认同度较高，于是便从中推选出一部分居民代表组成院落自管小组，开展院落管理和服务。为进一步提高居民代表对公共事务和群众工作的管理水平，街道和社区将这些院落的代表组织起来，培训如何为居民服务、如何处理院落事务，因此很多院落自治小组工作开展得有声有色。例如，马鞍北路45号院原是西南石油勘查院的住宅小区，原单位已退出对院落的管理，近期院落居民对部分自治小组成员工作能力有异议，对车辆费用收入、活动室的利用等问题有质疑。以肖幼兰同志为组长的自管小组就组织居民召开院落居民议事会，调整小组成员，征询居民意见，会后立即改善部分管理方式，居民的意见和建议得到了落实。在这次院落的“大变革”中，街道让社区指派工作人员全程参与指导，院落的自管小组改选平稳过渡，实现了居民自治管理的可持续发展。在外曹家巷28号大院内，在社区的引导和支持下，从省建筑公司退休且愿意发挥余热的居民自发组织起来，运用所长，自己动手改善大院环境，不但修建了院落花台，还修建了老年活动室，使院落环境更美、氛围更加和谐。锦江岸小区居民不满意前任物管的服务并解聘物管后，社区居委会出面支持小区热心积极分子组成业委会，主动担负起小区的管理和服务工作，并以“帮助别人、丰富自己”为服务理念，以小区和谐、社区繁荣为发展目标，认真做好居民代缴水电费、解决邻里纠纷等工作。业委会还通过街道公服资金的支持及小区广告收入，为小区更换楼栋防盗门、修建活动室和美化墙、翻修入门通道、增添健身等设施，使小区环境焕然一新。

实践证明，充分发挥居民自治，让有热心、有凝聚力的居民积极分子参与社区和院落的民主选举、民主决策和民主监督，就能增强居民对院落的认同感，提高居民参与院落和社区建设的主动性和积极性，有效地化解社会矛盾，促进社区和谐发展。

曹家巷搬迁居民看新房

深入推动北改 共建和谐新城北

——金牛区创建“第二次全国和谐社区建设示范城区”

金牛区民政局

近年来，金牛区在国家民政部、四川省民政厅、成都市民政局指导下，将创建和谐社区建设示范城区与北改工程紧密结合起来，作为转变发展方式、提升产城品质、推动高端发展的重要途径，作为惠泽全区人民的重大民生工程和实现转型跨越发展的重大机遇。特别是曹家巷一、二街坊危旧房棚户区居民“自治改造”模式，有效推动了和谐社区建设步伐，获得全国、省、市多项表彰奖励。

一、基本情况

金牛区位于成都市中心城区西北部，是成都市生态、水资源保护区。全区面积108平方千米，辖15个街道、109个社区。全区户籍人口约74万人，常住人口120余万人。2009年以来，金牛区在上级有关部门的领导下，严格按照民政部《全国和谐社区建设示范城区》的指标体系，采取“政府引导、因地制宜、全民参与、特色带动、长效运作”的工作举措，依靠全区干部群众，围绕和谐社区建设抓发展，切实保障广大人民群众的利益，努力打造“平安社区、和谐金牛”，实现经济建设和社会建设协调发展。北改是成都市“立城优城”战略的重要工程，金牛区作为“北改第一区”，始终围绕“实现伟大中国梦·我的安居梦”这个宏伟目标，以强力推进北改工程为契机，大力加强和谐社区建设，坚持“社区建设硬件”和“规范服务软件”协同并举，社区服务体系建设取得初步成效。全区以设立社区公共事务服务站为突破，实行“站”“居”分设管理模式，将社区公共事务从社区居委会中完全剥离，重塑社区体制架构。全区109个社区设立了37个社区公共事务服务站，将政府的公共服务延伸到社区。2012年开始，以“一卡通”为重点的便民利民服务试点工作取得阶段性成效。同时，以争创全国志愿服务记录制度示范区为契机，大力推进社区志愿服务常态化建设。2013年7月，由人民日报社、人民网和国家行政学院主办的第二届全国加强和创新社会管理理论论坛在金牛区召开，曹家巷“自治改造”模式受到与会专家好评，中央电视台、新华社、四川日报、四川电视台、成都日报、成都电视台等媒体都进行了系列报道。

二、主要做法

(一)强化组织保障，促进社区健康发展

1. 完善组织领导架构，创建工作有力推进

全区成立了以区委书记为主任，区委副书记、区长为第一副主任，其他区委常委、副区长为副主任，区民政局、区文明办等职能部门为成员单位的金牛区社区建设委员会，负责社区建设工作的组织领导，统筹开展各项工作。社区建设委员会办公室设在区民政局，配备专职工作人员和工作经费。

2. 完善政策支撑体系，创建工作有序推进

2011年，将和谐社区建设纳入《成都市金牛区国民经济和社会发展第十二个五年规划纲要》，制定《成都市金牛区社区建设十二五规划》，对社区建设涉及的社会管理、民主管理、经费保障、基础设施建设、人才队伍建设等提供政策支撑和保障。2013年，下发《关于社会组织直接登记有关问题的通知》，对行业协会商会类、科技类、公益慈善类、城乡社区服务类社会组织进行重点培育发展，有力提升社区专业服务水平。此外，印发《关于加强区委、区政府领导联系街道工作的通知》《关于在“千名领导挂点、万名干部帮户”活动中进一步深入开展机关干部直接联系服务群众工作的实施意见》，进一步加强和完善党政领导和职能部门联系社区的机制和制度，及时发现解决创建中的问题，推动和谐社区建设。

3. 完善部门协同机制，创建工作有效推进

全区进一步建立健全和谐社区建设任务交办、定期会办和及时督办等制度，将和谐社区建设纳入部门、街道年度考核目标，由民政部门牵头落实有关项目的考核与评定，确保创建工作高效推进。区民政局加大对街道、社区创建工作的指导和督促，各街道和社区细化分解创建目标，层层落实创建责任。同时，加强与上级业务部门和驻区机构的沟通协调，通过召开联席会、举办联谊活动、定期通报情况等多种形式推进创建工作。

(二)完善管理服务措施，构建社区服务体系

1. 建章立制，解决居民基本社会保障需求

近年来，金牛区积极推进“充分就业社区”创建，进一步加强街道、社区劳动保障与社会保障平台建设，实现市、区、街道、社区四级微机联网。对下岗失业人员和就业困难人员进行动态管理，下岗失业人员登记率达100%，全区无“零就业”家庭。已纳入社会化管理服务的企业退休人员社区管理率达100%。进一步规范街道(社区)养老金领取流程，落实各种优惠政策和措施，以创业推动就业，鼓励并扶持各种形式的创业再就业。立足北改，积极开展就业“四同步”服务，大力开发社会福利服务、家政服务等各种就业岗位。强化就业咨询、职业技能培训、就业岗位信息等服务，帮助下岗职工实现多种形式再就业。强化创业培训跟踪服务，按照“培训、扶持、创业、转变”的思路，建立创业培训、创业项目开发、开业指导、小额贷款指导、跟踪服务运作的创业服务体系，实现创业就业“一条龙”。切实关心弱势群体，积极实

凯德广场·金牛二期大型招聘会

行综合救助和发展型救助，设立“爱心服务超市”，使符合低保条件的社区居民、低保边缘户等得到更多、更实在的帮助、救助和社会服务。同时，健全劳动争议矛盾调处机制，确保劳动纠纷不蔓延、不升级、不转化。切实把“发展为了人民、发展依靠人民、发展成果由人民共享”的要求落实到和谐社区建设中。

2. 强化社区服务功能，提升居民满意指数

创新工作机制　一是建立由专职、兼职工作人员和志愿者组成的社区服务队伍，为社区居民提供优质、快捷和周到的服务。二是建立健全群众舆情收集机制，了解群众在物质、政治、精神文化生活上的需求，并以居民诉求为导向，开发社区服务项目，不断丰富社区服务内涵。三是建立健全考核激励机制，组织社区服务工作人员参加岗位培训，不断提高社区服务队伍的政策水平、理论水平和业务水平。四是加强社工人才培养，提高社工人才素质，金牛区与四川创新社会发展与管理研究院合作，开展社区工作者学历教育，积极推动社区工作者队伍向社会工作专业化、职业化方向发展。

解决社区难题　一是进一步完善以居家养老为基础、社区养老为依托、机构养老为补充的社区养老服务体系，在各街道建立居家养老服务中心，并配备老年餐桌、文化娱乐、康复健身等设施。建立金牛区老年健康护理培训基地，采取“一个基地、十五个中心、若干个院落”的三级网络培训模式，由点及面、全员覆盖，实现老有颐养。二是建立和完善残疾人服务体系，在成都晚霞社会养老服务中心建立贫困重度残疾人全日制托养中心，减轻残疾人家庭负担，提高残疾人生活质量，实现苦有所依。三是开展应急管理工作进社区活动，坚持预防与应急并重，进一步健全和完善社区应急管理组织体系、应急预案体系和应急知识宣传教育长效机制，全区共建立应急避难场所50个，实现急有避所。四是创新“三项服务”，打造高品质社区卫生服务，辖区内社区卫生服务机构做到100%覆盖。深入推行全科医生团队服务模式，实行家庭契约式健康管理方式。所

金牛区图书馆

应急避难场所

有社区卫生服务中心能满足群众“六位一体”的医疗卫生服务需求。探索“社区首诊、分级诊疗、双向转诊、急慢分治”的就医格局，探索建立社区卫生服务中心与大医院联动服务机制，实现病有适医。五是强化社区安全建设，提升环境水平。建立防止矛盾激化的预警和处置机制，成立社会矛盾纠纷调解中心、创新“人民调解案例工作法”，使社区居民内部矛盾得到及时正确处理。开展创建“花园式庭院”“花园式社区”活动，积极营造干净、有序、美丽的社区生活环境。

3. 以“邻里节”为平台，营造充满活力的社区文化氛围

整合资源充实载体　一是区体育中心、区图书馆、区文化馆、街道综合文化活动中心、社区综合文化活动室等公共文化设施全部免费开放。区图书馆每周开放超过56小时，区文化馆每周开放超过42小时，街道综合文化活动中心和社区综合文化活动室，每周开放5天，每天8小时以上，且节假日不休息。二是充分利用文化站、社区学校、社区广场以及社区单位的各类文化设施，开展“邻里节”系列活动，用丰富多彩、健康有益、喜闻乐见的文化、体育、教育、娱乐等活动，丰富群众的精神文化生活。三是辖区内所有科普基地在科技月、科技周和科普日期间，积极组织科普活动，对辖区居民开放率达到100%。

改善条件提升质量。改善社区文体设施，以政府资助项目的方式，设立了35个社区“千册图书室”，7个街道“万册图书室”。在各社区设立室外体育健身点、社区文化广场等文体设施。2011年，以“运动成都·活力金牛”为主题，实施“全民健身400惠民工程”，在每个季度举办不同主题的全民健身活动，每个赛季都有100个社区参加。

4. 开拓创新，促进社区持续科学发展

成立社工服务协会，构建“十五分钟生活服务圈” 2012年，在城市街道10个社区进行便民服务试点工作，试点社区成立社工服务协会（简称社工协），社区居民根据需要，可以全天24小时拨打电话，由社工协工作人员根据居民的需要，“调派”最近的服务资源上门服务，实现“一卡在手，全程无忧”。“一卡通”服务项目包括家电维修、医疗保健、法律咨询、美容美发、家政服务、社区旅游、粮油配送、早期教育等八大类。全区以社工协试点工作为基础，引进广州大同社会工作服务中心、成都汇智社会工作服务中心等社工组织，于2013年成立了金牛区社工之家，建立了社工机构孵化培育基地，培育出金牛区源之心社会工作服务中心、金牛百事可托服务中心等专业社工机构和金牛区社会组织促进会、金牛区社工协会等行业协会。同时，金牛区积极向民政部申报“全国社会工作服务示范地区”，切实推进社会工作的发展，推动社会工作专业人才队伍建设。

设立“时间银行”，推动志愿服务长效化 2011年11月，全区建立并完善了12个标准化志愿服务站。2012年，金牛区被民政部命名为全国志愿服务记录制度试点区，是四川省6个被民政部确定试点的区县之一。2013年，在荷花池、黄忠等街道、社区设立“志愿服务时间银行”，同时自主研发了志愿服务信息化系统、完善志愿服务记录管理办法、记录标准、志愿服务奖励回馈和记录查询及证明机制，实现志愿服务5A目标，即任何人员（Anyone）、任何时候（Anytime）、任何地点（Anywhere）、任何方式（Anyway）、任何服务（Any service），都能在社区享受到优质的志愿服务。

（三）保障有力，各项工作全面落实

1. 推进社区党建，“一会一站一中心”发挥重要作用

2013年，金牛区制定《关于构建街道社区党建区域化新格局的实施意见》，建立和完善了区域化党建的领导体制和工作机制，实施党员双重管理服务制度，夯实街道社区党的组织基

沙河源街道长久社区邻里节

础，整合党建工作资源，做好联系服务群众工作，切实发挥基层党组织在创新社会管理中的领导核心和示范带动作用。同时，在社区普遍建立“一会一站一中心”，即党员议事会、党员服务站和党员服务中心。

2. 保障社区建设，民生财政理念得到全面推广

金牛区始终把保障和改善民生作为公共财政支出的主要投向，高度重视社区经费投入的保障机制，逐步确立常规补贴和项目拨款相结合、区和街道投入相结合的社区建设投入模式，专门建立社区建设专项资金，包括社区人员经费、社区办公活动经费、社区基础设施建设经费、社区工作项目经费等，全区逐步形成了区财政、区社区建设专项资金、福彩基金、体彩基金组成的多元化投入机制。近年来，全区社区建设经费每年增幅都在20%左右，从2012年7月起，增加社区两委会成员、居民小组长补贴标准。2013年，制定金牛区城市社区公共服务和社会管理专项资金管理办法，确定“明确事权范围、核定收支基数、区街财力分成、转移支付补助”的改革框架，进一步提高街道社会管理和公共服务的财政保障水平，为推行和谐社区建设提供经济保障。

3. 巩固设施建设，社区综合服务中心建设有序推进

根据《金牛区社区建设十二五规划》，全区35个社区综合服务中心的建设有序推进。社区综合服务中心主要承担政府受理、社区服务、社区文化三大功能，同时引入图书馆、大型超市及心理咨询、医疗保健等社区专业服务。

4. 坚持制度建设，“居民参与”成为社区工作重要理念

一是规范社区自治制度，建立社区议事会、监事会、协调会等三会制度，坚持召开社区代表会议，不断增强居民的民主法制意识，使社区居民最大限度地参与社区生活，共同建设和谐社区。二是充分发挥社区志愿者的作用，通过建立“时间银行”等方式，组织“道德讲堂”“百姓故事会”等活动。三是加强社工与居民的交流，通过实行网格化管理，进一步增强社工服务居民的意识，提高服务居民的能力。四是大力培育和引入专业社工组织，不断满足老年人、青少年等人群的需求。

三、取得成果

2010年以来，金牛区先后被评为全国老龄工作先进单位、四川省双拥模范区、全国科技进步先进集体、全民健身示范区、中国民间文化艺术之乡、四川省平安建设先进区、四川省第三轮敬老模范区、全国数字化学习先行区等，并获第四届文化部创新奖。金牛区作为全国首批城乡社区数字化学校实验基地，社区教育网络平台建设粗具规模。近年来，全区社区教育积极整合各类资源，完善社区教育网络和多元培训网络，建立金牛区社区教育网站平台和15个街道数字化学习平台，为广大居民提供远程化、数字化的便捷学习方式和可选择的社会化服务。2013年3月，金牛区被评为全国社区教育实验区。2013年7月，第二届全国加强和创新社会管理理论论坛在金牛区召开，金牛区被评为“破解旧城改造难题的探索与实践一社会管理创新最佳案例”。

创建全国社区教育实验区

金牛区教育局

为推动社区教育深入发展，加快构建终身教育体系和建设学习型社会，金牛区从社区教育的实际出发，于2010年3月成立社区教育领导小组，全面开展创建全国社区教育实验区工作。历时三年，至2013年3月，金牛区被教育部评为全国社区教育实验区。

一、完善工作机制建设，保障社区教育有序开展

在多年的社区教育的实践中，逐步形成“党政统筹领导，教育部门主管，有关部门、街道配合，社会积极支持，社区自主活动，群众广泛参与”的管理体制和运行机制。建立了社区教育联系会制度、督导检查制度、联络员制度和教师进社区等一系列相关的社区教育管理制度。按照区政府关于进一步深化社区教育工作实施意见提出的工作任务和要求，将各部门、各街道社区教育工作纳入年度考核，明确各部门、各街道的职责，确保社区教育工作的经费投入、人员配备和场地留置，形成社区教育合力、保障社区教育有效推进的三级管理体系和教育体系。

（一）社区教育三级管理体系

区社区教育领导小组。领导小组由区政府分管教育的副区长任组长，区政府32个部门和各街道办事处负责人为成员，办公室设在区教育局。领导小组的主要职责包括制定规划、建立制度、评估督导、组织试点、交流推广、定期召开社区工作会议和专题研讨会议等。

街道社区教育学校校务委员会。校务委员会主任由街道办事处主要领导兼任并主持工作。校务委员会统筹辖区内的社区教育，加强街道社区教育学校、社区教育工作站的建设和管理。

社区教育工作站。工作站站长由社区书记或主任兼任并主持工作，负责社区教育的组织实施。

（二）社区教育三级教育体系

区社区教育学院。区社区教育学院是社区教育的“龙头”，不断完善其辐射、研究、培训、指导、整合等五大功能。学院配备专职工作人员7人，兼职人员2人，其中特级教师2人。学院负责统筹、协调、组织全区社区教育，包括目标任务下达、科研及活动开展、对外交流与沟通宣传、部分主干课程安排、师资及社教干部培训等，并承担区级各类培训任务。社区教育学院依托区老年大学的资源优势，建立了社区教育学院科普分院，主要向社区居民普及科普知识。

街道社区教育学校。各街道建立的社区教育学校，有健全的组织管理、教育场所、师资队伍、学习教材和必要的教育投入，是市民培训的主要场所。全区建成街道社区教育学校15所，其中市级规范化社区教育学校4所、区级规范化社区教育学校3所。街道社区教育学校还负责对社区教育工作站的指导。

社区教育工作站。全区109个社区均建立社区教育工作站，其中市级示范性社区教育工作站16个、区级示范性社区教育工作站14个。工作站以自我管理、自我教育、自我服务为原则，在区、街道社区教育机构的指导下，具体开展教育培训活动。

至2012年9月，全区各级社区教育培训场地2.8万平方米，有计算机2215台，图书18.2万册；有专职人员23人、兼职人员340人、社区教育志愿者2000余人。社区教育专项经费达到人均1元，居民受教育培训率达到30%。

9月12日，全国义务教育发展基本均衡县督导评估认定检查组督导检查金牛区义务教育发展基本均衡水平

二、加强队伍建设，满足市民不同的教育需求

（一）建立社区教育师资库，优化教师资源共享机制

依托区域内各中小学、幼儿园、职业学校选派的教师进社区；充分利用成都电大、民办培训机构的师资资源；挖掘社区内具有较高素质、热心社区教育工作的社区离退休人员、专业技能型人员组建社区教育志愿者队伍。社区教育志愿者中包括各级各类教师、社区干部、有特长的社区居民等。

（二）加强社区教育师资培训，提高教育工作质量和管理水平

一是积极组织社区教育干部到北京、上海、大连等地参加全国社区教育研讨会，学习发达地区社区教育工作经验。二是定期组织社区教育干部、教师志愿者进行社区教育理论与实践、社区教育工作者远程技能、社区教育学校建设、课程开发及档案管理等专题培训，提升社区教育教师干部的整体素质。

妙趣横生的课堂

三、致力课程开发，丰富社区教育服务内涵

在开展社区教育现状调查的基础上，重点对各类人群开展教育培训现状和社区教育资源状况进行调研，了解居民学习需求，充分挖掘可利用的社区教育资源，制定社区教育培训内容，初步形成具有特色的社区教育课程体系。开发编制《金牛区市民礼仪读本》《金牛区市民安全读本》《金牛区特色文化荟萃》《金牛区0—3岁儿童早期发展指导手册》《金牛区市民学习手册》《社区与生活》等具有社区教育特点的读物。

数字化基地授牌

四、全速信息化工程，加宽数字化教育频幅

金牛区是全国首批城乡社区数字化学习实验基地、全国数字化学习先行区。“金牛区市民学习在线”建设，以功能完备、资源丰富、服务高效、指导有力的区域社区教育服务的学习中心、管理中心、资源中心、信息中心和交流中心为目标，2012年实现50M以上公网接入带宽，100万级用户注册管理，10万人在线学习和2000人并发视频学习。全区15个街道分别建立数字化学习分中心，依据社区发展需求，逐步在各个社区设立数字化社区教育港，实现教育终端的最大化利用。“金牛区市民学习在线”还与区内各学校、各培训机构的网络互交，实时发布信息，实现一网在手、信息全有的功能。至2012年9月，网站开设课程1389门，注册学员7.14万余人，访问学习次数83.5万

社区教育读本

余次。

五、整合教育要素，开辟多元化社区教育渠道

一是与成都社区大学签订社区教育战略合作协议，在社区教育、资源共享、继续教育、职业教育及现代教育培训产业等方面加强交流与合作，构建区域教育战略共同体，实现优势互补，资源高效利用。二是引进精英教育，与艾迪克森等单位建设数字化学习资源，使社区教育数字化建设达到高起点谋划，高标准建设的要求。三是充分整合区域内优质民办教育培训资源，在部分街道、社区进行试点，开展各种类型的培训活动，满足市民对社区教育的多元化需求。

六、以研究为载体，构建社区教育新模式

立足区情和社区教育发展的实际，开展社区教育实验研究，先后开展了“社区教育发展现状研究”“社区早期教育研究”“荷花池商业圈社区教育培训方式研究”“涉农地区社区教育学校建设研究”“民办教育培训资源在社区教育中的运用思考”“社区教育如何服务北改工程”等，不断探索整合教师资源，组织社区群众积极参与社区教育活动，提高社区教育有效性的新思路新方法，使教师的授课内容和教学方式更贴近群众需求。在社区早期教育研究过程中，建立社区早期教育基地，组建流动幼儿园、婴幼儿家庭教育讲师团进社区等，逐步形成覆盖全区的社区早期教育服务网络。社区早期教育经验在全国、省、市交流，研究成果获成都市社科界第五次优秀成果奖。

七、丰富活动形式，激发市民的参与意识和热情

在社区教育中，以立足居民需求，满足居民需求，引导居民需求，提升居民需求为目标，组织开展北改专题讲座、“社区公益大讲台”“金沙讲坛·交子金牛分讲坛”“父母有智慧、孩子更成功”“阳光幸福快车普法大巡讲”“送教进社区”“世界读书日”宣传、“全民终身学习活动周”“城乡共融，托梦明天”少儿素质培训、“我们的节日”“优质资源共分享，全城共享童年乐”幼教资源向社区开放、“流动幼儿园进社区”“家庭才艺展示”“图书漂流”“邻居节”等活动，内容包括文明礼仪、人文素养、职业技能、才艺培训、家庭教育、书法绘画、生活技能，体育锻炼等。通过系列活动，促使社区居民树立终身学习的理念，提高思想道德素质和科学文化素质。

八、抓好“惠民工程”，学校资源向社区开放

加强教育资源向社区开放，制定学校资源向社区开放的实施意见，成立学校资源向社区开放领导管理协调小组。中小学与所在社区签订《教育资源向社区开放协议书》，做到有开放公告、开放协议、开放内容、开放时间、管理办法、管理队伍和开放记载。区教育局将学校资源开放工作列入学校年度工作内容进行考核评估，促使教育资源开放工作制度化、常规化。

大事记
A CHRONICLE OF EVENTS

1月

1日　金牛区开始实行两年内免征企业注册登记费。

4日　中央电视台《新闻联播》栏目，播发《曹家巷拆迁记》系列报道。

5日　金牛区残疾人联合会第六次代表大会召开。

9日　金牛区委六届五次全委（扩大）会议召开。

9日　中西部地区最大的缝纫设备交易基地——成都国际商贸城缝纫设备市场开业。

17日　区属荷花池市场商家搬迁签约工作，比规定时间提前22天结束，签约率100%。

19日　金牛区第六次党代会第三次全体会议暨区委经济工作会召开。

20日　金牛区在全市率先出台地铁站出入口市容秩序和环境卫生管理新标准。

23—25日　金牛区第六届人民代表大会第二次会议召开。

1月　国家体育总局授予金牛区2012年全民健身活动先进单位称号。

1月　沙河源社区卫生服务中心成为全国社区卫生服务示范中心。

1月　金牛区首家社区物业服务中心——九里堤北路社区物业服务中心（成都市星月物业服务中心）正式成立。

2月

8日　金牛区荷花池市场正式关闭改造。

16日　金牛区召开北改项目攻坚年动员暨2012年度纳税大户表彰大会。

2月　金牛区在全市率先成立区级教育国际化海外分中心。

3月

9日　曹家巷一、二街坊自治改造附条件协议搬迁正式开始签约，签约期为100天。

12日　金牛区法院诉讼服务中心正式对外开放。

20日　金牛区被教育部评为第五批全国社区教育实验区。

28日　成都国际商贸城三区市场开业运营，市场有商铺1万个，汇集上千个鞋类、皮具箱包品牌，同时批发服装服饰、文体用品、电子电器、玩具、五金、护理及美容用品等商品，是西南地区最大的品牌鞋类、皮具箱包专业市场。

30日　2013年全民健身400惠民工程项目——100社区太极拳比赛开赛，决赛于6月28日进行。

4月

8日　金牛区召开领导干部大会，宣布市委对苏鹏、白国欣职务任免的决定。

13日　金牛区举办“十大金牛好人”颁奖活动，并正式启动“爱金牛·蒲公英行动”。

16日　四川新华印刷厂南片区附条件协议搬迁动员大会召开。

18日　四川省科技成果转化轨道交通专项项目推荐及投融资对接洽谈会，在成都中铁轨道交通高科技产业园举行。

20日　雅安市芦山县发生7.0级地震，金牛区立即启动总体应急预案。

23日　金沙汽车客运站整体搬迁至茶店子汽车客运站。

4月　金牛区被四川省档案局评为2012年全省县（市、区）档案工作先进集体，是全市唯一获此称号的中心城区。

4月　金牛区成都锦通药业连锁有限公司“钟氏”商标，被国家工商行政管理局授予中国驰名商标。

5月

2日　金牛区政务微博大厅正式开通。

11日　金牛区召开北改历史文化建筑项目薛公馆保护及周边棚户区自治改造附条件协议搬迁动员会。

12日　北改重大交通项目金芙蓉大道主车道通车，道路起于沙西线，止于绕城高速，全长11.8千米。

15日　金牛区召开"实施伟大中国梦，建设美丽繁荣和谐四川"主题教育活动动员大会。

6月

20日　金牛区成立全国首个区级家庭教育学会。

28日　台湾乡林集团以10.9亿元人民币中标，在凤凰山辖区竞得287.4亩土地，建设金牛区首家外资五星级酒店——"涵碧楼"。

6月　天回镇万石路立交工程提前3个月全面竣工通车。万石路起于大天路，止于兴川路，道路全长510米，总投资1.43亿元。

6月　金牛区2013年高考成绩居成都市各区（市）县之首，本科上线率达64.4%。

7月

1日　金牛区启动2013年新市民健康倍增计划。

2日　金牛区阳光学生艺术团成立。

5日　金牛区通过ISO14001环境管理体系复评现场审核。

9日　韩国希杰影院成都总部落户金牛区，是金牛区引进的首家外资电影院总部。

10日　西部地理信息科技产业园项目授牌仪式在四川省测绘局举行。

16日　曹家巷一、二街坊棚户区自治改造项目举行项目实施启动仪式。

20—28日　金牛区棒球队在2013年四川省青少年棒球锦标赛中夺冠。

26日　第二届全国加强和创新社会管理理论论坛暨社会管理创新案例颁奖典礼，在金牛区沙湾国际会议展览中心举行。金牛区“自治改造”模式获最佳案例称号，金牛区被授予第二届全国加强和创新社会管理示范基地。

30日　金牛区召开第六届人民代表大会第三次会议，补选白国欣为成都市金牛区人民政府区长。

7月　金牛区社会治安综合治理委员会更名为金牛区社会管理综合治理委员会。

7月　金牛区在全市率先完成区域内623条道路、96座桥梁和15条隧道等地名数据普查工作。

7月　成都市足球运动项目管理中心确定金牛区沙湾路小学、友谊小学为中国足球发展试点城市定点学校，金牛区西一路小学、沙河源小学、奥林小学为全国青少年校园足球定点学校（成都）。

8月

1日　首届西部牛仔童装文化节在成都国际商贸城开幕，全国2000多家童装企业参加。成都国际商贸城童装和面料区同时开街。

1日　金牛区举行征兵首日宣传集中报名活动。

5日　沙河源社区卫生服务中心通过创建全国示范社区卫生服务中心复评。

8日　中铁二局优城·惠民工程通锦片区自主改造附条件协议搬迁签约正式启动。

12日　“北改”工程首个文态建设项目——九里堤遗址建成并免费开放。

14日　金牛区被国家体育总局授予2009—2012年度全国群众体育先进单位称号。

17日　金牛区委授予刘军优秀共产党员和英雄人民警察称号，同时对刘军、宋明飞、翁海林等6名警察进行表彰。

17日　金牛区薛公馆、张大千故居、原成都电子机械高等专科学校办公楼等3处建筑入选成都首批历史建筑保护名录。

19—23日　2013GlobalTiC全球创业智慧奖竞赛暨全球创新创业论坛在台湾台北科技大学举行。金牛区青年（大学生）创业园企业成都锐度科技有限责任公司选送的“锐度无人机航拍”获最佳商业创新奖，为中国参赛队伍中唯一获奖团队，该公司制作的商业短片同时获最佳商业短片奖（Best Commercial Film）。GlobalTiC全球创业智慧奖竞赛暨全球创新创业论坛由国际创新创业发展协会主办，本次大赛共有美国、俄罗斯、中国等12个国家22支区域比赛优胜团队参加角逐。

27日　成都七中领办西藏军区成都八一学校正式签约。

31日　四川新华印刷厂南片区改造项目启动，开始进行为期100天的模拟签约。

8月　全市首个智能停车管理系统“云智慧停车管理系统”，在茶店子公园地下公共停车场建设并投入使用。

8月　英国帝亚吉欧洋酒集团与全兴集团合作项目经四川省商务厅审批通过后，金牛区最大外资单笔金额人民币18亿元（折合2.99亿美元）到位。

8月　金牛区在成都市SOS儿童村、茶店子街道锦城社区等单位成立未成年人帮教基地，并举行“青少年关爱之家”挂牌仪式。

9月

6日　金牛区与美国犹他州普罗沃市签署建立友好合作关系备忘录。

17日　曹家巷一、二街坊棚户区自治改造项目动工拆迁。

18日　金牛区文艺志愿者服务群众“十百千”活动启动仪式在九里堤街道九里堤北路社区举行。

26日　世界华商交流合作对接会上，金牛区与中铁三局集团有限公司和量力集团分别签署合作协议，协议总投资41亿元。

29日　凯德广场·金牛二期开始试营业，与一期连成一体，是成都西北区域单体规模最大的一站式购物中心。

9月　成都市五城区首个法治文化广场在金泉街道金科苑社区建成。

9月　金牛区启动163个无门卫、无物管、无管理院落的整治工作。

9月　一品天下美食街在四川最美街景评选活动中获四川最美街景奖。

10月

15日　成都百万职工（金牛赛区）技能大赛暨金牛区第十届职工技能比赛在金牛区举行。

15日　西部地理信息科技产业园首期开工建设。

18日　社区党组织和居委会换届选举工作全面启动。

23日　第十四届中国西部国际博览会上，金牛区西部地理信息科技产业园作为全省唯一签约项目成功签约。

27日　成都市体育局、成都市体育总会主办，区文旅体局承办的2013年“太极蓉城”嘉年华活动，在金牛奥林体育中心举行。

28日　金牛区挂牌成立全国首个教育评价与质量管理改革实验区。

29日　2013年中国（成都）南亚商品交易会在成都国际商贸城举行。

10月起　金牛区2万名80—90周岁的老年人，享受每人每月20元高龄生活补贴。

10月　金牛区组织拍摄的纪实连续剧《曹家巷的安居梦》，在第八届全国电视栏目剧评优年会上获评优作品一等奖，是全省唯一获此奖项的作品。

10月　全国大中城市社科联第24次工作会议在绵阳市召开，金牛区社科联获全国社科联先进组织称号。

11月

6日　金牛区聘请20名科技人员组成区第五届科技顾问团。

6日　金牛区物流行业协会正式成立。

14日　中央电视台播出《曹家巷拆迁记》第二季，再次聚焦曹家巷自治改造。

15日　金牛区首届医学学术年会召开。

19日　2013中国西部（成都）建材家居行业发展高峰论坛在金牛区举行。

23日　全省首家区级电子商务协会——金牛区电子商务协会成立。

28日　西部地理信息科技产业园举行首批入驻企业签约仪式，12家省内外地理信息企业签约入驻。

11月　金牛区石笋街小学教师冯怡代表四川省参加全国品德与社会赛课展示获一等奖。

11月　金牛区获2013年全国科技进步考核先进区称号。

12月

6日　金牛区开展第三次全国经济普查宣传月活动。

10日　金牛区文联召开第二届一次代表大会，选举产生新一届领导机构，推荐产生名誉主席、顾问和特邀顾问。

19日　城北第一座大型全业态购物中心——龙湖·北城天街购物广场开业。

23日　金牛区通过省级安全社区验收评定。

12月　金牛区获全国侨联系统先进组织称号。

12月　金牛区被四川省商务厅认定为四川省服务贸易特色基地。

（审读：杨枝苍）

北城改造与城市建设

THE PROJECT OF NORTHERN CITY REDEVELOPMENT AND URBAN CONSTRUCTION

北改规划

【五块石片区实施规划】 11月29日，五块石片区实施规划通过2013年第二次北城改造工程项目区实施规划联合审查会，明确片区用地性质和路网体系调整。实施规划包含城市设计和控制性详细规划修改两个部分，规划范围为东至金牛区区界，南至火车北站，西至宝成铁路，北至五福桥路，总用地面积1.87平方千米。用地性质以商业商务、二类居住及公共服务设施为主，规划生态开敞的中央公园。

【金府市场片区实施规划】 11月29日，金府市场片区实施规划通过2013年第二次北城改造工程项目区实施规划联合审查会，明确片区用地性质和路网体系调整。实施规划包含城市设计和控制性详细规划修改两个部分，规划范围为东至沙河公园绿地，南至金府路，西至老成灌路，北至三环路，总用地面积约1.5平方千米。用地性质以商业商务、二类居住及公共服务设施为主。

成都市北城改造规划建设展暨项目推介会

瑞安·城中汇

【木综厂–铁路局片区实施规划】 11月29日，木综厂–铁路局片区实施规划通过2013年第二次北城改造工程项目区实施规划联合审查会，明确片区用地性质和路网体系调整。实施规划包含城市设计和控制性详细规划修改两个部分，规划范围为东以人民北路为界，西邻府南河，南临一环路，北至二环路，总用地面积约1.3平方千米。用地性质以商业商务、二类居住及公共服务设施为主，规划中央绿地公园。

（罗炎希）

旧城改造

【解放路二段棚户区】 项目位于人民北路街道花圃路社区，北至一环路北三段，南至华达商城，西至绳溪河，东至解放路二段，占地23亩，拆迁面积2.2万平方米，涉及居民住户276户，由鑫地公司负责，总投资12亿元。3月12日，土地挂牌出让，截至12月，土方施工全部完工，大楼主体一单元修至6层、二单元修至3层、三单元修至10层；完成基坑支护桩及冠梁和第一层锚索施工；壹号广场施工至地面第3层；完成主楼、裙楼部分地下室顶板施工。

【为民路和光荣西路片区】 项目范围包括金沙北二路1号，光荣西路17、19、21、25、45、49、51、53、55、57、59号，为民路23、25号，占地54.7亩，拆迁面积7万平方米，涉及居民住户350户、企业46家，由区统建办负责。总投资12亿元，其中拆迁投资1.4亿元、建设投资10.6亿元。2月，项目地块拆迁完毕，11月，四川朝阳房地产开发有限责任公司取得土地，进入办理规划和开工手续阶段。

【花牌坊街新16号】 项目位于花牌坊街西南侧，由区旧改中心负责，总投资3亿元。占地8.25亩，拆迁面积1.1万平方米，涉及居民住户229户、企业6家。截至12月，项目由成都星译投资有限责任公司摘牌，签订土地出让合同。

【薛公馆项目】 2012年，位于解放路北一段15号的薛公馆被列入成都市第一批历史建筑保护名录，建筑具有典型的川西民居风格。2013年，金牛区以薛公馆为中心对周边棚户区实施改造。项目占地近7亩，建筑面积4800余平方米，涉及拆迁户123户，其中住宅104户、非住宅19户。由区住房保障中心负责，总投资1.05亿元。8月26日，项目启动签约，10月9日，项目附条件协议搬迁签约率100%。截至12月，旧房拆除完毕。

【曹家巷一、二街坊危旧房棚户区自治改造】 项目东至府青路，西至马鞍南路，南至星辉东路，北至马鞍东路，占地198亩，拆迁面积14.8万平方米，涉及居民住户3756户、企业309家。由区统建办负责，总投资80亿元。3月9日，项目启动附条件搬迁协议签约，7月16日，签约3360户，进行履约兑付手续。截至12月，完成附条件搬迁协议签订和整合地块协议签订，进行补偿款兑付和旧房拆除工作。

【工业学校片区】 项目位于曹家巷片区，一环路与恒德路交汇处，占地59.59亩，拆迁面积4.5万平方米，涉及居民住户196户。由区旧改中心负责，总投资25亿元。8月26日，项目摘牌，签订土地出让合同，项目公司注册为成都北辰浩房地产开发有限公司。

【中铁二局自主旧城改造】 项目南至西体路，北至一环路北一段，西邻马家花园路，东临通锦路，占地202.3亩，拆迁面积17万平方米，涉及居民住户1100户、企业16家。由中铁二局负责，总投资34亿元。8月8日，项目启动通锦桥片区住户附条件搬迁协议签订工作。11月，完成附条件搬迁协议的签订，签约率100%。截至12月，收房率56%，分批次兑付补偿款。

【新华印刷厂南片区】 项目东至人民北路一段，西至成华西街，南至成华西街，北至一环路北三段，占地136亩，拆迁面积19万平方米，涉及居民住户1947户、企业18家，包括四川新华印刷厂、林业调查规划院、四川省有色冶金研究院等企事业单位。由区旧改中心负责，总投资60亿元。4月16日，附条件搬迁动迁会召开，住户推选代表，成立自主委员会，自主委员会成员全程参与搬迁工作。8月31日，启动附条件搬迁协议签订。截至12月，签约住户1941户、单位18家，签约率99.7%。

【新华印刷厂北片区】 项目东至北站西一路，西至北站西二路，南至一环路，北至北站西三巷，占地86.4亩，拆迁面积8万平方米，涉及居民住户612户、企业8家。由四川川出置业有限公司负责，总投资25亿元。6月，启动整合部分签订工作，11月，完成需整合地块拆迁并交地。截至12月，项目实施规划通过市区对接会。

【人民北路一段6号、8号院】 项目位于人民北路火车北站片区，占地52亩，拆迁面积5.8万平方米，涉及居民住户666户、企业6家，2012年9月10日签约生效。由区旧改中心负责，总投资19亿元。截至12月，旧房全部拆除，拟定正式规划条件，林业厅、林勘院、五冶3个单位在国土厅办理土地注销。

【原市委党校片区】 项目位于一环路以南，解放路以东，恒德路以西，华西集团以北，占地85亩，总建筑面积43万平方米，拆迁面积9.2万平方米，涉及拆迁居民住户556户。由区鑫地公司负责，总投资34亿元。6月，启动搬迁协议签订工作。12月，完成前期摸底调查和成本测算，与中核北改投资有限责任公司达成初步投资意向。

【邮区中心局】 项目东至解放路一段，西至泰基北锦，南至解放西路，北至四川省第三建筑工程公司宿舍，占地39.5亩，拆迁面积1.9万平方米，涉及拆迁户数354户，其中个体营业56户。由四川瑞升置地有限公司开发，总投资15亿元。12月18日，召开动迁会。

【荷花名都】 项目东至小沙河，西至北站东二路，南至解放西二路，北至成都空军招待所，占地8.4亩，拆迁面积4332平方米，涉及居民住户40户。由四川黄龙汽车贸易有限责任公司开发，总投资1亿元。截至12月，完成外墙装饰工程。

【五块石城市社区综合体】 项目东至赛云台北路，西至五块石大道，南至北城盛世，北至站北路，占地10.6亩。由五块石街道、成都八达公司负责，总投资8千万元。9月，完成关闭八达货运市场土地平整。12月，鑫地公司、八达公司、五块石街道签订共建框架协议；五块石16号货运市场进行拆迁；鑫地公司和八达公司申报市北改项目，进行方案设计；八达公司进行土地调规变性。

【北城盛世】 项目东至赛云台北路，西至五块石大道，南至电子市场C座，北至站北路，占地14.6亩。由成都瑞发置业有限责任公司开发，总投资2.96亿元。截至12月，项目进入基础施工阶段。

【成都铁路局片区】 综合办公楼 项目位于人民北路二段两侧局部，占地47.2亩，拆迁面积3.3万平方米，涉及企业1家。由成都铁路局负责，总投资9亿元。截至12月，项目完成施工前期各项手续的审查。

人北片区 项目位于人民北路二段两侧局部，占地217亩，拆迁面积27.4万平方米，涉及居民住户2443户、企业330家。由区旧改中心负责。截至12月，意向投资企业与成都铁路局协商洽谈相关事宜，规划部门制定片区规划技术条件。

【合力达嘉州财富中心】 项目位于二环路与沙湾路交汇处，占地52亩，拆迁面积3万平方米。由成都合力达房产开发有限公司开发，总投资30亿元。9月，完成旧房拆除并交地。截至12月，项目与3家市场内业主达成意向，准备搬迁；与两家大型企业达成初步意向，整体修建两栋大楼，保证市场内已平场地（隆昌、蜀海市场）的开发；与耙子火锅的具体合作开发事项达成协议；初步规划设计方案交区政府和规划局；申请再次地勘放线；合力达完成2013年享受土地优惠政策的申报工作。

【沙湾路220号】 项目东至沙湾路，西至居民区，南至光荣北路，北至居民区，占地9.1亩，拆迁面积9293平方米，涉及居民住户40户、企业2家。由中铁二局和成都华山高校投资公司共同开发，总投资5.2亿元，其中拆迁投资1.6亿元、建设投资3.6亿元，拟建总建筑面积4.9万平方米的商业写字楼。2012年12月30日，项目被确认为金牛区北改项目，完成评估工作；完成两地块拆迁，其中统建地块全款支付统建办拆迁款37071万元，完成统建办2500平方米、65户的拆除，完成地块打围。2013年1月21日，华山高校成立成都中铁诚投置业有限责任公司，注册资本2000万元现金全部到位。截至12月，项目调规通过市区对接会。

【西南交大银桂桥片区】 项目东至交大路，西至银沙路，南至二环路，北至银河路，占地138.2亩，拆迁面积12.4万平方米，涉及居民住户782户、企业342家。由成都西南交大智慧城置业有限公司开发，总投资49亿元。截至12月，项目进行片区城市方案的设计及控规论证工作。

【尚熙庭苑安置房】 项目位于茶店2组（金府路干休所旁），占地20.6亩。由鑫金资投公司开发，总投资2亿元。截至12月，外墙面砖施工完成80%，完成内抹灰，安装工程完成40%。

【红泰国际（孙家大院）棚户区】 项目东至新罗路，西至中医学院图书馆，南至蜀都大道，北至中医学院动物实验室，占地13亩，拆迁面积2125平方米，涉及居民住户39户。由四川红泰房地产开发公司开发，总投资10亿元。11月8日，项目调规公示完成后进入土地整合及核发规划条件、建设用地规划许可证阶段。截至12月，地铁4号线隧道保护工程施工完毕；项目进入建筑规划设计阶段。

【一品天下健康巷】 项目东至电子十所宿舍，西至2.5环黄忠大道，南至一品天下大街北段，北至茶店子东街，占地31亩，拆迁面积2.8万平方米，涉及居民住户293户、企业2家。由成都领悦地产开发公司开发，总投资

20亿元。5月，旧房拆除工作完成。截至12月，完成排洪渠施工，并办理地随房走的土地归宗手续，移交给成都领悦房地产公司。

【荷花池汽车站】 项目北临一品荷花，南临二环路北三段，西临北站西二路，东临北星大道，占地28亩，拆迁面积1.1万平方米，涉及企业3家。截至12月，荷花池汽车站项目土地业主成都帝丰特股份有限公司、成都锦瑞丰实业股份有限公司与四川名人房地产开发有限责任公司签订《联建投资合同》。

【一环路北一段134号】 项目东临一环路，南临新规划道路，北和东临成都市特殊学校，占地53.6亩，拆迁面积6.7万平方米。由成都天仁房地产开发有限公司负责。截至12月，完成搬迁过渡工作，进行原校址用地规划调整。

【茶店花照城中村】 项目位于营门口街道茶店2、5、6组，花照4组，东至一品天下大街，南至金牛大道，西至金府路，北至长庆西一路、长庆东一路。项目拆迁面积18万平方米，涉及户数1114户，其中棚户改造目标1110户，拆迁面积10.96万平方米。由区统建办负责，总投资35亿元。截至12月，项目完成摸底调查、方案制订等前期准备工作，开始与首批供地范围内被搬迁业主和单位谈判签约；完成茶花片区的四川省药品检验所（36户私产、公产部分）、成都市花照小学、金牛区种子公司、中铁八局4S店、拉链厂、仁和香精香料、金峰科技、成都市种子公司8家单位签约工作，完成绿化三队交地手续及相关协议的签订。

【成灌路两侧500米及土桥场镇城中村】 项目位于金泉街道金桥社区、土桥社区和西华街道润漕社区、金牛社区范围内，东至货运大道，西至郫县界，南、北至成灌路西侧500米控制界。由鑫地公司负责，总投资28.19亿元。2013年7月3日，第二宗60亩土地以1224万元／亩拍卖出让，加上已拍卖出让的第一宗40亩土地，累计拍卖出让土地100亩，9.04亩土地上市资料上报市国土局。8月23日，成都市金牛中学改扩建工程完工并交付使用。11月30日，鑫房名苑安置房北区建设竣工，建设规模5.96万平方米，总投资1.8亿元。截至12月，项目完成投资4.78亿元，拆迁面积5万平方米，累计完成拆迁面积62万平方米，完成总拆迁面积85万平方米的72.9%；完成B、C规划道路，货运大道建设，四斗渠改造；金泉法庭建成并交付使用；幼儿园、土桥农贸市场、金科西路延伸线、国宁东路开工建设。

（吴　靖　向汉英　周兴林　钟元明　林婷婷　张雪梅　王秋芳　肖　颖　吴　兵　胡　瑾　龚　珂　侯曾梅　蒋鹏凯）

道路建设

【金芙蓉大道】 道路起点位于沙西线交叉口，铁路西环线南侧，路线由西向东北延伸，跨越府河、东风渠、海滨堰等河流，与成彭高架、北星高架、万石路—大天路、货运大道-绕城高速公路互通立交等处形成立体交叉，经过沙西线、成彭路、商贸大道、古柏路、北星高架地面层、万石路、大天路、金新路等路口，两次穿铁路，终点接绕城高速立交。道路全长12千米，宽40—50米，双向6车道，辅道为双向2车道，建设内容包含道路、桥梁、下穿隧道等，由市城投集团负责，项目总投资22亿元。道路是北改区域的重要骨干道路，建成后将缓解城北区域道路交通压力，带动区域经济发展，同时将西华街道、沙河源街道、天回镇街道等片区连在一起，弥补该区域天丰路、老天斑路、金新路、古柏路等道路交通分流严重不足的问题。2012年5月，工程开工建设。2013年5月12日主车道通车，6月全面完成建设。

金芙蓉大道

【天丰路】 道路位于天回镇街道，是连接川陕路和北星大道的一条横向交通骨干道路，建成后可完善天回片区的骨干路网结构，缓解川陕路和北星大道的交通压力。道路在金牛区境内长约1100米，宽40米，双向

6车道，建设内容包括下穿隧道、道路、给排水、电力和交安等工程，由市城投集团负责，项目总投资2.5亿元。2012年6月，工程开工建设。截至2013年12月，宝成铁路隧道建成。

【金粮路】 道路起止点为羊西线至西华大道，与郫县交叉，是郫县连接中心城区的一条区间道路，也是连接西华大道和羊西线的一条横向交通干道，建成后将缓解羊西线、金牛大道和西华大道的交通压力，完善区域交通路网配套，解决沿线居民出行难的问题。道路全长3700米，其中金牛区范围内长约1750米，宽30—40米，土地权属单位为市土地储备中心、市交投集团和金牛区鑫地公司和工投公司，道路建设由市城投公司负责，项目总投资9亿元。11月，工程开工建设。

【金凤凰大道】 道路位于天回镇街道和凤凰山街道，起止点为三环路至金芙蓉大道，是一条连接金芙蓉大道和北星大道的快速通道，也是城北片区连接中心城区的一条交通主干道路。道路全长7850米，其中金牛区范围长约5600米，红线宽40—60米，双向6车道。土地权属单位为市土地储备中心和金牛区工投公司，道路建设由市城投集团负责，总投资35亿元。截至12月，1户签订补偿安置合同，剩余3户住户未签订补偿安置协议。

【凤凰大道】 道路位于西华街道和沙河源街道，起止点为沙西线至北星大道，是一条贯通沙西线、古柏路至北星大道的横向道路。道路全长5000米，宽20—25米。道路建设由金牛区农投公司负责，项目总投资3.37亿元。截至12月，做开工前准备。

【天龙大道】 道路位于天回镇街道，起止点为新都大丰镇大成路与敬成路的交叉口，横穿北星大道形成十字交叉，直到金芙蓉大道，是一条满足交通功能定位，兼顾北星大道交通转换分流的横向道路。金牛区段2500米（不含已建段长度），宽40米。分西段和东段建设，西段为市土储用地，长1680米；东段为金牛区城投公司用地，长820米。道路建设由金牛区城投公司负责，项目总投资4.88亿元。截至12月，完成项目打围，开展拆迁工作。

【万石路（绕城段）】 道路位于天回镇街道，起止点为毗河大桥至金新路，是连通新都区的一条纵向道路，道路全长1200米，宽40米。由金牛区农投公司负责建设，项目总投资2.21亿元。截至12月，完成项目打围，基本完成拆迁。金牛区农投公司进行施工图设计、编制清单等施工招标前期工作。

【古柏路综合整治】 道路位于沙河源街道，整治起止点为川建路至成彭高架底层，沿线过铁路西环线下穿与金芙蓉大道相交，全长约1885米，宽20米，其中车行道宽13米、人行道单边宽3.5米，为沥青混凝土路面。按照现有道路线型，对道路提档升级，增设路灯、交通标志和排水等工程。由金牛区城投公司负责建设，项目总投资0.21亿元。截至12月，完成南段路床部分施工，形成通车能力。

【金府路茶店子段】 道路位于西华街道和金泉街道，起止点为金牛大道至羊西线，是一条贯通金牛道至羊西线的横向区间道路。道路全长1460米，宽25—30米，由金牛区城投公司负责建设，项目总投资0.32亿元（不含拆迁资金）。截至12月，完成拆迁调查。

【校园路】 道路位于西华街道，起止点为金芙蓉大道至郫县界，是一条贯通郫县的纵向道路，全长1600米，宽30米，由金牛区鑫地公司负责建设。截至12月，完成道路新线型的规划方案。

【商贸大道北延线】 道路位于沙河源街道和天回镇街道，起止点为金芙蓉大道至三河道路，是纵向连接金牛区、新都区的民生畅通工程，道路全长6640米，其中金牛区段长约2240米，宽30—33米，土地权属单位为市城投集团、金牛区农投公司和金牛区城投公司，由市城投集团负责建设，总投资16亿元。截至12月，进行拆迁调查。

【二环路改扩建】 项目属"两快两射"工程之一，涉及金牛区26处拆迁点位（含新增点位7处），涉及居民户数113户、商铺34户、企业9家、市政基础设施4处，拆迁面积1.2万平方米，征地11.1亩。截至12月，完成金牛区二环路沿线所有涉及点位的搬迁和施工协调工作，通过与市交投集团、市兴城公司协调优化设计方案，取消点位5处；直接交由市交投集团协商点位1处；通过协调达到进场施工条件3处；拆除点位10处，拨付补偿款2.81亿元。

【地铁3号线金牛段】 地铁3号线工程是缓解城北的交通压力的一项畅通工程，起止点为一号桥到天回镇，总长约8300米，其中金牛区范围长约4000米，由成都地铁有限公司负责建设。金牛区负责涉及延线天回南站及北郊车辆段两处拆迁工作，拆迁总投资0.6亿元，需拆迁居民住户69户、企业5家，截至12月，余7户居民住户、4家企业未签订拆迁协议。

【成蒲铁路项目】 成蒲铁路枢纽建设是金牛区2013年的一项重点工作，金牛区主要负责拆迁工作。10月，开展拆迁工作，由西华街道和金泉街道负责，部分段交中铁二局进行施工。拆迁总投资3.5亿元，其中签订拆迁协议金额1亿元。截至12月，完成新建成蒲江铁路金牛段所涉及的国有土地及建（构）筑物摸底调查和预评估；测算搬迁企业的补偿资金。

（蔡艾琳　向汉英　周兴林　钟元明　林婷婷　李金全　姚　沛　侯曾梅）

老旧院落整治

【100个老旧院落整治】 2013年，金牛区全年整治老旧居民院落100个，其中普通居民院落整治74个、精品院落26个，共投入整治经费1.1亿元，范围涉及11个街道、171栋建（构）筑物，住户1万户、居民3.2万人。重点打造驷马桥街道马鞍东路社区、西安路街道白果林社区、营门口街道银沙路社区院落群，实施道路平整，绿化景观提升，便民设施完善，安防设施安装等项目，形成“一院落一特色、一片区一风格”的效果。截至6月，完成整治工程。

【精品院落周边中小街道整治】 院落整治范围为驷马桥街道马东社区、营门口街道银沙社区、抚琴街道金罗社区范围内部分院落周边中小街道的车行道和人行道。整治工程全长1250.1米，道路等级为城市支路，沥青混凝土路面。总投资780万元。2012年11月，开工建设。2013年1月完工。

【163个“三无院落”整治】 全区全年完成163个“三无院落”自治组织建设，建门卫室70个，建活动场地25个，完成“三无院落”整治点位163处，投入资金4075万元。1月下发整治“三无院落”通知，各街道按要求制定辖区“三无院落”整治的实施方案，并对辖区“三无院落”进行登记造册，建立台账，按照分步实施的原则组织整治。每个成员单位成立专门的工作机构，确保人员明确、工作明确、责任明确。印制《金牛区“三无院落”整治工作总体方案》，对整治范围、步骤、标准、分工等予以明确。要求每个“三无院落”增设人防、物防、技防、消防设施，整治院落环境，落实院落管理机制。组织开展入户调查、“院落坝坝会”等活动，宣传“三无院落”整治宗旨、整治内容、整治措施等情况，发放征求意见表，问计、问需、问策于辖区群众，对于整治点位，充分尊重居民意愿，适当进行调整。全区“三无院落”整治工作秉承软件硬件一起抓的原则，坚持一手抓硬件提升，一手抓长效机制，引导鼓励辖区群众实施居民院落自治，充分发挥群防群治的作用。163个“三无院落”均已建立自治组织，引导院落居民积极踊跃主动参与整治工作，增强院落居民自我管理意识，激发院落居民实施自我管理积极性。积极试点院落物业管理新模式，促进院落管理规范化、制度化、长效化，夯实院落管理基础。统筹考虑“三无院落”整治、文明院落建设、城乡环境综合治理工作要求，对抚琴北二巷院落群、解放路一段97号和金沙横街2号院等实施重点整治，在完善院落人防、物防、消防、技防基础上，对院落绿化、路面、立面等进行整治，美化院落环境，突出整治效果，得到了群众广泛支持。对抚琴北二巷院落群、金沙横街2号院、解放路一段97号3个重点整治院落（群）在组织指导、经费等方面进行了重点保障。区综治办、区“三无办”加强对各街道整治工作的监督检查力度，坚持每周督查，不定期检查、随机抽查“三无院落”整治点位，指导督促整治工作；实施整治进度周报送制度，要求各相关街道坚持每周上报整治进度，全面掌握全区“三无院落”整治工作进展情况。截至12月，完成整治工程。

（蔡艾琳　陈　畅）

居住区建设

【新建居住小区】 *荷花名都* 项目位于荷花池北站东二路168号（财富荷花楼下），类型为高层、多层的普通住宅，由四川黄龙汽车贸易服务有限责任公司开发，占地面积5803平方米，建筑面积3.5万平方米。2013年2月开盘。

银杏广场　项目位于百寿路8号，类型为写字楼，建筑类别为塔楼、高层，由成都瑞湖锦西房地产开发有限公司开发，建筑面积6.7万平方米。2013年5月开盘，户型面积61—97平方米，户数230户。

精城国际　项目位于蜀西路58号，类型为普通住宅、写字楼、酒店式公寓，建筑类别为高层，由四川兴西源置业有限公司开发，建筑面积4.2万平方米。2013年10月开盘，户型面积40—800平方米，户数312户。

国宾·时光汇　项目位于金科北路交警六分局旁，类型为普通住宅，建筑类别为塔楼、高层，由四川鸿丰恒居房地产开发有限公司开发，建筑面积11.5万平方米。2013年6月开盘，户型面积83—126平方米，户数529户。

保利·梧桐语　项目位于蜀西路高家庄黄金路和黄金东二路交汇处，类型为普通住宅，建筑类别为高层，由成都保鑫投资有限公司开发，建筑面积16.4万平方米。2013年11月开盘，户型面积65—120平方米，户数1328户。

瑞安·城中汇　项目位于二环路北四段与解放路交汇处，类型为公寓、别墅、写字楼、商铺，建筑类别为板楼，由成都翔龙房地产有限公司开发，建筑面积47.7万平方米。2013年12月开盘，户型面积为住宅88—330平方米、公寓50—80平方米，户数2007户。

2013年金牛区新建居住小区

序号	小区名称	建筑面积（平方米）
1	金府五金商务楼	9468.5
2	荷花名都商住楼	35185.5
3	银杏广场	67388.9
4	精城国际	42359.3
5	国宾·时光汇	114887.5
6	岷江总部基地	53956.8
7	鑫房名苑（南、北区）	155799.8
8	保利·梧桐语	164482.0
9	金沙国际二期	16882.8
10	瑞安·城中汇	476704.3
11	绿地世纪城A#—E#楼	总面积：842918.6（其中A#—E#楼344076.1）
12	华侨城创想中心	130473.4
13	华侨城东岸三期（多层高档住宅）	67353.3
14	公安部四川消防研究所工业性科研用房	27820.0
15	金牛市民中心	72797.5
16	飞大壹号广场	131807.8
17	泽瑞住宅小区	64801.8
18	金牛区城乡一体化5号点位C区拆迁安置房	58592.4
19	宝马香港西部中心	25818.6
20	王贾8组拆迁安置房项目A地块	91453.5
21	王贾8组拆迁安置房项目B地块	26151.8
22	新雨香沁	198078.4
23	天乐城北综合体	403432.5
24	金府财富中心	102419.5
25	国宾总部基地	140440.0
26	成都数字娱乐软件产业基地（西城国际）	54492.2
27	府河·路苑	180607.3
28	茗园尚筑	72834.5
合计	28（个）	3330566

续表：

（向汉英　周兴林）

特色街区建设

【解放北路整治工程】　工程属于2013年金牛区立面改造重点工程之一，从北门大桥起，向北连接解放路二段和解放路一段，涉及沿线41栋建筑的整治，其中立面施工项目37个、店招施工项目38个、夜景施工项目20个，投资0.9亿元。项目由区建交局负责。2012年11月开工，2013年5月全面完工。

【交大路特色街区】　工程位于营门口街道和九里堤街道，起止点为交大路二环路至金府路，总投资0.35亿元，对沿街建筑进行整体改造和提档升级，一标段涉及7栋建筑。9月，完成一标段建设。

【二环路风貌打造】　二环路两侧建筑风貌综合整治是成都市实施城乡环境综合治理和迎接2013成都《财富》全球论坛召开的重要基础设施建设项目。金牛区范围内涉及对162栋建筑实施立面整治，规范全线广告店招，将50米范围内各类管线迁改下地，对部分节点建筑实施光彩工程，拆除二环路沿线50米范围内违法建筑126处。全长6.6千米，投资4.49亿元。2月开工，5月全面竣工，形成交大南校门、亿家天下窗帘城等重要节点建筑，同时串联起羊西线、金牛大道、交大路和解放路4条主要干道，形成“一横四纵”特色街区格局。

【老成灌路提升工程】 改造分两部分进行，一是对老成灌路15栋楼进行立面综合整治，投资0.18亿元，5月全面完成；二是对老成灌路围墙大门等16处进行改造，实施部分绿化，投资0.23亿元，5月全面完成。

【羊西线特色街区】 工程范围为二环路—迎宾大道路口段，全长2.7千米，涉及59栋房屋外立面及部分夜景、广告店招等整治，投资1亿元。2012年11月开工建设，2013年5月全面完成。

【蜀都大道特色街区】 工程包括十二桥路19号楼、西安南路1—27号楼、中医药大学、水电十局4个项目，总投资1378万元。2012年11月开工建设，2013年5月全面完成。

（蔡艾琳　吴　叶　冯　丹　彭　凌　张文武　巫　健　何蔚蓉　钟元明　林婷婷）

（审读：黄智太）

市政建设

【停车场建设】 全年完成华侨城B地块、万基·阑御、万通·金府路项目、龙湖·北城天街（西地块）、航利·星际、凯德广场·金牛二期、尚瑞西三环项目二期、西门商住大厦、成都市金牛区茶店1、2、5、6组、花照4组拆迁安置房（锦西人家）工程、金牛万达广场停车场建设，共计新增停车位6667个。

【公厕建设】 2013年，金牛区对直管公厕进行提档升级改造。全年投入176余万元对金牛十八中公厕、澳林春天广场公厕、筒车巷公厕、金牛花园公厕、交通巷公厕、茶店子九四所公厕、城隍庙电子市场公厕、营康西路公厕、爱民路公厕等九座公厕进行全面升级改造，安装隔间门和水冲式蹲便器，改善室内环境，确保室内光线充足、无异味，改造后全部达到旅游三星级标准。

【花照壁农贸市场】 市场位于花照壁上横街，面积1595.71平方米，共为地面5层，规划1、2层为农贸市场，3、4、5楼为社区综合用房，项目2013年6月开工，12月主体已完工。

【成都北三环220千伏输变电通道】 项目是成都市北改重点工程，位于北部商贸城片区，天回镇街道辖区内，占地20亩，总长11183米，其中金牛段长度1066米。金牛区建交局为牵头单位，鑫金农投公司为项目业主，金牛段投资0.56亿元。11月，施工单位进场施工。

【驷马桥二期变电站工程】 项目位于驷马桥街道高笋塘联社1社，金牛供电局西北侧，占地6亩，建筑面积3500平方米，拟建成110千伏变电站，项目包括新建驷马桥Ⅱ110千伏输变电进出线电力通道约570米，土建工程及场地内原输变电线路临时迁改，新建驷马桥二期变电站，新建变电站过渡期进出线电力通道及电缆敷设工程，总投资1.9亿元。截至12月，完成变电站主体部分施工，进行隧道部分施工。

【花照110千伏变电站工程】 项目位于金泉街道跃进社区5组，三环路内侧万贯机电城内，占地6亩，建筑面积3500平方米，总投资7600万元，拟建成110千伏变电站。2012年9月开始拆迁，2013年8月，完成拆迁协议的签订。

【北府河（量力）220千伏变电站工程】 项目位于洞两路与古柏路片区沙河源友联8组，三环路北侧、新成彭路东侧，量力钢材城旁，占地11亩，建筑面积约7500平方米，总投资1.8亿元。土地业主是区城投公司，已征地未拆迁。截至12月，市电业公司做前期报批，余2户农户、2家企业未拆迁。

【火车北站扩能改造】 项目业主单位为成都市交通投资集团有限公司，分两期实施，其中一期拆迁总户数114户（住宅100户、非住宅14户），拆迁面积2.3万平方米，涉及车库、兴诚聚源、兴欣大厦3处房屋。截至12月，住宅100户全部签约；非住宅14户中签约3户。

（蔡艾琳　向汉英　周兴林　姚　沛）

生态环境建设

【下河排污口治理】 下河排污口治理工作是市、区民生工程项目之一。2013年，金牛区投资3700万元，治理茅草堰、九道堰、金牛四斗渠等26条河道、322个下河排污口；铺设污水收集管网16758米；修建污水处理设施2座、污水提升泵站2个。

【河道清淤】 金牛区利用都江堰宝瓶口岁修断流的有利时机，对辖区河道开展清淤疏淘，重点对摸底河、南堰河、九道堰等13条河道进行全线集中疏淘，疏淘长度52.81千米，清淤量20.5万立方米，工程投资3000万元。通过清淤整治，河道河床平坦、水面无明显突出物，河堤岸脚线整齐、边坡整洁平直、水流畅通。

【生态输水工程】 全区全年新建引水闸3座，分别为大湾排洪渠进水闸、南堰河进水闸、凤凰河二沟倒马坎进水闸；改造引水闸2座，分别为金牛四斗拦河闸、摸底河进水闸；整治2处河堤建设，即南堰河生态输水通道河堤整治工程、大湾排洪渠生态输水通道河堤整治工程。

投资140万元实施锦城湖输水工程，在清水河沿岸新建截污管道940米、沉淀池7座、泵站1个、一体化处理站2个，治理排污口37个。

【公共绿地建设】 开展商贸大道绿化整治，更换分车绿化带老化金叶女贞2.1千米，栽植麦冬3600平方米，修补破损路沿石，更换行道树17株；开展三环路两侧50米生态林带专项整治，制订15个节点绿化提升改造和专项整治设计方案。全年完成新增屋顶绿化4800平方米、青少年科技园破墙透绿1000米，九里堤锦江河段、新桥明墓、老成灌路涧槽社区街旁绿地7.5公顷的新增绿地建设。

【绿化管理】 对全区35条道路、15座游园进行集中整治，完成西大街、金牛大道、迎宾路等主要道路两侧绿带、节庆活动鲜花摆放（种植）工作，累计摆放（种植）鲜花点位174个，5500余平方米。

【九里堤锦河两岸生态环境提升改造】 2013年，区鑫地公司实施九里堤锦河两岸生态环境提升改造项目，包括九里堤锦河两岸生态环境改造及市乒乓球运动学校运动员公寓六楼维护改造，项目投资2994.4万元，锦河涉及改造绿化面积2.9万平方米，其中南岸6800平方米、北岸2.2万平方米，河道清淤约900米，修整、重建河堤约500米，新建、改造生态绿道约3000米。12月，河道改造完工。

（蔡艾琳　陈　畅　钟元明　林婷婷）

环境保护

【概　况】 全年完成化学需氧量（COD）减排量2.3吨，氨氮（NH3-N）减排量0.1吨。完成环评审批33件，完成23个项目环保竣工验收。开展华侨城东岸和锦西民园小区生态区建设创建工作，完成国家环保模范城市复核检查工作和ISO14001环境管理体系内审工作。全年未发生重特大环境污染事故。

【大气和水环境综合整治】 5月，开展全区经营性商业燃煤专项整治行动，检查商家店铺840余家，收缴燃煤设施350余台（套），收缴蜂窝煤1008个。发放三环路内居民清洁能源改造补贴经费172.1万元；配合区建交局完成锦城湖输水河道沿线36个下河排污口的污水治理。

打造良好水生态环境

【工业污染防治】 遏制新增污染源。开展打击违法排污企业保障群众健康专项行动，定期对各污染排放单位进行巡查和监督监测。加强工业固废的监督管理。严格执行危险废物转移五联单制度，100%实现安全转移处置。

【环境监察执法】 全年开展环保专项行动28项，开展子站周边涉气污染源整治行动，全年执行行政处罚案件20起，处罚金额52万元。全年受理环境信访投诉508件，办理人大建议1件。

【节能减排】 全年组织区内嘉州花园酒店、四川苏宁、西华大学、成都电子机械高专、成都中医药大学等5家企业进行节能目标完成情况现场考核；督促区内嘉州花园酒店、四川苏宁、西华大学、成都电子机械高专、成都中医药大学等5家企业定期填报能源利用状况报告；组织区内四川金海环保工程有限公司、成都流体机械密封制造有限公司两家企业进行2013年度节能技术改造财政贴息和奖励项目申报工作。

对从事机动车排气污染治理的维修企业的维修技术人员进行专项培训。开展维修企业第一批尾气治理达标工作，全区有16家一二类企业达到排气污染治理标准。优化车辆机构调整，逐步淘汰营运黄标车辆，全年停办黄标车辆道路运输证88辆。

【油气回收】 金牛区推进辖区内各加油站油气回收治理，全区36家加油站，除3个要拆迁和1个要迁移的加油站暂时没有安装二次回收装置外，其余32个加油站全面完成治理；完成2家储油库治理。督促各维修企业与具有废油回收资质的厂商签订废油回收协议，定点处理废油，做到不随意排放“三废”垃圾，保证环境整洁。

【环境监测和环境质量】 全区全年空气质量优良天数230天，优良率63%。对全区92个噪声点进行监测，昼间噪声平均值54.9分贝，夜间噪声平均值47.6分贝。

（李　政　王明霞　李君丞　欧　晴　陈阳全　罗娅莉　钟　杰　蔡艾琳）

城市日常管理

【数字化城管】 全年数字化城管工作突出基础普查，对21条重要道路进行违法户外广告和不规范招牌的普查，突出曝光问题监管，收集整理媒体曝光信息，加大曝光点位城市管理问题监管。实行定人、定时、定段、定责的巡查发现机制，利用视频监控对重点点位问题实行搜巡抓拍；建立中心干部带班巡查制度，建立工地扬尘污染源的巡查发现机制，对全区空地、工地实行网格化动态监管，涉及空地、各类工地152个。数字化城管平台全年受理监督员上报、视频监控发现、“12319”群众举报等城市管理问题126586件，问题受理数占全市总数的15.3%，结案率99.6%。

【“12319”城管服务热线】 金牛区城管指挥中心全年受理并处置“12319”城管服务热线4404件，市长公开电话、市长信箱、局长信箱、“96110”文明热线及各类微博案件3158件。

【城管执法】 全区城管执法工作落实“门前三包”责任制，做好成都《财富》全球论坛、世界华商大会、中国西部国际博览会、文明城市测评、环保模范城市复查等市容秩序保障工作，将越门经营、出摊占道、流动商贩等问题作为市容秩序的整治重点，全年出动执法人员3.53万人次、执法车辆7524车次。

【违法建设治理】 全年拆除违法建设29.2万平方米。率先完成《财富》全球论坛所涉道路违法建设专项整治工作，拆除二环路沿线违法建（构）筑物126处，面积8507平方米。拆除近郊民居违法建设52处；拆除成都骏业商贸有限责任公司1400平方米违法建设。开展河道违法建设整治，摸排摸底河、桃花江、南堰河等16条河渠两侧违法建设。调查西华街道石材城加工企业违法建设情况，清理违法建设14处。清理拆除老旧院落违法建设40余处，面积1300平方米；清理仓储物流和市场违法建设32处。

【解放路周边中小街道整治】 整治工程位于荷花池街道及驷马桥街道，主要对解放路周边的城隍东巷、红花东路、解放西路、平福路及张家巷5条老旧中小街道进行综合整治，改善区域道路出行环境。主要采取对破损的车行道进行坑凼修补、脱空板块灌浆、软弱路基处理、伸缩缝处理、升井、更换井盖、路面加铺沥青混凝土面层及更换人行道砖等方式进行街道整治。2012年12月开工，2013年5月完工，投资998.9万元，整治车行道和人行道共2086.3米。

【桥梁加固维修工程】 工程主要对辖区内病害较为严重的25座市政桥梁和3座公路桥梁进行加固维修，及时消除安全隐患，确保安全运营。工程内容为维修加固桥梁存在病害的部位、桥梁涂装及安装限重牌和桥梁公示牌等。项目建设总投资500万元。截至12月，完成桥梁检测、施工图设计、工程量清单及招标控制价审核等前期工作。

【道路养护管理】 城市道路 2013年，金牛区除完成"烂象"问题（道路破损，人行道跛跷）台账26项整治外，整治五里墩横街、五里墩中街、银沙路、金琴路、金罗路等人行道3800平方米；维修城郊结合部的金新路、八一路、天回上街、八里桥路、灵润路、汇泽路等车行道1.1万平方米。坑凼专项治理工作中突出重点区域和点位，重点对茶店子西街、茶店子正街、茶店子东街、九里堤北路、九里堤中路和金牛宾馆附近的科兴北路等道路进行全路段整治。全年维护车行道7万平方米，维护人行道3.4万平方米，更换路沿石及镶边石4270米，增设维护桩156根，更换损坏和失窃检查井盖及水篦子1652个。汛前清淘雨污水管网175千米，清淘检查井及水篦子12876个，清淤280立方米。

农村公路 完成绕城高速、成彭高速、成灌高速的出入城通道品质提升工作；选择土龙路、淳清路、全兴路、川天路、八一路、玉垒路、金粮路作为金牛区农村公路管理养护文明路，通过公路管理养护乡镇和文明路考核验收。维修拥军路、天丰路、王贾大道、荷丰路、古柏中心村道等道路。对金新路下穿隧道、洞两路下穿隧道、成彭路下穿隧道、陆家下穿隧道进行汛前电气保养、高低压配电系统的年检预实验，清淘抽水池、管道淤泥，汛期内未出现险情。

（陈　畅　蔡艾琳）

市容管理

【县乡公路沿线非交通标志牌（户外广告）清理整治】 金牛区制订《金牛区交通行政执法大队关于公路沿线非交通标志牌（户外广告）清理整治的工作方案》。排查区域内的县道、乡道及其两侧建筑控制区范围内非交通标志标牌（户外广告）情况。截至12月，整治土龙路、沙西线、天斑路、金华大道、土高路等公路沿线非交通标示标牌8个。

【车站、地铁站、停车场环境整治】 全区全年清理客运汽车站、地铁站不符合标准的公共标志320个，全部整改更换。开展全区停车场环境整治，规范停车场管理。在公路"三乱"的专项治理工作中，路政案件查处率95%以上，纠正违章率100%，辖区内国省主干线畅通无障碍，干线公路无违章接道、无违法挖掘。

美化地铁出口，加强清扫保洁力度

【扬尘污染治理】 金牛区开展对全区停车场、站的普查治理工作，针对个别停车场的场地道路未硬化问题，要求立即停业整改。落实责任制，将全区建设工地分成三个责任片，责任到人，加大对工地的巡查和监管力度。截至12月，巡查建筑工地4029个、市政工地294个，提出当场整改150多次，发出《责令限期整改决定书》32份。强化对建设工地和市政工地的扬尘防治措施的监管。对责任区内的建设施工现场的挖（运）土、工程总平面施工、市政沟槽土方施工等扬尘污染高发时段实行定时、定点监控，初步形成综合协调联动机制。在全市2013年第一次城乡环境综合测评中，金牛区建筑工地情况在中心城区中排名第一。

完成道路接口硬化14处、7110平方米，露土植绿和覆盖6处、51万平方米。开展夜间运渣车辆专项整治行动，联合公安、交警部门在主要出入城通道设点检查运渣车辆沿途撒漏、超载冒载及未使用经改装的运渣车行为，累计查处违规运渣车辆148车次。加强开挖工地监管，办理建筑垃圾处置许可证35件，收取建筑垃圾处理费122万元。对主要道路、出城通道及空气质量检测子站周边道路每天进行2次机械化清扫。每日投入洒水车25辆、扫地车34辆，每日机械化清扫保洁面积450万平方米。

【市容专项行动】 金牛区开展车辆乱停、店招广告、建筑工地、各类市场、市容秩序、环境卫生、社区院落“七项专项行动”。全年累计开展市容秩序专项整治2125次；整改环境卫生突出问题205个，更换果屑箱、保洁桶2039个，更换垃圾桶1237个，修复垃圾池65处；检查各类市场830余次，开展联合整治50余次；检查各类工地约1010处次，督促整改突出问题45处次；拆除《财富》全球论坛行经线路沿线188处违规广告；实施金罗路，老成灌路，一环路北一、二、三、四段，羊西线，解放北路，二环路，九里堤南、中、北路，蜀都大道西段，交大路等道路商招店招提档升级及凯德广场沙湾店、新空间高笋塘店等15处商场卖场广告提档升级整治；整改问题院落330余个，清除积存垃圾、杂物1200余吨，整治乱摆摊点280余处，规范车辆乱停放1600余处；查处三乱不文明交通行为700余起，查处违法违规运渣车79车次。

【立面整治】 5月，完成二环路金牛段、解放北路、羊西线、金牛大道、蜀都大道、交大路、三环路等重要道路节点共326处立面、夜景及店招整治。拆除《财富》全球论坛行径线路及场馆周边367处点位2.3万平方米违法建设。实施三环路沿线两侧50米林带范围15处点位绿化建设，以及绕城高速两侧200米范围内26.6万平方米拆迁，复垦绿化15个点位约300亩。

规范立面建筑广告

【水环境整治】 区城管局完成清水河、府河等16条河道174个下河排污口治理；实施九道堰、南堰河等19条河道清淤，清淤7.2万立方米；完成黉门堰、茅草堰等5处河道景观提升；完成凤凰河分水闸、凤凰河二沟倒马坎、摸底河进水闸等5处环境用水输配水工程建设。

区建交局完成下河排污口治理、河道清淤、输配水改造工程及河道景观打造：4月，完成17条河道的清淤。5月，完成摸底河等3条河道的输配水改造、茅草堰等6处河道的景观打造。全年完成凤凰河二沟等158个下河排污口治理。

【出入城通道品质提升】 配合市交投集团开展成彭高架沿线风貌整治，完成友联二队征地范围构筑物拆除和剑龙钢材市场范围的店招、屋顶广告规范整治，结合羊西线特色街区打造、交大路立面整治、金牛大道特色街区打造，开展出入城通道非交通标志标牌清理专项整治，拆除违规设置标志标牌145处。5月，完成羊西线57栋立面、夜景及店招打造，绕城高速两侧949户农户拆迁并实施绿化。

【园林绿化环境整治】 完成锦西广场、迅驰大厦和平福路游园提升改造和光彩景观打造及蓉北商贸大道绿化景观提升，面积约8000平方米；完成老成灌路沿线各节点和拆迁空地新增绿化带6万平方米。粉刷林带范围围墙，清理建筑渣土、补植补栽树木。

【市政设施提升】 排查全区管养的道路及下水管网，梳理出需重点维护及改造的项目65个，2月全部整改完毕。完成1087座雨污水井病害检查整治；实施老城彭路、兴盛西路、金新路、古柏大道、陆家大道、天丰路等破损路面维修及红花东路、张家巷、城隍东巷等道路路面平整度整治。

【景观照明提升】 在加强已建成景观照明工程日常管理的同时，实施新建景观照明工程，完成解放路、二环路金牛段、羊西线、金牛大道76栋夜景光彩建设。

【城郊结合部环境整治】 加强城郊结合部市容秩序和环境卫生管理。市容秩序管理加强机动巡查与集中整治，严控流动商贩与占道堆物，并联合交警部门开展货车占道专项整治。全年累计清理流动摊点45处，纠正物料乱堆29起，整顿货车占道34起；加大环卫设施更新力度与突出问题整改力度，累计整改突出问题40余处，更新垃圾桶320个；加强城郊结合部破损道路维护，及时维修破损路面。

【背街小巷环境整治】 重点加强背街小巷环境卫生和商招店招管理。加大背街小巷普扫力度与白色垃圾

综合执法确保秩序

捡拾力度，并及时维护更新环卫设施，新增高压清洗车辆27辆，更换果屑箱、收集桶245个；加大机动巡查力度，严格查处违规设置商招店招、户外广告行为，对破损商招店招及时督促相关责任单位及时整改到位。全年累计查处一店多招50处、整治店招破损70处、清洗不洁招牌75个。

【种养殖场污染整治】 针对涉农区域个别农户饲养家畜的情况，重点加强饲养家畜农户周边环境卫生整治，加大垃圾收运处置力度，并加强新增种养殖户监管，按照“控量递减”的原则，逐步减少饲养户，消除环境污染。

【生活垃圾清运】 合理调配全区生活垃圾清运时间，垃圾压缩站实行24小时开放，确保垃圾日产日清。全年清运生活垃圾35.3万吨，其中大件垃圾2.4万吨。实施垃圾外运市场化运作，完成西华生活垃圾压缩站BOO模式建设，外运工作正式投入运行。

【公共厕所管理】 金牛区加大资金投入提升公共厕所硬件设施，强化相关人员的考核检查力度，健全公厕管理机制，实现公厕精细化管理。全年完成74座直管公厕标志牌、指示牌的整治更换。投资200万元完成10座公厕升级改造。

【户外广告整治】 全区全年拆除超期设置户外广告6处、违规设置户外广告84处，在全市率先启动向法院申请强制拆除招牌，通过司法手段推进非法户外广告清理。提档升级大型商业卖场户外广告16处，查处未提档升级的卖场，部分卖场户外广告进行公益广告覆盖，覆盖36块。完成8处在建工地户外广告审核工作。

【招牌整治】 对全区范围内已实施或正在实施招牌集中整治的街道、新建街区或新建楼盘临街招牌、街道新增设招牌以及符合规范设置的招牌开展集中办证，办理招牌许可证事项1411件。开展《财富》全球论坛专项整治，整治违规招牌192块、清洗招牌126块；开展“一店多招”整治，整治一店多招48块、店招破损74块、缺笔少划274处、违法LED354块、关闭违法LED灯源188处。全区整治规范招牌1777块，其中拆除175块、更换1602块。

【餐厨垃圾收运体系】 9月1日，全区11个街道的党政机关、事业单位、医院学校及大中型餐饮企业启动餐厨垃圾收运工作，签订餐厨垃圾收运合同272户，配备餐厨垃圾收运工作人员46人、专用车辆14辆，发放餐厨垃圾桶1045个，平均每天收运量20余吨。

【“门前三包”】 金牛区在第一批“门前三包”示范街的基础上，增加一环路、解放路、金罗路等32条“门前三包”示范街。每月对示范街进行单独考核排名。在全区范围内组织开展“门前三包”集中宣传活动。在辖区内商家店铺悬挂“门前三包”责任制公示牌2万个。全区全年签订“门前三包”责任书2万份，签订率100%，履约率98%以上。建立城管、工商、食药、卫生、环保等执法部门无缝对接机制，利用“门前三包”信用系统，坚持每月重点对50家不守诚信、屡教不改、长期损害公共利益的单位和商家店铺进行联动整治。

【二环路周边管理】 拆除二环路沿线违法建（构）筑物126处，面积8507平方米。完成二环路金牛段临街建筑立面整治和光彩照明工程。整治招牌统一打造后存在的一店多招、乱涂写、乱张贴、广告牌乱设等问题，拆除立柱广告3个、违规招牌41个、布幅广告56处，清理乱张贴26处、整治招牌破损10处。接收二环路底层道路环境卫生管理，协调安装果屑箱200余个。

（蔡艾琳　陈　畅）

交通安全

【交通执法】 截至2013年11月20日，成都市公安局交通警察支队二分局纠正机动车违法267612件，其中涉牌涉证违法134件、酒后违法561件、渣土车违法4378件；纠正非机动车、行人违法181836件，依法扣留非法营运三轮车9639辆；办理一般程序案件3198件，行政拘留347人，刑事拘留22人；完成一级警卫任务15次、二级警卫任务32次、三级警卫任务39次，党政机关集会、各级领导视察、文艺演出、体育赛事等各类交通安全保障工作709次。2013年，金牛区交通执法结案行政处罚案件39件，结案率100%，其中建设执法案件13件、交通运政案件26件，罚款24.5万元。执法无违纪、无错案、无行政败诉案件发生。

【缓堵保畅】 交警二分局大队干部分别承包一个警务区，每日早晚高峰上路巡视，清晰掌握辖区关键点位的交通流量情况，及时调派警力做好流量均衡工作，遇有拥堵高发警情，及时到达现场组织警力指挥疏导，及时化解堵情。提升民警疏堵治堵主动意识，高峰前加大对拥堵多发地域的巡逻管控，及时发现交通流量变化，提前疏导，实现从等待高峰向主动缓解高峰交通压力转变。结合社区巴士的开通，畅通中小街道、背街小巷“毛细血管”的微循环功能，提升辖区施工区域道路通行能力。

【交通秩序管理】 交警二分局强化全区主要交通路口、交通枢纽、大型商场、农贸市场、公交地铁站点及周边道路交通秩序管理。以交大路、羊西线、老成灌一线、金丰高架一线、沙西线、北星大道等进出城通道为重点，组织警力每周开展两次区域性集中整治行动，严查客运车辆超员、货车超载、无牌无证、遮挡污损号牌、酒驾、毒驾等严重交通违法行为。紧盯影响安全、危及畅通的突出交通违法行为，以公交车、出租车、货车、客车、电动三轮车等车型为重点，常态化地开展交通违法整治行动，规范道路交通秩序。

【事故预防】 *强化信息研判* 交警二分局每日对交通事故信息进行统计，详细记录事故发生的时间、地点、简要案情和事故成因；每周、每月对辖区全部交通事故进行整体研判，分析交通事故的共性问题和普遍规律，进而确定事故预防工作的重点路段、重点时段、重点车型和重点人员。

筑牢源头防线 细化完善单位安全责任制、联席会议制度、危化品运输单位基础台账制度、重点车辆“户籍化管理”制度等源头管理措施，建立各重点运输单位安全管理负责人、安全管理人员为管理主体的工作网络，实现重点车辆动态管控，筑牢源头第一防线。

强化隐患排查 通过定人、定点、定职责的方式开展地毯式排查，将排查责任落实到每一位民警，专门负责管辖路段的事故隐患排查，集中排查整治交通堵点和事故隐患。

强化宣传教育 以交通事故处理室为阵地对每一名前来处理交通事故的当事人进行交通安全再教育，增强交通事故当事人的交通安全意识。重点抓好运输从业人员、农民、外来务工人员和中小学生的安全教育。全年开展各类交通安全宣传活动280余场。

【交通秩序管理】 金牛区每月定时段定点位开展联合整治，重点对九里堤公交站（长青街）、茶店子客运站、原荷花池汽车站及市场、北门汽车站、五块石客运站、西门221公交总站、沙西线影视学院门口、沙西线沿线及辖区内学校周边进行专项整治。截至12月，查处辖区内非法营运车辆45辆、班线车违规运营14辆、教练车违规培训1辆。

【交通运输市场管理】 全区全年有货运车辆7988辆，其中维修品运输车辆（包括危险品运输企业5家）153辆；有货运公司84家、物流公司198家、运业公司17家、汽车租赁公司41家，319辆。有机动车维修企业264家，欢乐谷游船10艘，停车场644个。全年新增维修企业13家，新办货运企业90家，新增车辆1995辆，新增停车场21个。

全年对非法音像制品运输、机动车维修环节排气污染治理及报废车回收拆解市场进行重点管理，在全区开展汽车“阳光维修”优质服务评比活动。对辖区内一、二类109家维修企业、10家成建制的货运企业和4家危险品企业进行质量信誉考核，考核面100%，一、二类维修企业中被评为3A的25家、被评为2A的61家、被评为1A的23家；成建制的货运企业中被评为3A的2家、被评为2A的5家、被评为1A的3家。维修行业人员从业培训108人次。

（谭箭平　雷　霆　黄　柳　蔡艾琳）

（审读：黄智太）

工 业
INDUSTRY

概 述

2013年，全区工业增加值109.60亿元，比上年增长3.5%。规模以上工业企业总产值205.62亿元，比上年增长4.4%；工业增加值43.90亿元，比上年增长2.1%；销售收入203.60亿元，比上年增长8.5%；利税总额22.59亿元，比上年下降13.2%；利润总额14.16亿元，比上年下降14.9%；工业投资28.95亿元，比上年下降30.1%。

全区规模以上工业企业73个，其中产值上亿元企业38个，产值上5亿的企业12个；从业人员26608人，比上年增长25.4%；资产总计194.88亿元，比上年增长28.7%。规模以上企业主要集中在四大支柱产业，其中电子及通讯设备制造业13个，机械工业28个，医药工业7个，饮料食品业7个。规模以上企业中有亏损企业5个，亏损面6.85%，亏损总额1.19亿元。

2013年金牛区工业经济基本情况

指标名称	计算单位	2013年	2013年比2012年±%
规模以上工业企业数	个	73	0
规模以上工业从业人员数	人	26608	25.4
规模以上工业总产值	亿元	205.62	4.4
规模以上工业增加值	亿元	43.90	2.1
规模以上工业销售收入	亿元	203.60	8.5
规模以上工业利税总额	亿元	22.59	-13.2
规模以上盈亏相抵后利润总额	亿元	14.16	-14.9

注：增加值、总产值增幅按不变价计算。

【工业重点项目】 金牛区列入成都市亿元以上重大工业和信息化项目4个，分别是中铁轨道交通高科技产业园项目、必喜总部基地项目、盛大国际总部基地项目和艾普总部基地项目，全年完成投资6.86亿元。

【工业投资和技改投资】 全年工业投资28.95亿元，技改投资10.24亿元，重大工业和信息化项目投资6.86亿元，企业技术创新投入4.4亿元。

【贷款项目资金贴息】 金牛区落实成都市新增流动资金贷款贴息政策，为区内三泰电子、金亚科技、徽记食品等3家企业贷款贴息27.9万元。

2013年金牛区规模以上工业企业分行业主要经济指标

单位名称	企业单位数		工业总产值(现行价格)		产品销售收入		利税总额		利润总额	
	2013年(个)	所占比重(%)	2013年(万元)	增幅(%)	2013年(万元)	增幅(%)	2013年(万元)	增幅(%)	2013年(万元)	增幅(%)
总计	**73**		**2056166**	**4.4**	**2036532.6**	**8.5**	**225990**	**-13.2**	**141661**	**-14.9**
其中：四大支柱产业	52	71.23	1258641	-2.5	1267609.6	1.9	172829	-21.7	114124	-20.9
电子及通信设备制造业	13	17.81	241916	1.0	316861.9	30.1	45104	14.4	36611	19.4
机械工业	25	34.24	604491	3.0	570683.5	6.6	53919	25.5	39675	36.4
医药工业	7	9.59	181334	3.2	172409.8	3.0	52104	42.1	35570	74.0
饮料食品业	7	9.59	230901	-20.2	207654.4	-30.3	21703	-78.6	2268	-96.5

2013年金牛区规模以上工业企业分组情况

单位：万元

	企业单位数(个)	其中：亏损企业	亏损面(%)	工业总产值(当年价)	资产合计	负债合计	主营业务收入	利润总额	亏损企业亏损总额	利税总额	本年应交增值税	主营业务税金及附加	全部从业人员年平均人数(人)
总　计	**73**	**5**	**7**	**2056166**	**1948820**	**943586**	**2036533**	**141661**	**11949**	**225990**	**64416**	**19913**	**2661**
一、按登记注册类型分组：													
内资企业	70	5	7	1933298	1865889	939463	1919472	129930	11949	211742	62035	19778	2547
国有企业	5	0	0	182077	66793	35517	173257	4864	0	16364	10084	1416	66
集体企业	0	0	0	0	0	0	0	0	0	0	0	0	0
股份合作企业	1	0	0	0	0	0	0	0	0	0	0	0	0
股份制企业	63	5	8	1750285	1798394	903530	1745300	125020	11949	195296	51922	18354	2480
其他企业	1	0	0	935	701	416	915	46	0	83	29	8	47
外商和港、澳、台商投资企业	3	0	0	122868	82931	4124	117061	11732	0	14247	2381	135	114
二、在总计中：亏损企业	5	5	100	192236	464325	267710	188632	-11949	11949	5815	9819	7945	201
在总计中：国有控股企业	9	1	1	261720	156123	103725	273211	5272	899	18576	11530	1774	171
在总计中：中型企业	0	0	0	0	0	0	0	0	0	0	0	0	0

2013年金牛区规模以上工业企业分街道主要经济指标

单位：万元

单位名称	工业总产值(现行价格)		产品销售收入		利税总额		利润总额	
	2013年	比重	2013年	增减±%	2013年	增减±%	2013年	增减±%
茶店子街道	0	0.0000	0	0.0	0	0.0	0	0.0
黄　忠街道	0	0.0000	0	0.0	0	0	0	0
九里提街道	10560	0.0051	10137	4.7	241	-24.5	135	-38.0
人　北街道	9342	0.0045	8118	-24.5	365	6.6	307	26.4
五块石街道	17818	0.0087	19242	14.9	963	-27.8	631	-40.7
西安路街道	23011	0.0112	18009	-3.2	794	4.6	382	7.9
驷马桥街道	6300	0.0031	3001	-46.0	392	77.9	17	-1.2

续表：

单位名称	工业总产值(现行价格)		产品销售收入		利税总额		利润总额	
	2013年	比重	2013年	增减±%	2013年	增减±%	2013年	增减±%
营门口街道	3124	0.0015	2067	-18.8	173	-18.0	37	-57.1
沙河源街道	148143	0.0720	144424	5.4	9376	46.8	6170	85.7
天回镇街道	115996	0.0564	111124	1.6	6738	-6.0	4860	16.5
金 泉街道	37260	0.0181	29807	-18.0	1160	34.2	318	6.4
高科园区（小口径）	964963	0.4693	1034256	20.5	126076	41.7	84572	46.1
凤凰山街道		0.0000						
抚 琴街道	2269	0.0011	2359	-23.3	136	-14.0	65	-15.6
荷花池街道	901	0.0004	33	-99.1	-14	-104.1	-15	-104.4
西 华街道	716481	0.3485	653957	-1.8	79591	-48.1	44183	-55.1

（梁 平）

制造业

【概 况】 全区制造业集中在电子信息、机械制造、医药、饮料食品等四大支柱产业。四大支柱产业有规模以上企业52个，全年产值125.86亿元，占全区比重61.2%，比上年下降2.5%，其中电子信息、机械、医药等产业均保持平稳增长，增幅分别为1%、3%、3.2%，饮料食品产值下降20.2%。

2013年金牛区四大支柱产业运行情况

单位名称	产品销售收入		利润总额		利税总额		工业总产值	
	累计（万元）	增减（±%）	累计（万元）	增减（±%）	累计（万元）	增减（±%）	累计（万元）	增减（±%）
总计	2036532.6	8.5	141661	-14.9	225990	-13.2	2056166	4.4
其中：四大支柱产业	1267609.6	1.9	114124	-20.9	172830	-21.7	1258642	-2.5
电子及通信设备制造业	316861.9	30.1	36611	19.4	45104	14.4	241916	1.0
机械工业	570683.5	6.6	39675	36.4	53919	25.5	604491	3.0
医药工业	172409.8	3.0	35570	74.0	52104	42.1	181334	3.2
饮料食品业	207654.4	-30.3	2268	-96.5	21703	-78.6	230901	-20.2

【电子及通信设备制造业】 电子及通信设备制造业主要包括输配电及控制设备制造和电线、电缆、光缆及电工器材制造。主要企业有三泰电子、通力集团、金亚电子、宏天电传、营门电缆等。至2013年底，规模以上电子及通信设备制造业总产值占规模以上工业的11.7%。

【机械制造业】 机械制造业主要以汽车零部件配件制造业、汽车修理业和建筑工程设备制造业为主。主要企业有神坤装备、四川建设机械（集团）、金星压缩、蓝灵集团、华工石油等。至2013年底，规模以上机械制造业总产值占规模以上工业的29.4%。

【医药制造业】 医药制造业主要由化学药品制造业、中药材及中成药加工业、生物制品业组成。医药制造业在开发新产品、争创名牌产品上成效突出，如

四川省干细胞库

胆维他片、糖脉康、乌体林斯注射液、生柴颗粒等品牌已发展成为全区医药制造业中的优势特色产品。主要企业有康弘集团、中汇制药、国嘉联合制药等。至2013年底，规模以上医药制造业总产值占规模以上工业的8.8%。

【食品制造加工业】 食品制造加工业主要包括饮料制造业和食品、农副品加工业。饮料制造业主要以白酒制造业为主。区内的食品、农副品加工业门类较多，主要由饼干制造、蔬菜、水果和坚果加工、调味品制造和饲料加工等组成。主要企业有四川水井坊、四川徽记食品等。至2013年底，全区规模以上食品制造加工业总产值占规模以上工业的11.2%。

（梁　平）

工业园区建设

【概　况】 全年园区43家规模以上工业企业实现工业增加值35.15亿元，比上年增长0.7%，总量列五城区第二；销售收入161.07亿元、利税20.19亿元，工业集中度80.1%；完成投资9.91亿元，其中基础设施投资0.7亿元、工业投资3.36亿元、工业技改投资2.15亿元；合同协议投资额8.17亿元，实际到位资金30.61亿元。

【项目引进】 全年园区引进成都中铁东忠科技有限公司、四川孚鼎能源实业有限公司、成都国京投资担保有限公司等201家总部企业和生产型服务业企业，引进企业数比上年增长49%；引进企业注册资金10.2亿元，比上年增长96%。完成投资35亿元，占地361亩的区重点项目——西部地理信息科技产业园项目在市工业总部项目评审认定小组评审和备案。

【企业科技创新】 全年组织各级科技计划申报科技创新项目、重大科技成果转化项目立项66个；实施区科技创新种子资金项目立项32个，资助金额225万元。

【大学生创业园】 全年大学生创业园收集创业项目64个，签约入驻项目13个，孵化毕业项目6个，孵化成功率88%以上，44个项目在孵化阶段。大学生创业就业人数694人，其中研究生17人、博士生5人、本科生122人、专科生85人；有大学生党员32人、团员257人。大学生创业园企业全年累计销售收入7390万元，上缴税金371万元，实现利润477万元。申请各种专利7项，落实各种创业扶持资金128万元。

（梁　平）

工业项目

【工业总部项目】 工业园区新开工总部项目6个，开工面积29.2万平方米；建成总部项目6个，竣工面积32.8万平方米。

【年度重点项目】 盛大国际项目　项目由四川盛大天府投资管理有限公司投资建设，总投资11.2亿元，建筑面积25万平方米。项目于2012年2月动工，至2013年底，一期5、6、7、8、9号楼竣工；二期进行外立面幕

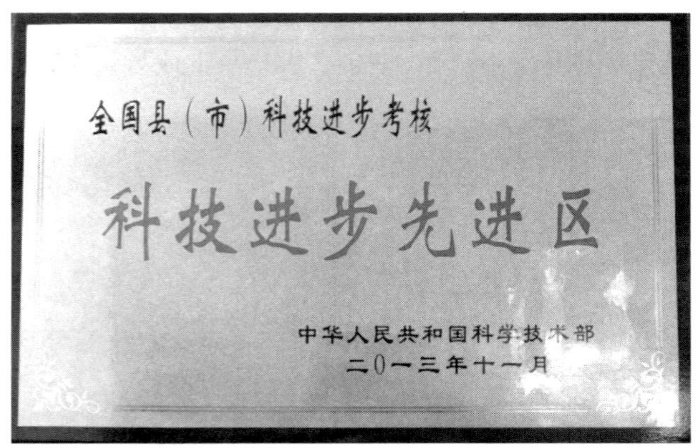

科技进步先进区

盛大国际

墙施工。

碧玺国际项目　项目由成都必喜食品有限公司投资建设，总投资5.4亿元，建筑面积15万平方米。项目于2012年1月动工，至2013年底，完成主体封顶，进行外立面幕墙施工。

碧玺国际总部项目

迪欧时代总部基地（二期）项目　项目由四川省方信科技发展有限公司投资建设，总投资1.5亿元，建筑面积2万平方米。项目于2012年5月动工，至2013年底，项目完成主体封顶，进行外立面装饰施工。

三泰电子V时代项目　项目为三泰银行网络化数字多视频监控产品研发及产业化基地，一期工程投资1.2亿元，建筑面积4.3万平方米，2013年5月竣工并投入使用；二期计划投资1.93亿元，建筑面积7.7万平方米的总部楼宇，工程于2013年12月启动。

财智国际项目　项目由成都恺兴实业有限公司投资建设，总投资8亿元，建筑面积28万平方米。项目于2012年6月动工，至2013年底，一期10万平方米的总部楼宇完成主体封顶，进行外立面和内部装饰施工；二期18万平方米的总部楼宇处于筹备启动阶段。

财智国际项目

迪舒美领项目　项目由成都迪舒生物工程开发有限公司投资建设，总投资6000万元，建筑面积4.3万平方米，2013年5月竣工。

迪舒美领

蓝海天地项目　项目由四川顺通集团投资建设，总投资2亿元，建筑面积6万平方米，2013年6月竣工。

蓝海中心总部项目

健欣总部基地项目　项目由成都市健欣医药工业研究有限公司投资建设，总投资1亿元，建筑面积3万平方米，2013年9月竣工。

健欣总部项目

协勇仓储项目　项目由成都协勇仓储有限公司投

资建设，总投资2.5亿元，建筑面积7.8万平方米，2013年9月动工建设，至年底，完成土方开挖工程，进行地下室和主体施工。

兴盛国际项目　项目由成都鑫金工发投资有限公司投资建设，一期投资约1.8亿元，建筑面积3.1万平方米，至年底，项目处于正负零建设阶段；二期计划投资2.46亿元，建筑面积4.5万平方米。

（梁　平）

工业企业选介

【成都康弘药业集团】　高新技术企业、纳税大户，主要从事中成药、化学药及生物制品的研发、生产、销售及售后服务。申请和授权的专利140余项（包括国外专利30余项），其中90%以上为发明专利。创新成果11个已上市，在研品种10余项，5个国家I类“生物药”处于研发的不同阶段，“KH系列生物技术药物”产品被成都市列为战略性新兴产品重点培育对象。集团有4个GMP生产基地和2个GSP医药贸易公司，1个GAP基地和多个GMP生产基地在建设中。集团商标“康弘 KANGHONG”被认定为中国驰名商标。集团被列为全国企事业知识产权试点单位，被评为“中国化学制药行业创新型企业品牌十强”。2012年，被科技部、国资委和中华总工会联合认定为国家创新型企业（四川省唯一入选的药企）。2013年，企业产值8.2亿元，比上年增长16.1%；上缴税金1.85亿元。

【四川徽记食品股份有限公司】　公司成立于2001年8月，占地53亩，纳税大户，主要生产坚果炒货类、粗粮膨化食品等休闲食品，是一家集研发、生产、销售为一体的农业产业化国家级重点企业。公司先后获中国驰名商标、国家农业产业化重点龙头企业、全国农产品加工业示范企业、国家星火计划企业、中国营养健康食品“十佳”倡导品牌等称号。拥有“徽记”坚果炒货、“好巴食”豆制品、粗粮膨化食品和“徽记果园”高端坚果等系列产品。2013年，企业产值10.97亿元；实现利润1.12亿元，比上年增长24.1%；上缴税金3173万元。

（梁　平）

（审读：黄发弟）

建筑业·房地产业

BUILDING AND REAL ESTATE INDUSTRIES

概　述

2013年，全区建筑业总产值696.87亿元，比上年增长9.0%，增幅较上年下降11.7百分点；实现增加值83.9亿年，比上年增长6.6%；固定资产投资336.65亿元，比上年增长0.4%，增幅较上年下降18.3个百分点，其中基本建设投资205.53亿元，比上年增长33.4%；房地产投资（项目地）99.52亿元，比上年下降18.4%。

由于宏观政策调控和前期土地供应不足，全区可供销售的商品房面临"断档"状况，房地产开发和销售相对低迷。

建筑市场

【建筑企业】 四川省住业建设（集团）有限公司　公司是原成都市建材工业局下属的成都市新型建筑材料建筑工程公司，2003年改制重组。2013年，公司注册资金8000万元，有工程技术和经济管理等各类专业技术人员530余人，其中高级职称31人、中级职称156人；有全国注册一级建造师22人，注册二级建造师30人。

公司的主要资质有房屋建筑工程施工总承包壹级、市政公用工程施工总承包壹级、建筑装修装饰工程专业承包壹级、土石方工程专业承包壹级、消防设施工程专业承包壹级；公路工程总承包贰级、地基与基础工程承包贰级、环保工程专业承包贰级、管道工程专业承包贰级、钢结构工程专业承包贰级。2013年，公司承接各类市政道路、大跨度钢结构、房屋建筑等工程项目，承建各类工业、民用建筑2000万平方米，公司工程总产值40亿元。

成都市第二建筑工程公司　公司成立于1968年，系建设部资审的房屋建筑工程施工总承包一级企业，具备附着升降脚手架专业承包壹级、市政公用工程承包贰级、建筑装修装饰工程专程承包贰级、消防设施工程专业承包贰级、起重设备安装工程专业承包贰级、钢结构工程专业承包贰级等资质，可承担各类工业与民用建筑工程的施工建设，先后建成大批国内外工程项目。公司承建的成都体育中心体育场工程获国家建筑工程鲁班金像奖，成都市第六人民医院外科楼工程获全国用户满意建筑工程奖，中国科学院成都分院综合楼工程获四川省工程建设系统用户满意建筑工程奖，并获四川省优质工程"天府杯"、成都市优质工程"芙蓉杯"等质量奖。公司被授予中国500家最佳

经济效益建筑企业，全国用户满意建筑企业，全国质量服务诚信示范企业，全国重质量、守诚信、讲信誉百家优秀施工企业，全国施工企业设备管理优秀企业，四川省建筑业先进企业，四川省国有建筑企业综合实力和经济效益50强企业，四川省建筑业最佳企业，四川省重质量、重安全、标准化建筑施工示范企业，四川省工程质量信得过企业，四川省质量无投诉示范企业，成都市用户满意企业，成都市优秀企业等称号。2000年以来连续被评为四川省重合同守信用企业，获AAA级银行资信等级。1999年，公司通过ISO9001质量标准国内国际双认证。2004年，通过质量、环境、职业健康安全管理三体系认证。2007年，通过计量保证体系认证。

公司先后与中海地产、香港置地、合景泰富、雅居乐、中铁地产、恒大地产、中国海油等众多知名房企和著名央企合作。2013年，公司固定资产7000万元，总资产10亿元；有各类专业技术人员700人，其中高中级职称技术人员200人；年施工面积300万平方米，总产值20亿元。

成都市第八建筑工程公司　公司原为成都市建处机械化施工公司，成立于1954年，系国有房屋建筑工程施工总承包一级企业。注册资金5000万元，有高中级技术、管理人员300余人，拥有建筑施工所需的各类大中型机械设备。公司以建安施工为主，集机械化施工、市政施工、建筑装饰装修、建筑智能化设计施工、建筑机械制造和物业经营为一体。公司通过ISO9001:2000标准质量体系、环境管理体系、职业健康安全管理体系认证。

公司年均质量优良率80%，先后完成成都市体育中心、顺城街扩建工程、大亚湾核电站过江铁塔等百余项国家、省、市重点工程的机械化施工；独立完成成都市公安局刑事科大楼、锦江公安局指挥中心、四川省电力职业技术学院、四川交通职业技术学院、成都理工大学、电子科技大学、雅安碧峰峡观光电梯、罗浮世家、置信丽都花园、豪瑞新界、博瑞都市花园、麓山国际、上东阳光、四川大学新校区、成都大学新校区、丽景华庭等具有代表性的大中型土建项目及许多具有代表性的地基与基础、建筑装饰装修、钢结构、智能化等工程的施工，并获“鲁班奖”“天府杯”“芙蓉杯”等国家、省、市优质工程奖。公司被评为四川省

华润·银杏华庭

建筑总承包50强企业，四川省建筑企业三年质量无投诉示范单位，省、市建设系统用户满意工程，省、市先进企业，四川省建筑企业最大市场占有份额100强，四川省建筑企业综合实力50强，省级先进职工之家，省级文明单位等各类奖项100多项。2013年，公司年施工面积80万平方米，总产值5亿元。

2013年金牛区建筑业基本情况

指标名称	单　位	2013年实际	2012年实际	2013年比2012年(±%)
建筑业总产值	万元	6968699	6393551	9.00
其中：建筑工程	万元	6379489	5729084	11.35
安装工程	万元	400069	443118	-9.72
其他产值	万元	189140	221349	-14.55
企业总产值	万元	6968699	6515540	6.96
竣工产值	万元	2947125	2747555	7.26
从业人员年末数	人	128778	187261	-31.23
企业个数	个	287	284	1.06
其中：一、二级企业	个	214	214	0.00
工资总额	万元	464796	346852	34.00
资产合计	万元	3845139	5922557	-35.08
流动资产	万元	3430816	5187207	-33.86
固定资产	万元	166892	317654	-47.46
累计折旧	万元	100265	214765	-53.31
负债合计	万元	3223301	4925441	-34.56
流动负债	万元	3152159	4687247	-32.75
实收资本	万元	380929	796536	-52.18
所有者权益	万元	621837	997117	-37.64
管理费用	万元	79594	156103	-49.01
财务费用	万元	22692	35495	-36.07
营业利润	万元	39917	80120	-50.18
利润总额	万元	57215	97150	-41.11
应交所得税	万元	13715	21513	-36.25
亏损企业个数	个	32	22	45.45
亏损额	万元	8745	6266	39.56
房屋建筑面积	平方米	24368790	48228337	-49.47
本年新开工面积	平方米	10697255	16999916	-37.07
房屋竣工面积	平方米		12099655	
自有机械台数	台	6151	11269	-45.42
自有机械设备净值	万元		143013	

2013年金牛区建筑业总产值前20名企业

中国华西企业股份有限公司
中铁二局集团新运工程有限公司
四川省第六建筑有限公司
中铁二局机械筑路工程有限公司
四川省第一建筑工程公司

瑞安·城中汇

中铁八局集团第二工程有限公司
成都市第二建筑工程公司
四川远发建设集团有限公司
中铁八局集团建筑工程有限公司
中铁二局第三工程有限公司
四川省住业建设有限公司
中铁二局集团电务工程有限公司
中铁二局集团建筑有限公司
成都市第八建筑工程公司
成都市第六建筑工程公司
四川省场道工程有限公司
四川宏大建筑工程有限公司
四川省送变电建设有限责任公司
四川华海建设集团有限公司
成都市第五建筑工程公司

（蔡艾琳）

建筑行业管理

【建筑工程质量监督】 全年政务中心并联审批的新建工程12个，建筑面积47.2万平方米；受理区建工程5个，建筑面积36万平方米；监督建设单位组织竣工验收项目31个，建筑面积121.5万平方米。办理建设工程竣工验收备案21个，建筑面积37.1万平方米。华侨城五期（D地块三期多层）110、111号楼、成都市精神卫生中心扩建项目被评为成都市优质结构工程；成都交警四分局营房迁建工程被评为“芙蓉杯”工程；成都华侨城纯水岸A组团工程（A2区）48、67号楼被评为“天府杯”工程。

【建筑工程安全监管】 全年新增报监工地28个，建筑面积68万平方米。新增报监工地开工条件审查制度，未达到开工条件的，不准开工建设。施工过程中开展巡查检查；开展“除火患，保平安”“百日安全生产活动”及芦山震后在建工程安全隐患排查、全国安全生产月活动、全国安全生产大检查等专项行动。创建安全文明工地4个，由金牛区监督的建筑工地未发生较大及以上级别安全事故。

【建筑工程重点项目管理】 加强建设项目管理，督促全区范围内的建设项目进入全市有形建筑市场交易。严格建设工程项目招投标备案制度，办理政府投资项目招标备案23项，中标备案22项；比选文件备案16项，中选备案15项；工程监理招标备案11项，中标备案13项；勘查、设计备案6项，中标备案5项；非政府投资项目工程备案13项。

（蔡艾琳）

房地产市场

【概　况】 2013年，金牛区房地产开发完成投资123.77亿元，比上年下降14.4%。按项目地计算，商品房屋销售面积72.32万平方米，比上年下降63.2%；按注册地计算，商品房屋销售面积132.74万平方米，比上年下降45%；实际销售额107.39亿元，比上年下降66.1%。

2013年金牛区房地产投资基本情况

指标名称	计量单位	2013年	2012年	2013年比2012年±%
单位个数	个	112	198	-43.43%
计划总投资	万元	6819973	6919027	-1.43%
本年新开工	万平方米	154	258	-40.31%
本年新增固定资产	万元	597844	669006	-10.64%
本年土地购置面积	万平方米		11	
本年完成投资（注册地）	万元	1237716	1446099	-14.41%
施工面积	万平方米	930	1030	-9.71%
其中：本年新开工	万平方米	154	258	-40.31%
竣工房屋面积	万平方米	138	148	-6.76%
竣工房屋价值	万元	439757	450554	-2.40%
实际销售面积	万平方米	133	241	-44.81%
实际销售额	万元	1073896	3168025	-66.10%
本年资金来源小计	万元		2283669	
其中：国内贷款	万元		144703	
自筹资金	万元		467115	
其他资金	万元		144703	
本年各项应付款	万元		93640	

注：本表部分指标按国家统计局新统计制度要求2013年删减。

2013年金牛区房地产销售基本情况

单位：平方米

指标名称	实际销售面积			预售面积			待售面积		
	2013年	2012年	±%	2013年	2012年	±%	2013年	2012年	±%
合计	**1327426**	**2413315**	**-45.00%**	**1279476**	**3186488**	**-59.85%**	**335928**	**268395**	**25.16%**
1. 住宅	1142251	1938285	-41.07%	936184	2023956	-53.74%	172632	160934	7.27%
2. 办公楼	86800	222674	-61.02%	34856	489850	-92.88%	16603	20159	-17.64%

环球广场

续表：

指标名称	实际销售面积			预售面积			待售面积		
	2013年	2012年	±%	2013年	2012年	±%	2013年	2012年	±%
3. 商业用房	54202	183890	-70.52%	12314	363831	-96.62%	15072	9306	61.96%
4. 其他	44173	68466	-35.48%	47941	308851	-84.48%	131621	77996	68.75%

本表指标均为按注册地分

2013年金牛区房地产施、竣工基本情况

指标名称	施工面积（平方米）			竣工面积（平方米）			竣工价值（万元）		
	2013年	2012年	±%	2013年	2012年	±%	2013年	2012年	±%
合计	**9301311**	**10306242**	**-9.75%**	**1535461**	**1672380**	**-8.19%**	**439757**	**450554**	**-2.40%**
1. 住宅	5908589	7029998	-15.95%	1081807	1304078	-17.04%	287717	450554	-36.14%
2. 办公楼	850987	876104	-2.87%	127659	97568	30.84%	53575	25415	110.80%
3. 商品营业用房	913362	936333	-2.45%	87136	62493	39.43%	33460	18907	76.97%
4. 其他	1628373	1463807	11.24%	238859	208241	14.70%	65005	44583	45.81%

2013年金牛区房地产投资前10名企业

成都龙湖北城置业有限公司
成都天府华侨城实业发展有限公司
成都保鑫投资有限公司
上海绿地集团成都金牛房开公司
成都金牛万达广场投资有限公司
领悦房地产有限责任公司
四川新龙房地产开发有限公司
成都飞大置业有限公司
成都人居置业有限公司
成都翔龙房地产有限公司

房产管理

【公共住房制度】 办理各类住房保障事项3679件，其中经济适用住房申请898户，办结836户；限价商品房申请1125户，办结1107户；廉租住房租金补贴新增目标数31户，办结240户；发放住房租赁租金补贴目标数500户，办结1185户；年审各类保障家庭1320户；安置廉租住房实物配租家庭96户。

【安全管理】 累计开展安全生产检查236次，查出安全隐患130处，下达整改通知书130份，责令责任单位进行整改。其中，房屋装修安全检查125处，查出安全隐患36处，下达整改通知书36份；拆迁拆除工地安全检查40次，查出安全隐患24处，下达整改通知书24份；物业管理区域安全检查60次，查出安全隐患35处，下达整改通知书35份；直管公房“两安全”工作检查11次，查出安全生产隐患35处，查出消防隐患80处，并限期整改。加强高层建筑消防安全管理，做好玻璃幕墙排查工作，全年检查43个点位，面积48万平方米。检查新增建筑群体，跟踪督查存在的安全隐患直至隐患消除。投入资金2.4万元，对通锦桥26号院、观音阁前街27号、解放路217号、荷花池红花堰、金泉马家场等房屋安全隐患点位组织安全鉴定和排危处理。

【物业管理】 全年调解处理物业纠纷52件，调解成功50件，调处率96%。受理城市房屋专项维修资金一般使用备案110件、紧急使用预案备案94件、城市房屋专项维修资金紧急使用备案31件，及时办结率均为100%。老旧小区物业管理监督指导项目49个，和谐物管创建监督指导项目65个，下达物业管理指导意见6份。全国城市文明程度指数测评期间，对全区62个物业小区开展专项检查，发出限期整改通知书30余份。规范老旧小区、新居工程的物业管理，5月，金牛区与青羊区进行交叉检查，18个涉农集中居住区通过规范化验收，通过率100%。执业名册入册办理人员6343人。申报成功成都市物业管理优秀项目5个，推荐四川省物业管理优秀项目7个。

【直管公房】 全年开展“两安全”工作各类检查16次，召开安全会议、安全教育8次，300余人次参加；开展岗位培训44人次，安全活动4次，400余人次参加。查出安全生产隐患35处，查出消防隐患80处，并限期整改。全区直管公房全年租金收入1207.5万元，投入公房维修资金160万元，维修公房9.8万平方米，调处公房租赁纠纷5件，为公房住户提供查询服务2054次。

【房政监察】 区房管局配合成都市城乡房产管理局开展全区房地产中介市场清理，清理中介市场424个，查出不规范行为或违规行为为403个，下发整改通知书151份。受理城市房屋使用安全问题投诉212起，对受理的投诉及时进行现场查勘，处理率100%。

（向汉英　周兴林）

（审读：黄发弟）

商贸业·服务业

BUSINESS & TRADE AND SERVICE INDUSTRIES

概　述

2013年，金牛区社会消费品零售总额542.07亿元，比上年增长13.5%，增幅比上年下降4.3个百分点。批发业销售额230.9亿元，比上年增长9.6%；零售业销售额519.28亿元，比上年增长16.3%。

受钢材价格走低、钢铁生产企业不景气的影响，全区限额以上批零住餐行业销售增长受挫。商务会议、集团消费比例减少，全区住宿餐饮行业呈下降态势。

【商贸业态提升】 新建商业综合体投入营运30万平方米，其中龙湖北城天街22万平方米、交大路凯德广场二期8万平方米。原有市场改造转型8.8万平方米，其中宏正商业广场6万平方米、金府灯具城2.2万平方米。

【服务外包产业】 全区有以成都三泰电子实业有限公司、中国电子科技集团公司第十研究所、中国中铁二院工程集团有限责任公司、成都夏尔数码科技有限公司、中国西南研究勘测设计院等为代表的金融服务、软件研发、工程外包、勘测设计等服务贸易企业70余家；有企业技术中心31个，其中国家级2个、省级18个、市级11个；有科研基地5个、企业博士后工作站2个；29个项目分别获国家科技进步奖、四川省科技进步奖；具有核心竞争力并在海外设立分支机构的服务贸易企业5家。全年服务外包离岸接包合同2.41亿美元，离岸合同执行金额3644.9万美元，分别比上年增长104.2%和88.7%。对外承包工程超过17.3亿美元，外派劳务2485人次。

【省级服务贸易特色示范基地】 金牛区在被评为国家火炬计划成都电子信息产业基地、成都服务外包示范区的基础上，在全省区（市）县率先建成云计算服务平台，明确由区信息办、区商务局共同负责推动创新服务贸易工作机制。金牛区具有国际服务贸易发展基础，信息软件和服务外包产业聚集，产业链和配套体系较为完善，被四川省商务厅认定为四川省服务贸易特色基地。

商贸纳税十强企业

成都金牛万达广场投资有限公司
成都龙湖北城置业有限公司

金牛万达广场

万贯集团
四川苏宁电器有限公司
四川华星锦业汽车销售服务有限公司
成都国美电器有限公司
伊厦成都国际商贸城股份有限公司
成都量力钢材物流有限公司
中铁二局瑞隆物资有限公司成都分公司
四川华星天然气有限责任公司

（名单根据金牛委发〔2013〕10号文件）

（吴　叶　冯　丹　彭　凌　张文武　巫　健　何蔚蓉）

批发·零售业

金牛区批发零售业继续保持稳定增长的态势，全年实现销售额1754.58亿元，同比增长11.5%。其中，批发业实现销售额1230.99亿元，同比增长9.5%；零售业实现销售额523.59亿元，同比增长16.3%。批发零售业共实现零售额480.54亿元，占社会消费品零售总额的88.6%，较去年同期增长14.3%。

限额以上四大支柱行业共实现销售额897.75亿元，占限上单位总销售额的76.9%。其中：医药行业实现销售额208.79亿元，同比增长15.8%；汽车行业实现销售额225.07亿元，同比增长5.2%，钢材行业实现销售额359.78亿元，同比下降21.9%。家电行业实现销售额104.11亿元，同比增长8.0%。

人人乐购物中心

2013年金牛区销售额前50名批发企业

攀钢集团国际经济贸易有限公司
中铁物资集团西南有限公司
四川美丰农资化工有限责任公司
成都西部医药经营有限公司
四川宏华国际贸易有限公司
成都万友经济开发总公司
中铁二局集团物资有限公司
四川康弘医药贸易有限公司
成都科讯药业有限公司
四川省川化新天府化工有限责任公司
四川华星天然气有限责任公司
成都市华恒物资设备供应公司
成都市医药工业有限公司
成都铁公鸡电子商务有限公司
成都广药新汇源医药有限公司
四川泰特贸易发展有限公司
四川贝尔康医药有限公司
四川乾元医药有限公司
四川康百年药业有限公司
四川金仁医药有限公司
成都众业达电器有限责任公司
中勘石油天然气化工四川有限公司
四川省科欣医药贸易有限公司
四川蓝天药业有限公司
荷花池中药材专业批发市场钟氏虫草行
四川大众医药有限公司
成都金府广丰钢管工贸有限公司
四川浙金钢材有限公司
成都蓉华医药科技发展有限公司
四川佳能达医药贸易有限责任公司
四川省印刷物资有限责任公司
金牛区（成都）荷花池中药材专业市场鸿福药材行
成都江海贸易发展有限公司
金牛区（成都）荷花池中药材专业市场活福堂虫草行
成都铁路酒业有限责任公司
成都市金大华物资有限公司
四川省工艺品进出口公司
成都宝龙钢铁有限公司
四川安大体育用品有限公司
成都量力发展物资有限公司
成都嘉运钢铁有限公司

沃尔玛购物广场

成都宝润物质贸易有限公司
成都惠松工程机械有限公司
四川恒远医药发展有限公司
成都信立实业有限公司
成都市天山明珠石化有限责任公司
四川弘益药业有限公司
成都华隆食品产业有限公司
成都（太钢）销售有限公司
成都联美实业有限责任公司

2013年金牛区销售额前50名限额以上零售企业

四川苏宁电器有限公司
成都国美电器有限公司
四川华星锦业汽车销售服务有限公司
成都宝悦汽车有限公司
四川华星名仕汽车销售服务有限公司
四川省川物汽车进出口贸易总公司
成都运通博捷汽车销售有限公司
成都市强生实业有限责任公司
成都华星西蒙汽车销售服务有限公司
成都中油能源有限公司
成都万星汽车销售服务有限公司
成都万友汽车销售服务有限公司
四川明嘉销售服务有限公司
成都欧尚超市有限公司
四川一汽贸易有限责任公司
成都三和丰田汽车销售服务有限公司
成都锦腾贸易有限公司
成都吉翔汽车贸易有限公司
成都市滔博商贸有限公司
成都中道成丰田汽车销售服务有限公司
四川新东信汽车服务有限公司
四川安捷汽车技术服务有限公司
四川通孚祥汽车贸易有限公司
四川家乐福商业有限公司
成都三和银杏汽车贸易有限公司
成都摩尔百盛百货有限公司
成都百翔汽车销售服务有限公司
成都成铁汽车销售服务有限公司
成都圣象木业有限公司
四川港宏车辆贸易有限公司
成都通能压缩天然气有限公司
成都吉驰汽车销售服务有限公司
成都国滔网络技术有限公司
成都吉翔汽车销售有限公司
四川文轩在线电子商务有限公司
成都华星华驰汽车销售服务有限公司
成都康途科技有限公司
成都金牛万达百货有限公司
万道网络科技有限公司
成都金银街电子商务有限公司
成都众合华晨汽车销售服务有限公司
成都吉翔汽车服务有限公司
成都明友西物汽车贸易有限公司
四川元通汽车销售服务有限公司
四川西部庆铃汽车销售服务有限公司
四川江铃汽车销售服务有限责任公司
成都西星汽车投资有限公司
成都锦通药业连锁有限公司
成都蓝海汽车销售服务有限公司
四川翔汇汽车贸易有限公司

2013年金牛区批发和零售业商品销售情况

单位：万元

指标名称	2013年销售额	2012年销售额	2013年比2012年（±%）	2013年零售额	2012年零售额	2013年比2012年（±%）
合计	17545763.9	15737373.8	11.5	4685964.5	4109323.1	14.0

续表：

指标名称	2013年销售额	2012年销售额	2013年比2012年（±%）	2013年零售额	2012年零售额	2013年比2012年（±%）
一、批发业	12309875.4	11236867.9	9.5	237008.6	211313.5	12.2
1. 限额以上	7663361.5	8741724.1	−12.3	140546.5	130252.9	7.9
2. 限额以下	4646513.9	2495143.8	86.2	96462.1	81060.6	19.0
二、零售业	5235888.5	4500505.9	16.3	4448955.9	3898009.6	14.1
1. 限额以上	4009329.2	3611285.1	11.0	3806897.9	3442070.4	10.6
2. 限额以下	1226559.3	889220.8	37.9	642058.0	455939.2	40.8

2013年金牛区限额以上批发业商品销售额分类情况

单位：千元

指标名称	2013年销售额	2012年销售额	2013年比2012年（±%）
1. 粮油、食品、饮料、烟酒类	1194335	1868578	−36.08
（1）粮油、食品类	198256	182533	8.61
其中：粮油类	20997	20750	1.19
肉禽蛋类	0	0	0.00
水产品类	0	0	0.00
蔬菜类	24040	16146	48.89
干鲜果品类	141346	126066	12.12
（2）饮料类	258581	251997	2.61
（3）烟酒类	737498	1434048	−48.57
2. 服装、鞋帽、针纺织品类	1297124	1334465	−2.80
（1）服装类	757112	704350	7.49
（2）鞋帽类	478982	575909	−16.83
（3）针、纺织品类	61030	54206	12.59
3. 化妆品类	0	0	0.00
4. 金银珠宝类	0	0	0.00
5. 日用品类	84915	75481	12.50
其中：洗涤用品类	44514	46065	−3.37
儿童玩具类	0	0	0.00
6. 五金、电料类	50787	50404	0.76
7. 体育、娱乐用品类	0	0	0.00
8. 书报杂志类	0	0	0.00
9. 电子出版物及音像制品类	0	0	0.00
10. 家用电器和音像器材类	400069	293828	36.16
11. 中西药品类	19378136	17510423	10.67
其中：西药类	10615266	13615005	−22.03
中草药及中成药类	4108352	3721334	10.40
12. 文化办公用品类	787629	731585	7.66
13. 家具类	6661	37134	−82.06
14. 通讯器材类	262759	200833	30.83

续表：

指标名称	2013年销售额	2012年销售额	2013年比2012年(±%)
15. 煤炭及制品类	8433948	11971300	-29.55
16. 木材及制品类	90997	69678	30.60
17. 石油及制品类	1410557	3605714	-60.88
18. 化工材料及制品类	6341729	8539521	-25.74
其中：化肥类	5763865	7934221	-27.35
19. 金属材料类	30665806	37590734	-18.42
20. 建筑及装潢材料类	832651	935281	-10.97
21. 机电产品及设备类	3585035	1643137	118.18
其中：农机类	0	0	0.00
22. 汽车类	2265141	2230792	1.54
23. 种子饲料类	0	0	0.00
24. 棉麻类	22183	67095	-66.94
25. 其他类	1863733	887597	109.98

2013年金牛区限额以上零售业商品销售额分类情况

单位：千元

指标名称	2013年实际	2012年实际	2013年比2012年(±%)
1. 粮油、食品、饮料、烟酒类	928858	771179	20.4
(1)粮油、食品类	851898	689211	23.6
其中：粮油类	172467	155320	11.0
肉禽蛋类	80041	73437	9.0
水产品类	21495	21062	2.1
蔬菜类	18157	15545	16.8
干鲜果品类	39782	29957	32.8
(2)饮料类	29891	25497	17.2
(3)烟酒类	47069	56471	-16.6
2. 服装、鞋帽、针纺织品类	1353964	1222357	10.8
(1)服装类	642827	486959	32.0
(2)鞋帽类	586723	613745	-4.4
(3)针、纺织品类	124414	121653	2.3
3. 化妆品类	110677	89992	23.0
4. 金银珠宝类	355293	67289	428.0
5. 日用品类	244769	213802	14.5
其中：洗涤用品类	66996	55943	19.8
儿童玩具类	8523	7719	10.4
6. 五金、电料类	28613	30415	-5.9
7. 体育、娱乐用品类	181931	151218	20.3
8. 书报杂志类	329884	209563	57.4
9. 电子出版物及音像制品类	3044	2397	27.0
10. 家用电器和音像器材类	9363061	8091208	15.7
11. 中西药品类	1455462	483987	200.7
其中：西药类	93023	91781	1.4
中草药及中成药类	1326388	363854	264.5

续表:

指标名称	2013年实际	2012年实际	2013年比2012年(±%)
12. 文化办公用品类	169489	154680	9.6
13. 家具类	2996	2931	2.2
14. 通讯器材类	569209	480953	18.4
15. 煤炭及制品类	0	0	0.0
16. 木材及制品类	0	0	0.0
17. 石油及制品类	1329138	962746	38.1
18. 化工材料及制品类	0	0	0.0
其中:化肥类	0	0	0.0
19. 金属材料类	0	0	0.0
20. 建筑及装潢材料类	899524	840000	7.1
21. 机电产品及设备类	5614	5718	-1.8
其中:农机类	0	0	0.0
22. 汽车类	20298215	19266910	5.4
23. 种子饲料类	0	0	0.0
24. 棉麻类	0	0	0.0
25. 其他类	122971	839167	-85.3

【四川苏宁云商销售有限公司】 公司原为四川苏宁电器有限公司,2002年落户成都,开设成都第一家连锁店——西大街店。至2013年,公司在川累计开设连锁店65家,员工8000余人,年销售额51.1亿元,增幅8.1%,列全区限额以上零售企业第一。

(吴 叶 冯 丹 彭 凌 张文武 巫 健 何蔚蓉)

住宿·餐饮业

【概 况】 餐饮业是第三产业发展的重要支撑和优势产业。2013年,全区在提升餐饮业发展水平,引导一品天下特色街的餐饮企业规模化发展和推进华侨城高端餐饮聚集发展的同时,注重均衡发展、多点布局,促进餐饮业规模化、高端化、特色化。全区住宿餐饮业累计实现营业额93.06亿元,同比增长14.1%,其中住宿业实现营业额12.3亿元,较去年同期增长6.8%;餐饮业实现营业额80.76亿元,较去年同期增长15.3%。

2013年金牛区营业额前50名住宿餐饮企业

成都金牛山庄有限责任公司

四川省人民政府金牛宾馆

成都红杏酒家有限责任公司

四川成都西北餐饮管理有限公司

成都尚成酒店管理有限公司

成都大蓉和酒店有限公司

成都国际会议展览中心

成都谢氏红高粱餐饮管理有限公司

成都市易园实业有限责任公司

四川文杏餐饮管理有限责任公司

成都西藏饭店

成都会议展览中心股份有限公司

成都红杏人北餐饮有限责任公司

成都润邦国际酒店有限公司

成都市摆在川西坝子餐饮有限公司

四川铁道大酒店有限责任公司

成都郦湾国际酒店有限公司

成都柴门餐饮管理有限责任公司

成都虾佬鼎汤餐饮管理有限公司

成都老房子水墨红川菜食府有限公司

成都市梨园祥丽雅阁酒店有限责任公司

成都迎宾一号餐饮娱乐有限公司

成都金府华美大酒店管理有限公司

成都城北大蓉和餐饮有限公司

成都市鼎膳餐饮有限公司

2013年金牛区住宿和餐饮业经营情况

单位：万元

指标名称	住宿业			餐饮业		
	2013年营业额	2012年营业额	2013年比2012年（±%）	2013年营业额	2012年营业额	2013年比2012年（±%）
营业额总计	123033.2	115148.0	6.8	807630.5	700217.2	15.3
（一）限额以上营业额	81615.4	89560.0	-8.9	195329.4	223800.6	-12.7
1. 客房收入	49901.7	53673.7	-7.0	7883.4	9238.2	-14.7
2. 餐费收入	20867.8	23574.3	-11.5	169361.8	196396.7	-13.8
3. 商品销售额	1072.0	1708.3	-37.2	4465.2	4924.6	-9.3
4. 其他收入	9773.9	10603.7	-7.8	13619.0	13241.1	2.9
（二）限额以下营业额	41417.8	25588.0	61.9	612301.1	476416.6	28.5
其中：餐费收入和商品销售额	17069.2	9615.1	77.5	399954.6	330975.3	20.8

成都喜马拉雅大酒店有限公司
成都西南交大镜湖酒店管理有限公司
成都群星缘酒店管理有限公司
成都最忆酒楼有限责任公司
金麒麟（成都）酒店有限公司
成都咏瓦罐罐餐饮有限责任公司
成都时尚金沙酒店管理有限公司
成都天仁大酒店有限公司
中铁八局集团成都华飞商贸有限公司
成都味道江湖菜餐饮娱乐管理有限公司
成都帝伦大酒店有限公司
成都芙蓉锦汇餐饮管理有限责任公司
成都宇豪金港湾酒店有限公司
成都欧曼酒店有限公司
成都市胡记串串香有限公司
成都玉琢金沙四方阁餐饮有限公司
成都四宿餐饮管理有限公司
成都翰都酒店有限公司
成都天湖宾馆
成都攀钢大酒店有限公司
四川红照壁餐饮有限责任公司
成都三公尚品餐饮管理有限责任公司
成都写庭阁圣马罗酒店有限公司
成都富美轩餐饮有限公司
成都金府银座酒店管理有限公司

【成都金牛山庄有限责任公司】 成都金牛山庄有限责任公司是集餐饮、娱乐、住宿、健身、会议、休闲为一体的旅游度假星级饭店，占地60余亩，拥有四星硬件环境，交通便利，环境宜人。公司秉承"优美环境、优质服务、合理收费"的经营宗旨，发挥旅游窗口的桥梁和纽带作用。2013年营业收入1.15亿元，比上年增长10.8%，列全区限额以上住宿餐饮业企业第一。

（吴　叶　冯　丹　彭　凌　张文武　巫　健　何蔚蓉）

物流·市场

【概　况】 2013年是北改攻坚年，市场关闭调迁改造类项目16个、商贸商务类项目12个。截至年底，以现代钢铁城、龙湖北城天街等为重点的22个北改项目，均按进度要求顺利推进。

全区通过举办南亚商品博览会、组织实地考察、召开现场推介会等方式，培育成都国际商贸城新型现代市场，做大做强产业转移载体；通过关闭蓉北、火车北站市场，组织区级相关部门开展综合整治等，调迁外移低端业态；通过引导金府灯具城、宏正商业广场等原地改造，变批发为零售，实行商场式营运，促进楼宇型市场转型升级。

1月28日，区属荷花池市场整体关闭。9月，蓝光集团启动电子电器市场B座关闭改造并做好与成都国际商贸城的对接。2014年1月28日，蓉北、火车北站市场整体调迁关闭，3500余户商家调迁至成都国际商贸城。

【宏正商业广场】 广场建于1996年，占地47亩，建筑面积17万平方米，主要以经营品牌鞋类、皮具箱包、工艺品、玩具、装饰布艺等为主，经营商家约2000户，从业人员1万人。为提升市场发展水平，公司按照标准化、品牌化、多元化、信息化的要求，通过发展总代理、总经销、特许经营及电子商务，逐步改造市场硬件设施，调整市场业态，引进部分国内外知名品牌区域总代理入驻。

【大西南茶叶城】 大西南茶叶城建于2000年，占地42亩，建筑面积3.2万平方米，主要以经营茶叶为主，是成都市唯一批发经营茶叶的市场。场内有经营商家400余户，从业人员约1000人。

大西南茶城

【成都量力钢材物流有限公司】 公司成立于2001年4月，占地1500余亩，建筑面积100万平方米，有各类钢铁贸易、加工企业1200余家，从业人员2万人。公司以钢铁流通为核心业务，涉足商贸流通、物业管理、再生资源、园林绿化、汽车贸易、酒店经营等产业和行

量力钢铁交易大厦

业，下设成都量力物业管理有限公司、成都量力钢铁储备有限公司、成都量力再生资源有限公司、成都量力发展物资有限公司、北京量力荣辉汽车有限公司、郫县博兰亚热带园艺场和丽江上官府邸酒店等子公司。

公司先后对旧市场交易区进行整体改造，修建25万平方米的量力钢材国际交易大厦和钢铁电子交易大厅，与成都天府软件园合作，启用电子化结算平台，实现硬件和软件同步提升。量力集团以钢铁物联网中心、研发中心、博物展览中心、配套服务及钢铁企业总部办公为核心，建设涵盖钢铁全系列产业的综合性、国际性新型城市综合体。项目投资36亿元，占地约300亩，建筑面积61.7万平方米，其中一期占地95.6亩。至12月，项目完成投资1.14亿元，一期地块挂牌，二期进入拆迁阶段。

【成都国际商贸城】 3月28日，三期日用品市场一阶

成都国际商贸城

段鞋类皮具箱包市场投入运营，三期市场有商铺1万个，汇集上千个鞋类、皮具箱包品牌，同时批发服装服饰、文体用品、电子电器、玩具、五金、护理及美容用品等商品。至12月，陶瓷市场和三期二阶段市场在建设阶段，C地块商务办公楼进行主体施工。

【成都西联钢铁物流港】 成都西联钢铁物流港位于天回镇金牛高科技产业园，是成都市重点现代物流项目，由成都西联钢铁有限公司投资建设，物流中心采用全新的钢铁贸易理念及现代钢铁营销模式，整合铁路专用线、仓储式直销、融资（银行进驻）、信息、电子商务、加工配送、物流等7大平台，开启钢材交易方式由地摊式交易向规模化、集约化、信息化的多功能、一站式现代化交易方式转变。项目占地415亩，建筑面积21万平方米。至12月，完成投资0.2亿元，商务大楼进入装修阶段，景观、管网、配套道路建设同步实施。

（吴　叶　冯　丹　彭　凌　张文武　巫　健　何蔚蓉　蒲　飞　刘二双　姚　沛　尚旺盛　蔡艾琳）

电子商务

【概　况】 金牛区全年有电子商务平台企业20家，应用企业4000余家，中小企业电子商务应用及普及率74%。培育全国电子商务示范企业2家、省级电子商务示范企业8家、网站5个。引进全国性、区域性总部电商企业2家。交易额过亿元的电商企业7家，全口径税收过百万元的电商企业5家。有电子商务专业楼宇8栋、电子商务孵化基地5个。建立建材、钢材、机电、灯具、中药材、图书出版物、家电家居等七大电子商务平台。依托专业市场的行业影响力，推进实体市场电商平台的升级应用，促进专业市场转型升级。利用网络、展会等平台优势，开展线上网络节会，全年网络节会交易额超过50亿元。促进人才聚集，为电商企业培养企业管理、技术研发、市场营销、网页设计等专业人才近800人。全年全区电子商务交易额超过400亿元，移动电子商务交易额20亿元。有3家企业被评为省级电商示范企业。

【成都九正科技实业有限公司】 公司成立于2000年6月，位于沙湾东二路1号智业·世纪加州28楼，注册资金500万元。主要业务为中小企业、专业市场（工业园区、产业园区）等提供企业网站建设、平台网络推广、电子商务交易服务和电子商务服务及外包多元化整合服务、产品招商服务等，同时开展电子商务人才输入服务、营销电子商务管理培训等工作。2013年，公司电商交易（服务）总额（含撮合交易）87.28亿元。

【成都万贯网络科技有限公司】 公司成立于2010年4月，位于金府路555号万贯五金机电城三期25栋4楼，注册资金2000万元。公司经营范围为计算机技术服务、互联网商务信息服务、网络平台搭建和维护等。2013年，公司电商交易（服务）总额（含撮合交易）7.57亿元。

【成都三分球电子商务有限公司】 公司成立于2013年9月，位于华侨城广场，注册资金200万元。主要经营范围为网上销售鞋帽，服装批发、零售，文化交流活动的组织与策划，投资项目管理（法律、行政法规和国务院决定的前置审批项目除外）等，公司的商业模式为一站式运动服务系统（以运动会员服务为基础的本地化O2O运动生态系统），经营方式为以劲浪体育1200家门店为产品支持后盾，在线上主营耐克、阿迪达斯、李宁、卡帕、狼爪等运动户外品牌的前后台销售服务，同时与线下门店进行O2O对接，建设手机移动终端平台，整合提供包括运动场馆、会员App、活动组织、线上线下运动装备导购、其他外延相关服务等为一体的系统服务。通过O2O从技术及方式上帮助实体连锁企业进行经营模式转型。2013年，公司电商交易（服务）总额（含撮合交易）122万元。

【成都量力时代科技有限公司】 公司成立于2012年6月，位于量力钢铁交易大厦A座3楼，注册资金400万元。主要业务是为中小企业、大宗商品流通行业、专业市场（工业园区、产业园区）等提供B2B电子商务服务、软件开发、商务信息咨询、企业管理咨询、外包多元化整合及产品招商服务等。公司开展开发运营的量力钢铁网、“掌柜通”进销存管理系统为钢铁及相关行业提供服务平台，缩减交易管理成本，促进电子商务人才就业，带动钢铁行业电子商务的发展。2013年，量力钢铁网被四川省省经信委认定为四川省工业领域电子商务“双推工程”示范平台，公司被认定为成都市工业和信息化企业提升技术水平项目。2013年，公司电商交易（服务）总额（含撮合交易）8000万元。

【成都思力威网络科技有限公司】 公司成立于2012年6月，位于金府路628号A栋7楼1—2号，注册资金100万元。主要业务为互联网销售灯具、家具、摆件等家居类产品的B2C电子商务平台，平台基于中华人民共和国建材交易信用3A级企业金府灯具城、中国灯饰之都（古镇）全国直销基地培育单位量力灯煌港两大实体市场。2013年，公司公司电商交易（服务）总额（含撮合交易）270万元

【四川文轩在线电子商务有限公司】 四川文轩是全国第一家按照上市公司标准组建的股份制出版发行企业，2007年，四川文轩在香港联合交易所主板（H股）上市，成为国内首家在港上市的出版发行企业，致力于电子商务、数字阅读、出版物供应链服务等互联网领域业务的发展，系新华文轩出版传媒股份有限公司旗下控股子公司。文轩在线拥有文轩网、九月网和供应链云平台三大品牌。文轩网作为纸质出版物网络销售平台，是为传统图书及其他文化产品搭建的专业电子商务交易平台。截至12月，文轩网注册用户和网站月均访问量均超过千万人，用户遍布全国，合作供应商800多家，常备图书品种超过70万种，开辟网络连锁渠道300余家。文轩在线被商务部授予2013—2014年度电子商务示范企业称号，被国家新闻出版总署授予数字出版转型示范企业称号。2013年，公司销售收入2.37亿元，销售码洋4.5亿元，列新闻出版广电总局发布的销售额前10网上书店第四，是国内少数几家出版物电子商务规模上亿元的企业之一。

（吴叶 冯丹 彭凌 张文武 巫健 何蔚蓉）

展会业

【中国西部建材家居行业发展高峰论坛】 11月19—20日，金牛区举办2013中国西部建材家居行业发展高峰论坛。论坛以“新机遇、新渠道、新转变”为主题，邀请行业协会和省、市、区领导及企业代表做主题演讲，促进建材家居行业卖场、厂商、经销商之间的交流沟通及对行业格局、动态、国家相关政策的了解，并为参会行业提供商机。论坛现场签订合作协议10份，合同金额11.3亿元。

【第十四届中国西部国际博览会金牛分展场】 10月23—27日，第十四届中国西部国际博览会在万贯五金机电城、成都国际商贸城设分展场。博览会期间，万贯分展场邀请商务部市场运行专家王永平、四川省商业地产联盟会长冉立春等五金机电行业专家、五金机电商家代表，成都各大主流媒体代表近100人参加机电产业研讨会。会期签定合作协议5份，实现意向性合同金额30亿元。成都国际商贸城分展场设展面积5万平方米，参展企业200余家，参展商户近1000户。会期观参展参人数35万人次，现场成交近3000万元，意向性合同金额30亿元。

【第三届中国（成都）南亚商品交易会】 10月29日—11月2日，第三届中国（成都）南亚商品交易会在成都国际商贸城举行。会期有境内外760多家企业参加，设南亚国家境外展200个，国内展位180个，参展品种50余种，商品上千种。参会、参展、消费人数30万人次，南亚各国组织260余人的商贸代表团赴成都参会。现场成交1500余万元，意向性合同金额过10亿元。

【第十届中国国际美食旅游节】 9月29日—10月7日，第十届中国国际美食旅游节在金牛区举行。美食节以“美食天堂·娱乐金牛”为活动主题，在羊西线一品天下美食旅游商业街、华侨城美食商业街设互动体验区，开展特色小吃展销、“时尚打包”、文艺演出和欢乐巡游等特色活动，累计接待参观者、消费者100万人次，餐饮业销售额超过400万元，带动住宿、零售等相关行业消费增幅15%以上。

一品天下

（吴叶 冯丹 彭凌 张文武 巫健 何蔚蓉）

软件业

【概　况】 全年有51家软件及信息服务业企业纳入成都市统计，较上年新增9家，其中销售收入过千万元企业20家。全行业从业人员1.45万人，实现销售收入98.54亿元，利润5.8亿元、税收1.4亿元。

【产业招商】 IT50强香港上市企业宝德集团在金牛区注册资金1亿元，所属中青宝游戏软件公司入驻金牛区。2月，以轨道交通高科技产业园为载体，引进东忠软件对日外包集团入驻金牛区，其合作伙伴NTT、NEC等确立入驻意向。

金牛区通过省级软件认证企业

成都三泰电子实业股份有限公司
成都金亚科技股份有限公司
成都华好网景科技有限公司
四川汇源科技发展股份有限公司
成都夏尔数码科技有限公司
成都长虹网络科技有限责任公司
大庆金桥信息技术工程有限公司成都分公司
四川金算盘软件有限公司
成都银湖信息技术有限公司
四川商通实业有限公司

金牛区通过系统集成资质认证的软件企业名录

企业名称	集成资质情况
成都三泰电子实业股份有限公司	二级
四川汇源科技发展股份有限公司	二级
成都四威电子股份有限公司	二级
四川省天光科技实业有限责任公司	二级
大庆金桥信息技术有限公司成都分公司	二级
成都市经济信息中心	三级
四川金算盘软件有限公司	三级
大庆金桥信息技术工程有限公司成都分公司	三级
成都三泰电子实业股份有限公司	三级

金牛区通过CMM/CMMI国际认证的企业名录（共五级，五级为最高级）

企业名称	集成资质情况
四川金算盘软件有限公司	四级

金牛区软件及信息服务业上市企业名录

企业名称	上市市场	代　码
成都三泰电子实业股份有限公司	国内创业板	002312
成都金亚科技股份有限公司	国内创业板	300028

【企业服务】 协助九正科技、三泰电子、金算盘软件公司申报2013年成都市两化融合示范应用项目扶持资金130万元。组织三泰电子、宏业建软申报2013年CMMI3认证补助资金。协助企业申报成都市2013年软件与信息技术服务业项目储备库重点项目。完成2012文化产业（信息企业）的比对和年报。清理软件信息企业内部注册商标和各种认证的统计。

【软件企业选介】 成都三泰电子实业股份有限公司　公司于1997年注册，2005年变更为股份有限公司，位于高科技产业园区蜀西路42号。公司是国内领先的金融电子产品及服务提供商，专业从事金融电子设备及系统软件的研发、生产、销售及服务。2009年12月，公司在深圳中小板成功挂牌上市，至2013年12月，注册资金增至1.86亿元，有员工892人，其中专业研发人员163人。公司在北京、广州、成都等地有10个分公司及数十个办事处，销售服务网络覆盖全国。

公司于2001年2月、2008年2月、2008年9月通过软件企业、高新技术企业和企业技术中心认定。2010年被认定为国家规划布局的重点软件企业和创新软件企业。公司主要产品包括多功能电子回单系统、ATM监控系统、银行数字化网络安防监控系统及金融服务外包业务。通过自主研发专利申请量112项，取得有效授权专利64项，其中包括8项发明专利，计算机软件著作权178项、软件产品登记51项。公司获质量管理体系、信息安全管理体系、环境管理体系、职业健康安全认证，多项产品获国家强制性产品认证。2013年，公司营业收入8.9亿元，上缴税金8311万元，利润总额1.05亿元。

成都金亚科技股份有限公司　公司成立于1999年11月，注册资金2.65亿元。中国总部位于蜀西路50号。2009年10月，登陆深交所创业板，股票代码300028。2012年7月，公司100%控股英国“哈佛国际”，正式完成对英国ATM市场上市公司“哈佛国际”的重大资产收购，成为A股创业板海外收购的第一案。公司通过ISO9001质量认证及ISO14001国际环境管理体系认证，将质量管理贯穿研发、生产、销售到售后服务的全过程。公司有5条全自动高速贴片机生产线、3条全自动插件线，年生产能力500万台。产品的各项性能指标均达到或超过相关产品标准，多个软件产品获《计算机软件著作权证书》和《软件产品登记证书》，获国家发明专利20项。公司为国家高新技术企业，先后获“中国最具影响力创新成果100强”“四川省大中型工业企业500强”，广电行业十大创新品牌，中国数字电视产业十大自主品牌，四川省重点科技型成长企业，四川省软件企业，四川省技术中心、四川省质量AAA级认证企业，四川省实施卓越绩效模式先进企业等称号。

公司与产业链的上下游企业、各运营服务商、高校科研院所和付费频道行业协会、互动媒体协会等建立研发合作关系，在家庭智能终端、多屏互动增值业务开发、宽带接入与传输等领域开展多个课题攻关。为满足集团化发展，先后成立成都金亚软件技术有限公司、成都金亚智能技术有限公司、深圳金亚科技有限公司、金亚科技（香港）有限公司等全资子公司，收购深圳市瑞森思科技有限公司，参股北京鸣鹤鸣和文化传媒有限公司。以金亚云媒和致家视游为重点，以电视游戏为切入点、以家庭OTT终端为载体、实现“内容+服务+平台”的运营模式。2013年，公司登上世界媒体500强排行榜，“金亚”牌数字电视机顶盒获四川省用户满意产品称号，年营业收入2.4亿元。

四川宏华电器有限责任公司　公司成立于2001年6月，位于高科技产业园，有4900平方米生产厂房、4000平方米研发大楼和2200平方米综合大楼，有员工486人，其中高级技术人员65名、中级技术人员和高级技师各106名。公司主要从事电气传动系统、自动控制系统、大功率特种电机的研发、制造、成套、销售和工程技术服务，为国家高新技术企业提供服务。产品用于石油钻井设备、船舶、冶金、电力等产业型行业，成为以石油钻机电传系统为主业的自动控制系统集成商。通过同国际市场接轨，结合公司自身特点加强体制改革、完善管理体系，加大新产品研发力度，推动产业结构调整和全面升级。

公司采用国际先进的交流变频技术、计算机技术和传感技术，在软件开发、硬件系统设计、加工生产、系统集成等领域开发一系列具有自主知识产权的石油钻机电气自动化产品，实现钻机主要功能的全数字控制及自动送钻和能耗制动。主要产品有ZJ20DF数控软件、ZJ40DBS自动送钻软件、ZJ70LCDB控制软件、ZJ50DBS司钻控制室及视讯系统、ZJ70L-ZPD司钻控制系统、电气传动系统及控制软件、美国NABORS 1500HP型钻机电气传动及控制系统、钻机用直驱式交流变频节能电机、直驱式交流变频节能电机等。公司研制生产的电传动自动化系统实现全数字控制，在石油钻机上建立数字化、信息化、智能化平台，实现安全、高效、优质、成本可控制的自动化钻井，产品作为核心组成部分获国家重大技术装备创新项目“DBS系列数控变频电动钻机”证书，该成果为国内首创，整体技术达到国内领先和国际水平。产品还出口美国、俄罗斯、泰国、伊朗、土库曼斯坦、乌兹别克斯坦、阿联酋等许多国家和地区。2010年8月，“宏华 中国”正式挂牌。2013年，公司营业收入10亿元，上缴税金6450万元，利润总额1.5亿元。

成都长虹网络科技有限责任公司　公司成立于2007年7月，位于三洞桥路19号国贸广场11楼，办公面积800平方米，主要从事数字电视软件开发、销售及数字电视接收设备批发、零售，是长虹集团控股的集研发、营销一体的高新技术企业。公司拥有上百名中高级人才组成的技术开发团队，开发多项拥有自主知识产权的软件产品。2013年，公司营业收入1.18亿元，上缴税金980万元，利润总额1400万元。

成都瑞安云科技有限公司　公司成立于2011年11月，注册资金30万元。主要经营计算机软、硬件开发与销售，计算机网络系统集成、综合布线、通信设备（不含无线电发射设备）的销售，网络工程设计与施工等。2012年1月，公司自主研发瑞安云内网安全管理软件V1.0获软件产品证书，12月，公司被四川省经信委授予“双软”企业称号。2013年，公司营业面积300余平方米，有管理层人员3人、财务行政商务人员4人、销售人员15人、技术研发人员10人。公司营业收入1171万元，上缴税金188万元，利润总额4万元。

（郭建忠）

旅游业

【概　况】　金牛区全年旅游总收入117.2亿元，同比增长21%，其中国内旅游收入116.6亿元，增长21%，外汇收入975.27万美元，增长19%；全年接待游客708.25万人次，增长9.5%，其中国内游客703.8万人次，增长9.5%；入境游客4.45万人次，增长0.7%。金牛区获四川省首批十大旅游强县（区）称号。

【旅游业提档升级】 成都国际商贸城创建国家4A级旅游景区，并初步完成对标自查。成都欢乐谷开展"旅游景区管理与服务提升年"活动。旅游景区综合品质全面提档升级，通过市旅游局验收。

4月，金牛区迎宾一号酒店被评为四星级旅游饭店。10月，金牛山庄、攀钢大酒店和铁路酒店等3家二星级饭店通过年度复核及评定性复核。协助市旅游局完成金牛区三星、四星级饭店年度复核。

【旅游行业管理】 全年出动检查人员440余人次，检查旅游行业企业70余家，发放《旅游法》等宣传资料3000余份。完成4家旅行社总社、3家旅行社分社、49家旅游门市部的备案登记。开展行业监管人员和企业从业人员培训913人次。

【重点旅游项目】 *天府华侨城主体旅游区项目* 项目占地3055亩，建筑面积180万平方米，总投资150亿元，建设集旅游、娱乐、购物、休闲、度假、文化、居住等于一体的都市旅游生态综合区。截至12月，累计投资85亿元；欢乐谷二期全面完工并对外开放；住宅5期在施工阶段，高层2幢主体完工；多层区主体完工，进行室外施工；A地块二期写字楼综合体项目完成基础土方工程，进行地下室基础施工；B楼主体施工到5层。

成都华霖酒商贸星级店 项目占地28亩，建筑面积10.3万平方米，其中地下室面积1万平方米、公共停车场面积2万平方米，总投资7亿元，建设商业广场及五星级酒店。至12月已投资1.15亿元，完成拆迁、购地并进行主体设计。

易园园艺文化博览园 项目占地144.5亩，建筑面积9.6万平方米，总投资10亿元。建设博物馆陈列馆、游客接待中心、园林式宾馆、美术馆等。至12月已投资3.7亿元，完成博物馆大门、游客接待中心、陈列馆主体工程及园林景观配套设施建设。

【文化旅游体育产业项目】 6家企业申报2013年成都市旅游改革试点项目8个，获扶持资金1397万元。兑现2012年市旅游改革试点扶持资金，同时做好扶持资金绩效评估工作。全区核实700余家文旅产业企业基本情况，完成年度文旅产业统计和体育产业基本情况调查摸底，全面掌握体育产业现状，引进4家体育产业企业。推进文化地标和朱悦镰墓大遗址公园申报事项。

【成都喜玛拉雅大酒店】 五洲明珠股份有限公司投资兴建的四星级旅游商务酒店，位于成都市二环路北一段8号，建筑面积2.4万平方米，高21层（包括地下2层），建筑高度69.3米。酒店紧邻沙湾国际会展中心，地理位置优越，交通便利，有各类四星级标准装修的豪华套房、豪华标准间、高级标准间、豪华单人间、商务单间共188（间）套，床位数292张。酒店客房优雅舒适，网络接口、空调、通讯、闭路电视等各类设施齐全，适合商旅及会议团体客人下榻。酒店有能容纳200—300人的多功能会议室两个、专用商务小会议室3个；有桑拿中心、浴足房等。喜雅酒楼餐厅川粤合璧，可同时容纳300余人进餐。酒店圣雅茶府营业面积1300多平方米，设有包间10间，其中豪华包间2间。

【润邦国际酒店】 润邦国际酒店位于蜀汉路，由成都圆和酒店物业管理有限公司经营管理。2009年11

润邦国际酒店

月，被评定为四星级旅游饭店和金叶级绿色旅游饭店。酒店交通便利，以3000年前的金沙文化为主题，分为豪华楼层、商务楼层、行政楼层和独栋服务式套房公寓，所有客房均配备液晶电视、免费宽带接口、免费市内电话等多种设施设备。酒店的金润轩国菜馆融金沙文化、蓝彩虹咖啡厅融美陆风格与现代潮流于一体，为客人提供独具特色的中、西美食。位于酒店20楼的会议中心可同时容纳300人；位于21楼的康乐中心可满足运动健身、棋牌、烧烤、露天聚会的需求；酒店商务中心同时提供旅游、行程设计，票务、酒店预订等服务。

2013年金牛区文化旅游纳税十强企业

成都天府华侨城实业发展有限公司
会展集团
西南交通大学
成都金亚电子科技（集团）有限公司
成都新东方烹任学校
成都商报发行投递广告有限公司
四川文杏餐饮管理有限公司
成都长虹网络科技有限责任公司
百胜餐饮（成都）有限公司蜀汉餐厅
四川省艾普网络有限公司金牛区分公司

（名单根据金牛委发〔2013〕10号文件）

（朱　婷）

邮政·通信

邮　政

【概　况】　金牛区邮政局地处沙湾会展中心商圈，服务面积108平方千米，服务人口100万人。设综合办公室、监督检查部、市场部、代理中心，代理中心下设代理电子商务中心和代理金融业务中心。区邮政局所辖片区设9个营业支局，两个大宗邮件处理组，其中金融网点10个、综合网点17个、代办点1个、代售邮票点3个。2013年，区邮政局有员工204人。

【邮政运营】　2013年，区邮政局收入4655.8万元。函件收入845.5万元，其中数据库商函收入360.5万元。集邮业务收入347.9万元，其中个性化年册开发147万元。预订邮票收入78万元。开发“自邮一族”代办交管各项业务，销售99元面值卡413张、199元面值卡2408张。

2013年金牛区邮政网点名录

局所名称	地　址	联系电话
沙湾邮政支局	沙湾路73号	87641859
石灰街邮政支局	石灰街路85号附1号	87662689 87660107
抚琴小区邮政所	一环路西三段125号	87779241 87778203
新二村邮政所	西体路9号附16号	87668676
茶店子邮政支局	茶店子正街114号	87542210
锦城苑邮政所	蜀汉中路289号附25—26号	87566064
土桥邮政所	土龙路106号	—
育仁北路邮政所	育仁北路29、31、33号	87507866
五里墩邮政所	五里墩支路66号	87541022
新罗路邮政支局	十二桥路23号	87794105 87763669
青羊小区邮政所	青羊北路12—14号	87768426
白果林小区邮政所	青西路3号附1号	87761661
火车北站邮政支局	公交路3号附1号	83185675
簸箕街邮政支局	花圃路2号附13号	83222138
马鞍东路邮政所	马鞍东路21号	83334397
人民北路邮政所	一环路北二段34号附5—6号	83192773
西一路邮政所	北站西一路125号	83198502
李家沱邮政支局	树蓓街9号	83386801
豆腐街邮政所	解放路一段84号附6号	83332426
天回镇邮政支局	天新路43—47号	83572590
聚霞路邮政所	成都国际商贸城荷花池中药材专业市场一楼6—1—13号	—
沙湾大宗邮件收寄处理中心	王家巷25号	87659247
火车北站大宗邮件收寄处理中心	北站西一路53号院内	83175187
交大路邮政支局	交大路210号6—1—1—4	87703235

（何圆圆）

通　信

【光网城市建设】　全年新增光纤入户9.2万户，实现第四代移动通信网络（TD—LTE）在中心城区三环路以内连续覆盖，实现中心城区2个交通枢纽、5个街道公共热点区域、政务服务中心无线局域网（WIFI）覆盖。

【中国移动通信集团四川有限公司成都金牛分公司】　公司成立于2004年3月16日，位于马鞍东路11号附33号。

公司有抚琴、人北、茶店子、九里堤、五块石、土桥、沙河、天回等8个营销服务中心，员工近300人，产品服务除基本语音业务外，还经营集团专网、MAS短彩信群发、集团办公全业务等集团业务和彩信、彩铃、语音信箱、手机证券、移动梦网等多项增值服务。2013年，用户规模超过137万人，基站建设数量超过2000个，营业收入1亿元。

【中国电信股份有限公司成都金牛分公司】 公司成立于2008年2月3日，位于金府路39号。主要经营固定电话、移动通信、互联网接入及应用等综合信息服务。2013年，有用户80万户，其中移动电话用户28.5万户、宽带用户17.7万户、固定电话用户27.7万户、电信电视用户4.9万户、光纤用户0.35万户、电路用户0.08万户。全年通信业务收入4.7亿元，比上年增长5.4%。

【中国联合网络通信有限公司成都金牛分公司】 公司成立于2008年10月27日，是中国联通红筹公司、中国网通红筹公司合并重组后在成都的分支机构，位于蜀通西街12号，下设6个网格。

公司是中国联通成都市分公司下属最大区县分公司，主要经营传统通信固网、移动网业务。2013年，公司网络固定资产4.2亿元，有移动用户29万户，3G用户8万户，2G用户21万户，宽带、固定用户5.5万户，移动用户市场占有率14%，全年收入1.3亿元。

（何晓晓）

银行·保险

【中国银行股份有限公司成都金牛支行】 支行成立于1993年3月，位于三洞桥路20号附8号，内设综合管理部、公司业务部、个人金融部、中小企业部、营业部5个部门，管辖城区城北支行、沙湾支行、西南交大支行、抚琴支行、同和路支行、黄金路支行、茶店子支行、成飞支行、城西支行、蜀汉路支行、蜀跃路支行、金房苑支行等12个升格支行及1个郊县支行（邛崃支行），邛崃支行下辖东星大道分理处、玉带街分理处。2013年，支行员工460余人，平均年龄32岁。员工中大学本科以上学历289人。

支行业务范围涵盖传统商业银行、投资银行及保险等领域，在国际结算、外汇资金和贸易融资等领域得到业界和客户的认可和赞誉。

全年，支行在保证稳健经营的同时，加快推进创新业务运用，拓宽利润渠道。作为独立主承销商，为成都市公共交通集团公司发行中行系统内及全国西部地区首笔资产支持票据，业务总额8亿元。

【中国建设银行股份有限公司成都第四支行】 支行成立于1987年。内设部门10个、网点型支行6个（2013年升格网点型支行1个）、储蓄所柜11个，有员工209人。支行注重社会效益与经营效益的共同发展，开展对公网点转型和网点综合化建设，优化业务流程，缩短客户业务办理时间，提高客户服务质量。持续开展资助小金县贫困学生活动，为小金县崇德小学学生设立崇德奖（助）学金，向学校捐赠电脑等教学文体用品。开展文明创建活动，获四川省文明单位称号。

支行深化与金牛区人民政府的银政合作。支行下辖网点型支行中国建设银行股份有限公司成都金牛支行，继续重点面向金牛区政府机关、企事业单位和个人客户，提供包括结算、社保代发、政府代发工资、代收费、上门收款、住房贷款等方面的金融服务，并为金牛区政府招商引资项目和政府融资项目提供信贷支持。

至2013年底，支行本外币存款余额148亿元，各类贷款余额110亿元，中间业务创收1.07亿元，实现账面利润总额3.9亿元。

中国建设银行股份有限公司成都第四支行金牛区营业机构名录

营业机构名称	地　址	联系电话
中国建设银行股份有限公司成都第四支行	金仙桥路7号	87674891
中国建设银行股份有限公司成都金牛支行	乡农市街59号附17号金港商城一楼	87673231
中国建设银行股份有限公司成都蜀光路支行	蜀光路1号	87529121
中国建设银行股份有限公司成都第四支行九里堤南路储蓄所	九里堤南路78号北丽苑底楼	87642003

【中国工商银行股份有限公司成都金牛支行】 支行成立于1984年，2013年有员工516人，有客户营销部、机构结电业务营销部、个人客户营销部、综合管理部、运营服务部、业务管控部等6个部门。有34个对外营业网点，辖1个营业室、21个二级支行、12个分理处（建有财富中心1个、贵宾中心11个、理财网点21个、金融便利店1个），占工行成都地区营业网点分支机构的13.3%。支行全年各项存款余额267.51亿元，较年初净增10.71亿元；各项贷款余额167.54亿元，较年初净增14.86亿元；中间业务收入19543万元；拨备前利润6.8亿元，净利润4.9亿元。

【中国农业银行股份有限公司成都金牛支行】 支行成立于1980年，位于沙湾路75号附6号。2013年有员工338人，内设公司业务部、个人金融部、风险管理部、财会运营部、综合管理部和个人贷款服务中心，有17个网点机构（包括1个营业室、11个二级支行和5个分理处），在四川省农行系统中属规模大、网点多、效益好的支行。

支行建成财富中心、洞子口支行、高笋塘支行、蜀西支行、蜀汉路分理处等一批旗舰网点和茶店子支行、外西支行、成都花园分理处等网点，为公司客户和个人客户提供国际、国内通行的资产、负债、中间业务三大类上百种金融产品和金融服务。服务对象包括各个行业和各类用户；服务手段包括柜台服务、上门服务、电话银行、网上银行、自助银行等。除常规国内国际金融产品外，为客户在证券、保险、基金等行业牵线搭桥，推出的小企业简式贷款和个人助业贷款，可快速满足中小企业、个体经营户和工薪阶层的融资需求，专业的理财师队伍可为客户提供多层次、个性化的理财服务。

截至12月，支行各项存款余额157.85亿元，较年初减少3.36亿元，各项存款日均余额160.44亿元，较上年日均增加16.06亿元；各项贷款余额81.93亿元，较年初净增8.6亿元。中间业务收入10628万元，比上年增加1169万元；拨备前利润4.3亿元，比上年增加4876万元；拨备后利润4.2亿元，比上年增加6873万元。

【中国人寿保险股份有限公司成都市金牛区支公司】 公司是中国人寿保险股份有限公司四川省成都市分公司在金牛区的分支机构，位于解放西街6号。2013年，有保险营销代理人174人，员工13人。公司以“牵手”为主题，开展“自驾行”“国寿大讲堂”“牵手国寿，梦想家园”绘画等一系列客户活动。公司为个人及团体提供人寿、意外和健康保险产品，涵盖生存、养老、疾病、医疗、身故、残疾等多种保障范围。截至12月，公司总保费收入1.25亿元，其中新单保费1747万元、短期险保费702万元，为20万人次提供专业的寿险、健康险、意外险服务，满足客户在人身保险领域的保险保障和投资理财需求。

【中国人民财产保险股份有限公司成都市金牛区支公司】 公司是一家从事财产保险的专业国有保险公司，隶属于中国人民财产保险股份有限公司成都市分公司，位于一环路北四段168号。公司经营范围涵盖机动车辆保险、企业财产保险、货运险、产品质量责任及产品质量保证险、公众责任险、家庭财产险等险种，为客户提供不同险种的投保、风险查勘及咨询服务，并可根据客户的具体需求设计配套的保险服务方案。2013年有员工36人，其中大专以上学历占86%。公司下设经理室、综合部、电销部、大客户业务一部、大客户业务二部、大客户业务三部五个部门，其中业务人员23人。2013年，公司保费收入9904万元，增幅58.6%；缴纳税金552万元，代扣代缴个人所得税14万元。

（唐世杰 曹 韫 康 顺 程 钢 石 涛 葛 懿 石雪琴 杨雪艺）

（审读：黄发弟）

功能区建设与产业化项目
FUNCTIONAL AREAS CONSTRUCTION AND INDUSTRIALIZATION PROJECTS

北部新城现代商贸综合功能区

【概　况】　北部新城现代商贸综合功能区（以下简称功能区）是成都市12个市级战略功能区之一，北至香城大道、西至成彭路及斑竹园镇区西侧，南至三环路，东至川陕路凤凰山段及宝成铁路，面积约64平方千米。功能区涉及金牛区部分规划范围为东至宝成铁路、西至成彭路、南至三环路、北至区界，包括沙河源街道、天回镇街道、凤凰山街道，总面积25.83平方千米。在功能区中，确定的首期发展核心区域20.8平方千米，其中金牛区占11.6平方千米。

3月28日，国际商贸城三区鞋类皮具箱包市场开业

国际商贸城临时长途车站

2013年，调整功能区范围内（原金牛高科技产业园大北区）金凤凰大道以西区域的用地性质，对北星大道两侧城市副中心规划方案进行优化。

【基础及配套设施建设】　2013年，功能区完成成都国际商贸城1号变电站站体及电力通道建设。完成消防站建设并正式投用。加紧建设聚珍路、聚业路等5条成都国际商贸城配套道路及大北区纵三、纵四、纵五线三条道路，完成部分路段建设并通车。

【高端功能培育】　中小企业电子商务应用普及率超过60%，包括自建电子商务平台和加入第三方电子商务平台的电子商务应用企业。成都国际商贸城利用二维3D、手机视频等手段，开发国内领先的“3D空中商城”。

（尚旺盛）

成都市环城生态区

【概　况】　成都市环城生态区是指成都市城市总体规划确定的，沿中心城区绕城高速两侧各500米范围及周边7大楔形地块内的生态用地和建设用地所构成的控制区，涉及11个区（县），总用地规模187.2平方千米，包括建设用地、生态用地内配套服务设施用地和开发建设用地。整个环城生态区涉及85千米长，总面积133平方千米环状生态绿地带的建设，其中生态湖泊水系28平方千米，将建设6个生态湖泊及8片集中水生作物区（简称“六湖八区”）。

金牛区环城生态区总面积21.82平方千米，其中生态用地15.76平方千米、建设用地5.17平方千米、绕城高速0.87平方千米。按照区位划分为两河、上府河、外环路、银杏园4个片区，涉及金泉、西华、沙河源、天回镇4个街道、22个社区，132个居民小组，农业人口2.91万人。

金牛区环城生态区坚持四态合一的城市规划理念，遵循生态为本、科学规划、统筹建设、严格管理的原则，按照《成都市环城生态区保护条例》的相关要求，以建设优美化城市生态为重点，确保生态环境资源永续存在，促进城市全面协调可持续发展，编制完成实施规划、控制性详细规划、产业发展规划、土地利用规划、现代农业发展和耕地质量保护规划。

【片区建设】 编制完成《成都金牛环城生态区投资指南》。两河片区以高端养老为主题，依托金沙湖的水系资源，打造集生态休闲、养老等功能为一体的高端度假旅游业，2011年引进保利集团参与土地整理。上府河（西华）片区以欢乐谷为依托，利用湖区资源，发展滨湖都市旅游业，发展集文化、商务、养生、度假、购物等为一体的高端生态产业园区，先后与多家企业开展合作谈判。上府河（沙河源）片区以文化、旅游、生态为开发思路，聚集新一代综合性文化旅游产品，打造以高科技文化旅游产品创意研发为核心的创意发展中心，延伸发展欢乐谷旅游产业链，引领低碳、生态、环保新潮流。12月，进行公开招商。外环路片区、银杏园片区重点以现代农业生态项目为主，12月，完成策划包装并进行招商推介。

【项目招商】 编制环城生态区沙河源片区招商方案，重点分析项目启动涉及的一级土地整理目标企业，提出项目合作可行性方案，并与部分重点企业建立沟通渠道，引进有资金实力、有运作经验、有成功案例的地产企业。先后与新加坡丰隆、恒大地产、中国建筑、中国水电地产、山东华夏等30多家境内外知名地产企业就环城生态区踏水片区和安靖湖片区项目合作进行沟通和交流。

【生态建设方案】 金牛区在环城生态区域拆违13.1万平方米。制定外环路两侧200米生态带拆迁和生态建设方案，推进外环路生态带建设。结合打造环城生态区现代化城市形态、特色化城市文态、高端化城市业态，拟订金牛区环城生态区两河金沙湿地生态绿地项目区实施规划方案和安靖湖设计方案。

【“198”土地整理】 金牛区按照增减挂钩相关政策要求，完成上府河片区涉及西华街道的青杠片区、沙河源街道的踏水片区的建设用地增减挂钩项目立项申报工作。四川省国土资源厅对沙河源踏水片区项目进行现场踏勘。12月，项目按程序审核立项。

【新型社区建设】 2013年，环城生态区规划4个新型社区，总用地1119.9亩（其中住宅用地957.9亩），总建筑面积151.7万平方米（其中安置房建筑面积136.6万平方米，公建配套15.1万平方米）。截至12月，外环路片区和银杏园片区部分拆迁农民分别安置在万圣新居和明月锦苑。新型社区竣工60.8万平方米，入住7830人，建成公建配套项目8个，其中清淳家园一期、府河苑一期、银杏园一期及配套投入使用，踏水新居一期竣工安置；清淳家园二期开工，府河苑二期前6栋竣工，踏水新居二期25号、26号楼开工，银杏园二期主体完工。

（洪　艳　蒲　飞　谢统军）

重点产业化项目

【概　况】 2013年，金牛区完善重大项目统筹管理机制，新签约引进或实现开工的重大产业化项目有中铁三局桥隧公司总部基地、中铁隧道装备制造有限公司成都总部、中铁科工集团成都总部、中国建筑地下空间中国总部、韩国希杰（CJ）集团金牛凯德广场影城、台湾远东集团远东百货城北旗舰店、西部地理信息科技产业园、台湾乡林集团涵碧楼酒店及综合项目、中铁二局新华印刷厂南片区旧城改造项目、厦门滕王阁与中铁二局合作旧改项目等。

【西部地理信息科技产业园项目】 项目位于成都市北部功能区内，总投资30亿元，建筑面积50万平方

10月15日，西部地理信息科技产业园推进现场会

米。建成后，四川省地理信息公共服务平台将落户在产业园内，并以平台为支撑，争取政策扶持，引进国内外地理信息、开发应用、卫星导航、网络服务、软件开发销售、信息咨询、测绘仪器经销、地理信息数据采集应用、数据处理工厂、移动测量系统、水利水电测绘、市政基础设施、地理信息系统开发、平台销售培训、GIS相关应用项目软件开发、数据生产、基于三维GIS地质灾害监测预警预报技术研发及产业化等方面的企业入驻园区。7月10日，西部地理信息科技产业园项目授牌仪式举行。10月11日，项目一期2号地块91.5亩一类工业用地挂牌成交。10月15日，举行开工奠基仪式。11月27日，项目一期3号地块91.7亩商业兼容二类住宅用地挂牌成交。截至12月，完成投资4亿元，一期2号地块开挖，3号地块签订土地成交确认书。

【中铁轨道交通高科技产业园二期】 中铁轨道交通高科技产业园是由“世界双500强”企业中国中铁股份有限公司旗下中铁置业与中铁二院共同投资打造的中国首个综合性、国际性轨道交通产业园。项目位于金牛高新技术产业园内，建成后将整合中国中铁在西南地区的重点企业资源，并吸引带动国际、国内轨道交通龙头企业入驻。项目建筑面积70万平方米，分三期建设，建设年限3年，总投资20亿元。2012年1月17日，项目首批次481亩用地挂牌供地，规划总建筑面积72万平方米，建成的首期150亩于2013年6月陆续投入使用。截至12月，项目完成投资2.1亿元，一期2号地块B区完成建设，达到入驻条件。

中铁轨道交通高科技产业园B区达到入驻条件

【东忠软件服务外包基地】 东忠集团（Totyu）1996年成立于日本东京，是一家以计算机软件外包为主，集软硬件自主研发、生产、销售为一体的IT高科技产业集团。2013年2月，东忠集团与中铁二院合作，在位于金牛高新技术产业园二期的中铁轨道交通高科技产业园内，投资设立5万平方米的服务外包总部基地，该基地集软件外包、人才培训、IT服务、东忠科技园为一体。

【龙湖·北城天街】 远东百货股份有限公司成立于1967年，隶属于台湾知名企业——远东集团，为台湾唯一上市的连锁百货公司，拥有远东百货、太平洋SOGO及爱买量贩店三个主要事业体，营业据点超过50家。远东百货投资2500万美元，租赁成都龙湖北城置业有限公司在金牛区五福桥东路9号开发物业龙湖·北城天街购物广场内6层区域（负1层至5层），开设远东百货城北旗舰店，面积37372平方米，投资67.89亿元。北城天街总占地约276亩，建筑面积69.2万平方米。截至12月，项目完成投资16亿元，主体封顶。12月19日，龙湖·北城天街购物广场举行开业庆典。

【凯德广场·金牛二期】 嘉德置地集团是亚洲最大的跨国房地产上市公司之一，总部设在新加坡。核心业务包括房地产、服务公寓及房地产金融服务。凯德商用（中国）是嘉德置地子公司在华设立的企业。凯德城市综合体项目位于交大路183号，由凯德商用（中国）全资子公司——凯德（成都）商用置业有限公司投资开发（一期于2006年9月开业，二期于2014年9月29日开业，一、二期连通），占地43亩，规划总建筑面积13.7万平方米，总投资6.4亿元，全部为商业项目，包括大型商业购物中心、精品百货、高档影院和餐饮娱乐等。

【凤凰山涵碧楼酒店及西片区综合体项目】 乡林集团是台湾著名房地产开发企业，成立于1976年，涉及营建、旅游、传媒、金融和农业等多个领域，是台湾服务业百强第50名、营建前三名，2005年在台湾挂牌上市，主要业务是房地产开发和酒店管理，其在日月潭附近开发的超五星酒店“涵碧楼”是台湾顶级酒店之一。台湾乡林集团拟投资3亿美元，在位于成都市北三环路外侧凤凰山公园西北角预留的酒店用地和凤凰山西片区部分商住用地（共287.4亩）建设高星级商务度假酒店——涵碧楼酒店、国际会所、大型卖场、写字楼、高档住宅等综合业态。6月28日，项目用地挂牌出让，台湾乡林集团以10.9亿元取得。

【韩国希杰影院】 CJ Corporation又称CJ集团或希杰集团，简称CJ，是韩国的一家大型跨国企业，创建于1953年，总部位于韩国首尔市。集团旗下有食品与饮食事业群、生物与制药事业群、新流通事业群、娱乐与媒体事业群。日活企业有限公司为韩国希杰（CJ）集团旗下公司，1997年在香港注册，主要经营电影院业务，是国际一线连锁影院运营商。香港日活企业有限公司（UVD ENTERPRISE LIMITED）投资2900万美元，租赁交大路183号凯德广场·金牛二期6013平方米物业，开设影城项目。7月9日，韩国希杰影院成都总部落户金牛区。

【瑞安城中汇项目】 瑞安房地产成立于2004年，总部设在上海，为瑞安集团的地产旗舰公司，集合了集团在中国内地主要的房地产发展项目。香港瑞安集团通过股权收购形式取得位于解放北路一段139号约86亩商业用地及二类住宅用地，投资开发包括商业、写字楼、住宅以及幼儿园、社区服务中心在内的瑞安城中汇项目。项目总投资13亿元，占地86.1亩，建筑面积48万平方米。2012年4月，项目开工建设。截至2013年12月，完成投资4.5亿元，完成地下室施工。

【茶文化创意大厦】 厦门水务集团有限公司是在原厦门市自来水公司、厦门市污水处理厂、厦门市北溪引水管理所等14家单位的基础上于2003年6月28日组建成立的以水务投资、建设、生产、经营为主业的大型国有企业。2012年12月25日，厦门水务集团通过挂牌取得位于营门口街道红色村4组、跃进村1组的16.3亩商业用地，并整合地块旁71.7亩公园及市民广场用地，开发建设以茶文化为主题的创意产业、商业办公项目和市政公园。茶文化创意大厦以“茶文化”为设计立足点，将绿色生态、文化传承、时尚活力融为一体，占地16亩，建筑面积7万平方米，投资4亿元。2013年8月，项目开工建设，截至12月，完成投资2亿元。

【绿地世纪城】 项目位于凤凰山街道金韦社区，占地201.6亩，建筑面积84万平方米，投资50亿元，截至12月，项目主体工程施工完毕；完成一期市场部分（红星美凯龙商场）建设；一、二期住宅全部交房；进行三期开工前准备工作。

【北府河摄影主题公园】 项目北靠府河，西接三环路，东临金府路，由金府钢材物流中心转型为业态、生态、文态和形态“四态合一”的城市综合体。项目占地230亩，分为二期，一期在金府钢材城附近建设摄影主题公园，二期在金府钢材物流中心原址上建商住综合体。一期北府河摄影主题公园占地142亩，于3月动工建设，全年完成投资1.4亿元。

【天乐集团城北综合体】 项目位于蓉北商贸大道西侧，投资10.5亿元，占地108亩，建设规模35万平方米。6月，项目开工建设，截至12月，完成投资1.5亿元，楼体在建设阶段。

【金美安防总部】 项目投资3亿元，占地14.87亩，规划建筑面积7.4万平方米。10月，项目开工建设。截至12月，完成投资1.5亿元，进行基坑施工。

（蒲　飞　刘二双　姚　沛　胡　瑾　龚　珂）

（审读：黄智太）

统筹城乡发展

INTEGRATED DEVELOPMENT OF URBAN AND RURAL AREAS

农村产权制度改革

【2013—2017年统筹城乡改革发展工作方案】 2013年5月10日，金牛区印发《2013—2017年全区统筹城乡改革发展工作方案》。方案从城乡规划、产业发展、基础设施、公共服务和社会管理4个方面提出五年工作重点及目标任务，方案总体思路是抓好事关群众福祉的重点项目、民生工程，推动郊区城市化、产业高端化和农民市民化，力争到2017年，全区统筹城乡、科学发展的体制机制更加完善，城乡差距大幅度缩小，城乡居民收入比进一步减小，城乡社会事业同步发展，城乡公共服务基本实现均衡化。同时对2013年重点工作和项目进行量化分解，制订保障措施，明确职责分工并纳入年度目标管理。

【农村产权管理和保护】 金牛区农村产权管理服务机构主要由区国土分局、区统筹局、区房管局等职能部门组成，分别负责集体土地所有权，集体建设用地使用权，农村土地承包经营权、股权、农村房屋所有权等相应权属的登记管理服务，各类权属均设有专门的数据库台账管理，全年权属变更登记率均达100%。区产改办、区统筹局、区国土分局、区房管局等职能部门和涉农街道均设咨询和投诉公开电话，有专（兼）职人员负责咨询服务和投诉处理，及时解决群众反映的问题。全年处理化解1起土地承包经营权纠纷，农村产权咨询投诉办结率100%。

【农村产权维护法律援助】 全区涉农街道司法所健全农村产权维护法律援助工作站，建立法律援助一小时服务圈工作机制，健全区、街道两级援助服务机构，全区102个法律援助联络点承担受理、审核农村产权法律援助功能，及时解决各种产权纠纷。全年农村产权法律援助率100%。

【涉农街道农村产权制度改革】 *沙河源街道农村产权制度改革* 街道结合实际，成立农村产权制度改革领导小组，制订《沙河源街道农村产权制度改革工作方案》。遵循“四个同步”的工作思路（即同步清理家底，确保数据统一；同步成立集体经济合作社，确保土地所有权主体合法；同步实施土地整理，确保土地流转规范；同步加强宣传，确保群众主体地位），开展权属调查和面积实测工作，全面完成街道未征地区域“权属合法、边界清楚无争议、面积准确”的集体土地所有证、现状为耕地的承包经营权证、集体建设用地使用证、房屋所有权证和耕保卡等“四证一卡”的确权颁证工作。明确街道农村产权交易服务站的管理职能，建立以土地承包经营权、土地流转、农房、土地整理可使用建设土地指标等为主要信息的动态管理数据库，完善交易流转管理制度。配合区国土分局制定社区间集体建设土地指标超（差）使用权益归位办法，促进资源要素自由流动。完善调处机制，稳妥解决各类矛盾和问题，确保“产改”工作顺利推进。

天回镇街道农村产权制度改革 街道集体经济组织16个，继续巩固农村产权制度改革成果，推进农村产权“长久不变”，加强对土地整理、产权流转和征地过程中的权益保护，农村产权咨询投诉的处理办结率100%。

西华街道农村产权制度改革　街道完成富家、侯家、金罗、青杠、瓦子、兴盛社区已确权承包地和耕保合同的复核确认，促进农村耕地保护。

【集体经济合作社成员登记备案】　金牛区根据规范农村集体经济组织管理的有关规定及集体经济合作（联）社章程，按照《成都市金牛区统筹城乡综合配套改革试验区建设领导小组办公室关于我区农村集体经济合作（联）社成员核实及变更登记备案工作的通知》要求，开展对未实施集体土地征收的农村集体经济合作（联）社成员进行核实及变更登记，建立登记备案管理系统。全年全区32个社区完成现有成员核实登记备案，成员变更登记备案实行常态化管理。

西华街道农村集体经济组织　街道全年完成富家、侯家、金罗、青杠、瓦子、兴盛社区农村集体经济合作社成员10416人身份核实及变更登记备案；完成侯家、兴盛社区新增农村集体经济合作社成员65人的备案。加强农村集体"三资"监管，全年完成富家、侯家、金罗、青杠、瓦子、兴盛社区集体"三资"监管系统建设，村民人员信息录入10396条，侯家社区代表街道接受市纪委、市政府效能办、市监察局、市农委联合检查并获肯定。

【涉农街道集体经济组织】　沙河源街道农村集体经济组织　街道在农村产权制度改革试点社区成立集体经济合作（联）社，把集体经济发展职能同涉农社区的党务、社务职能分离。使集体经济合作（联）社能够独立代表本社成员对集体资产进行市场化经营，壮大集体经济规模和收入，组织分配集体经济收益；经营管理依法确定由本社区使用的国家所有的资源性资产及其他资产；办理集体土地承包、流转。古柏、陆家桥、踏水桥、友联4个涉农社区有28个集体经济组织。

（陈嘉斌　王　波　马军国）

基层治理与公共服务

【涉农街道"三资"监管平台建设】　金牛区投入48万元建立覆盖4个涉农街道、34个社区的农村集体资金、资产、资源"三资"监管平台。截至12月，农村集体"三资"监管平台基本建成并正常运行，实现市、区、街道、涉农社区四级网络互联互通，录入34个社区资产的基础数据信息1523条、村民管理基础数据信息61798条，社、组两级260个账套的资金数据、相关的资源数据通过平台全部导入。

【"村公"专项资金】　金牛区保持村级公共服务和社会管理专项资金、城市社区公共服务和社会管理专项资金逐年持续增长，保障专项资金足额到位，全年向全区54个涉农街道的社区（含筹委会）拨付专项资金2040万元，其中42个涉农社区共计1680万元、12个城市社区360万元，用于475个"村公"项目，主要涉及文体活动、基础设施和环境改善、综治管理等方面，推进涉农街道基本公共服务全覆盖。对街道54个社区涉及的专项资金决议项目进行严格审查，均在成都市基层公开综合服务监管平台开展"村公"专项资金和项目的信息公示，强化信息公开和民主监督。

【涉农街道基层治理机制建设】　沙河源街道基层治理机制建设　街道12个社区（9个涉农社区，2个城市社区、1个新型社区）成立居民议事会。各社区均按要求在社区公开栏和居民小组公布居民议事会组建、议事会成员构成，悬挂居民议事会吊牌，设置专门的议事室。未完全统征涉农社区统一配发区委组织部印发的《金牛区居民议事会成员联系居民记录本》和金牛区居民议事会成员联系卡。各社区居民议事会围绕产权制度改革、公共服务和社会管理项目及经费开支、土地综合整治、集体经济发展等事项开展民主议事活动，全年召开议事会48次，讨论议决议题48个。

西华街道基层治理机制建设　街道12个社区完成居民议事会成员选举，有成员311人，其中新任100人、继任211人。全年召开议事会47次，议定公共服务项目64个，其中基础设施类27个、文化体育类21个。

天回街道基层治理机制建设　街道18个社区居民委员会全部建立社区居民议事会、居务监督委员会、居民理财小组、老年人协会等自治组织，充分发挥社区自治组织职能，切实体现民主议事、民主决策、民主评议的管理机制。

【涉农街道社区公共服务与社会管理】　金泉街道　街道按照宣传动员、收集民意、梳理讨论、议决公示、实施监督和评议整改的六步工作法要求，规范和完善村级专项资金的使用、管理，社区改革宣传材料、民意调查表，居民小组确认、归类、讨论、公示材料，居民议事会讨论、审议、公示记录等完整、真实。全年按时将430万元村级公共服务专项资金分两批拨付到12个社区，其中每个涉农社区40万元，城市社区30万元，根据分类供给机制确定的公共服务项目116个，其中文体类专项资金57.99万元，教育类9.3万元，医疗卫生类8.32万元，就业和社会保障类59.54万元，农村基础设施和环境建设类93.3万元，农业生产服务类0.5万元，社会管理类201.05万元。加强对社区公共服务和社会管理的监督检查。落实“三务公开”。提高居民参与自治率，全年各社区议事会均开展4次以上的议事活动。

天回街道　街道按照宣传动员、收集民意、梳理讨论、议决公示、实施监督和评议整改的六步工作法开展公共服务工作。街道和社区均开设公服专项资金账户，强化公共服务专项资金的使用监管，全年按时拨付街道所属18个社区村级基本公共服务和社会管理经费710.00万元，社区自筹资金3.1万元，实施159个项目，主要用于文体类、社会管理类和农村基础设施和环境建设类，共计使用资金630.10万元，具体项目包括：文体类204.90万元：文艺活动和文体活动、社区居民体育健身、三八节活动和九九重阳节活动等。社会管理类234.80万元：社区综合治理及治安保障、社区垃圾处理清扫和疏通、社区垃圾池（站）的维护管理及垃圾处理等。农村基础设施和环境建设类190.40万元：道路维护及路灯管理、社区综合文化活动室建设等。12月通过居民议事会测评，满意率90%以上。

沙河源街道　街道制订《公共服务和社会管理实施方案》。建立健全社区公共服务和社会管理经费保障机制，公共服务和社会管理经费做到专款专用。全年按照标准拨付给9个涉农社区360万元，2个城市社区和1个新型社区90万元，共计450万元，主要用于社区管理类183.94万元，教育类9.8万元，农村基础设施和环境建设类143.15万元，文体类活动55.11万元，其他公共服务项目按轻重缓急实施，经费由区相关部门、街道按比例分担。

西华街道　街道全年区级财政拨付村级公共服务专项资金450万元，其中9个涉农社区360万元，3个城市社区90万元。社区自筹公共服务专项资金39.34万元。建立公共服务与社会管理民主征求意见机制，共征求意见94条，集中解决办理34条。通过社区居民议事会民主议定公共服务项目52个，主要涉及社区文化活动、农村治保、环境卫生管理、村内园林绿化、残疾人服务等项目。

（陈嘉斌　祝　勇　侯曾梅　王　波　马军国）

农村土地综合整治

【耕地保护】　2013年，金牛区将1.52万亩的耕地保有量纳入年度主要目标任务，由区政府分别与天回镇、沙河源、西华、金泉4个涉农街道签订《成都市金牛区耕地保护目标责任书》，明确各街道耕地保有量，年终将土地利用年度变更调查结果作为考核依据。加强耕保基金管理，完成全区耕（园）地变化耕保地块的数据叠加、变更外业调查、耕保基金数据变更、数据审核入库等工作。全年全区有121个组、5911户农户符合耕保基金发放条件，涉及面积9992亩，应发耕保基金269.8万元。截至12月，上述数据全部提交并通过市国土资源局审核，耕保基金陆续发放中。

【集体土地征收】　完成2012年第14、15、17、21、22、23、26批次城市建设用地、2013年第4批次乡镇建设用地共3350.44亩勘测定界工作；2012年15个批次、6756亩征地组件上报，取得2012年上报的第二批次乡镇和城市建设用地批文，2011年第十批次城市建设用地获省政府批准。

【征地拆迁补偿安置】　全年开展征后实施项目50个（新启动征后实施项目7个）。截至12月，取得72个组的征地补偿安置方案批复，完成21个组“一公告”（成都市人民政府征收土地公告）和72个组“二公告”（成都市国土资源局征收土地补偿安置方案公告）程序。启动4129亩土地征后实施工作，及时足额支付征地补偿费用，完成1190亩土地拆迁交地，其中花照变电站、金青变电站、府河幼儿园、成都市第四幼儿园、财富论坛及成灌路风貌整治、三环路透绿6个项目拆迁完毕并交地；清水6、7组凤凰山机场搬迁配置地项目，互助2、3、4组征地拆迁项目道路基础设施配套用地范围内农房、企业全部拆除；何家8组农户交房；完成成蒲铁路用地范围内清水4、7、8、10组集体土地拆迁；“543”项目（金牛村1、2、3、4组和涧漕村9、10组）处于收尾阶段。对茶花片区、明月10组、万圣新居等项目共1625人进行安置。全年未发生因征地损害群众合法权益而导致的恶性事件和重大群体性事件。

【金泉街道土地挂钩整理】 *淳风桥社区土地挂钩整理* 2013年，社区完成土地挂钩整理第一阶段工作，并通过省国土资源厅验收。农户搬迁率97%以上，企业搬迁率40%，已报征土地450余亩。11月，报征土地中，有234人转非，可领取城市社保和享受城市医保。

清水河社区土地挂钩整理 2013年，社区完成合作社成员登记备案，新增人员77人，截12月，在册人员3352人。完成集体经济合作社成员户代表签订工作，签约率98%。拟订社区土地权属调整方案（讨论稿）。启动第11居民小组拆旧黄斑地块的搬迁工作。完成4个黄斑地块的复垦工作，复垦面积25.1亩。

（谢统军　侯曾梅）

涉农集中居住区

【概　况】 金牛区规划26个拆迁安置房项目，建筑面积702万平方米。截至12月，建成安置房点位13个，累计竣工面积344.6万平方米，其中2013年竣工64万平方米；在建设阶段的安置房有锦西人家、余家新居、万圣新居、明月锦苑、清淳家园二期、府河苑、踏水新居、高笋塘、王贾3组、五福2组、互助家园11个点位，在建安置房面积138.8万平方米，剩余未开工面积219.4万平方米。

5号点位C区和6号点位完成工程建设，6号点位在分房安置阶段；王贾3组安置房点位完成基础设施建设，进行主体建设；五福2、5组安置房点位完成基坑工作，进行地下室及主体施工；5号A、B区及8号点位完成规划验收。

【河滨森邻】 项目位于金泉街道何家村，紧邻中海国际社区，规划总用地面积21.9万平方米，其中住宅建设用地面积7.7万平方米。项目于2009年开工，2011年底全面竣工。工程总建筑面积36.6万平方米，其中安置住房面积32.3万平方米，其他建筑面积4.3万平方米（包括地下室，底层商业，物管用房等），分为A、B、C、D区。项目有房屋3925套，容积率3.96—4.4，绿地率31.01%—32.02%，建筑密度24.1%—24.95%，截至2013年12月，安置3673套，安置4908人，安置面积29.1万平方米。

【兴盛世家】 项目位于西华街道盛兴路55号、255号、256号，盛发街159号，盛金路200号，规划总用地面积45.2万平方米，其中住宅建设用地32.3万平方米。项目于2005年开工建设，2007年全部取得竣工验收报告，2009年综合验收完毕。兴盛小区建筑面积50.9万平方米，其中住宅建筑面积46.4万平方米，住宅6432套，公建配套4.5万平方米，建成1所小学、1所幼儿园、1个农贸市场及公共服务设施等，容积率1.8，绿地率30%，建筑密度30%。截至2013年12月，安置5898套，安置5628人，安置面积41.9万平方米。

【泉水人家】 *泉水人家二期* 项目分为A区和B区，位于沙河源街道嘉泽路2号（A区）和郎润路2号（B区）。A区总建筑面积25.9万平方米，净用地面积6.9万平方米，其中住宅面积22.6万平方米，容积率3.38，绿地率30%，建筑密度22.8%，总户数2980户。二期B区总建筑面积16.0万平方米，净用地面积4.6万平方米，其中住宅面积14.4万平方米，容积率3.218，绿地率30%，建筑密度22.33%，总户数1938户。截至2013年12月，A、B区共住房3621套，安置3223人，安置面积27.1万平方米。

泉水三期（B区） 项目位于沙河源街道，总用地面积7万平方米，总建筑面积7.6万平方米，其中安置房面积6.4万平方米，涉及安置人员1790人。截至2013年12月，项目完成基础建设，进行消防验收。

【鑫房名苑】 项目建设分为南北两个区，建设规模6万平方米，总投资1.8亿元，建成后可提供住房511套，安置人口约1500人。2011年8月1日，工程开工建设。2013年11月30日竣工。

【明月锦苑二期】 项目位于天回镇街道，占地约83亩，总建筑面积21.9万平方米，其中安置房建筑面积18.3万平方米，有住房2265套。截至2013年12月，完成室内单体工程施工、总平道路水稳层、室外散水压印砼、绿化花土回填等总平及配套施工，进行配电柜和电缆安装等工作。

【万圣新居】 *万圣新居A、B地块* 项目位于天回镇街道，占地86.9亩，总建筑面积25.3万平方米，其中安置房建筑面积18.4万平方米，有住房2372套。2013年，完成临舍搭建、临时道路建设、清单编制等工作。

万圣新居C、F地块 项目位于天回镇街道，占地73.2亩，总建筑面积22.3万平方米，其中安置房建筑

面积18.8万平方米，有住房2489套。项目因投资方市工投园区公司未如期进行投资，于2013年1月停工，8月20日复工。截至12月，完成地下室地坪砼施工、厨卫墙地砖铺装、地坪施工、塑钢窗框安装等工作。

万圣新居D地块 项目位于天回镇街道，规划用地63.8亩，总建筑面积18万平方米，其中D1期建筑面积10万平方米、D2期建筑面积8万平方米，涉及安置人数约2000人。截至12月，进行D1期建设施工。

【王贾8组】 项目位于沙河源街道，规划建设净用地面积（不含代征地）2.8万平方米（其中A地块2.2万平方米、B地块6418平方米），总建筑面积11.7万平方米（其中A地块9.2万平方米、B地块2.5万平方米），安置面积7.5万平方米（其中A地块5.9万平方米、B地块1.5万平方米），涉及安置人数1019人。截至2013年12月，王贾A地块正式用电工程竣工，全部通电，A、B地块进行总平施工，完成目标进度的94%。

【余家新居】 项目总建筑面积21.7万平方米，其中住宅建筑面积14.1万平方米，商业面积1万平方米，涉及安置人员约2000人。截至2013年12月，项目进行总平施工及配套项目建设。

（谢统军　汪慧丽　钟元明　林婷婷　李全全　姚　沛　刘二双　蒋鹏凯）

种植养殖业

【农业产业化】 金牛区继续实行税收减免政策，鼓励产业化龙头企业发展“飞地农业”“定单农业”，推动区域协调发展。指导农业产业化企业完成品牌申报、检测评价报送、融资服务和参会参展等工作。全年全区有市级以上龙头企业6家（其中省级以上2家、市级4家），其中年销售收入在5000万元以上的农副产品加工企业5家，销售收入在1亿元以上的农产品专业市场1家。全年农业产业化经营的龙头企业销售收入14.88亿元，实现利润0.62亿元，上缴税金0.39亿元。市级农业产业化龙头企业共建种植业基地（含区外）5万亩，带动农户2.7万户（含区外）。

【一线一品打造】 金牛区以华侨城、成都国际商贸城项目为龙头，加大配套基础设施建设，打造沙西线和北星大道两条都市现代农业“一线一品”示范线。成都国际商贸城日用品市场三区一阶段鞋类、皮具箱包市场于2013年3月28日正式开业，陶瓷市场和三区二阶段市场部分加紧建设；华侨城A地块二期写字楼综合体项目A座主体施工至4层，B座主体至9层，投资84108万元。

【农村惠农和扶贫】 金牛区按照公开、公平、公正的原则，审核涉农街道上报数据，及时将补贴费用划拨到涉农居民“一卡通”账户。根据总体安排分解下达全区8家单位对口帮扶邛崃市发展缓慢村的目标任务，继续在基础设施、产业结构调整、农民增收、信息、劳务、帮助贫困户脱贫致富、增加农民收入等方面加大投入，推进帮扶工作。

【农产品质量安全监管】 金牛区通过全面调查摸底建立数据库，明确监管对象。开展执法检查，强化对农资经营门市、饲料兽药生产经营企业、种子经营企业等农产品生产源头的执法检查力度。开展农产品生产过程监督检查，重点开展“瘦肉精”等违法添加物检测和蔬菜、水果、食用菌农药残留检测，完成全区存栏20头以上生猪养殖户“瘦肉精”快速检测，对蔬菜、水果、食用菌农残抽样检测12次，检测样品2400个，合格率99%。

【动物重大疫病预防免疫】 全区全年口蹄疫免疫1.22万头，其中猪1.20万头、牛211头，免疫率100%。高致病性禽流感免疫16.31万羽，其中鸽子免疫1.93万羽、鸡14.28万羽、鸭0.11万羽，免疫率100%。猪瘟免疫1.13万头，免疫率100%。高致病性猪蓝耳病免疫1.21万头。犬只狂犬病免疫0.82万只，免疫率99.7%，无重大动物疫情发生。

【养殖场专项整治】 全年全区有养殖场（户）146户，其中奶牛养殖户14户、188头，猪养殖户125户、7028头，鸡养殖户7户、91160羽，全年关闭养殖场（户）107户，减少奶牛养殖户12户、173头，猪养殖户89户、4982头，鸡养殖户6户、86160羽。

【秸秆综合利用和禁烧】 全年全区大小春秸秆综合利用和禁烧工作投入55万元，秸秆综合利用面积4634亩，占小麦、油菜总面积的95%以上，清运面积2560亩，堆沤844亩，用于生产覆盖910亩，还田210亩。实现“不见烟雾，不见火光，不见黑斑”的目标。

2013年金牛区耕地面积及人均占有量

单位：亩

指标名称	2013年实际	2012年实际	2013年比2012年（±%）
一、年初实有耕地面积	10038	13691	-26.68
二、当年增加耕地面积			
三、当年减少耕地面积	1912	3653	-47.66
#国家基建占地	1912	3653	-47.66
乡村集体占地			
乡村个人建房占地			
耕地改为园地			
四、年末实有耕地面积	8126	10038	-19.05
1.水田	6993	8815	-20.67
2.旱地	1133	1223	-7.36
五、乡村人口人均占有耕地	0.18	0.22	-18.18

2013年金牛区主要农产品生产情况

指标名称	计量单位	2013年实际	2012年实际	2013年比2012年（±%）
农作物总播种面积	亩	11238	14173	-20.71
一、粮食作物	亩	1564	2816	-44.46
单产	公斤/亩	411	436	-5.73
产量	吨	643	1228	-47.64
谷物	亩	1564	2816	-44.46
单产	公斤/亩	411	436	-5.73
产量	吨	643	1228	-47.64
1.稻谷	亩	1137	2350	-51.62
单产	公斤/亩	460	467	-1.50
产量	吨	523	1098	-52.37
2.小麦	亩	427	466	-8.37
单产	公斤/亩	281	279	0.72
产量	吨	120	130	-7.69
二、油料作物	亩	2824	3511	-19.57
单产	公斤/亩	145	145	0.00
产量	吨	409	509	-19.65
油菜籽	亩	2824	3511	-19.57
单产	公斤/亩	145	145	0.00
产量	吨	409	509	-19.65
三、蔬菜	亩	6332	6505	-2.66
单产	公斤/亩	967	988	-2.13
产量	吨	6122	6428	-4.76
四、其他农作物	亩	518	1341	-61.37
1.青饲料	亩	224	148	51.35

2013年金牛区主要畜牧业产品产量

指标名称	计量单位	2013年实际	2012年实际	2013年比2012年±%
当年出栏肥猪	头	2852	3763	-24.21
当年出栏家禽	百只	223	312	-28.53
全年肉类总产量	吨	238	318	-25.16

续表：

指标名称	计量单位	2013年实际	2012年实际	2013年比2012年±%
猪肉	吨	198	262	-24.43
牛羊肉	吨			
禽肉	吨	40	56	-28.57
牛奶产量	吨	394	395	-0.25
禽蛋产量	吨	167	233	-28.33
蜂蜜产量	吨			

2013年金牛区农林牧渔总产值

（按现行价格计算）

单位：万元

指标名称	2013年实际	2012年实际	2013年比2012年（±%）
农林牧渔总产值	2730	3133	-12.86
一、农业产值	2040	2269	-10.09
1.谷物及其它作物	280	423	-33.81
（1）谷物	121	228	-46.93
小麦	22	24	-8.33
稻谷	94	194	-51.55
（2）薯类			
（3）油料	159	195	-18.46
油菜籽	159	195	-18.46
（4）豆类			
（5）其它农作物			
饲料作物			
2.蔬菜园艺作物	1757	1839	-4.46
（1）蔬菜	1757	1837	-4.35
（2）花卉		2	-100.00
（3）其它园艺作物			
3.水果	3	7	-57.14
梨	2	2	0.00
柑桔	1	1	0.00
4.中药材			
二、林业产值			
三、牧业产值	690	853	-19.11
（一）牲畜饲养	170	168	1.19
1.牛的饲养			
2.羊的饲养			
3.牛奶	170	168	1.19
（二）猪的饲养	307	393	-21.88
（三）家禽饲养	213	292	-27.05
1.肉禽	49	66	-25.76
2.禽蛋	164	226	-27.43
四、渔业产值	0	11	-100.00
淡水鱼类	0	11	-100.00

（陈嘉斌）

（审读：杨枝苍）

政　治
POLITICS

中国共产党

会议和活动

【区委全委会议】　2013年1月9日，中国共产党成都市金牛区六届五次全委（扩大）会议召开，区委书记杨林兴代表区委常委会向全委会报告2012年度干部选拔任用工作，全委会对2012年度干部选拔任用工作及新选拔正处级领导干部进行民主评议，并审议区委2012年工作报告、区纪委2012年工作报告、区党代表任期制工作情况报告、区党代表提案征询情况报告，同意将报告提请区第六次党代会第三次全体会议审议。

12月31日，中国共产党成都市金牛区六届七次全委（扩大）会议召开，区委书记杨林兴代表区委常委会向全委会报告2013年度干部选拔任用工作，全委会对2013年度干部选拔任用工作及新提拔正处级领导干部进行民主评议，并审议区委2013年工作汇报、区纪委2013年工作汇报、区党代表任期制工作情况汇报、2013年党代表提案办理情况汇报，同意将上会报告提请区第六次党代会第四次全体会议审议。

【金牛区第六次党代会第三次全体会议】　1月19日，中国共产党成都市金牛区第六次党代会第三次全体会议暨区委经济工作会议召开，区委书记杨林兴代表区委向大会作题为《善舞北改龙头 着力领先发展 为加快建设现代化国际化新金牛而共同奋斗》的工作汇报，区委副书记、区长苏鹏代表区委总结2012年经济工作，安排部署2013年经济工作。大会书面传达省、市委经济工作会议精神；书面审议区纪委工作汇报、区党代表任期制工作情况汇报、2012年党代表提案办理情况汇报。

【区委常委（扩大）会议】　5月10日，金牛区六届第38次区委常委（扩大）会议召开，传达习近平总书记在《中共四川省委关于“4·20”芦山强烈地震抗震救灾工作有关情况的报告》上的重要批示和省委、市委常委会议精神，研究金牛区贯彻意见。

8月17日，金牛区六届第46次常委（扩大）会议召开，决定开展向刘军同志学习并设立“平安金牛”建设突出贡献专项奖励资金。

11月16日，金牛区六届第53次常委（扩大）会议召开，传达学习十八届三中全会精神和省委常委会、市委常委会精神。

12月13日，金牛区六届第55次常委（扩大）会议召开，传达学习全市党的群众路线教育实践活动暨“走基层、解难题、办实事、惠民生”活动工作会议和全市第二批党的群众路线教育实践活动暨“走基层”活动工作推进会议精神，并研究金牛区深化落实意见。

【区委常委民主生活会】　11月22日，金牛区以“为民务实清廉”为主题，以“反对四风、服务群众”为重点召开2013年区委常委民主生活会。市政府副市长、市公安局长左正作为民主生活会联系领导全程参加并指导民主生活会。

【金牛区党政考察团赴青羊区考察】 12月10日，金牛区党政考察团到青羊区就城市管理、“三无院落”治理工作进行学习考察。党政考察团实地考察宽窄巷子文化休闲特色街区打造项目，蜀都大道西段立面整治工程，上翔街21号院、包家巷121号和122号、一环路西一段131和141号院落整治工程，详细了解草堂街道智能社会管理指挥系统工作原理。

（李静雯）

区委和工作部门

中国共产党成都市金牛区委员会

区委书记：杨林兴
　　　　　苏　鹏（4月离任）
区委副书记：白国欣（4月任职）
　　　　　胡　斌

区委常委：王　洁
　　　　　姚　凯（12月离任）
　　　　　张　兵
　　　　　戴延峰
　　　　　潘雪松
　　　　　魏　柯
　　　　　朱国新
　　　　　王凤鸣

金牛区委工作机构

区纪委
书　记：王　洁

区委办公室
主　任：魏　柯

区委组织部
部　长：潘雪松

区委宣传部
部　长：王凤鸣

区委统战部
部　长：申　勇

区委政法委
书　记：张　兵

区直机关工作委员会
书　记：李文龙（3月离任）
　　　　李　勇（11月任职）

区委、区政府信访和群众工作局
局　长：刘斌蓉

区机构编制委员会办公室
主　任：朱贵军

金牛区委直属事业单位

区委党校
校　　长：潘雪松
常务副校长：乐　斌

新金牛采编中心
主　任：邓　熠

（李静雯）

纪检监察

【监督检查】 2013年，金牛区坚持把维护党的政治纪律作为纪检监察机关的首要任务，督促全区党员干部学习领会党的十八大精神，贯彻落实省委“三大发展战略”、市委“五大兴市战略”和北改工程等重大决策。加大财政资金监管力度，组织开展就业、城管、残疾人救助和对口援藏等专项资金使用情况的监督检查；强化招投标过程监督，网上公示项目412个。加大工作公开透明力度，组织区级相关部门及街道稳步推进基层公开综合服务平台建设，累计发布便民信息42500余条，综合排名位居成都市主城区前列。

【惩治和预防腐败体系建设】 金牛区制定《党风廉政建设约谈制度规定》和《金牛区领导干部廉政档案管理暂行办法》。围绕规范行政权力，绘制完成全区

2月起，区纪委各派出纪工委开展城乡环境综合治理监督检查工作，图为整治后的街道

3700余项行政权力流程图，强化对行政权力的在线电子监察和廉政风险防控。紧扣廉政风险梳理与排查，牵头规范残疾人救助帮扶资金管理，并在全市率先出台《金牛区残疾人救助帮扶资金和辅助用品用具发放使用监督管理办法》，受到市委副书记、市纪委书记邓修明的肯定性批示。

【党内监督】 金牛区严格执行民主生活会、述职述廉、重大事项报告等党内监督各项制度，对123名领导干部进行任前廉政谈话、对10名局级领导干部进行约谈，完成9名领导干部的经济责任审计；全区提拔领导干部征求党风廉政意见91人次，对1名领导干部提出暂缓提拔意见；坚持竞争性选拔领导干部全程监督制度，全区竞争性选拔街道副职10名，在社区党组织书记中公开选拔街道党工委委员和组织员10名。

【违纪违法案件查办】 全区全年受理群众信访举报230件次，立案33件，党纪政纪处分39人（含局级领导干部5人），移送司法6人，为反映失实的17名党员干部澄清是非。坚持依纪依法安全文明办案，提高审理质量，处分决定全部执行到位。注重查办案件的治本功能，选择5起典型案件通报全区，深刻剖析发案原因，查找管理漏洞，达到查处一案，教育一线，警示一片，规范一方的效果。

【行政效能建设】 金牛区围绕服务提速增效，打造政务服务综合信息平台，推行延伸服务、预约服务、下沉服务等特色服务，855项行政审批和服务项目办理提速率99.27%。围绕优化发展环境，制定《金牛区行政效能投诉处理操作细则》，整改落实2012年软环境测评反馈意见212条，办理行政效能投诉54件，严肃处理5个单位的行政审批、服务效能和履职不到位等问题，约谈45人次，追究责任20人。围绕解决群众诉求问题，创新建立面对面巡查回访和媒体监督机制，及时发现并纠正干部履职不到位、整改不落实、工作表面化等问题1700余个。

2013年中共成都市金牛区纪律检查委员会

书　记：王　洁（女）
副书记：鲁　健　　何　敏
常　委：王　洁（女）　鲁　健　何　敏
　　　　刘　燕（女）　田　梅（女）
　　　　王业斌　　刘　毅
区纪委委员25名（按姓氏笔画为序）：
马德良　王　军　王　林　王　洁（女）
王业斌　方弟均　邓开龙　田　梅（女）
朱　昆　向　烈　刘　毅　刘　燕（女）
刘明书　杨　岳　杨正奇　何　英
何　敏　陆　军　罗焕钧　周嘉树
桑　蓉（女）　黄家云　鲁　健
谭洪奎　魏　强

（苏小波）

组织建设

【主题教育实践活动】 2013年6月，金牛区开展“实现伟大中国梦、建设美丽繁荣和谐四川”主题教育实践活动。一是开展主题教育实践活动的动员部署、组建工作机构、进入活动状态，确保活动组织有序。二是把开展主题教育实践活动与有效推进北改工程深度融入、与合力维护稳定大局深度融入、与加快建设现代化国际化新金牛深度融入，指导各级党组织采取集中学习、集中讨论、坝坝会、院落会、“中国梦”征文大赛、演讲比赛、摄影大赛等形式开展宣传动员和学习讨论，确保主题教育实践活动蓬勃开展、富有特色。三是紧贴群众，分类实施。通过推动“中国梦”的金牛实践，在党员和群众中达成加快建设“三个城北”的共识，创新新时期群众工作方法的实践成果，形成一批规范高效的制度成果。

【基层党组织建设】 金牛区实现党的组织和党的工

金牛区对口支援石渠县党政干部培训班

作两个全覆盖。通过28个院落党组织示范点建设辐射带动作用，形成街道、社区、院落三级组织构架体系。创新非公有制企业组织设置方式，采取“支部+园区”“支部+楼宇”“支部+市场”“支部+项目”“支部+协会”等建党模式，扩大党在非公有制企业组织中的党组织覆盖面。构建以街道党工委为轴心，以社区党组织、辖区企事业单位、“两新”组织等党组织为扇面的辖区党工委14个。建立联管机制，强化制度保障，健全党建网络，组织体系工作机制实现区域化。指导街道制定区域党建发展规划，与辖区单位签订共驻共建协议。在社区服务站分类建立党员信息库，发放党员联系卡，初步达到社区和驻区单位党组织互联互动互助的目标。全区15个机关党组织进行改补选，撤销党组织5个。落实发展党员培训制、审查制、公示制、表决制和责任追究制。全年发展党员25名，预备党员转正26名。举办4次培训、讲座，培训党员干部450余名。慰问38名老党员和患重病的机关党员，发放慰问金及慰问品合计4.6万元。

【干部教育培训】 金牛区围绕学习贯彻十八大精神和“实现伟大中国梦”主题教育学习活动开展宣讲和干部培训。创新教学模式，聘请曹家巷街道主要领导和社区、自改委负责人到学校与学员开展题为《群众是真正的英雄~曹家巷自治改造研讨会》的专题互动教学，以身边的事例教育干部践行党的群众路线和创新群众工作方法。开展干部远程网络教学。

（唐光荣　祝　勇　崔大勇）

宣　传

【区委中心组学习】 2013年，金牛区明确各级中心组理论学习总体要求和学习内容；组建区委宣讲团9个分团、群众宣讲团15个团，到全区各机关、街道、学校、医院、驻区部队、社区等单位开展740余场次党的十八大、十八届二中、三中全会精神和“中国梦”主题教育活动，邀请多名专家教授为全区局以上领导干部作专题学习辅导，全年组织集中学习11次。

【对外宣传】 金牛区围绕北改策划组织主题宣传，全年在中央、省、市主流媒体上推出报刊新闻1100余条、电视新闻930条。特别是《曹家巷拆迁记》第一、二季在中央电视台新闻频道《朝闻天下》《新闻直播间》和《新闻联播》栏目连续播出。《人民日报》《新华每日电讯》、新华网、《文汇报》等中央媒体重点关注茶花片区及曹家巷一、二街坊旧城改造，区属荷花池市场关闭提升改造等工作推进情况并刊发相关稿件。区委宣传部、区有线台组织上报纪实连续剧《曹家巷的安居梦》获中国广播电视协会中国栏目剧金骐奖（一等奖）；承办第二届全国加强和创新社会管理理论论坛，以曹家巷“自改委”为代表的、以群众工作创新推动城市拆迁的案例《创新居民自治改造新模式　汇集基层社会治理正能量——金牛区发挥群众主体作用破解旧城改造难题的探索与实践》被评为第二届全国加强和创新社会管理理论论坛暨社会管理创新案例“十佳案例”。以全国“两会”召开、2013年成都财富全球论坛、第十二届世界华商大会、第十四届中国西部国际博览会召开为契机，开展区域形象宣传，其中财富论坛期间，首次以中英文双语形式，在《四川日报》《成都日报》上推出专版宣传，展示金牛区现代化、国际化建设情况。

在新浪“看金牛”、腾讯“交子故里·现代金牛”两大官方微博发布权威信息，在线沟通网民互动，全年发布微博1900余条。在政务网新闻中心开辟“北改快讯”，反映全区北改进程中社会民生、经济发展等方面情况。

【核心价值体系建设】 金牛区全年开展党代会、发展主题和民生工程宣传活动，在街道、社区做墙体和横幅广告3000余幅（面），创作、印制以“五大兴市战略”北改为主题的系列宣传海报、漫画海报16500张，张贴到全区所有街道、社区院落和北改重点片区。制作文明宣传海报、公益广告、宣传袋等各类文明创建宣传品26万份，设置大型户外广告13面、墙体广告770幅，设计安装更换创建宣传栏3030幅，发放宣传海报4万份。《民生金牛》

与《成都商报》合作夹报，5万份夹报分送北改片区，4万份《民生金牛》进院、入户。

【“百姓故事会”活动】 金牛区印发《关于深入开展2013年“成都百姓故事会·爱我金牛大家讲”活动通知》。各街道、社区以“学雷锋”“我们的节日”“我的中国梦”活动为主题，组织讲述一些老百姓记忆中的成都故事及发生在社区邻里之间的感人之事，吸引社区群众参与，截至12月，全区各街道、社区举行故事会1150场次，参与群众10万人次。

【文联工作】 金牛区文联全年组织开展四大文化惠民活动，组织金牛区摄影书法（画）艺术展览、金牛区管乐交响音乐会和“摄影进万家”等文化惠民活动。开展“金牛区文艺志愿者服务群众‘十百千’系列活动”，成立10个文艺志愿服务分团，开展“摄影进千家”、艺术大讲坛、“书画赠群众”“欢乐闹新春”“放歌红五月”等活动；在第八届全国栏目剧评优年会中，金牛区拍摄的纪实连续剧《曹家巷的安居梦》获中国栏目剧金骐奖（一等奖）。开展“故事会”活动400余场次，参与群众4万人。规划天回古镇文化产业项目，做好2013年成都市文化产业专项资金项目申报工作，申报交子钱币博物馆、朱悦燫墓等文化建设项目。做好华侨城主题旅游区、凤凰山公园等重点文化产业项目跟踪服务。加强文艺协（学）会的专业学习和技能培训，注重人才储备，逐步开发人才资源，在涉农街道组织开展“城乡共融，托梦明天”少儿素质免费培训等公益活动。牵头抓好文艺期刊编撰刊发工作，与区文旅体局、区文化馆等单位共同创办《锦西文化》《金牛书画》《金牛群文》《金牛摄影》等刊物。

【社科联工作】 金牛区社科联组织党的理论、形势政策、国情省情市情、民族精神、革命传统、改革开放等专题沙龙及学术研讨，推动理论成果学术转化与应用实践。

在金沙讲坛·交子金牛分讲坛开展宣传贯彻党的十八届三中全会和省委、市委全委会精神专题讲座活动，带动部门街道，鼓励高校、企事业单位、社会团体参与，发挥交子金牛讲坛街道讲堂、金牛法制大讲堂重要作用。开展北改区级重点课题研究，申报省、市哲学社会科学课题，拓展课题研究深度、广度。2013年，区社科联被评为全国先进社科联。

（胡海阳）

统一战线

【民主党派工作】 2013年，金牛区加强民主党派基层组织的思想建设、组织建设、制度建设，发挥民主党派人才荟萃、智力密集的优势，引导全区民主党派成员在北改攻坚年开展调查研究、民主监督、参政议政、建言献策，提出80余条意见建议，提交10余篇调研报告，部分被省、市、区三级政府采纳，有5篇被区政协评为优秀提案。鼓励民主党派热心公益事业、服务社会，民建总支积极号召全体会员向灾区献爱心、送温暖，捐款捐物价值100万元，向洪雅、叙永、都江堰偏远学校贫困学生捐款捐物价值100万元，法律援助100余人次。召开全区统一战线代表人士座谈会，通报全区主要工作，征求对全区科学发展、党风廉政建设和反腐败工作等意见、建议。

【党外干部工作】 全区全年有党外领导干部21人，其中区级领导干部5人、正处级领导干部3人、副处级领导干部13名；民主党派12人、无党派9人、女领导干部7人。择优推荐党外干部，全年新任两名党外正处、两名副处级领导干部，考察1名正处、一名副处级干部候选人。择优推荐党外代表人士参加学习培训，全年选派2人到中央社会主义学院和国家行政学院参加非公有制经济代表人士培训，1人到成都市社会主义学院参加无党派代表人士培训，5人参加新的社会阶层人士培训，2人参加少数民族干部培训，提高党外代表人士的素质能力。党外干部在做好本职工作的同时，围绕区委中心工作和社情民意调研，提出有价值的意见建议。

【民族宗教工作】 金牛区巩固创建和谐宗教活动场所成果，开展各种宣传教育活动，利用活动月及民宗节庆等机会，提升全区民宗知识和相关法律、法规和政策的宣传普及度和影响力。加强宗教活动场所的规范化、制度化管理，加大对非法宗教活动的制止和取缔力度，依法对两起涉及宗教外来势力渗透企图的敏感事件进行处置。狠抓宗教活动场所的财务规范化管理的整顿和贯彻，建立起场所财务月报制度，加强食品安全管理，对全区寺庙和清真食品店铺逐一排查，确保民宗领域食品安全。为配合市政道路扩建，完成对土桥颐年院的临路后退及大门重建工程。加紧土桥清真上寺改造工程的调研摸底勘察。重视民族团结，维护少数民族的合法权益，协调处理3起涉及少数民族群众的经济纠纷和矛盾案件。

【侨台事务工作】 区侨台办加强与台湾同胞和海外侨胞的交流联系，贯彻落实《反分裂国家法》，促进侨务、对台交流工作的开展，建立一系列完整的外联网络和交流渠道。贯彻落实《归侨侨眷权益保护法》《台商投资保护法》，与全区各部门形成齐抓共管的良好局面，维护归侨侨眷和台商的合法权益。全年协调解决涉侨涉台矛盾纠纷13起，办结率89%。主动为全区涉侨涉台企业和服务对象个人服务30余件次。搭建海外招商引资引智平台，拓展侨务工作的海外联系渠道，采取“走出去、请进来”和主动上门服务等办法，协助参加第十二届世界华商大会，促进“以侨引侨”、“以台引台”。

（何梦海）

政法工作

【平安建设】 2013年，金牛区各街道和综治委成员单位开展平安街道、平安社区、平安单位等创建活动，通过媒体宣传、基层设点等方式加强宣传，提高辖区群众对平安创建的知晓率、参与率。加强规范化平安示范社区建设，对全区23处重点整治部位下达重点整治目标任务，开展社会治安严打整治等一系列专项行动，各街道和辖区派出所组织力量深入重点部位、重点场所如网吧、洗浴中心、旅馆等进行反复清查整治，全年全区立案5572件，较上年8887件下降37.3%。15个街道全部创建达到市“二星级平安街道”标准；抚琴街道等6个街道申报创建市“三星级平安街道”并通过市综治委验收。金科苑社区等5个社区申报创建市级规范化平安示范社区，接受市综治委的检查验收。

【见义勇为保护和奖励】 金牛区坚持见义勇为救助、奖励、宣传、保障、慰问工作，财政补助见义勇为专项资金100万元。因“见义勇为”牺牲的杨家云，被省政府评为有突出表现的见义勇为个人；在“8·25社会治安公共突发事件”中涌现出王官忠等7名见义勇为公民；为家庭困难的邓军和李传聪建立的见义勇为爱心账户，每月给予生活困难补助700元。

【“大调解”组织体系】 金牛区完善区、街道、社区三级“大调解”组织体系，加强区物业服务纠纷、交通事故纠纷、劳动纠纷等行业调委会建设。在区法院诉讼服务中心建立区“大调解”综合服务平台，实现区“大调解”协调指导中心、区人民调解指导中心、区行政调解指导中心、区司法调解中心集中办公、统一收案、分流办理，引导群众通过调解渠道解决矛盾纠纷。推行政府购买法律服务，落实“一街道一法律服务机构、一社区一律师”调处机制，开展大调解“五进”活动（进小区、进车站、进景区、进市场、进企业），推行“三所联调”、案例工作法机制措施，增强基层矛盾纠纷调解工作效能。全年人民调解、司法调解、行政调解组织调解纠纷15458件，调解成功9476件，未调解成功的依法引导到诉讼等渠道解决。

【维稳安保】 金牛区坚持以涉稳重点、难点、热点问题的防范和化解为核心，加强维稳工作领导责任制、部门责任制、目标管理制、条块结合制、督查督办制的落实。印发《金牛区安保维稳应急联动响应预案》，完善应对和处置大规模群体性突发事件的工作机制和模式。组织公安干警，发动机关社区干部和社会力量，实行网格化管控，加强社会矛盾和治安隐患的排查处置预防工作，完成成都全球财富论坛、世界华商大会、中国西部国际博览会召开期间及重要敏感时段的维稳安保任务。全年未发生有较大影响的群体性事件。

（黄　涛）

人民武装

【正规化建设】 金牛区对照警备区达标建设细则，完善各项规章制度，补充完善《金牛区人武部岗位精细化履职尽责表》，明确一流工作岗位标准，制定《安全隐患排查表》等。始终保持正规化建设试点单位的先进标准，协调区委、区政府给每个街道武装部解决10万元正规化建设专项经费，两次组织专武干部参观学习，持续推进正规化建设。集中排查治理重大安全隐患，开展武器弹药清理维护保养，确保安全无事故。

【兵员征集】 区人武部组织人员学习征兵政策规定，熟练掌握征兵体检政审标准和办法，加强征兵责任感。搞好征兵首日集中宣传报名活动，鼓舞适龄青年参军报国热情。召开征兵体检、政审工作人员培训会。将冬季征兵改为夏季征兵，鼓励大学生应征入伍，在辖区高校中开展征兵集中宣传报名活动，开展大学生网上预征报名工作，今年全区共报名大学生（含在校大学生、毕业生）78人。全年全区工上站体检488人，参加政审263人，合格227人，最终征集男兵212人、女兵6人。

【参建参治】 区人武部组织民兵发挥参建参治作用，参与北改。主动协助地方做好维护社会稳定工作，做好"两会"等敏感时期防控工作，在5月"彭州石化事件"及6月《财富》全球论坛期间，每天出动民兵300人值勤备勤，参与治安巡逻，维护社会稳定。

【抢险救灾】 "4·20"芦山地震发生后，区人武部启动应急预案，第一时间组织150名民兵奔赴邛崃市高何镇靖口村、高兴村抗震救灾，搭建帐篷48顶，设置便民服务点6个，救治受灾群众3名，排查解除各类险情3起。7月，金泉街道的马家场镇，天回镇街道的宝年社区、木龙湾社区发生洪涝灾害，区人武部组织200名民兵第一时间到抗洪抢险第一线，转移受灾群众500余名，确保人民群众生命财产安全。

（侯 俊）

信访群众工作

【来信来访和网上信访办理】 2013年，金牛区受理人民群众来信来访来电12208人次，到期办结率100%；办理人民网网民留言等各类网上信访事项346件，到期办结率100%。金牛区被人民日报社人民网编辑委员会评为2013年度全国网民留言办理工作先进单位，信访问题的妥善处理入选市信访局2013年群众满意"十大典型案例"。

【领导干部接访约访】 实行领导干部包案化解信访突出问题工作制度，综合运用政策、法律、行政、帮困、救助等方式，有效促进化解重大信访问题。区委、区政府和街道部门领导定期接待群众来访、约访、下访协调解决重大信访问题。全国"两会"、财富论坛、华商大会等重点时期，每天有1名领导接访约访。实行联合接访机制，由14个区级重点职能部门领导和律师参与，统一登记、分类接谈、现场调处，随有随接、随接随处，及时处理群众信访问题。

【矛盾纠纷排查和形势研判】 金牛区加强矛盾纠纷排查化解和形势研判工作，将矛盾纠纷化解在萌芽状态和初始阶段。围绕北改项目提前开展化解工作，引导群众依法反映诉求，促进北改工程推进。区信访局获省委、省政府办公厅全国"两会"期间全省信访先进集体，被市大调解办、市信访局、市司法局评为"四无"村（社区）活动先进集体（四无即无越级上访、无群体事件发生、无刑释解教人员和社区服刑人员再犯罪、无民事纠纷引发的非正常死亡）。

（邓 梅）

目标管理督查

【目标管理】 金牛区健全以"五大兴市战略"北改龙头工程为重点工作，以公文处理、党政信息等为基础工作的目标框架体系，全区目标体系更加清晰完善，目标导向作用更加明显。持续做好对北改龙头工程项目目标、主要经济指标、民生工程等重点工作目标的监控；采用"目标提示单"的形式，对接近时间节点的目标以及问题目标，及时提醒相关领导及单位，发挥目标运行监控和督查督办纠偏、提醒作用，运行监控更加有力有效。针对2012年金牛区在市上目标绩效综合考评中表彰奖牌得分和社会公众测评得分的薄弱环节，在2013年制定出台"对上争取表彰奖牌工作""社会公众测评工作"等考核奖惩暂行办法。

【决策督查】 金牛区继续以北改工作为重点，做好北改、城乡环境综合治理等重点决策部署的跟踪督查，整合各部门督查力量，智慧破难督项目，金芙蓉大道提前通车、花牌坊新16号危旧房改造项目土地挂牌出让，曹家巷一、二街坊棚户区完成签约、二环路沿线建筑综合整治全面竣工、区属荷花池市场关闭，全区129个北改项目顺利推进，市下达北改目标任务全面完成。

【专项督查】 区目督办提高批交办事项办理工作的水平及质量，做好领导批交办事项督查工作，对60余件市委、市政府下达金牛区的督办事项进行立项督查督办，按时限要求及时上报金牛区的落实情况，督查办结率100%，做到“批必办、办必果、果必实”，发挥督查工作服务领导、服务决策、服务基层的作用。

（吴建华　徐　艳）

政策调研

【文稿起草】　2013年，金牛区委政研室完成区委主要领导讲话稿、区委六次党代会第3次会议、全委会报告等30余篇，负责起草《创新自治改造模式，加快城市转型升级》《打造“商贸金牛”的几点思考》《金牛区委区政府2013工作总结及2014年工作思路》等大型调研报告和上报材料20余篇。编发《工作通报》22期、《工作研究》45期，供全区广大干部职工学习交流。

【调查研究】　围绕北改“项目攻坚年”、构建社会保障六大体系、深化改革创新、加强民主法治建设等2013年重点热点问题进行重点课题选题工作，结合各单位工作实际，制定102项调研课题，其中区级领导调研课题31个，街道、部门调研课题71个，对形成的课题成果进行分析研究、推广运用，12月评选出78篇优秀调研文章。到街道社区、区级部门开展调研30余次，重点对如何做好群众工作、城市拆迁改造、打造商贸金牛等区委领导关心的重点难点问题进行专题调研。多次到驷马桥街道、曹家巷自改委调查研究曹家巷自改模式，梳理总结其先进经验，形成《搞好党的群众路线教育实践活动的几点思考》《创新做好群众工作，有序推进北城改造》等有推广价值的经验材料和调研报告；配合上级部门完成对创新社区管理工作、城中村改造、地理信息产业等多项调研任务；完成省社科院社会科学研究所对金牛区居民自治工作创新实践理论层面和决策层面专题调研。

【成果转化】　金牛区总结和推广经济社会建设中的先进经验。推荐《想干事、会干事、干成事、不出事》《关于金牛区高新技术产业发展现状与对策的思考》《群众路线是城市拆迁的法宝》等多篇调研文章在市级以上刊物发表。《创新居民自治发行新模式 汇集基层社会治理正能量》被人民网授予2013年全国社会管理创新最佳案例奖，全国人大、中组部、中宣部等多部门的专家学者100余人赴金牛区出席颁奖典礼并交流经验。

（崔　蓉）

精神文明建设

【文明城市建设】　2013年，金牛区文明城市建设工作强化长效机制建设，成立以区委副书记为组长的迎检工作领导小组。全年印发《工作简报》25期、督促解决媒体及市民反映问题1200余起，制作“致市民朋友一封信”、讲文明树新风公益广告、文明宣传海报、宣传袋等各类文明创建宣传品5万份，设计更换创建宣传专栏2580幅，并通过在区内媒体设立专栏、网络文明博客等形式开展文明宣传，发布网络文明博文939篇。2013年全国城市文明程度指数测评调查组实地考察成都市沙湾路小学等8个点位、在金琴南路社区发放问卷调查30份，综合表现良好。在2013年第一次成都综合文明指数测评中实地考察及问卷调查项目分别实现升位；由区文明办牵头负责的2013年成都城乡环境综合测评问卷调查项目在全市中心城区排名第二。

【公民思想道德建设】　金牛区贯彻落实《公民道德建设实施纲要》，组织召开“金牛十大好人”表彰暨蒲公英活动启动仪式。刘军、张从国、杨家云、罗帅4人入选2013年度“中国好人”榜，米贵生等12人获“金牛十大好人”称号。以45个社区及文明单位“示范讲堂”为龙头，在全区123个“道德讲堂”开展身边好人宣讲等道德宣传活动730余次，组织全区市民逾10万人次参与“我们的节日”等系列主题活动，弘扬优秀传统文化，增强民族文化凝聚力。走访慰问社区困难党员、空巢老人、低保人员优抚对象和残疾人1830余人。

【基层文明创建】　金牛区持续开展省、市、区三级文明单位（社区）创建活动，对全区60余家单位进行调研初查，并采取多种形式对各街道、各部门和驻区单位人员进行业务培训和工作指导，申报新创省级文明单位4家，新创市级文明单位（含市级标兵）8家，复查合格的市级文明单位（含市级标兵）12家。以涉农北改片区为重点，开展群众性精神文明创建活动；以道德领域突出问题专项教育治理工作为重点，组织实施优质服务（示范）窗口、文明机关和“文明门店”等文明细胞创建活动。深化“科教、文体、法律、卫生四进社区”活动内容，全年安装更换“四进社区”公益宣传栏3308幅。"文明院落"工程建设稳步实施，围绕改善居民人居环境和生活品质，按照"四个环境、两类管理、四项服务"标准，投资3000万元，展开对100个老旧院落的升级改造工作。区文明办牵头在全区街道、社区建立123个道德讲堂、105个心理健康服务站，培训社区心理健康辅导站105人，实现街道、社区全覆盖。

【未成年人思想道德建设】 金牛区加强学校、家庭、社会"三位一体"教育网络建设，落实《中华人民共和国未成年人保护法》，在全区范围内组织中小学生10万人次，开展"爸爸妈妈一起来·美我家园""同饮一江水，关爱母亲河"——金牛绿色卫士、"做一个有道德的人"主题班队会、"童心向党"歌咏活动、"美德少年"、最美"孝心少年"评选等未成年人教育实践活动550余次。按照《金牛区进一步净化社会文化环境，促进未成年人健康成长工作任务分工》，协调督促各责任单位净化网吧、网络、荧屏声频、出版物市场和校园周边环境，组织开展"黑网吧"专项治理等文化市场联合执法行动500余次，营造有利于未成年人健康成长的良好社会文化环境和氛围。成都市全兴小学学生尹馨等2人获2013年成都市"美德少年"及提名，成都市金牛实验中学学生曾诗艺等505人分获省、市"学雷锋，做有道德的人"活动一、二、三等奖及优秀奖。新建学校道德讲堂7个、城市学校少年宫8所。

【志愿服务】 金牛区以学雷锋为主题，加强统筹协调，健全志愿服务工作协调机制。印发实施《金牛区2013年学雷锋志愿服务工作实施意见》。加强志愿服务队伍建设，注册志愿者人数12.21万人，在全市率先突破常住人口总数的10%。投资建成77人的专业网络文明传播志愿者队伍，开展"道德箴言大家传""勤俭节约人人做、人人传"等各类网络文明传播主题活动10余次，发布网络文明博文513篇，其中金泉街道志愿者何博的《雅安地震牵人心，政府反应好给力》等8篇博文登中国文明网及省、市文明网首页。以"关爱他人、关爱社会、关爱自然"为主题，组织各类志愿者15万人次开展"金牛北改志愿服务行"、文明交通志愿劝导、"迎《财富》论坛·添城市光彩"等各类志愿服务活动2600余次。"4·20"雅安芦山地震发生后，4月22日—5月22日，在全区开展"让出生命通道"文明交通劝导志愿服务特别行动，发动辖区企业向中国志愿服务基金捐款10万元。区文明办获四川省"关爱山川河流　建设美丽和谐四川"系列志愿服务活动组织奖，区有线台工作人员秦坤被评为成都市2012—2013年度优秀志愿者。

（李　敏）

人民代表大会

会议和活动

【金牛区第六届人民代表大会第二次会议】 1月23—25日，中国共产党成都市金牛区第六届人民代表大会第二次会议召开。会议听取和审议区人民政府工作报告、区人大常委会工作报告、区人民法院工作报告、区人民检察院工作报告并作出相应决议；审查区2012年国民经济和社会发展计划执行情况与2013年国民经济和社会发展计划草案的报告、金牛区2012年财政预算执行情况和2013年财政预算草案的报告并作出相应决议；审查通过区人民政府关于代表议案和建议、批评、意见办理情况报告。

会议选举产生金牛区出席成都市第十六届人民代表大会代表37名，收到代表建议、批评和意见77件。

【金牛区第六届人民代表大会第三次会议】 7月23—25日，中国共产党成都市金牛区第六届人民代表大会第三次会议召开。会议依法选举白国欣为成都市金牛区人民政府区长。

【区人大常委会会议】 2013年，区六届人大常委会召开常委会会议9次，审议议题44项，市人大代表、区人大代表、区政协委员和市民代表128人旁听会议。

区六届人大常委会第七次会议　1月21日，区六届人大常委会第七次会议召开，会议听取和审议召开区六届人大二次会议有关事宜的报告、代表变动和代表资格审查情况报告、区六届人大二次会议选举办法（草案）、区人大常委会工作报告（草案）。

区六届人大常委会第八次会议　4月3日，区六届人大常委会第八次会议召开，会议听取区政府1—2月工作情况报告；听取和审议区政府2013年北改项目工作计划情况报告、区政府2012年获得上级表彰奖励情况报告；表决通过有关人事任免事项。

区六届人大常委会第九次会议　4月19日，区六届人大常委会第九次会议召开，依法接受苏鹏辞去成都市金牛区政府区长职务；任命白国欣为成都市金牛区人民政府副区长；决定白国欣代理成都市金牛区人民政府区长职务。

区六届人大常委会第十次会议　6月9日，区六届人大常委会第十次会议召开，会议组织“实现伟大中国梦、建设美丽繁荣和谐四川”主题教育活动的学习；听取区政府3—4月工作情况报告；听取和审议区政府贯彻执行《中华人民共和国归侨侨眷权益保护法》情况报告、区政府贯彻执行《中华人民共和国环境保护法》情况报告；表决通过有关人事任免事项。

区六届人大常委会第十一次会议　7月29日，区六届人大常委会第十一次会议召开，听取区政府5—6月工作情况报告；听取和审议区政府关于2013年上半年国民经济计划执行情况报告、区政府关于2013年上半年财政预算执行情况报告、关于召开金牛区第六届人民代表大会第三次会议有关事宜、关于代表变动和代表资格审查情况报告、金牛区第六届人民代表大会第三次会议选举办法（草案）；表决通过有关人事任免事项。

区六届人大常委会第十二次会议　8月28日，区六届人大常委会第十二次会议召开，听取和审议区政府关于2013年招商引资工作情况报告；表决通过有关人事任免事项。

区六届人大常委会第十三次会议　9月28日，区六届人大常委会第十三次会议召开，听取区政府7—8月工作情况报告；听取和审议区政府关于金牛区2012年财政决算情况报告、区政府关于金牛区2012年度财政预算执行和其他财政收支审计工作报告；表决通过有关人事任免事项。

区六届人大常委会第十四次会议　11月6日，区六届人大常委会第十四次会议召开，对区商务局局长余戬、区环保局局长杨正奇、区审计局局长陆军、区民政局局长罗焕钧、区文旅体局局长胥厚全、区管理局局长刘明书、区检察院副检察长崔峰进行述职评议；对区红十字会进行工作评议。

区六届人大常委会第十五次会议　11月28日，区六届人大常委会第十五次会议召开，组织学习党的十八届三中全会精神；听取区政府9—10月工作情况报告；听取和审议区政府关于金牛区国民经济和社会发展第十二个五年规划纲要实施情况中期评估报告、区政府关于金牛区2013年财政预算调整情况的报告、区政府北改龙头工程整体推进情况报告、区政府贯彻执行《中华人民共和国教师法》情况报告；审议表决《成都市金牛区人民代表大会常务委员会组成人员守则》《成都市金牛区人民代表大会常务委员会执法检查办法》；表决通过有关人事任免事项。

常委会组织对民生工作、水环境综合治理工作情况的专项视察，并就相关工作提出相应的意见和建议。

【主任会议】　2013年，区人大常委会召开主任会议24次，听取、审议区政府北改区属荷花池市场关闭提档升级，北改龙头工程邮区中心局，市委党校，公共文化服务体系建设情况，曹家巷等旧城改造工作进展情况，社区卫生服务机构标准化建设，流动人口计划生育基本公共服务均等化工作，推动工业向高端转型发展情况，国有资产管理运行情况，国税、地税工作2012年度获上级表彰奖励，2013年高考工作“大调解”工作，打通“断头路”工作计划，科普工作，防洪工作，城市管理，安全生产工作情况报告和区公安局执法规范化建设工作情况报告；听取区法院加强诉讼服务中心建设，不断拓展司法为民平台工作情况报告；听取区检察院贯彻落实刑诉法、民诉法情况报告。

（钟建军）

9月13日，区人大常委会视察曹家巷一、二街坊

区人大常委会和工作部门

【人大机构设置】　2013年，人大常委会机关有办事机构6个，其中5个正局级机构分别是常委会办公室、财经城建城管办公室、法制办公室、教科文卫办公室和代表联络办公室；1个副局级机构为信访办公室。

成都市金牛区人民代表大会常务委员会

主　任：张文友
副主任：陈晓娟（女）　邓　举　廖安春
　　　　钟培松　王运兰（女）
委　员：刘智中　林绍光　喻　强
　　　　杜宪伟　宋　玲（女）
　　　　刘旭梅（女）　张竞越
　　　　杨永健（女）　彭　锐（女）
　　　　田小渝（女）　胡九林　张　喜
　　　　石　飞　石建辉
　　　　李时蓉（女）　杨　淳（女）
　　　　何　莉（女）　张明生　周继璁
　　　　孟国平　钟永昭

金牛区人大工作机构

区人大常委会办公室
主　任：杜宪伟

区人大常委会财经城建城管办公室
主　任：张竞越

区人大常委会法制办公室
主　任：刘智中

区人大常委会教科文卫办公室
主　任：胡九林

区人大常委会代表联络办公室
主　任：田小渝
区人大常委会信访办公室（副局级机构）
主　任：武　旭

金牛区人大街道工作委员会

人大抚琴街道工作委员会
主　任：王　政
人大西安路街道工作委员会
主　任：沈　锐
人大人民北路街道工作委员会
主　任：黄　清
人大驷马桥街道工作委员会
主　任：车成志
人大荷花池街道工作委员会
主　任：范正均
人大五块石街道工作委员会
主　任：余　胜（8月离任）
　　　　张　蓓（8月任职）
人大九里堤街道工作委员会
主　任：张先成
人大营门口街道工作委员会
主　任：刘方成
人大茶店子街道工作委员会
主　任：李大春
人大黄忠街道工作委员会
主　任：（空缺）
人大金泉街道工作委员会
主　任：张　林
人大沙河源街道工作委员会
主　任：易赐宏
人大天回镇街道工作委员会
主　任：宋传福
人大西华街道工作委员会
主　任：孟国平
人大凤凰山街道工作委员会
主　任：文良军

（钟建军）

人大工作

【人大监督】　*围绕北改龙头工程，强化监督重点项目*　常委会把推进北改龙头工程作为监督工作的重中之重。常委会会议、主任会议先后9次围绕北改工程推进情况组织开展视察。听取和审议区政府北改项目落实情况、北改区属荷花池市场关闭提档升级情况、北改龙头工程邮区中心司、市委党校、曹家巷等旧城改造工作进展情况、北改龙头工程整体推进情况等北改专项议题；先后5次对解放路特色街区打造，金牛万达广场建设和曹家巷一、二街坊，为民路、光荣西路片区旧城自主改造项目等进行实地视察，有效促进北改项目稳步推进。参与北改龙头工程中涉及旧城改造、拆迁安置房建设、新居工程建设的项目推进。常委会班子成员围绕北改重点调研课题，完成调研文章8篇，常委会主任办公会议先后20余次专题研究区人大如何更好地监督北改、助推北改、参与北改的工作情况。

围绕经济转型发展，强化监督经济健康运行 常委会听取和审议金牛区2012年财政预算执行和其他财政收支的审计情况、2012年财政决算情况、2013年上半年国民经济和社会发展计划执行情况、2013年上半年财政预算执行情况、2013年财政预算调整情况、推动工业向高端转型发展情况、招商引资工作情况、国税、地税情况、国有资产管理、国民经济和社会发展第十二个五年规划纲要实施情况中期评估报告等与经济发展密切相关的工作报告，听取和审议区政府2012年获上级表彰奖励的情况报告，专题视察部分单位审计工作整改情况，并作出相应的决议、决定和审议意见。

围绕城市建设品质，强化监督新型城市建设 常委会听取和审议区政府关于2013年打通断头路建设情况、二环路立体快速交通工程金牛段两侧立面整治情况和城市管理等工作情况报告，视察解放路特色街区打造、金牛万达广场、曹家巷旧城改造工作进展情况、金芙蓉大道竣工通车情况，并作出相应的决议、决定和审议意见。常委会按照领导包片督查机制，不定期抽查各街道城乡环境综合治理工作，督查专项监督工作，确保城乡环境综合治理成效。

围绕营造良好法治环境，强化监督规范执法检查 常委会和主任会议听取和审议区政府贯彻执行《中华人民共和国教师法》《中华人民共和国环境保护法》《中华人民共和国归侨侨眷权益保护法》等法律法规的情况，区法院打造诉讼服务中心为民司法工作的情况，区检察院贯彻执行刑诉法、民诉法工作情况，区公安分局执法规范化建设工作情况等报告，并作出相应决议、决定和审议意见。

围绕干部队伍建设，强化监督干部履职能力 常委会依法任命干部39人，依法免去11人。依法接受1人辞去职务，先后组织38名拟任命干部参加任前法律知识考试。对区商务局局长余戬、区检察院副检察长崔峰等7人进行述职评议，对区红十字会进行工作评议。同时进行满意度测评，提出评议意见19条。

围绕保障改善民生，强化监督社会事业发展 常委会把保障和改善民生问题摆在重要位置，听取和审议区政府公共文化服务体系建设、社区卫生机构标准化建设、流动人口计划生育均等化服务与管理、高考工作、民生工程、科普工作、防洪管理、安全生产等工作情况报告，并作出相应决议、决定和审议意见。

【工作调研】 常委会坚持把加强调查研究作为履行职能、开展工作的基础。参与市人大组织的工作调研和各种培训，配合市人大开展执法检查及调研视察；结合常委会会议和主任会议审议议题进行调查研究，促进审议质量的提高；围绕全区重点工作、人大工作和社会普遍关注的热点、难点问题开展专题调研。围绕常委会会议和主任会议议题开展调查研究，形成调查报告47篇；围绕全国十二城区人大工作研讨会开展专题调研，形成《关于提高人大常委会会议审议质量的思考》《关于如何提高代表意见建议办理质量的思考》两篇调研文章；常委会领导有针对性地开展专题调研，并形成《关于进一步在北改中促进基层民主政治建设的思考》等6篇调研文章；常委会还组织省、市人大代表调查研究完成《关于我市环城生态区的调研与对策建议》的调研文章，文章受到区委书记杨林兴的肯定。

【人事任免】 2013年，区人大常委会依法任命干部39人，依法免去11人。依法接受1人辞去职务，先后组织38名拟任命干部参加任前法律知识考试。

【人大信访】 区人大常委会坚持把人大信访工作作为维护稳定和构建和谐社会的大事来抓，把人民群众来信来访作为了解社情民意的重要渠道。坚持常委会领导阅批信访件制度，对重点信访案件亲自协调解决。全年受理群众来信、来访80件（批），487人次，其中收到上访信件65件、465人次，接待上访群众15批、22人次。在接待群众来信来访过程中，注意倾听群众诉求，做到件件有登记，件件有落实，件件有回音。

【代表工作】 *以强化学习为动力，提升代表履职能力* 常委会开展《新形势下人大代表如何履职尽责》和《成都城市建设与特色文化传承》的专题讲座，组织驻区市人大代表到市委党校进行3天的集中学习，组织区人大代表79人次参加全国、省人大组织的学习培训。

以优化服务为载体，增强代表履职意识 常委会

组织代表300人次，参观彭州石化项目，参加二环路高架通车视察活动和四川省第三届道德模范评选，旁听市中级人民法院走进法院听审判，视察北改重点项目等十余种活动。同时，常委会邀请省、市、区人大代表64人次，分批次列席人大常委会会议，邀请区政协委员、市民代表、各人大街道工委和军队代表小组负责人208人次列席常委会会议，听取“一府两院”工作报告和重要情况通报。依法补选3名区六届人大代表，组织60名区人大代表向辖区选民述职。

以代表建议为突破，提高代表履职实效　区六届人大二次会议以来，代表们对于金牛区经济建设、社会发展和城市建设管理等方面工作提出118件建议、批评和意见。常委会对代表提出的建议意见进行归类，筛选出涉及北改和群众关注较高的6件建议进行重点督办。代表们对办理结果均表示满意。

以“代表之家”为平台，提高代表履职活力　常委会为帮助各人大街道工委查找“代表之家”建设中存在的不足和与先进单位的差距，组织人大街道工委的工作人员到双流县胜利镇白塔村进行“代表之家”建设的参观学习，并结合自身实际，对前期建成的代表之家和代表接待选民办公室的软、硬件进行提档升级。代表之家开展代表活动65次，参加活动的代表580人次，接待选民3045人次，收集选民意见建议195条，并全部进行办理。

金牛区六届人大二次会议代表建议、批评、意见

编号	领衔人姓名	签名人数	标　题	回复文号	回复日期
1	蒋成良	4	关于加强市干道物业管理的建议	秘字〔2013〕1号	2013.3.13
2	张雪梅	4	关于加强小区物业管理的建议	金房秘字〔2013〕17号	2013.3.22
3	赵光明	3	关于在街道卫生服务中心增设精神科或精神病人康复科的建议	金牛卫秘字〔2013〕3号	2013.3.20
4	江志平	4	关于改造抚琴辖区内化成片区地下管网的建议	金建交秘字〔2013〕1号	2013.3.6
5	黄吉林	1	进一步加强金牛区精神与心理疾病防治工作	金牛卫秘字〔2013〕4号	2013.3.20
6	李时蓉	1	建议“健身路径”在全区均衡布局	金文旅体秘字〔2013〕1号	2013.3.12
7	李时蓉	1	建议及时清除道路建设中的障碍物	金建交秘字〔2013〕2号	2013.3.6
8	陈志龙	3	建议：1.解决黄忠街道所辖社区的办公用房问题； 2.增设城区内的公共养老设施，缓解居民老有所养问题	金民秘字〔2013〕10号	2013.3.28
9	吴玲莉	1	关于待建空地用于缓解区域停车场问题的建议	金黄秘〔2013〕2号	2013.3.15
10	吴玲莉	1	关于解决同兴路长期拥堵的意见建议	金黄秘〔2013〕1号	2013.3.15
11	吴玲莉	1	关于各种线缆改为地下铺设的建议	金建交秘字〔2013〕3号	2013.3.6
12	吴玲莉	1	建议政府加大调控、平抑物价的力度	金牛发改秘字〔2013〕1号	2013.3.20
13	陈　硕	4	加快天回旧场镇改造步伐	鑫地建设司函〔2013〕23号	2013.3.18
14	黄卫国	4	灌溉水泵遭到破坏的问题	金建交秘字〔2013〕4号	2013.3.6
15	杨洪强	4	征地拆迁人员安置进展缓慢	成国土资金秘字〔2013〕1号	2013.3.21
16	范柯东	4	“198”范围内土地不能报征人员不能享受社保待遇	金统中心秘字〔2013〕1号	2013.3.11
17	冯贵义	4	拆迁过渡费、土地租金不能按时拨付的问题	金天街办秘字〔2013〕1号	2013.3.5
18	冯贵义	4	川府函〔2008〕88号函关于拆迁补差问题	成国土资金秘字〔2013〕2号	2013.3.21
19	熊　英	1	关于在五块石小学门口道路安装减速带的建议	秘字〔2013〕1号	2013.3.19
20	余　胜	1	关于对五块石辖区货运汽车采取禁入措施的建议	秘字〔2013〕2号	2013.3.19
21	熊　英	1	关于解决五块石周边货运严重扰民现象的建议	秘字〔2013〕3号	2013.3.19
22	付尤华	4	关于交通巷26号危房拆迁改造的建议	金人北秘字〔2013〕2号	2013.3.6
23	郑爱华	4	关于改善人北辖区部分居民生活环境的意见	金人北秘字〔2013〕3号	2013.3.6
24	龙卫国	1	建议：1.加强城隍庙电子市场及周边治安管理； 2.设立居民文化活动点； 3.加强城隍庙电子市场噪音管理	金城管局秘字〔2013〕1号 金牛公秘〔2013〕6号 金文旅体秘字〔2013〕4号	2013.4.1
25	辛　军	1	建议组织实施人民北路一段15—21号院北改拆迁	金人北秘字〔2013〕4号	2013.3.6
26	杨玉清	1	成都地铁3号线金牛区范围内拆迁工作急需加快进度	金建交秘字〔2013〕5号	2013.3.6

续表：

编号	领衔人姓　名	签名人数	标　题	回复文号	回复日期
27	史海彬	1	建议相关部门及时对古柏社区辖区道路进行维修	金沙源街办秘〔2013〕5号	2013.5.2
28	蒋　丰	10	尽快建立独立的金牛区社区教育学院的建议	金机编办秘字〔2013〕3号	2013.3.18
29	徐建华	1	建议加强区内人户分离人员的管理工作	金牛公秘〔2013〕8号	2013.3.20
30	涂绪中	1	关于二环路改建对木综厂造成重大影响的建议	金房秘字〔2013〕18号	2013.6.27
31	姚良瑾	1	建议解决沙河源辖区拆迁居民买菜难的问题	金沙源街办秘〔2013〕2号	2013.3.15
32	周德君	1	建议解决陆家桥社区居民出行难的问题	金沙源街办秘〔2013〕3号	2013.3.15
33	陈　挚	1	关于踏水新居尽快复建的建议	鑫农投司秘字〔2013〕1号	2013.2.26
34	张英选	1	关于加强五块石地区配套设施建议的建议	金规秘字〔2013〕2号	2013.3.6
35	刘玛蓉	1	关于一环路二段7号院在西北桥街的污水排放受阻问题的建议	金建交秘字〔2013〕6号	2013.3.6
36	方　波	10	关于拓宽蜀西实验学院门口道路的建议	金建交秘字〔2013〕7号	2013.4.6
37	李庆明	2	关于新一届社区居委会分设社区书记、主任的建议	金民秘字〔2013〕11号	2013.3.28
38	李　迎	1	关于以雕塑突出驷马桥片文化特点的建议	金文旅体秘字〔2013〕9号	2013.3.26
39	刘力凡	1	关于尽快出台扶持餐饮业的税收优惠政策的建议	金牛地税秘字〔2013〕1号	2013.3.11
40	赵曙虹	1	关于加强老旧院落改造的建议	金文秘字〔2013〕1号	2013.3.8
41	王晓白	1	关于与成都房协共同为我区北改筹资献力的建议	金旧改秘字〔2013〕1号	2013.3.19
42	李　蓉	1	建议提高过去78号令农转非人员待遇	成国土资金秘字〔2013〕3号	2013.3.21
43	吕世嘉	1	关于两河片区实行土地挂钩整理，急需解决老年人社保事宜	金统中心秘字〔2013〕2号	2013.3.11
44	许碧成	1	关于在西一路增加一条小型公交车线路的建议	金牛府办秘字〔2013〕1号	2013.3.6
45	许碧成	1	关于规范铺设电话线、电脑信号线的建议	金房秘字〔2013〕19号	2013.3.22
46	许碧成	1	关于为小学生课桌配"矫姿宝"（防近视产品）的建议	金牛教秘字〔2013〕1号	2013.3.21
47	苏超南	1	关于规划建设近郊民居片区公厕的建议	金城管局秘字〔2013〕2号	2013.4.3
48	张志伟	1	加强法制宣传，为北改龙头工程营造良好法治环境的建议	金府法秘〔2013〕1号	2013.3.15
49	何东平	1	关于提高茶店子地区交通通行效率的建议	秘字〔2013〕2号	2013.3.6
50	陈传寿	1	关于老旧院落电表改造	秘字〔2013〕1号	2013.3.6
51	何东平	1	关于金牛区房管局部分改制退休人员解决活动经费的建议	金人社秘字〔2013〕3号	2013.3.19
52	何东平	2	关于尽快落实茶店子综合市场建设的建议	金规秘字〔2013〕1号	2013.3.6
53	陈传寿	1	关于居民自愿参保存在分配不公的建议	金人社秘字〔2013〕1号	2013.3.19
54	罗庆蓉	1	加大对化成片区老旧院落电表改造	秘字〔2013〕5号	2013.3.6
55	付　萍	1	关于茶店子西口—东街加油站口路段交通公交恢复双向行驶的建议	秘字〔2013〕6号	2013.3.6
56	李　强	1	关于对育德路39号（茶小南区）旁空地整治的建议	秘字〔2013〕7号	2013.5.3
57	莫达南	3	关于增加街道公共卫生间数量打造百姓出行舒适度的建议	金城管局秘字〔2013〕3号	2013.4.3
58	莫达南	3	关于增加完善街（巷）道标志方便行人和司机出行的建议	金民秘字〔2013〕12号	2013.3.27
59	刘仲文	1	应加强对已改造公共厕所的管理	金城管局秘字〔2013〕4号	2013.4.3
60	叶尚龙	4	建议进一步加大北改成果和《成都市环城生态区建设条例》的宣传	金新办发〔2013〕1号	2013.3.13
61	蒋红梅	4	关于西华辖区垃圾压缩站道路修建的建议	西华街办〔2013〕118号	2013.3.11
62	黄国兰	4	建议增加沙西线中段至府河星城、兴盛世家这一线的公交车班次	金牛府办秘字〔2013〕2号	2013.3.6
63	陈　刚	4	建议对金牛4号斗渠迎宾大道路口至成灌路口段进行修建完善	金建交秘字〔2013〕8号	2013.3.6
64	郭应桃	4	建议加快拆迁进度，尽快疏通道路，促进"畅通城北"步伐	鑫地建设司函〔2013〕22号	2013.3.18
65	郭应桃	4	关于尽快启动连接华侨城片区与中心城区的地铁项目建设的建议	金规秘字〔2013〕3号	2013.3.6
66	傅毓宗	6	关于进一步规范外来务工者劳动用工、购买社保及其子女入学的建议	金牛教秘字〔2013〕12号	2013.4.8
67	陈　刚	6	建议将金芙蓉大道的公交站名称更名为"七中万达站"	西华街办〔2013〕119号	2013.3.11
68	李　蓉	1	建议在金泉街道修建一所中心幼儿园	金牛教秘字〔2013〕2号	2013.3.21

续表：

编号	领衔人姓名	签名人数	标题	回复文号	回复日期
会后					
69	石飞	1	关于尽快落实成都市第二十中学校扩建用地供地手续的建议(2013.1.31)	金牛教秘字〔2013〕3号	2013.3.21
70	王正金	1	关于升级打造一品天下美食街的建议(2013.1.31)	金商务秘字〔2013〕3号	2013.3.28
71	江志平	1	群众反映光荣北路街电线杆存在安全隐患的建议（2013.4.23）	金建交秘字〔2013〕9号	2013.9.27
72	马小林	2	关于金牛区金泉街道保家堰村环境脏乱差请予以协调解决的情况反映(2013.5.21)	金泉街办秘字〔2013〕2号	2013.5.27
73	曾振信	2	关于金牛区金泉街道成都石室外语学校周边环境混乱需加强综合治理的情况反映（2013.5.27）	金泉街办秘字〔2013〕3号	2013.5.31
74	苏超南	2	关于蜀跃东路、蜀跃西路安装路灯的建议（2013.10.27）	金泉街办秘字〔2013〕4号	2013.11.14
75	吕世嘉	1	关于整治茶店子公交站占用绿道及绿化进行非法营运的建议（2013.12.5）	金泉街办秘字〔2013〕9号	2013.12.11
76	曾振信	1	关于蜀西中学门口道路铺设人行道砖的建议（2013.12.5）	金泉街办秘字〔2013〕10号	2013.12.11
77	方波	1	关于迎宾路小学广场绿廊维修及开放公厕的建议（2013.12.5）	金泉街办秘字〔2013〕10号	2013.12.11

（钟建军）

（审读：薄　宇）

人民政府

政务会议和活动

【区政府常务会议】 2012年12月28日，区政府六届第13次常务会议审议并原则同意区市场服务中心关于区属荷花池市场关闭提升改造相关方案及拨付启动经费的请示，粮食金牛分局关于尽快落实金牛区2.7万吨区级储备粮目标任务的请示，区统建办关于整合光荣北路资产的请示，区旧改中心关于为九里堤生资市场旧城改造项目提供连带责任保证担保的请示。

2013年2月16日，区政府六届第14次常务会议审议并原则同意区投促局关于金牛区新华印刷厂南片区旧城改造项目合同的请示，区城管局关于实施九里堤南北中路、羊西线（槐树街至二环路）招牌整治工程和增加金罗路金琴路综合整治工程经费的请示，区教育局关于沙河源等三个片区配套学校建设问题、外化成配套中学及相关设施建设问题的请示、调整教职工住房公积金缴存标准和拨付教育专项经费的请示，区统建办关于为民路、光荣西路旧城改造项目公产处置及土地利用问题的请示，区残联关于金牛区残疾人救助帮扶资金和辅助用品用具发放使用监督管理办法的请示，通过《金牛区2013年安全生产工作意见》《2013年金牛区财政收支预算编制说明》《成都市金牛区教育事业“十二五”发展规划》和有关人事任免事项。

2月26日，区政府六届第15次常务会议审议并原则同意北鑫公司关于实施曹家巷棚户区自治改造项目附条件协议搬迁安置方案的请示。

3月7日，区政府六届第16次常务会议审议并原则同意鑫地公司关于缴付土桥及全兴农贸市场土地出让金的请示，区建交局关于三环路两侧50米林带专项整治工作的请示，区教育局关于调整外化成配套中学及相关设施建设项目业主的请示，区管理局关于申报2013—2015年度金牛区机关办公区（含纪工委办公点）物业管理外包服务费用预算的请示，通过《金牛区2012年度安全生产监管工作先进单位和个人通报》。

3月21日，区政府六届第17次常务会议审议并原则同意区消防安全委员会办公室关于提请通报2012年度消防工作先进单位和先进个人的请示，通过有关人事任免事项。

4月3日，区政府六届第18次常务会议审议并原则同意区文明办关于将文明院落建设工程经费纳入2013年区财政预算的请示，区城管局关于10座公厕改造所需经费和提高市政道路清扫保洁作业人员月基础工资的请示，区统建办关于为民路、光荣西路旧城改造项目区建交局新增“公转私”的请示，金牛城投公司关于王贾8组、泉水三期B区拆迁安置房项目重新立项的请示，鑫金资投公司关于2.5环黄忠大道（茶店子段）基础设施建设项目遗留建渣、土方清运的请示，区管理局关于全区“黄标车”处置方案的请示，通过《金牛区2013年外贸企业出口扶持奖励标准》。

4月17日，区政府六届第19次常务会议审议并原则同意区高科办关于产业园二期起步园企业用地国土手续完善问题和成发集团土地价款相关问题的请示。

4月28日，区政府六届第20次常务会议审议并原则同意区教育局关于2013年部分区政府投资项目立项的请示，区国资办关于拆除通锦中学位于通锦路15号铺面的请示，区人社局关于金牛区接收成都市建工医院相关问题的请示，通过《成都市金牛区安全生产举报管理暂行办法》《进一步加强环境保护重点工作的实施意见》《全面推进质量强区工作的实施意见（2013—2015）》《实施品牌标准化知识产权战略全面推进质量强区奖励办法》和《贯彻落实〈2013—2017年全市统筹城乡改革发展工作方案〉的实施方案》。

5月6日，区政府六届第21次常务会议审议并原则同意区文旅局关于报送进一步加强金牛区文物工作的实施意见的请示，鑫金农投公司关于实施金牛区环城生态区拆迁复垦工程和清淳家园二期B区安置房工程临时支护降水方案变更增加费用的请示。

5月23日，区政府六届第22次常务会议审议并原则同意区城管局关于车辆及设备报废的请示，区建交局关于将成都市金牛区城区雨水设施改造工程资金纳入区财政预算的请示，金牛城投公司关于实施35千伏兰成渝输油专线临时迁改的请示，区国资办关于金牛区与保利成都公司签订北改项目合作框架协议的请示，通过有关人事任免事项。

5月30日，区政府六届第23次常务会议审议并原则同意金牛城投公司关于王贾8组、泉水三期B区拆迁安置房电力配套工程有关问题的请示，区财政局关于报审金牛区国税局、地税局2013年税收征管工作绩效考核办法（送审稿）的请示，西华街道办事处关于府河新居电力增容的请示，通过《成都市金牛区人民政府常务会议事规则》。

6月21日，区政府六届第24次常务会议审议并原则同意金牛城投公司关于国际商贸城110千伏输变电工程新都段建设的请示，区商务局关于2012年度金牛区电子商务产业发展专项资金分配方案的请示，区民政局、区残联关于申请拨付资助低保对象参加基本养老保险政府补贴金的请示，区北改办关于追加相关街道2012年特色街区打造财政补助工作经费预算的请示，通过《成都市金牛区行政权力公开透明运行平台建设实施方案》和有关人事任免事项。

7月12日，区政府六届第25次常务会议学习中央政治局专门会议和省、市党的群众路线教育实践活动工作会议精神，传达区委关于进一步加强作风建设的有关要求；审议并原则同意鑫金资投公司、区卫生局关于四川和倍投资有限公司退出EPC项目投资的请示，鑫地公司关于成立成都市鑫苑园林绿化工程有限责任公司的请示，区委宣传部关于申请拨付第二届全国加强和创新社会管理理论论坛暨社会管理创新案例颁奖典礼经费的请示，通过《成都市金牛区北改区域国有存量土地使用权出让收支管理实施细则》和有关人事任免事项。

8月6日，区政府六届第26次常务会议审议并原则同意荷花池街道关于办公用房改造资金列入区财政预算的请示，公安金牛分局关于申请解决车辆购置经费的请示，区文明办关于申请文明城市市民督查员队伍运行经费的请示，区人武部关于表扬2012年度征兵工作先进单位的请示，通过《金牛区对上争取表彰奖牌工作考核奖惩暂行办法》《金牛区社会公众测评工作考核奖惩暂行办法》和有关人事任免事项。

8月20日，区政府六届第27次常务会议通过有关人事任免事项。

8月29日，区政府六届第28次常务会议审议并原则同意区统计局关于开展第三次全国经济普查的请示，沙河源街道关于拟对街道新桥国有地块予以整合处置的请示，区建交局关于报送金牛区2013年水环境综合治理专项目标实施方案的请示，区环保局关于金牛区国家环保模范城市复核迎检工作实施方案的请示。

9月23日，区政府六届第29次常务会议审议并原则同意区卫生局关于区疾病预防控制中心标准化建设和成都市建工医院接收安置有关问题的请示，区消防大队关于购买压缩空气泡沫消防车和消防监督检查装备的请示，区统筹局关于调增2013年村级公共服务和公共管理专项资金的请示，通过有关人事任免事项。

10月17日，区政府六届第30次常务会议审议并原则同意鑫金资投公司关于对成华街3号附11号资产进行维修的请示，区管理局关于实施金牛区政务中心监控系统更新改造工程的请示，区民政局关于发放80—89周岁老年人高龄生活补贴的请示，区民政局、区委组织部关于社区两委会成员居民小组长补贴标准和社区办公经费补助的请示，听取区军安办关于2012年和2013年符合政府安排工作条件退役士兵安置情况的报告，通过《成都市金牛区教学成果奖励办法》和有关人事任免事项。

11月7日，区政府六届第31次常务会议审议并原则同意鑫金工投公司关于金牛区明月锦苑二期新居项目电力配套工程有关问题的请示，金牛城投公司关于金牛区外化成中学项目有关问题和成都市金牛山庄有限责任公司请求整合跃进4组地块相关问题的请示，鑫地公司关于新建金桥社区卫生院和成都市鑫苑园林绿化工程有限责任公司增加注册资金及办理相应资质的请示，区法院关于申请改建综合档案中心的报告，区财政局关于报审调整2013年财政收支预算的请示；通过《金牛区国民经济和社会发展第十二个五年规划纲要实施中期评估报告》。

11月25日，区政府六届第32次常务会议传达学习习总书记关于安全生产工作重要讲话精神及省、市领导在学习贯彻电视电话会议上的讲话精神；审议并原则同意区投促局关于西部地理信息科技产业园政策扶持问题的请示，鑫金工投公司关于收储合力达地块有关问题的再次请示，区国资办关于北海资产处置的请示，区人社局关于报请审议街道正科级实职领导干部享受上一职务层次非领导职务工资、津补贴、医疗待遇的请示，通过《金牛区国有资产出租管理办法》和有关人事任免事项。

12月6日，区政府六届第33次常务会议审议并原则同意区高科办关于成发集团重大能源装备技术改造项目技改扶持资金的请示，通过有关人事任免事项。

12月12日，区政府六届第34次常务会议并原则同意区国资办关于与成都投资控股集团有限公司签订战略合作协议的请示，金牛城投公司关于跃进片区1、2、3组土地整理项目采取招商方式确定投资方和修建泉水三期拆迁安置房B区配套街头公共绿地的请示，鑫金工投公司关于公开招商遴选收储合力达地块项目投资方有关问题的请示。

（赖胜将）

区政府和工作部门

成都市金牛区人民政府

区　长：苏　鹏（4月离任）
　　　　白国欣（4月代，7月选举产生）
副区长：姚　凯
　　　　戴延峰
　　　　梅　健
　　　　张明英（8月离任）
　　　　王　峰
　　　　刘　毅
　　　　郭兰涛（8月任职）
区长助理：钟昌林
　　　　徐　凡（挂职）
　　　　罗　林（挂职）
　　　　赵江明（挂职）
　　　　周立志（挂职）

金牛区政府工作部门

成都市金牛区人民政府办公室（简称：区政府办）
主　任：郭兰涛（11月离任）
　　　　胥厚全（11月任职）

成都市金牛区发展和改革局（简称：区发改局）
局　长：罗孟秋

成都市金牛区教育局（简称：区教育局）
局　长：文贤代

成都市金牛区经济和科学技术局(简称:区经科局)
局　长：王　堃

成都市金牛区监察局（与纪律检查委员会机关合署办公，列入政府工作部门序列，不计入政府机构个数）（简称：区监察局）
局　长：鲁　健

成都市金牛区民政局（简称：区民政局）
局　长：罗焕钧

成都市金牛区司法局（简称：区司法局）
局　长：周嘉树

成都市金牛区财政局（简称：区财政局）
局　长：熊　军

成都市金牛区人力资源和社会保障局（简称：区人社局）
局　长：桑　蓉

成都市金牛区环境保护局（简称：区环保局）
局　长：杨正奇

成都市金牛区建设和交通局（简称：区建交局）
局　长：任　务（7月离任）
余　胜（7月任职）

成都市金牛区房产管理局（简称：区房管局）
局　长：马德良

成都市金牛区城市管理局（简称：区城管局）
局　长：钟昌林

成都市金牛区统筹城乡工作局（简称：区统筹局）
局　长：郭　馨

成都市金牛区商务局（简称：区商务局）
局　长：余　戳

成都市金牛区投资促进局（简称：区投促局）
局　长：向　烈

成都市金牛区文化旅游和体育局(简称:区文旅局)
局　长：胥厚全（11月离任）
刘明书（11月任职）

成都市金牛区卫生局（简称：区卫生局）
局　长：邓开龙

成都市金牛区人口和计划生育局
（简称：区人口和计生局）
局　长：夏　珂

成都市金牛区审计局（简称：区审计局）
局　长：陆　军

成都市金牛区安全生产监督管理局
（简称：区安监局）
局　长：查治德

成都市金牛区统计局（简称：区统计局）
局　长：黎　凡（6月离任）
谢　江（8月任职）

成都市金牛区人民政府法制办公室
（简称：区法制办）
主　任：王　军

成都市金牛区机关事务管理局（简称：区管理局）
局　长：刘明书（11月离任）
何昌萍（11月任职）

成都市金牛区食品药品监督管理局
（简称：区食药监局）
党组书记：郑　涛（11月任职）

金牛区政府直属事业单位

成都市金牛区信息化和网络管理办公室
主　任：王世心

成都市金牛区档案局
（区档案馆、区政府公开信息服务中心）
局　长：杨秋瑾

成都市金牛区供销合作社联合社
主　任：江九莉

成都市金牛区有线电视台
台　长：刘　钊

成都市金牛区民用建筑统一建设办公室
主　任：王　炘

成都市金牛区市场开发服务中心
主　任：张　喜（5月离任）

金牛区政府部门管理县级事业单位（不含学校、医院）

成都市金牛区地方志编纂委员会办公室
成都市金牛区国家投资项目评审与招标中心
成都市金牛区大学、中专招生委员会办公室
（区自考办公室）
成都市金牛区教育研究培训中心
成都市金牛区军队离退休干部服务管理中心
成都市金牛区老龄工作委员会办公室
成都市金牛区法律援助中心
成都市金牛区财政集中收付中心
（区财政项目资金评审中心）

成都市金牛区就业服务管理局
成都市金牛区社会保险事业管理局
（区医疗保险管理局）
成都市金牛区环境监测站
成都市金牛区棚户区危旧房改造中心
（原旧改中心）
成都市金牛区城市管理行政执法大队
成都市金牛区城市管理指挥监督中心
成都市金牛区统筹城乡功能区发展中心
成都市金牛区文化旅游体育市场行政执法大队
成都市金牛区疾病预防控制中心
成都市金牛区机关服务中心
成都市金牛区政府采购服务中心
成都市金牛区食品药品稽查大队
成都金牛高新技术产业园区创新中心
（园区〈北部新城现代商贸综合功能区〉招商部、区青年〈大学生〉创业服务中心）

金牛区政府派出机构

成都金牛高新技术产业园区管委会（成都市金牛区北部新城现代商贸综合功能区管委会办公室）
成都市金牛区推进北城改造办公室
成都市金牛区驷马桥街道办事处
成都市金牛区人民北路街道办事处
成都市金牛区荷花池街道办事处
成都市金牛区西安路街道办事处
成都市金牛区茶店子街道办事处
成都市金牛区抚琴街道办事处
成都市金牛区九里堤街道办事处
成都市金牛区五块石街道办事处
成都市金牛区黄忠街道办事处
成都市金牛区营门口街道办事处
成都市金牛区金泉街道办事处
成都市金牛区西华街道办事处
成都市金牛区沙河源街道办事处
成都市金牛区天回镇街道办事处
成都市金牛区凤凰山街道办事处

（张　蓉）

政务服务

【人大代表建议、政协委员提案办理】 全年，区政府办收到并办理市人大代表建议2件、市政协提案9件、区人大代表建议77件、区政协提案117件，办结率100%，满意率100%。

【区长公开电话办理】 全年区政府受理群众投诉、举报、建议、咨询、求助等问题公开电话交办件6547件，办理6547件，其中市长公开电话2278件、区长公开电话4269件，办结率100%；市长、区长信箱受理交办4577件，办理4577件，其中市长信箱1836件、区长信箱2741件，办结率100%。编辑《城乡环境市民投诉情况》183期，汇集城乡环境市民投诉1857件。编发《政务政风行风督查》11期、《值班周报》52期、《值班专报》12期。开展受理事项现场协调12件次、专项督办3件次。收到市民群众感谢电话80余次、感谢信40余封。

【行政管理体制改革】 *大部门管理体制改革* 2013年，金牛区改革完善食品药品监管体制，出台《关于改革完善我区食品药品监督管理体制的实施意见》《成都市金牛区食品药品监督管理局主要职责内设机构和人员编制规定》。重新组建区食品药品监督管理局，加挂区食品安全委员会办公室牌子。在全区15个街道及中药材专业市场、化妆品保健食品专业市场分别设立食品药品监督管理所，组建区食品药品稽查大队，加挂成都市金牛区食品药品投诉举报中心牌子。撤销区委外宣办增挂的区互联网宣传管理办公室牌子，撤销区网络管理中心，将区信息化办公室更名为区信息化和网络管理办公室。

重点领域机构编制调整 金牛区旧改中心更名为成都市金牛区棚户区危旧房改造中心。完成市建工医院移交金牛区的交接工作。撤销区人社局就业监督科、社保监督科、机关事业人员管理科，调整设立就业社保管理科、公务员管理科、事业人员管理科。金牛区就业训练中心更名为金牛区就业创业培训指导中心。将与区委宣传部合署办公的“成都市金牛区人民政府台湾事务办公室”更名为“中共成都市金牛区委台湾工作办公室”，增挂“成都市金牛区人民政府台湾事务办公室”牌子。在区民政局基层政权和社区建设科增挂社会工作科牌子；区民政局社会事务科更名为社会事务和区划地名科。在区教育局增设教育督导办公室。

【机构编制管理】 *实名制管理* 制定《成都市金牛

区机关事业单位机构编制实名制管理实施办法（试行）》，及时完成实名制系统数据更新，初步建立与组织、人社等部门的协作机制，试行机构编制业务网上办理。

人员调动管理　严格实行机构编制总量控制，超编单位实行只出不进，缺编单位原则上实行区内调剂。加强专项编制管理，确保专编专用。

机构编制管理　出台《金牛区北改重点工作所需机构编制及人员调配管理的实施办法（试行）》等措施。严格机构编制管理，没有发生机构编制违纪违规行为。

【事业单位登记管理】　事业单位年度检验　全年完成192家事业单位年检，年检率100%。

政务和公益专用中文域名维护　完成已注册域名的246家党政群机关、事业单位等的域名续费工作。

事业单位日常登记管理　办理事业单位设立登记1家，变更登记42家、49项，事业单位证书补领1家，发布事业单位公告7期。

事业单位分类　开展全区事业单位履职情况调研分析，参照《四川省省属事业单位分类指导目录》，拟定金牛区事业单位分类目录和分类方案，并上报市委编办备案。

事业单位法人治理结构建设试点　召开金建医院全体职工参加的动员大会，完成具有金建医院特色的法人治理结构《章程》的拟定工作，组建金建医院第一届理事会、监事会。

【行政审批服务】　2013年，金牛区政务服务中心各窗口受理、办理行政审批及其他服务项目18万件，新注册设立企业4189家，其中注册资金在1000万元以上的131家，现场办结率、按时办结率和公众评价满意率均为100%。被市政府办公厅评为“2012年度全市政务服务绩效考核成绩突出单位”，被市政务服务中心评为“2012年度全市政务服务系统行政审批服务工作和政务信息报送工作先进单位”。

【行政审批制度改革】　取消行政审批事项4项，承接上级下放审批事项1项。规范行政审批行为。简化、优化、规范审批项目办理流程，编制行政审批事项目录，政务服务实现管理制度化、流程规范化、服务标准化。编制在线表单，完善网上办理机制，实现行政审批和服务事项全程网上受理，在线办理，能够在线审批事项的比例为100%。整合全区街道、社区便民服务机构，统一、规范硬件设施、基本服务事项和工作制度，全面推行“一窗式”综合服务管理模式，全区政务服务形成资源共享、上下联动、全域覆盖的工作体系，政务服务满意度提升。

工商窗口在全市独创“换照印章”审批新模式，5分钟内快捷完成个体工商户变更登记；国税分中心创新推出“二维码”纳税服务新举措，纳税人只需用智能手机对二维码进行扫描，就能迅速获取并登录国税局门户网站，快速了解最新税收政策，快捷办理各类涉税事项；区统筹局、区卫生局将“农业机械年检”和“公共场所卫生许可证复校”2个事项下沉到天回镇街道办理，使服务更加贴近群众需求。

【金牛市民中心建设】　12月，市民中心主体封顶。在学习借鉴先进地区和兄弟区（市）县在市民中心建设、运行和管理上的有益做法和成功经验的基础上，形成《金牛区市民中心入驻及运行管理初步方案》。

【街道政务服务体系建设】　区政务中心指导试点街道初步完成街道便民服务中心标准化建设和“一窗式”综合服务模式改革；会同区规服办、区编办等有关部门联合印发《全区推行便民服务向下延伸工作实施方案》，自2013年11月起在全区所有街道、社区便民服务机构全面推行标准化建设和“一窗式”综合服务模式改革，构建“一刻钟政务服务圈”。

【政务微博微信】　5月2日，金牛区15个街道106个社区及32个涉民生部门，共计153个基层政务微博在新浪、腾讯并网运行，建立区、部门街道、社区三级政务微博平台。2013年，金牛区腾讯官方微博“看金牛”粉丝18万人，发布微博5112条；新浪官方微博“看金牛”粉丝41万人，发布微博6543条，区基层政务微博发布信息8000余条。区信息办自主开发金牛区政务微博发布厅后台统计管理系统，为政务微博后台管理及数据分析提供服务。率先将新浪和腾讯政务微博整合到一起，打造政务微博集群，直接问需于民、问计于民、问政于民。

依托新浪、腾讯官方微博“看金牛”以“聚焦北改”为话题不间断地对曹家巷一、二街坊自治改造、华侨城欢乐谷、交大路综合改造工程等北改重点项目进行宣传；“文化金牛”板块对九里堤遗址、明苑墓群等北改文态建设重点项目进行宣传报道；“民生金牛”板块及时发布有关金牛区民生信息，为居民提供了解、咨询平台。

8月15日，正式开通成都市政务微博服务群众办事大厅，为在第一时间解决网民诉求，严格执行7×24小时值班制度，按照“1、8、24、72”小时办结制度，指导各相关责任单位及时回应网民诉求。

9月12日，金牛区率先在微信注册“成都微生活”（cdnew_life），一周内就拥有粉丝数万人。集中宣传金牛区北改项目，图文并茂地向网友展示成都国际商贸城、金牛万达广场、中铁轨道交通高科技产业园、西部地理信息产业园等北改成果。

【公务员管理】 金牛区人社局做好行政机关公务员及参照《公务员法》管理机关（单位）人员的登记工作，全年报批登记102人。指导行政机关18家单位（部门）开展科级干部竞争上岗工作。完善公务员信息系统的运行管理机制，提高管理的信息化水平。加强公务员平时考核，完善考核机制，强化对公务员的激励和约束，考察和审批符合享受上一职务层次非领导职务待遇的52人。出台《金牛区北改重点工作所需机构编制及人员调配管理的实施办法》。

【人才服务】 启动专业技术人才知识更新工程，全年完成继续教育8000人次。办理或推荐评审初中高级职称313人，专业技术执业资格认定为专业技术职务任职资格审核推荐16人，职业技能初中级鉴定183人，全国会计专业技术资格考试审核100余人。

发放留学人员科技活动项目择优资助经费（市级资助）5万元，发放鼓励企业引进急需高层次人才财政奖励0.5万元。宏华集团电气传动研发基地人才工作站被授予首批成都市人才工作站，麦可思数据（成都）有限公司为留学人员科技活动项目候选、中铁西南科学研究院有限公司为国家级博士后科研工作站候选。

【军转安置与服务】 金牛区全年接收安置计划分配军转干部53名，自主择业军转干部17名。549名军转干部自主择业，全年用于解决企业军转干部生活困难资金634.1万元，“五难”人员（即就业、就医、子女入学、生活困难、住房难人员）救助资金8.6万元。

【因公出国（境）管理】 金牛区全年按照“问题控制、计划管理”要求，出台《进一步完善党政干部因公出国（境）审批流程》办法，细化出访环节，对违反相关纪律要求的，一律停办次年出访。不安排无实质内容或一般性考察的出国（境），控制因公出国（境）团组数和人数。全年全区党政干部（含企事业单位人员）因公出国（境）实际出访17批次，23人次，其中党政团成行11人，企事业人员成行12人，分别占出访总量的47%、52%，全年实际出访同比减少25%。

【国际交流活动】 全年通过信函电话、节日问候、交流互访等方式，加强与澳大利亚友好城市威乐比市的沟通合作，派遣区友好交流团组拜访威乐比市政府，推动双方公务人员培训交流、姐妹学校结对等合作。双方在教育、文化、养老等方面开展合作。选派优秀教师、棒球队伍参加国际研讨、国际赛事等活动，提升区教育、文体国际化水平。

7月15—23日，区委书记杨林兴带队到西班牙、葡萄牙、瑞士三国，先后赴巴塞罗那、瓦伦西亚、里斯本、苏黎世和卢塞恩等5座城市展开招商推介和政务交流，并与瓦伦西亚自治区帕特纳市签订《关于建立友好合作关系的备忘录》。

9月6日，区长白国欣接待美国普罗沃市市长一行，并代表金牛区与普罗沃市市长签订《关于建立友好合作关系的备忘录》。

【车辆管理】 全年审批新购置公务用车71辆，报废“黄标车”195辆。对公务用车开展季度监督检查，春节、国庆节等节假日进行入库专项集中检查。

【政府采购】 全年办理各类采购业务102宗，其中公开招标22宗、询价采购79宗、单一来源采购1宗；采购预算5018.7万元，实际采购金额4588.1万元，节约预算资金430.6万元，节约率8.6%（不含公务车定点维修、定点加油、定点保险采购项目）。

（雷少军　刘红兵　张　钺　赵　飏　毛利文　何晓晓　林　威　钟　磊　杨　齐）

法制工作

【行政执法规范】 全区全年清理纠正委托实施行政强制措施和没有法律、法规、规章依据委托实施行政处罚、行政许可等情况；细化执法环节和步骤，规范调查取证程序；改进执法方式，规范行政强制行为，推行说理式执法、柔性执法。探索街道行政综合执法。开展街道综合执法调研和探讨，探索在现有体制下建立“属地管理、上下协同”的综合执法新机制，以城市管理、社会管理为重点，下移执法重心，增强街道执法能力，推进全区街道办事处行政执法工作。

【行政权力清理】 初步建成行政权力依法规范公开运行平台，完善全区行政权力目录及流程图，区政府30个部门全面清理行政许可、行政处罚、行政强制等8类行政权力，分类、分项编制《行政权力流程图》。截至12月，全区有行政权力4016项。

【政府信息公开】 落实政府信息主动公开和依申请公开，注重抓好行政审批信息、公共资源交易信息等10类重点信息公开，保障群众的知情权、参与权和监督权。全年，通过市政府信息公开管理系统录入政府信息6000余条，受理群众依申请公开29件，办结27件，在办2件；受理政府信息公开意见投诉2件，办结2件，按时办结率均为100%。

【行政复议与应诉】 全年收到向区政府提出申请的行政复议案件66件，全部办结，其中通过调解、和解方式办结35件，占结案总数的53%，比上年增长22.5个百分点；办理申请人向市政府提起的针对区政府具体行政行为的行政复议案件2起，市政府均维持区政府的具体行政行为。办理区政府行政应诉案件2起，胜诉2起。开展行政复议规范化建设，行政复议机构人员到位、场地经费落实，通过省、市专项检查验收，并被四川省依法行政领导小组授予四川省行政复议规范化建设示范区称号。

【矛盾化解工作】 2013年，建成集人民调解、行政调解、司法调解案件集中受理、分类处理、指挥协调、集中展示等多项功能的金牛区大调解指导中心及下属的人民调解、行政调解和司法调解指导中心。行政调解指导中心为群众提供法律咨询、解答法律问题，全年接受咨询324件次，受理行政调解案件83件，调解成功45件。

【人民调解】 3月，金牛区“大调解”指挥中心设立专门的人民调解咨询窗口及人民调解工作室。11月，成都国际商贸城建立法律服务工作室，拓展调解领域。截至12月，接受法律咨询9152件，成功调解纠纷114件。全区各级调解组织受理纠纷5482件，调解成功5345件，调解成功率97.5%，其中区行业调委会受理纠纷3053件，调解成功3018件，调解成功率98.8%；驻派出所调解室受理纠纷2176件，调解成功2102件，调解成功率96.6%。金牛区“三所联调”工作机制参加全市优秀成果评比，获第三名。

【法律援助】 金牛区法律援助中心组建志愿者队伍开展法律援助“双延伸”活动，事前摸排走访，发现潜在受援对象，对有需求的群众做到“应援尽援”；事后电话回访、上门回访，了解办理援助案件情况并及时总结。10月，区法律援助中心与重庆市江津区司法局签订《法律援助协作协议》，为提高办理异地农民工维权案件开创新途径。区法律援助中心全年受理法律援助案件362件，其中受理民事案件95件、刑事援助案件267件；对城乡受援人群提供法律援助2114人次，接待来电来访咨询1390余人次；受理农民工的援助申请60件，其中10人以上群体性维权案件3件，对农民工的法律援助率100%。截至12月，摸排法律援助需求203起，进行潜在受援对象登记33人次，开展后端延伸服务31人次。

【全国法治城市创建】 金牛区省级法治区创建进入省法建办先进公示名单；开展依法行政示范单位评比活动；开展民主法治示范村（社区）活动，全区有33个社区被评为市级民主法治示范社区；开展“重合同，守信用”和示范店示范街等活动，全年全区有17家企业获“重合同、守信用”称号，其中AA级企业9家、A级企业8家。开展依法治校示范校创建评比活动，有1所学校被评为四川省依法治校示范学校、5所学校被评为成都市首批依法治校示范学校、20所学校被评为区级依法治校示范学校。

【安置帮教与社区矫正】 金牛区采取“健全组织网络、完善工作制度、突出因人施教、实行长效管理”的举措，探索刑释解教人员帮教安置工作新路子取得成效。全年回归刑释解教人员180人，衔接人数180人；安置153人，安置率85%，无重新犯罪人员。深化“亲情帮教大走访”，走访重点刑释解教人员48人，与刑释解教人员当面谈话84人次，关爱服刑人员未成年子女32人次，帮扶刑释解教人员21人。

社区矫正工作逐步建立和完善工作责任制、工作台账、业务档案，落实社区矫正各项工作任务和措施，确保监督管理到位。3月，建立社区矫正训诫室，完成全区社区矫正工作信息平台建设，实现对社区矫正人员的数据化管理，做到“人防”与“技防”的有机结合。截至12月，正在矫正人员333人，新接收社区矫正人员258人，解除社区矫正人员134人；累计接收社区矫正人员534人，累计解除社区矫正人员201人。金牛区司法局办理全市首例社区矫正人员减刑案件。

【法律服务进社区】 金牛区新增40个规范化法律服务工作室，制作便民联系卡发放给群众，满足群众的法律需求。采取政府购买法律服务的方式，完善“一街道一法律服务机构”和“一社区一律师”的对口法律服务机制，开展法律服务进社区。截至12月，106名律师和法律服务工作者为全区15个街道的104个社区、18个公安派出所调解室及物业、交通、荷花池市场调委会提供便捷和专业的法律服务。社区律师发挥熟知法律法规、素质高、调解能力强的优势，在社区法律服务、法制宣传及矛盾纠纷化解方面做出贡献。

【公证服务】 金牛公证处全年有注册公证员5名，办理各类公证1530件。对成都国际商贸城8100余个商铺、62场次的抽签定位活动进行现场监督；保障荷花池专业市场、蓉北市场、火车北站市场关闭调迁的顺利推进；办理涉及曹家巷一、二街坊棚户区旧城改造项目等北改工程的委托、现场监督、保全证据、签名等相关公证384件。

【律师服务】 2013年，金牛区有33家律师事务所，366名执业律师，办理各类法律事务3500余件；8家基层法律服务所，47名执业法律服务工作者，办理各类法律事务670余件。

（陈培渊　李　鉴）

综合管理

发展计划管理

【《金牛区国民经济和社会发展第十二个五年规划纲要实施情况中期评估报告》】 11月28日，金牛区人大审议通过《金牛区国民经济和社会发展第十二个五年规划纲要实施情况中期评估报告》。《报告》通过多部门合议，结合十八大三中全会决议、五大兴市战略及《纲要》确定的主要任务进展情况等修订而成，对金牛区“十二五”中后期的发展具有重要指导意义。

【省、市重点项目投资】 金牛区全年33个市级重点项目总投资717.19亿元，年度计划投资94.69亿元，实际投资115.41亿元。3个省级重点项目总投资155亿元，年度计划投资16亿元，实际投资17.28亿元。

【项目评审监管】 *项目评审* 金牛区评审与招标中心全年对212个项目招标（预算）控制价进行审核，送审招标（预算）控制价总额35.23亿元，审定招标（预算）控制价总额31.99亿元，审减3.25亿元；完成12个项目的概算评审，送审概算总额50.50亿元，审定概算总额48.54亿元，审减1.96亿元。

项目监管 全年办理政府投资项目变更签证122个，对58个竣工项目出具《变更签证确认函》，参加重大变更需调整概算的协调会1次，组织26次重大变更专题会审，对425个项目进场标高进行抽测，节约变更签证资金1973万元。

招投标代理机构比选 对19个政府投资工程建设项目确认招标（比选）代理机构（按评分法产生项目10个，按合格法产生项目9个）。进行公开招标的政府投资项目30个（含勘察、设计），节约政府资金2100.2万元；进行比选的政府投资项目46个，节约政府资金411万元。

行政审批 全年办理政府投资项目立项193个，总投资76.19亿元（含拆迁类项目）；概算批复161个，总投资96.17亿元；招标和比选核准77个，总投资56.41亿元；企业备案12个，总投资40.99亿元；企业核准项目5个，总投资900万元。办理物业管理收费备案6件、机动车停车场收费备案43件、收费许可证年审121件、药品价格社保证明41件、行政事业性及服务性收费许可证核发16件。

【“十二五”规划中期评估修编】 2013年，区发改局与成都市信息中心合作，从指导思想、指标预期、项目推进、思路措施等方面评估“十二五”规划进展情况，形成《金牛区国民经济和社会发展第十二个五年规划纲要实施情况中期评估报告》，并经政府常务会和人大常委会审议通过。

（刘二双）

财税管理

【财政收入】 2013年，金牛区地方财政收入（不含土地基金收入）45.42亿元，比上年增长12.3%，其中税收收入26.62亿元，占地方财政收入的58.6%；非税收入18.79亿元，占地方财政收入的41.4%。全区街道全口径财政收入95.80亿元，占全区全口径公共财政收入的79.5%，其中区实得26.37亿元，占全区地方公共财政收入的58.4%。全区财政支出（不含土地基金支出）47.02亿元，比上年增长15.4%。全区街道财政支出6.85亿元，占全区财政支出的14.6%。全区土地基金收入8.49亿元，土地基金支出6.22亿元。

4月2日，金牛区国税局和地税局邀请高中生体验纳税服务

【财政项目资金评审】 金牛区在全市率先开展除政府投资项目外的其他财政项目资金评审工作，将项目评审作为安排财政专项资金预算的前提条件，制定完整的评审流程和办法，重点评审项目设置的合规性、合理性和经费预算的真实性、科学性。全年全区纳入评审的专项资金项目66个，单位送审金额8.92亿元，审定金额5.65亿元，审减额3.27万元，审减率36%。

【绩效评价试点】 金牛区从区级财政安排的民生保障、产业发展、基础设施、行政运行类项目支出中选择5个项目作为2013年区级绩效评价项目，评价项目涉及财政资金1.2亿元。通过开展绩效评价试点，逐步实现财政资金从注重投入管理向注重支出效果管理的切实转变，提高财政资金使用效益。

【预算管理】 “大平台”运行 金牛区除学校以外的所有全额拨款预算单位全部纳入规范预算单位的财政支出，加强财政性资金的管理和监督。印发《金牛区公务卡强制结算目录制度》，明确规定预算单位公务支出中必须使用公务卡结算的项目，并明确结算方式和还款程序，为2014年加强和规范公务卡使用、管理奠定基础。

部门预算管理 改变以往部门专项经费就项目而项目的传统分配方式，采取财政按专项经费分类管理规定，对单位“一上”申报数进行审核下达控制数，单位根据工作需要将控制数细化到项目做“二上”申报的编制方法，专项经费预算编制更加科学规范，将往年结余资金、自有资金和上级资金纳入年度预算编制及执行管理安排，拓宽财政资金渠道，激活财政存量资金。

预算绩效管理 金牛区在五城区中首次将部门预算绩效管理和专项资金绩效评价工作作为财政管理目标纳入全区绩效目标管理考核体系，将部门预算执行进度列为重点考核内容，确保预算执行进度均衡可控，增强部门预算绩效管理意识。

【税收征管】 区国税局管理一般纳税人10185户，比上年增加1485户，增幅17.1%，一般纳税人户数居全市第二名，占全市一般纳税人总户数的15.1%。全年入库增值税25.16亿元，比上年增长11%，增收2.44亿元。

区地税局全年受理12万元以上纳税人自行申报纳税10623人，比上年增长18.4%，全年向10万户次纳税人供应各类发票845万本，主要涉及建安、直销户、房屋出租等行业。10—12月，办理个体户注销897户，企业注销97家。加强零散税收和特殊征收方式税源的集约管理，换发54户代征单位的委托代征证，全年委托代征入库各项税款2.01亿元，核定个体工商户纯管户105户、共管户830户。

【“营改增”试点】 2012年10月起，金牛区交通运输业和部分现代服务业“营改增”试点工作。开展“营改增”专题培训37场，培训7000余人次。组织开票和申报系统模拟测试，制订突发事件应对预案，增设应急窗口，启动延时服务，安排专人辅导纳税人申报，开辟网上申报辅导区，分散申报高峰人流，确保“营改增”试点平稳过渡。9—12月，入库“营改增”增值税2.06亿元。

2013年金牛区地方税务纳税额前20名企业

成都金牛万达广场投资有限公司
中铁二院工程集团有限责任公司
成都天府华侨城实业发展有限公司
成都国际会议展览中心
成都万贯房地产开发有限公司
成都龙湖北城置业有限公司
四川发展土地资产运营管理有限公司
成都金牛蓝光和骏置业有限公司
中国建筑西南设计研究院有限公司
成都量力钢材物流有限公司
绿地集团成都金牛房地产开发有限公司
成都铁路局
中国工商银行股份有限公司成都金牛支行
四川水井坊股份有限公司
成都康宏药业集团股份有限公司
成都江海贸易发展有限公司
中国银行股份有限公司成都开发西区支行
中国建设银行股份有限公司成都第四支行
成都顶峰房地产开发有限公司
伊厦成都国际商贸城股份有限公司

（代 桦 谢晓燕 王毓婧）

国有资产管理

【投融资管理体制改革】 金牛区将公司资产监管纳入监管体系，区国资办代表政府履行出资人职责，健全公司法人治理结构，完善公司内部“三重一大”决策制度管理、考核与风险防范机制。聘用务实经营管理人才，公司业务副总经理在全省范围内公开选拔。清理各部门、街道所持有的国有资产，实行经营性资产统一管理，分类划拨到国有公司运作经营，实现国有资产的增值保值。通过推荐好项目、划拨优良资产、以预算内拨款充实国有公司资本金等措施，使公司作为政府建设投资口袋的作用充分发挥出来。推进公司与银行的沟通、协调，用好、用活银行对金牛区建设的信用软贷款，探索出银政企合作促进区域经济发展的新路子。

投融资资金来源，由过去的单一财政拨款渠道转变为财政、银行、政府、部门和企业的多元资金来源渠道。投融资方式，由过去的财政直接投资形式转变为银行贷款、发行债券与股票、企业内部积累等多样化的自由竞争的筹资格局。投融资管理，由过去的单纯行政手段管理转变为实行以经济方法管理为主，行政办法管理为辅的管理格局。项目决策管理，由过去的个别领导凭经验拍板转变为项目决策前实行可行性研究，在决策中实行一定程度的民主化、科学化管理。在投融资领域各方面的经济关系中注入市场经济的因素，实行招（投）标项目责任制。

区属国有公司成立以来，累计投资额134.27亿元，其中安置房建设投入23.03亿元，土地整理投入52.29亿元，基础设施建设投入25.12亿元，民生工程投入8.46亿元，其他项目投入25.37亿元。投建全区各类项目总数200余项，其中建成安置房总面积152.2万平方米，完成土地整理603万平方米，完成道路建设21条，33.96公里；建成公园5个、输电工程8个、消防站3个、医疗服务2个、公安审判3个、农贸市场4个，改扩建中小学及幼儿园30个，园绿化景观改造工程完成44个；统管资产300处共200万平方米；完成土地出让155万平方米，实现出让收益16.19亿元。

【公司监管】 *监管措施* 指导、监督公司的财务核算工作，加强公司财务报表报送的准确性和及时性，促进公司基础核算和监管的完善。多次协同区纪委、审计和财政等部门，对公司财务相关制度执行等情况进行检查，总结制度执行、财务管理等方面存在问题，督促限期整改落实。参与市审计局对全区政府性债务审计，组织区属各国有公司数据上报、汇总及分析，协助区审计局完成政府债务审计报告。

法人治理 加强国有公司章程管理，完善董事会、监事会制度建设，推进董事会、监事会和经理层规范运作。组织监事会不定期开展工程项目、内部控制、“三重一大”等重点领域的专项检查，有效发挥监事会作用。区国资办增设监事会主席及监事室，出台监事会工作实施意见及业务工作规范。

业绩考核 突出融资、还贷、降本、变现重点、难点工作，发挥考核的导向作用，激励负责人“抓发展、抓规范、抓效益”，加快提高公司投建管能力。出台2013年度企业负责人绩效考核办法。

成本控制 在项目成本控制上，严把造价关，实现精细化，确保各项目总投计划控制。

科学投资，合理负债 按照“量入为出、综合平衡、风险可控”的投融资原则，加强国有公司投资管理，争取上级资金，科学制定土地出让计划，综合匹配

资金，重点保障征地拆迁、园区基础设施建设等促进经济发展类项目。实行融资计划管理，严格控制融资规模，将公司负债规模控制在公司可变现资产的合理范围内。利用银行贷款、直接融资等中长期、低成本融资手段，优化债务结构，降低融资成本。截至12月，归还到期债务20亿元。

【招商融资】 金牛区集聚信贷资金、撬动社会资金、引导各种资源实现多元化投入，创新融资方式，最大化发挥资金保障作用。全年新增信托32.61亿元。通过引进有实力大型国有企业，成立项目合作公司，在获取资金的同时，提高公司项目运作水平，减少直接负债。按照市场规律办事，结合资金与项目，提高资金使用效率，降低项目运作风险。与中核第二二建筑公司及保利成都分公司签订北改项目全面战略合作协议，协议引资20亿元；与成投集团利用产业基金模式助推区北改项目达成战略合作协议。区重点北改龙头工程项目——金牛市民中心封顶，项目总建筑面积7.3万平方米。

【国资监管】 金牛区国资办全程参与，分批划转移交全区31个部门、街道的244处国有资产。通过对资产集中统管，按市场规律在盘活、经营中实现合理流动，在动态监管中确保"安全完整"，发挥资产的规模效益。在全市率先出台《金牛区国有资产出租管理办法》。全年，国有资源有偿使用收入13亿元。按照国资处置程序，严格对申请报废、报损、转让和无偿调出资产的处置。全年受理53家行政事业单位申报，审核批准处置行为87起，批准处置资产原始价值1805.9万元。

【金融管理】 区国资办加强对融资担保公司监管，对准金融机构进行评估，会同公安、工商部门查处非法金融活动2起，取缔非法金融机构1家；金融风险预警体系逐步形成；加强对重大风险事件的应急管理，防止重大风险事件对融资担保公司造成冲击，避免单体风险转化为系统性风险，加强重大风险事件报告机制。鼓励担保公司和小额贷款公司加大对区内中小企业的贷款投放力度，引导银保合作开展小额贷款保证保险贷款支持小微企业发展。截至12月，全区13家小额贷款新增发放贷款18.75亿元、融资性担保公司新增担保额14.94亿元。

（任晓宏）

审　计

【概　况】 2013年，金牛区审计项目194个，查出违规金额3015万元，管理不规范金额22491万元。政府投资建设项目竣工决算审计审减金额7728万元。全年跟踪审计全区47个涉及122亿元投资的重大基础设施建设项目，对22项集体土地征收项目及4个北改项目开展拆迁资金跟踪审计，对1个北改项目开展土地整理成本决算审计。为加强对跟踪审计社会中介机构的监督管理，印发《金牛区政府投资建设项目跟踪审计操作指南》；为规范事务所承办政府投资建设项目工程竣工结算审核的执业行为，提高审计效率，防范审计风险，印发《成都市金牛审计受聘参审机构考核办法》；为加强金牛区外立面整治工程的管理，印发《金牛区审计局关于外立面整治工程项目工程造价过程控制管理办法》，从工程造价过程控制的目标、主要内容、重点及工作程序等方面对外立面整治工程进行规范管理。

【拆迁资金审计】 开展茶花片区改造、城灌路两侧500米改造等20项集体土地征收项目的拆迁资金审计，开展绕城生态区200米生态带建设、两河片区土地整理项目的拆迁资金审计。全年审查摸底调查资料农户1487户、企业56家、作坊16户，踏勘现场464户，涉及审核资金4.03亿元。

【领导干部经济责任审计】 2013年，金牛区全年对9名党政领导干部实施经济责任审计。审计结果表明：被审计领导干部履职情况总体良好，但部分领导对单位资金、资产管理较为薄弱，造成单位应缴预算款39.4万元未上缴财政，暂付款未及时清理、减少固定资产未进行账务处理等问题。对审计查出的问题，按相关规定明确领导责任，形成《审计结果报告》报送政府、纪委、组织相关部门，并出具审计决定4份责令相关单位对问题限期整改，截至12月，相关问题全部整改完毕。

（陈　波）

统　计

【第三次全国经济普查】 2013年7月19日，金牛区政府印发《关于成立金牛区人民政府第三次全国经济普查领导小组的通知》，成立以分管副区长为组长，区统计局、区委宣传部、区政府办分管领导为副组长，24个政府部门为成员单位的区第三次全国经济普查工作领导小组，从社区抽调8名工作人员专职到经普办工作。9月3日，金牛区政府印发《关于印发金牛区开展第三次全国经济普查实施方案的通知》，全区15个街道和区高科办成立经济普查机构，安排187万元作为区第三次全国经济普查经费，区经普办、区有线台、新金牛以及各街道运用广播、电视、报纸、网络等载体进行宣传；街道、村（居）委会采取张贴宣传画、宣传标语、悬挂横幅等多种形式进行宣传，做到电视有图像、街上有标语、墙报有专栏，形成经济普查立体宣传网络，营造出领导重视、群众参与、社会关心、普查对象配合良好氛围。截至12月，全区核查法人单位12243家，产业活动单位2375家，个体工商户83456户。

【统计基础建设】 金牛区建立健全街道、部门统计工作目标考核制度。印发《关于印发2013年部门统计工作质量考核细则的通知》，加强对街道、部门的统计业务指导、监督检查和考核管理，建立检查结果定期通报制度，确保数据真实可靠。从街道统计工作保障、基础建设和统计能力、法制意识等方面查找基层统计面临的突出矛盾和问题，确定规范化建设的重点、难点和办法，加强统计站规范化建设。督促企业设置原始记录、统计台账、配备统计专用计算机和网络环境；全面开展统计从业资格培训和继续教育工作，督促企业依法配备具有从业资格的统计人员。全年组织1501人参加统计继续教育，组织306人全国参加统计从业资格考试，“三上”企业统计人员登记注册率86.9%。

【统计调查】 2013年4月10日，全区召开2012年文化产业统计年报及法人单位核查工作培训会，部署安排全区文化产业及法人单位核查认定工作，并对相关统计人员进行业务培训，对全区639家文化产业单位开展财务、业务活动、从业人员等情况统计，并按规定上报。5月编印完成《成都市金牛区2010年人口普查资料》，资料由全部人口的数据、人口基本情况、人口结构情况和附录等部分构成。完成全区2012年文化产业调查工作，向40余家调查单位发放宣传画和《统计权利义务告知书》，建立金牛投入产出调查QQ群，采取一对多的方式逐级建立联络员体系，及时收集调查单位问题，并提供在线问题解答，完成区2012年全国投入产出调查的组织、业务培训、报表填报和数据联审工作。组织民生民意调查，抓好妇女儿童新“两规”监测、人口劳动力调查等抽样调查，强化社情民意调查，反映社情民意动向。围绕“十二五”规划确定的节能降耗目标，加强企业耗能的审核和监测。开展2012—2013年度境外来成都工作专家统计调查，调查工作样本单位涉及工业、能源、投资建筑房地产、服务业和农林牧渔业等专业，完成82家单位的统计调查。按照国家统计局成都调查队、成都市统计局关于开展城乡住户一体化工作的要求，在金泉、西华、营门、驷马桥、天回、抚琴、西安路、沙河源、荷花池等9个街道、24个社区开展城乡住户调查一体化工作，共抽取大样本3000余户开展调查。

（胡雪蕾）

土地管理

【土地供应服务与管理】 2013年，金牛区完成《金牛区环城生态区土地利用规划》，优化调整《成都市金牛区土地整治规划（2011—2015）》。制定《金牛区2013年土地供地计划》，坚持经营性用地招拍挂出让。截至12月，通过招拍挂方式完成土地出让11宗，出让面积751.59亩，出让价款151232.87万元。加大闲置土地的清理力度，动态管理拟建、在建项目的土地利用情况，实现对项目用地的规范化管理。

【土地执法监察】 强化区、相关街道和社区三级共同监管网络，依据金牛区土地动态巡查网格化管理机制，落实国土资源执法监察共同监管责任，做到巡查“人员、区域、路线”三落实，实现土地动态巡查全覆盖。截至12月，开展网格化土地动态巡查87次，现场有效制止并恢复土地原状违规用地8宗，涉及土地面积83.14亩；督促整改拆除违法用地8宗，涉及土地面积13.55亩；对动态巡查和“卫片”执法检查发现的9宗违法用地进行立案查处，涉及土地面积29.46亩；全年行政处罚罚没款到账1858.7万元。发现违法行为制止、报告率100%，案件查处结案率100%。

国土金牛分局推进、指导征地范围内有证农户和企业共19宗司法强制搬迁工作。经市、区法院审结，拆除1宗；通过规划、建交等部门多方协力，促成5宗；依据司法强制搬迁程序，督促签订拆迁协议5宗；依法完成责令限期搬迁1宗。

结合2012年土地利用现状变更调查结果，对“卫片”57个疑似新增违法建设用地图斑共21宗土地开展卫片执法检查。经现场勘验、核实后，对12宗90.45亩新增违法建设用地进行立案查处，并联合区目督办制定专项整改目标。经查处整改，全区2012年度违法占用耕地面积占新增建设用地占用耕地面积的比例5.87%，通过市、省、国家土地督察成都局、国土资源部的检查验收。

【地质灾害防治】 金牛区修订完善《金牛区防治地质灾害工作预案》，街道全面排查辖区内可能存在的地质灾害隐患，在汛期中成立地质灾害应急小分队，加大排查力度，对主要排洪渠道、天回镇、西华、凤凰山等街道辖区内20余处易发地质灾害隐患点巡查、排查80余次，处置西华街道两处地陷灾害隐患点，并落实专人值守，随时观察报告。截至12月，全区未发生地质灾害损毁情况。

【国土分户办证】 国土金牛分局采取分片区、分时段实施方式，全年依照审批流程办理开发建设单位分户22503户，办理个人变更登记6871户，一并抵押登记资料104户，审核遗失补证登记资料97户。办理完成拆迁安置房分户产权证1875套、分户国土证2336本。

【高家2组土地上市】 高家2组土地位于两河公园旁，占地260亩。截至12月，完成其中32.96亩建设用地的征后实施工作。由于2组地块四周无道路，不具备单独上市条件，所以整合市土储中心负责的高家1组2.76亩土地共同开发。在高家1组征后实施工作尚未完全启动的情况下，报请相关部门完成上市手续。10月22日，以752万元/亩的价格拍出。

（谢统军）

安全生产监督

【安全管理】 目标责任体系建设　金牛区印发《金牛区2013年安全生产工作意见》，明确工作目标、任务及总体要求，与41个区级部门和15个街道办事处签订目标责任书。增加区委组织部为安委会成员单位，加强对领导干部落实安全生产“一岗双责”的组织考核。坚持实行安全生产工作定期例会和季度考评制度，及时通报全区安全生产监管工作好的做法和存在的问题。提高安全生产工作年度考核目标分值，加大安全生产目标考核力度。

安全生产举报管理　金牛区制订《金牛区安全生产举报管理暂行办法》，并配套10万元举报奖励经费。公开向社会公布安全生产举报电话，鼓励社会群众举报安全生产违法违规行为和各类安全隐患。各街道、部门限时办结群众来信来访和举报，及时发现并消除事故隐患，制止和惩处非法、违法行为，并按规定兑现奖励。

安全生产监管技术服务平台　金牛区聘请安全技术机构专业人员作为技术顾问参与全区安全生产检查、隐患治理、宣传教育培训，在提升全区安全生产监管专业技术水平的同时，为全区项目论证、重大安全隐患整治、事故应急救援及事故调查提供技术支持。

【全国安全生产大检查】 金牛区召开三次会议安排部署为期3个月的全国安全生产大检查工作。区政府印发《关于集中开展安全生产大检查的紧急通知》，明确“全覆盖、零容忍、严执法、重实效”的总要求。各街道、行业主管部门结合实际，制订方案，细致措施，将工作任务分解落实到科室、社区，将工作精神传达贯彻到生产经营和企事业单位，把安全生产各项要求落实到操作层面，确保活动取得实效。

区安监局、区有线台制作安全公益宣传片和涉水、校园、燃气、老年人居家安全等电视专题片10期，并在金牛有线台黄金时段节目播出。新金牛等媒体刊物开设安全生产大检查专题专栏，及时报道全区安全生产大检查动态，区政府安办编印全区安全生产大检查简报专刊12期，及时总结推广经验成效和先进典型。各街道办事处、区政府有关部门印制安全生产大检查宣传资料5万份，在企业、车站、医院、居民院落、主要路口进行悬挂张贴，把安全生产大检查宣传工作深入基层和一线。安全生产大检查工作相关报道在9月24日的《成都日报》第04版予以刊载。

全区对照检查时间进度表，对生产经营企事业单位安全生产工作情况等进行检查。检查生产经营单位5253家，责令现场改正、限期整改、停止违法行为9526起，责令停产、停业、停止建设单位15家，关闭非法违法企业2家，罚款46.7万元。

【隐患排查治理】 隐患排查治理体系建设　开展企业安全生产统计调查及分类分级，通过省级安全生产统计调查系统对全区各类生产经营单位进行信息化管理，全力摸清企业底数，1200余家各类企事业单位通过系统审核，对各类生产经营单位的有效监管得到加强。督促区内5家危险化学品重大危险源单位开展监控信息链入全市安全生产信息监管平台建设，努力实现重大危险源（危险化学品）从业单位实时动态监控。

重大安全隐患排查治理　区政府划拨公共安全隐患整治资金16万元，对西华街道沱江河富家桥段护坡和围栏破损等4处安全隐患进行整治。区公安消防大队通过开展“清剿火患”战役等专项治理和“财富论坛”等消防安全保卫活动，集中对曹家巷一、二街坊，五块石片区等区域生产经营单位进行执法检查，督促治理一批重大火灾隐患，关停关闭一批不具备消防安全条件的生产经营单位。区安监局督促五块石拓亚物流等存在重大安全隐患的生产经营单位实施搬离，安全隐患得到彻底消除。区供销联社争取落实专项资金19.88万元，对金牛经贸大楼电梯隐患等重大隐患进行整治。沙河源街道办事处出资17万元对陆家社区消防水管进行改造。国融金府机电城投入132万元集中对市场内消防安全隐患进行整治。中石油四川仓储分公司投入652万元对104油库、102油库存在的安全隐患进行治理。

【安全社区建设】　金牛区着眼于创新社会管理，构建社会安全治理新模式，把安全社区建设作为一项情系千家万户的民生工程，强化组织保障、制度保障和经费保障，加强行政监督、舆论监督和目标考核，构建“区级部门、街道、社区”三级联动建设机制，形成“党委领导、政府负责、街道主体、部门合作、社会支持、全员参与、共建共享”的安全社区建设工作格局，全面提升安全管理水平和公共安全治理能力。全民安全意识和技能不断提高，事故与伤害明显降低。全区14个街道先后通过省级安全社区验收评定，并命名为“四川省安全社区”。金牛区成为全省唯一的整区通过省级安全社区验收评定的区（市）县。《中国安全生产报》《成都日报》《天府早报》《四川工人日报》等多家新闻媒体对金牛区安全社区建设进度及成果予以刊登。

【企业安全生产标准化建设】　区政府安委会制发《关于深入开展2013年企业安全生产标准化建设工作的通知》，将目标分解至各街道办事处。各街道办事处、区安监局及相关部门深入企业一线，加强宣传发动，强化业务培训指导。创建企业对照标准，细化安排，落实措施，“企业自主推动，街道、部门业务指导”的建设机制得到巩固。截至2013年12月，全区82家企业通过三级以上达标评审验收，正式公告授牌企业65家。

【“打非治违”专项行动】　全区以深入开展安全生产领域“打非治违”专项行动为抓手，加强街道、部门协调配合，严厉打击非法违法生产经营行为。全年累计完成打击非法违法、治理纠正违规违章行为3893起，开展交通运输等重点行业领域和单位安全生产事故隐患排查治理，累计排查一般事故隐患3781项，整改率98.9%，开展工矿企业安全生产事故隐患排查治理，累计排查一般事故隐患3287项，整改率99.2%。金牛工商局立案查处无证无照经营案28件，罚没43万元。区公安消防大队立案查处非法违法行为83起，责令“三停”21家，行政拘留60人，罚没133.7万元。金牛质监局下达监察指令325份，立案查处非法违法行为4起。区安监局下达隐患整改指令书119份，立案查处安全生产违法行为为21起，罚没19.1万元，停产停业整顿1家。

【职业健康监管】　区政府安委办制发《金牛区2013年职业卫生管理工作安排实施意见》，细化工作目标、重点和措施。全区以开展家具制造、汽车维修、电子、冶金行业企业职业病危害专项整治和职业卫生基础建设活动为抓手，督促企业落实职业病防治主体责任。扎实开展职业危害项目申报工作，172家企业完成职业危害因素申报。112家企业开展接害职工体检，体检率80%。111家企业开展作业场所职业危害因素检测，检测率64.5%，其中规模以上企业职业危害因素检测率88%，检测合格率90%。

【烟花爆竹安全监管】　金牛区成立由区安监局、金牛工商局、区城管局、区公安消防大队等部门组成的区级烟花爆竹“打非”联合执法队及各街道安监、城管、综治和公安等力量组成的街道烟花爆竹“打非”联合执法队，集中开展联合执法检查，打击非法制售烟花爆竹行为。投入经费10万元，印制《烟花爆竹安全宣传资料》13万份，实行烟花爆竹安全巡查员工作补贴，增强烟花爆竹安全知识宣传力度，加强对废旧厂房、闲置校舍、出租房等空置场所的巡查排查工作。安监、公安、消防、街办专门安排力量，加强对重点时段、重点区域烟花爆竹经营、燃放安全驻点监控。全区开展烟花爆竹“打非”活动188次，查处非法经营点5处，查处非法运输烟花爆竹行为1起，查处非法储存烟花爆竹行为1起，整治违规经营46起，没收非法违规组合烟花爆竹352箱，其他烟花爆竹产品2126支（件），实现全年烟花爆竹安全零事故。

【**液化石油气安全监管**】 建立“引入正规合法液化石油气供应企业，理顺市场供应，用合法的产品占领市场”的监管新措施，力求从使用终端着手，从源头上消除非法经营行为滋生的土壤和全面规范液化石油气使用行为。加强联合协同，强化危险化学品“打非”，查处非法液化石油气经营行为18次，捣毁液化石油气非法经营点19处，暂扣非法运输车辆4辆，安全转移石油液化气钢瓶1301个，油漆、稀释剂1000余桶（件），行政拘留1人，刑事拘留1人。区建交局（能源办）每月对区内38家加油站进行检查，每季度对危险化学品运输企业进行检查，每月对危险化学品路上运输车辆进行抽查，查处非法运输危险化学品行为3起。

【**事故查处**】 全区全年发生安全生产事故7起，死亡7人，直接经济损失538.5万元，未发生较大及以上事故。区安监局全年办理和受委托办理的事故调查处理均在规定时限内办结，按时结案率100%。

（彭　忠）

市场监管

工商行政管理

【**市场准入**】 2013年，金牛区以园区经济为重点，坚持重大项目服务机制，实行“招商选资”产业化优化政策，支持做强高科技新型产业，允许高端服务业及高新技术产业企业的名称、经营范围体现出行业发展趋势的新兴组织管理形式及经营业态等特点。全年新登记企业3943家、个体户16116户，其中注册资本500万元以上的企业267家（包括注册资本1亿元以上的企业7家）；办理动产抵押登记、股权出质登记291件，减免企业和个体工商户登记费、年检费742万元。

【**商标品牌战略**】 坚持“培育一批、扶持一批、推荐一批”的原则，以园区工作站为支点，拓展品牌建设广度、深度和力度。全年新增驰名商标1件，6个省著名商标、3个市著名商标获初审公告，指导14家企业参加省（市）著名商标复审。首次获得“全市品牌战略工作先进单位”称号。

【**消费维权**】 金牛工商局汇集研究消费热点、难点问题，探索建立与社区联动的工作机制，通过“工商监管服务进社区”活动延伸监管触角，巩固“一会两站”消费维权网络体系建设，主动融入当地社会管理创新建设。全年建立和规范“12315”维权服务站54个，受理、解决消费者投诉、举报2937件。全年开展专项整治40项，立案查处各类违法行为183件，被四川省工商局授予“红盾春雷行动集体三等功”。

【**肉类蔬菜溯源体系建设**】 2013年，金牛区一方面完善商场超市肉类蔬菜流通追溯体系建设，有19家商场超市通过商务部的肉菜流通追溯体系建设中期评估和整体验收；有14家商场超市完成肉菜溯源设备升级工作，实现肉类蔬菜来源清、去向明，购销数据一致，经营户（摊）刷卡率、数据录入率、信息上传率均为100%。另一方面为做好生猪产品质量可追溯体系建设，让群众吃上“放心肉”，执法人员坚持每月定期或不定期对已取缔定点屠宰场进行检查，重点对举报的涉嫌非法屠宰场所和原已取缔的生猪定点场所进行突袭检查，全年出动执法车辆45车次，执法人员228人次，未发现有非法屠宰情况。

【**价格管理**】 2013年，金牛区重点检查教育、医疗收费等问题，立案查处各类价格案件17件，责令整改270件，退还消费者10458.1元，罚款7900元。全年上报各类监测报表857期，分析材料24份。办理涉案物品价格鉴定783件，涉及金额2000万元。向区内低收入群众9万人发放价格补贴642万元。

【**再生资源回收网络管理**】 金牛区推进“供销联社、行业协会、回收公司”三位一体再生资源规范管理，全区165个经营网点收购废旧物资总量6.7万吨，总收购产值2.84亿元。运用“96118”网络平台开展电话预约服务305次，为273名群众提供服务，解决再就业1318人。

（吴　叶　冯　丹　彭　凌　张文武　巫　健　何蔚蓉　梁红忠　刘二双　吴雪松）

食品药品及医疗器械监管

【餐饮服务环节安全监管】　2013年，金牛区开展网格化监管和量化分级管理和餐饮肉菜溯源体系建设。在全区所有办证餐饮单位推行量化分级管理，办证餐饮单位覆盖率100%。做好全区所有学校食堂和市食药监局要求的197家大中型餐饮单位肉菜溯源刷卡监管工作，刷卡率保持在80%以上。全年抽检样品422件，其中食品318件，集中消毒餐饮具12件，一次性碗筷5件，保健品57件，化妆品38件。全年受理群众举报178起，办结率100%。

【餐饮服务许可】　金牛区严格执行行政审批流程。全年受理餐饮许可审批1243件。核发842件，延续259件，变更50件，注销40件，补发7件。差错率为零。按时办结率100%，服务对象满意率95%以上。

【食品安全专项整治】　全年推进小餐饮整治工作，对全区所有的小餐饮进行摸底调查，印发《告无证餐饮经营户告知书》800余份，会同工商、公安、城管及街道等单位坚决予以取缔，截至12月，开展食品安全整治25项，发放食品流通许可证2285份，快检粮油、蔬菜等1405批次，完成商品质量抽检749批次。取缔42家无证小餐饮。对辖区内保健食品批发市场和经营单位进行全面摸排，采取定期和突击检查、重点抽检、宣传教育、打造诚信示范等方法多管齐下。全年检查经营企业1502户次，查扣保健食品2800盒（瓶），取缔以会议、讲座形式销售保健食品的2家。

【食品质量安全监管】　质监金牛分局全年约谈食品生产企业法人或负责人168人次，督促企业签订《食品质量安全承诺书》及《食品质量安全责任书》104份，帮助完善原辅材料质量溯源等7类记录台账，推动食品企业落实主体责任，淘汰不能持续保持生产条件的食品生产企业10家，保证食品企业的规模和管理质量。开展食品企业日常监管和监督检查，对区内取证食品生产企业按A、B、C类开展分类巡查，出动执法人员1660余次，检查企业208家次。组织“百日会战”食品专项检查及食品添加剂、月饼糕点等食品集中整治20余次，对食品企业实施产品抽样128批次，产品内在质量合格率98%。

【药品市场经营秩序规范】　完成对药品生产企业（医疗机构制剂室）日常监管全覆盖，全年无药品生产质量责任事故。做好辖区中药材、中药饮片生产、流通、使用环节的溯源试点工作；做好药品注册、药品生产、特殊药品的投诉办理工作，办结率100%。全面强化药品流通环节监管，监督检查药品批发企业136家，监管覆盖面100%；重点对新开办、投诉举报及近两年未进行GSP跟踪检查的药品零售企业监督检查170家，覆盖面34%，组织辖区内零售药店开展中国药品电子监管试点工作，完成中国药品电子监管试点注册245家。

【中药材专业市场监管】　区食药监局与市场管理方、工商、劳协成立“四位一体”的监管机制。随时掌握市场动态，打击违法经营行为。针对中药材专业市场的实际情况，4—5月，开展过度使用硫黄熏蒸、染色、人工增重、掺杂掺假等联合整治工作。9月，建立黑名单公示制度，对违法经营行为一律列入黑名单，并对社会公开。9—10月，对冬虫夏草、西红花、延胡索等经营品种进行专项检查。全年出动执法人员1856人次，执法车辆420车次，对9起抽样不合格中药材经营户进行立案处罚，查封扣押违法经营的假劣中药材品种9个，没收违法销售中药饮片品种3个，数量共315公斤，总计货值12380元，5起涉嫌销售假药案件移交公安。

（徐　兵　吴雪松　周　翔）

质量技术监督

【企业质量信用管理】　2013年，金牛区印发《关于全面推进质量强区工作的实施意见（2013—2015）》和《金牛区实施品牌、标准化和知识产权战略 全面推进质量强区奖励办法》等文件。落实国务院《质量发展纲要（2011—2020年）》，培训区内70余家规模以上企业工作人员100余人次，帮助企业查找存在于工艺流程、质量管理、发展理念等方面的问题370余条，提出整改意见和建议130余条，提升全区企业管理和产品质量水平。引导企业建立首席质量官制度，帮助成都金亚科技股份有限公司、成都川岛食品有限公司等9家企业的17名质量管理负责人报名参加成都市首席质量官培训。向企业宣传《成都市政府质量管理奖管理奖励办法》精神，组织徽记公司和金亚公司申报首届市政府质量奖；组织6家企业申报四川名牌产品，其中4家入围进入顾客满意度调查测评阶段。

【强制性认证监管】 *生产许可证年审* 全年对区内40家取证工业企业实施分类，制定监管措施，开展分类监管。组织区内企业开展生产许可证自查，对应参加年审的35家企业进行审查，合格33家，合格率94%。

监督抽查不合格产品 完成电线电缆、建材、家具、妇儿用品等8大类重点产品质量监督抽查66批次，合格率83%以上。帮助企业分析产品抽检不合格原因，对10家不合格企业进行整改复查，对4家不合格企业依法进行行政处罚，确保企业后处理完成率100%。

"3C"产品认证监督管理 全面清理区内取得"3C"认证的企业，100%建立质量档案。开展认证有效性检查，检查获证生产企业41家、涉及证书69张、涉及发证机构21家。针对检查发现的原辅料进货检验及出厂检验不完善、记录不完整、企业检验室不健全等问题，责令企业限期整改。

【特种设备安全监察】 全区特种设备使用单位执行"三落实、两有证、一检验"等规章制度，落实安全主体责任。列入"重点设备监察目录"的设备定检率、使用登记率、人员持证上岗率100%。开展电梯事故应急救援演练10次。组织CNG加气站的特种设备事故应急处置演练，培训应急救援人员。开展特种设备"打非治违"、起重机械、锅炉、大型游乐设施等专项整治，立案查处特种设备使用违法行为11起。

【标准化工作】 金牛区全年检查137家重点企业的标准执行情况及产品出厂检验等情况，促进企业按标准组织生产。开展产品执行标准登记备案工作，对区内65家企业的102个标准办理企业产品执行标准登记证书。推动企业采标工作，多渠道了解新产品采标信息，完成8个产品的标准"双采"工作。加强商品条码宣传推广，提高区内生产者及经销单位对商品条码重要性的认识，全年新增商品条码注册成员19家，续展35家。

【重点用能服务监督】 开展《用能单位能源计量器具配备和管理通则》及相关法律宣传培训，对区内4家重点耗能企业能源计量器具配备和管理开展服务指导和监督检查，帮助企业完善能源计量管理制度，健全能源计量器具档案，能源计量器具配备率100%，受检率100%。

【公共信息标志专项整治】 3月，全区各街道对所辖区域的公共信息标志进行排查，确定75个重点场所，摸清整治对象的基本情况。4月，全区14个相关部门和各街道组成6个联合执法小组，开展全区公共信息标志集中联合整治，发现整改各类不规范标志500余个。8月，金牛区规范公共场所外文用语和公共标志专项整治工作完成。

【流通追溯】 金牛区配合市上通过商务部对肉类蔬菜流通追溯体系建设试点工作的中期评估，全区36个农贸市场实施肉菜追溯体系，猪肉经营户920户和851户蔬菜经营户办理身份识别卡，基本实现肉菜从流通源头到餐桌的信息化监管。

（周　翔）

粮油市场监管

【粮食应急供应网络建设】 金牛区落实区级储备粮的监管工作，加强与邛崃市政府、发改局（粮食部门）、储备库的联系，金牛区储备粮仓容、贷款及粮食存储到位。落实《金牛区粮食应急预案》相关措施，搞好应急网点的建设。启动实施粮食收储供应安全保障工程，即"粮安工程"，金牛区120万常住人口（不包括约200万流动人口），需设立40个应急供应点。截至12月，初选出40个应急供应网点。

6月27日，金牛粮食分局及下属国鑫公司开展成都市2013年食品安全宣传周"放心粮油宣传日"活动

【区域粮油应急配送中心建设】 金牛区范围内的五块石三大粮油批发市场逐渐外迁至三环路之外，市场逐渐萎缩。2013年，金牛粮食分局指导金牛国鑫公司在跃进村粮库建设区粮油安全监测预警及成品粮应急配送中心，截至12月，项目进入拆建审批阶段。

（贺广辉）

公共安全

应急管理

【应急宣传教育】 2013年，金牛区组织街道分管领导赴西安参加国际应急管理学会组织的应急管理培训。区应急效能办联合区红十字会开展应急救护培训1次，100余名机关干部参训。区卫生局针对重大传染病的防控技能和应急处置组织区级应急培训3次，400余人参训。区教育局把安全教育纳入学校课程管理，组织各中小学和直属幼儿园在成都市学校安全教育平台开展安全教育活动。区外宣办邀请媒体专家为全区街道、部门进行突发事件新闻舆论应急处置培训1次，受培训人员200余人。组织开展第四届防灾减灾万人观影活动，进社区、学校、工地免费放映灾害类影片26场，观影人员2万人次，免费发放《金牛区公众应急知识手册》1万册、应急知识宣传环保手提袋10万个。

9月10日，2013金牛区·欢乐谷旅游安全应急实战演习在成都华侨城欢乐谷举行，企业和政府参演及观摩人数1000余人，通过演练提升企业自身应急处置能力，加强企业与属地政府联动配合，通过实战提高企业经营者责任意识和组织指挥能力，提高企业员工、游客的危机意识和自救互救能力。全区街道、社区、学校、企业全年开展应急演练160余次。

【应急处置】 4月20日，四川省雅安市芦山县发生地震，金牛区委、区政府立即启动总体应急预案，区委书记杨林兴即刻到达区政府应急指挥中心指挥。震后90分钟，区抗震救灾指挥部正式成立，区委书记杨林兴任指挥长，区委副书记、区长白国欣和区委副书记胡斌任副指挥长，区委常委、区政府副区长为成员，启用应急指挥系统，完成抗震救灾任务。

7月9日，成都市普降暴雨，金牛区内河流多数翻堤，城区低洼处出现较严重的积水，天回镇、西华、金泉、驷马桥等街道多处发生内涝。区委书记杨林兴，区委副书记、区长白国欣等区领导亲临一线，区委、区政府在马家场成立现场指挥部，组织人员转移晚霞敬老院200余名老人、大拇指幼儿园10余名幼儿等受困人员。全区疏散安置群众1700余名，未造成人员伤亡和较大的经济损失。

（张 铖）

公 安

【维护社会稳定】 2013年，金牛区以为《财富》论坛、华商大会、中国西部国际博览会、党的十八届三中全会和北改龙头工程营造平安稳定的环境为重点，发挥依法维稳、分级分类维稳等工作机制优势，全年妥善处置50人以上规模群体性事件232起，妥善化解小矛盾小纠纷14000余起，无一起因自身处置不当而引发更大规模的群体性事件。

【刑事犯罪】 金牛区启动践行党的群众路线深化“平安金牛”建设、2013夏秋社会治安严打整治等一系列专项行动。全年破获各类刑事案件3882件，其中破获“两抢三盗”方面性案件1942件。

【治安防控】 金牛区以前置警务平台、移动警务平台为载体，最大限度地将警力投放到街面，增强社会治安驾驭能力。全年全区接警总量130842起，比上年上升6.9%，其中抢劫715起，比上年下降10.6%；抢夺1928起，比上年下降15.4%。

【基础防范】 金牛区加大基础防范的人、财、物投入，深化小区院落分级分类管理模式，推动“三防”建设，扩大“零发案”小区范围。全年发生入室盗窃4217起，比上年下降4.7%；盗窃汽车警情1492起，比上年上升34.3%；采集录入流动人口数据224165条，比上年下降9.6%；录入出租房屋数据46075条，比上年上升6.2%。

（吴树威）

消 防

【监督执法】 2013年，金牛区组织开展“除火患、保平安”“打非治违”及消防安全大排查大整治等专项整治；把排查整治火灾隐患纳入城市拆迁改造、交通隐患治理、城乡环境综合整治。实施传统市场闭市，在蓉北市场、火车北站市场整体搬迁中，针对其他市场经营方通过违章搭建、违规改扩建进行批发业态招商的情况，开展荷花池-五块石片区集中整治，严控市场新增商铺，拆除五块石片区3个处在老旧建筑内、无消防设施的货运市场。实施棚户区改造，对曹家巷一、二街

消防演练

坊，茶花片区等棚户区实施拆迁，拆除近郊民居小区内的52处违章搭建。实施违章仓储物流场所拆除，拆除天回镇街道川陕路两边11个违章搭建的物流仓库。

【消防宣传】 发挥“消防安全小课堂”和“民工夜校”功能，开展消防常识培训，提升群众消防安全意识和社会公众消防安全意识和火场逃生、自救能力。全年设置消防安全20条宣传栏120块，发放宣传手册5.9万本，消防宣传挂图4.2万张。在成都市青少年活动中心创建青少年消防安全教育培训基地，定期组织辖区中小学生参加消防安全培训和体验活动，发挥一个学生带动一个家庭的作用。依托辖区内的消防站建立4个消防宣传培训基地，每月由街道办事处组织社区消防工作负责人参加培训、体验。在金泉街道金科苑社区建立家庭消防安全“五自查四应会”示范社区并于11月8日召开现场交流会。

11月8日，区消防大队、区教育局、团区委、成都市青少年宫联合开展的“认识火灾，学会逃生”消防应急安全演练活动在青少年活动中心举行

【城市消防基础设施建设】 成都国际商贸城消防站于8月投入执勤备战；新购1辆压缩空气泡沫消防车和19套消防监督检查装备，新增53类、668件消防器材。新增市政消火栓123个，在缺少消防水源的涉农区域修建多种形式消防水源，其中西华街道在跃进社区修建5个消防水池，沙河源街道出资17万元在陆家桥社区修建19个市政消火栓，缓解灭火救援无水难题。

【火灾事故】 2013年，金牛区发生火灾308起，比上年下降33.9%，直接财产损失34.4万元，比上年下降93.7%，没有人员伤亡和重特大火灾事故发生。

（李阳旭）

人民防空

【人防工程与管理】 2013年，金牛区对辖区22个民用建筑人防地下室项目和地铁3号线、7号线6个站点人防工程施工质量进行监督检查；参与人防工程技术交底项目15个；对7个结合民用建筑修建的人防地下室和地铁2号线西延线金牛段人防区间进行竣工验收备案，竣工面积7.6万平方米。对165家单位的人防工程进行维修维护，面积50.3万平方米，占全区人防工程面积的71%；责成11家单位对未使用的老旧人防工程实施封闭处理；人防工程标志标牌无丢失、无污损，完好率100%；严格落实人防工程安全生产责任制，对查出的45个人防工程的92处隐患进行整改；对位于成华街1号四川省工业学校公共人防工程进行结构安全性鉴定。全年人防工程未发生安全事故。

【组织指挥与通信建设】 金牛区推行防空警报维护“三级管理”机制，与辖区内50个设台单位签订《防空警报器维护管理责任书》；备战“9·18”防空警报试鸣演练，完好率、鸣响率100%；加强对辖区内各设台单位兼职管理员的管理和培训，对本区设台单位50名兼管员进行技术操作培训；做好老旧警报器的拆除和新警报器的安装工作，10月，拆除三泰电子、市建工医院的警报器，在区武装部、花牌坊街精通酒店分别新建1台防空警报器；完成人防专业队训练60人次和人防专业队伍组织整顿80人次。修改金牛区防空袭方案和12个保障分案，补充完善防空袭部署、人员疏散、人员隐蔽和防空警报系统4种电子地图，相应调整人口疏散计划中的对口安置方案；指导石化公司104油库、成都电子29研究所重要经济目标防护单位完成防护方案的修改工作；牵头抓好疏散地域建设工作，协调14个街道和区管理局与新都区5个乡镇实施对接，并组织3万元资金用于新都区疏散地域建设。

（蔡艾琳）

人民政协

主要会议

【政协第六届成都市金牛区委员会第二次会议】 2012年12月20日，政协第六届成都市金牛区委员会第二次会议召开，227名政协委员出席会议。区政协六届二次会议主席团常务成员，区委、区人大、区政府的其他领导，区级有关老领导，区政协历届主席、副主席出席会议。区级有关部门、单位的领导及社会各界人士代表列席会议。

会议听取六届区政协常委会工作报告和六届区政协提案工作情况报告；协商讨论金牛区人民政府工作报告，区国民经济和社会发展计划报告、区财政预算报告和区人民法院、区人民检察院工作报告；听取区委书记杨林兴代表区委所作的重要讲话；听取并审议政协第六届成都市金牛区委员会常务委员会工作报告和提案工作报告；审议通过政协第六届成都市金牛区委员会第二次会议决议和提案工作报告决议。

【主席会议】 1月21日，六届十三次主席会议召开。会议学习党的十八大精神，贯彻落实区第六次党代会第三次全体会议暨区委经济工作会议精神。

3月14日，六届十四次主席会议召开。会议审议通过《政协成都市金牛区委员会2013年工作要点》；审定2013年重点提案及分工。

3月22日，六届十五次主席会议召开。协商讨论鑫金工投公司经营管理工作情况；审议通过区政协六届七次常务委员会议议程（草案）。

4月24日，六届十六次主席会议召开。协商讨论城乡环境综合治理工作。

5月23日，六届十七次主席会议召开。协商讨论我区围绕推进北改工程的招商引资工作。

7月5日，六届十八次主席会议召开，协商讨论金牛区高新技术企业发展情况。

7月17日，六届十九次主席会议召开，协商讨论金牛区老龄工作情况；审议通过区政协六届八次常务委员会会议议程（草案）；审议有关人事事项。

8月22日，六届二十次主席会议召开，协商讨论金牛区水环境综合治理工作情况；听取区政协书画院有关情况汇报。

9月29日，六届二十一次主席会议召开，协商讨论金牛区教育均衡发展情况。

10月24日，六届二十二次主席会议召开，审议通过优秀提案推荐及有关事项；审议通过有关人事事项；审议通过区政协六届九次常务委员会议议程（草案）。

11月19日，六届二十三次主席会议召开，听取区发改局关于《金牛区国民经济和社会发展第十二个五年规划纲要实施情况中期评估报告》的情况通报。

11月28日，六届二十四次主席会议召开，协商讨论金牛区区域卫生信息化平台建设情况。

【常务委员会会议】 2012年12月11日，区政协六届五次常务委员会会议召开，听取区纪委、区法院、区检察院工作情况通报；协商决定区政协六届二次会议有关事项。

2012年12月21日，区政协六届六次常务委员会会议召开，审议区政协六届二次会议决议和提案审查报告及决议。

2013年3月26日，区政协六届七次常务委员会会议召开，协商讨论金牛区“大调解”工作；学习传达全国两会，省、市两会精神；审议通过《区政协2013年工作要点》。

7月25日，区政协六届八次常务委员会会议召开，听取并协商讨论区政府上半年工作情况通报；审议通过有关人事事项；通报区政协2013年上半年工作情况和下半年工作思路。

10月30日，区政协六届九次常务委员会会议召开，协商讨论2013年区政府办理提案工作情况；审议通过有关人事事项。

（谢正伟）

区政协委员会和工作部门

中国人民政治协商会议成都市金牛区委员会

主　席：李凯威
副主席：范友才　申　勇　张晓静（女）
　　　　张　鼎　肖剑书　张剑斌
秘书长：马雪清

政协成都市金牛区委员会工作机构

办公室
主　任：付　霞（11月离任）
戴吉春（11月任职）

社会工作办公室
主　任：周　波

经济工作办公室
主　任：邬世才

法制群团专委会
主　任：周　波

教科文卫体文史专委会
主　任：黄　胜
民宗侨台和地区联络专委会
主　任：韩　莉

经济专委会
主　任：邬世才

城建城管环保专委会
主　任：王朝华（4月任职）

提案专委会
主　任：袁　宏（11月任职）

（谢正伟）

政协工作

【协商议政】　按照区委关于北改工程的总体部署和要求，选择部分北改重点工作和课题进行调查研究，为助推北改、加快转型发展建言献策。六届十五次主席会议针对国有公司在北改中的作用发挥情况，组织视察部分国有公司在建项目，提出加强经营管理、加大投融资争取和服务力度、提升资金使用效率的建议。六届十七次主席会议就抓住北改契机，加大招商引资项目的拆迁整合力度，推进招商引资项目的基础设施和公建配套建设等问题进行协商建言。六届十八次主席会议组织视察北改区域内的部分高新技术企业经营发展情况，建议要拓宽高新技术发展的行业领域，加大对高新技术企业的支持、扶持力度，做好高新技术产业园区配套服务。针对区属荷花池市场提升改造工作，推进品牌效应，组织相关政协委员开展专题协商，提出建议。组织经济界别政协委员通过界别活动、专题座谈等方式对北改工作、经济发展方面的问题进行协商。

【专题视察】　区政协全年对15个街道环境综合治理情况进行实地明察暗访，收集编报《城乡环境综合治理联系督查情况反映专刊》7期。六届十六次、二十次主席会议分别对城乡环境综合治理的常态化管理和水环境综合治理工作进行议事协商，组织政协委员对金牛区环境保护监督执法工作进行专题视察。主动关注、反映人民群众普遍关心的教育、医疗、城市管理、旧城改造等社会事业和城市建设情况。六届十九次主席会议建议加强养老服务机构建设，推动养老服务社会化、市场化、产业化。针对社区微型养老机构场地需求受限的情况，以提案、社情民意、专项建言等方式向省、市、区三级进行反映。六届二十一次主席会议对金牛区教育均衡发展情况进行视察协商，提出加快校点布局规划调整和建设、加强教育资源的合理配置、整体提升金牛区教育质量等建议。分别对卫生工作信息化平台建设、免费孕前优生健康检查工作和社区卫生服务中心建设等方面问题，以主席会议、专题视察等方式进行建言协商。就中小街道排污管道疏掏、社区公共服务等群众关切的热点难点问题，以多种形式进行收集、反映，部分建议得到区委、区政府主要领导的重视和批示，推动民生问题的解决和改善。

【社情民意】　区政协组织发动政协委员开展调查研究，了解、收集社会各界对北改的意见建议，编印《社情民意专报》11期、《专题社情民意反映》2期。组织经济界别委员调研走访多家企业和商贸市场，在《社情民意反映》中建议相关部门尽快研究出台保证北改中实体经济的正常发展的应对措施。针对发展壮大小微企业的问题，组织经济界委员调研提出五个方面的建议，形成的调研报告被省、市、区政研室以专文形式刊登。就有关产业、企业方面人士关心的电子商务发展问题组织专题视察，提出要加快电子商务平台建设的建议。围绕交通出行问题，分别就金芙蓉大道建设、五块石辖区货运汽车乱停乱放造成交通拥堵、噪音严重、荷花池北站东二路重型车辆行驶造成道路严重磨损等情况及时进行反映，得到相关部门的重视和采纳，促进城北交通状况的改善。

【提案工作】　区政协六届二次会议提出113件提案，主要围绕北改建设规划、基础设施、产业发展、项目引进、重大工程、城市拆迁等方面工作，主席会议确定《关于推进北改龙头工程中，高水平规划公建配套设施，打造功能齐全、配套完善的靓丽城北的建议》等7件提案为年度重点提案，由区政府、区政协有关领导联系督办，取得较好的办理效果。对承担北改任务较重的区建交局办理的17件政协提案，组织开展民主评议工作，从不同角度、不同方面对区建交局承担北改工作任务的推进情况，展开视察、协商、评议，有效促进问题的解决落实。市、区两级政协委员重视北改进程中生态建设和环境保护的问题，重点调研城北水系污染和水环境保护现状，向市政协提交《关于对城北部分河道污染进行治理的建议》的提案，引起市级部门的重视，研究采取相应措施予以落实。

金牛区政协六届二次会议重点提案及领导督办分工

序号	提案编号	案　由	提案者	承办单位	区政府协调领导	区政协督办领导	对口联系专委会
1	9	关于进一步加强天回镇街道金马支渠、苟恋河、海滨堰河道污水治理的建议	付子川 李　芬	建交局	戴延峰	李凯威	城建城管环保专委会
2	47	关于利用电子商务进一步加快对我区专业商品市场提档升级的建议	工会界别	商务局	姚　凯	范友才	经济专委会
3	87	关于在北改工程中以金华寺规划改造推进天回片区文态、生态建设的建议	民族宗教界	民宗局	王　峰	申　勇	法制群团专委会
4	14	关于加快金粮路周边道路建设的建议	陈久平 张晓静	建交局	戴延峰	张晓静	民宗侨台和地区联络专委会
5	26	关于加快推进金牛区天回镇"城中村"改造项目拆迁工作的建议	文华等9人	房管局	戴延峰	张　鼎	提案专委会
6	57	关于推进北改龙头工程中，高水平规划公建配套设施，打造功能齐全、配套完善的靓丽城北的建议	肖义琳	北改办	戴延峰	肖剑书	教科文卫体和文史专委会
7	3	关于在北改公建配套中加强农贸市场规划建设的建议	谢　丹	商务局	戴延峰	张剑斌	城建城管环保专委会

金牛区政协六届二次会议提案

提案编号	案　由	提案者	承办单位
1	关于整治涉农地区无证黑网吧、游戏厅的建议	谢　丹	文旅局
2	按照现代产业、现代生活、现代都市三位一体的要求，统筹规划高水平构建北改工程的建议	赵　耘	北改办
3	关于在北改公建配套建设中加强农贸市场规划建设的建议	谢　丹	规划局
4	关于进一步加强对外来务工人员未成年人子女社会教育的建议	牛　虹	老干局
5	关于配套环卫工人休息室的建议	杨光平	城管局
6	关于对主街干道、重要节点新建楼宇实施光彩工程的建议	林黎嘉等3人	建交局
7	金府路沿线脏、乱、差以及货运车辆乱停乱放现象很突出	刘　杰	商务局
8	关于一品天下道路改造的建议	周烈铭	建交局
9	关于进一步加强天回街道金马支渠、苟连河、海滨堰河道污水治理的建议	付子川 李　芬	建交局
10	关于"精品小区"城市道路移交的提案	李纯明等5人	建交局
11	关于三十三中学瓦房顶上高压线下地，杜绝安全隐患，确保师生安全的建议	何端等13人	建交局
12	关于府河星城小区进入小区路段路灯安装的提案	薄宇等3人	建交局
13	以"交通先行"的思路，改善街道现行交通组织	郭　凤等3人	建交局
14	关于加快金粮路周边道路建设的建议	陈久平 张小宇	建交局
15	关于修建站车一路南延线(暂命名)与改造成华街的建议	曾　钊等4人	建交局

续表：

提案编号	案　由	提案者	承办单位
16	凤凰二沟水质净化厂扩容建议	杜宇彬等18人	建交局
17	关于深化推进北改，整治、规划及建设金粮路金牛区内道路两侧环境的建议	郭　刚	建交局
18	关于人民北路小学(华侨城校区)校门道路改扩建的建议	刘　艳等6人	建交局
19	尽快打通金泉路拐进货运大道瓶颈道路的建议	杨晓琴	建交局
20	关于建立涉农地区网吧整治常态化管理的建议	雷　婕等8人	文旅局
21	关于金牛区社区居家养老服务的建议	陈　博	民政局
22	关于创建金牛体育博物馆的建议	彭　庆 周烈铭	文旅局
23	关于建立金牛区文化人才数据库的建议	邓喻文	文旅局
24	关于在茶店子花照片区恢复子云亭遗址的建议	梁建武	文旅局
25	关于加强企业文化建设的几点建议	葛致远	文旅局
26	关于加快推进金牛区天回镇“城中村”改造项目拆迁工作的建议	文　华等9人	房管局
27	关于加强小区物业管理的建议　　、	马　丽等20人	房管局
28	关心弱势群体的文明生活	张仲朝等4人	民政局
29	提高社区工作经费和工作人员的待遇的建议	贾小怡	民政局
30	关于加强我区社区居委会财务工作监督的建议	冷玉祥等3人	民政局
31	关于社会养老的建议	高　红	民政局
32	关于尽快规划建设沙河源金桥社区办公场地的建议	冷玉祥	民政局
33	关于进一步加强社区两委干部培训工作的建议	蒋　乐	民政局
34	关于对80岁以上老人发放老龄补贴的建议	冉　静	民政局
35	关于提高社区工作者工资待遇的建议	刘　梅	民政局
36	关于在我区建设医养一体的现代化养老中心的建议	黎志勤 兰　俊	民政局
37	关于加强我区社区用房建设的建议	社区界	民政局
38	关于加强新社会组织建设与培育工作的建议	中共界	民政局
39	关于改造茶店子五里墩片区地下污水管网的建议	高　宇	建交局
40	推行城市立体绿化，建设生态文明金牛的建议	张昕荣	城管局
41	关于改造抚琴街道内化成片区建筑物内给水主管道及户外排水管网的建议	刘召荣	建交局
42	加速推进“社区绿色回收亭”建设，着力打造生态宜居之区的建议	陈宁川	城管局
43	关于社区、业委会、物管企业联动，构建和谐社区的建议	毛成德	房管局
44	加强市民社会公德建设，关注残疾人出行安全的建议	樊荣生	城管局
45	关于加强商务培训服务提升商贸金牛品质的建议	杨　熙等4人	商务局
46	关于加快金泉辖区农贸市场建设的建议	韩　莉	建交局
47	关于利用电子商务进一步加快对金牛区专业商品市场提档升级的建议	杜　军等7人	商务局
48	加强总部经济发展	叶尚才	经科局
49	关于大力提高学校图书馆使命率的建议	伍　苹	教育局
50	加强素质教育，落地教育减负	林志龙	教育局
51	推进均衡教育，满足人民需要	蒋　彬等10人	教育局
52	关于加强我区中小学校医队伍建设的建议	张昕荣	教育局
53	关于尽快解决兴盛小学和金牛实验幼儿园周边安全隐患的建议	张　军	教育局
54	加快花照地区中小学、幼儿园建设	邹　罡	教育局

续表：

提案编号	案 由	提案者	承办单位
55	小学生托管何时才不再是家长的心病	杨 益	规划局
56	关于北改工作的几点建议	马爽姿	公安分局北改办
57	在推进北改龙头工程中，建议高水平规划建设公建配套设施打造一个功能齐全、配套完善的靓丽城北	肖义琳	规划办
58	关于“以政府为主导，企业为载体举办技能培训班是解决下岗职工失地农民再就业”的重要途径的建议	王炳全	人社局
59	关于为北改工程提供人力支持的建议	李 勇等3人	人社局
60	关于建立编外技术人员长效管理机制的建议	黎 凡	人社局
61	关于提高我区小学代课教师工资待遇和教师公招政策向代课教师放宽的建议	李葆奎等5人	人社局
62	因地制宜加强和创新社会管理	杨志刚等11人	综治办
63	帮助民营中、小型企业走出困境的建议	廖中华等11人	经科局
64	关于关心下一代的工作的建议	杨晓琴	老干局
65	关于提高我区教师住房公积金的呼吁	郑多派等13人	财政局
66	关于北改中文态与生态相结合的建议	邓 乐	政府办
67	借北改之机提升打造天回银杏园	余清和	统筹中心
68	关于进一步加强国有资产管理的建议	陈久平	国资委
69	关于设置独立编制的金牛社区教育学院的建议	吴伟等20人	编办
70	关于加强食品安全监管的建议	苏武松	食药监局
71	加强我区食品安全卫生监督管理的建议	陈龙刚	食药监局
72	关于加快推进我区社区信息化建设的建议	熊 欣等7人	信息办
73	将医院中药制剂纳入医保甲类报销范围的建议	兰 俊等4人	人社局社保局
74	自助式健康体检，让体检像休闲一样轻松自在	贾小怡邓开龙	卫生局
75	关于在街道卫生服务中心增设精神科或精神病人康复科的建议	刘 阳	卫生局
76	关于为金牛区美沙酮门诊设置编制的建议	杨学文等5人	编办
77	关于“严厉查处药店滥卖抗生素的违规行为”的建议	王炳全	食药监局
78	关于进一步加强对我区河流生态建设及河沿线投资管理审计监督的建议	付子川	审计局
79	关于落实“权随责走费随事转”确保社区建设健康发展的建议	任秀利	民政局
80	关于尽快推进交通巷南熏巷危旧房改造的建议	邹萍秀等21人	旧改中心
81	加强社会治安综合治理，提高群众安全感的建议	张文凤等13人	公安分局
82	齐抓共管，遏制重特大火灾事故	余 戬	消防
83	关于对万达七中周边道路交通秩序实施长效管理的建议	王建江	西华街道
84	关于打造金牛区免费孕前优生健康检查中心的建议	杨 伟等6人	政务中心
85	关于改变将民主测评与工作考核挂钩的建议	林国民等8人	目督办
86	关于对茶店子车站周边道路机动车乱停乱放进行整治的建议	韩 莉	西华街道金泉街道
87	关于在北改工程中以金华寺规划改造推进天回片区文态、生态建设的建议	民族宗教界	民宗局
88	加强社会保障体系建设，规范和协调劳动关系，切实维护劳动者合法权益的建议	冯竹君等5人	总工会
89	扶持侨资企业的发展	张仲朝等5人	侨联

续表：

提案编号	案　由	提案者	承办单位
90	关于发挥监督检查职能，确保2013年95个北改项目顺利推进的建议	刘　燕	监察局
91	确保北改期间经济税源保持持续稳定的建议	朱　莉 徐承艳	国税局
92	加大北改工程拆迁工作的推进力度	程维周	城投公司
93	发挥水域优势，统筹建设好我区河流生态与河流经济	杨　平	统筹中心
94	关于进一步加强七中万达学校周边治安、城管环境秩序管理的建议	杨　平	西华街道
95	关于进一步加强全区危废矿物油污染环境管理的建议	付子川 李　芬	环保局
96	关于在金牛区凤凰山恢复“射礼”习俗的建议	梁建武	凤凰山街道
97	关于进一步净化中小学周边环境的建议	李　忠	综治办
98	结合实施北改工程优化经营环境，进一步促进成都国际商贸城繁荣的建议	卿德福	功能办
99	进一步整顿和规范市场经济秩序，加大打击生产、销售假冒伪劣产品力度的建议	李宇雄	工商局 质监局
100	关于筹建金牛区商会商务中心的建议	吴军等 15人	工商联
101	科学规划，产城一体，打造可持续发展凤凰新城	袁　宏	凤凰山街道
102	关于对我区老“荷花池”区域改造的几点建议	吴开平	荷花池街道
103	积极解决育苗社区居民买菜难的建议	肖家秀	茶店子街道
104	关于加强金牛高科园区(北区)内道路设施管理的建议	杨发秀	高科办
105	减少历史缺陷，缩短均衡差距，促进学校发展	胡方廷	国资委
106	关于曹家巷片区北改中部份难题解决的建议	喻绍明	统建办
107	关于北改洞子口旧场镇改造的政策条件、资金条件等已全面成熟希望尽快启动该项目的建议	郑万全 等21人	沙河源街道
108	关于让临街商铺“亮”起来的建议	邹　罡	城管局
109	关于整治机动车游商占道经营现象的建议	谢　丹	城管局
110	关于尽快启动成都二十中扩建工程的建议	胡铃冬	教育局
111	加强社区常住退休及60岁以上老人的管理，建议建立社区以老养老、助老志愿者管理模式	李　伟	民政局
112	关于加快金牛高科技产业园区北区征地手续及企业土地权证办理的提案	张怀德	经科局 高管委
113	烧火取暖存在火灾隐患	吉茂德	消防大队

（谢正伟）

民主党派与群众团体

民主党派

【概　况】　金牛区有6个民主党派、10个支部，共有成员436人。其中，民革支部59人，民盟支部55人，民建总支（5个支部）168人，民进支部53人，农工党支部53人，致公党支部48人。

【中国国民党革命委员会成都市金牛区支部】　全区有民革党员59人，其中市人大代表1人、区人大代表3人、区政协副主席1人、政协委员6人（常委1人）。支部开展“实现伟大中国梦、建设美丽繁荣四川”主题教育活动，四川电视台科教频道对党员傅毓宗的“田园梦”（构建图书馆中田园学校）进行专题报道，选派优秀党员参加市委会举办的“薪火相传　圆多党合作之梦”演讲比赛。与荷花池街道共同组织开展“2013迎春书画爱心活动”、在成都市全兴小学开展重阳节敬老活动。党员包镛的书画作品《龙腾盛世》获纪念毛泽东诞辰120周年书画展一等奖、纪念习仲勋诞辰100周年公益书画展特等奖，其作品参加慈善拍卖现款19.8万元全部捐给弱视贫困儿童工程。党员朱志全的摄影作品《马赛部落——迎宾》获第四届中国数字摄影大赛金奖，《胖妞结婚》获美国PSA.china第四届国际摄影大赛铜奖。党员傅毓宗参加中国教育学会第27届年会并做《基于特殊人群教育的田园实践课程探索》专题发言；在第四届两岸三地名校（园）长高峰论坛暨特色学校创建与名校长（园长）办学成功经验报告会作专题发言。全年有6名党员被市委会聘为各专委会成员。党员肖行健被聘为区公安分局监督员，肖行健、从爱文任区纪委特邀监察员。

【中国民主同盟会成都市金牛区支部】 全年支部有盟员55人，其中区人大常委1人、区政协委员8人（常委3人）、担任副区级实职1人。支部完善《民盟金牛支部干部分工及工作职责》《民盟金牛支部会议制度》等规章制度，深化民盟基层组织规范化建设，加强入盟积极分子的外调工作，发展盟员3人。牵头完成调研报告《我市基层社区矫正工作的现状、存在问题和对策建议》。盟员徐宁提出的《关于尽快进行成都二十中学扩建的建议》引起区相关部门重视。盟员吕晨钟的《金融支持对农村经济发展影响的实证分析》等论文在专业报刊上发表。盟员汪洋的《石虎的作品是水墨生灵的形翼密语》被收入《来云朵话——石虎艺术评论文集》，《时间的物证》在四川文艺网等多家网站刊登。盟员吴晓琳指导学生获四川省高中实验课优质课展评活动一等奖并被评为金牛区教育拔尖人才。盟员陈榈获2013年成都市优秀青年教师称号。盟员张学兰被成都市教育局授予2011—2013年成都市教师读书活动优秀个人称号。

【中国民主建国会成都市金牛区总支部】 总支部有5个支部、会员168人，其中各级人大代表、政协委员41人，发展会员4人。总支部开展“实现伟大中国梦主题教育”活动，围绕中共十八届三中全会重要精神，开展学习交流活动20多次，提高会员的政治理论水平。8月，总支部与江西省芦溪县支部、彭州支部就组织建设、参政议政、思想建设、社会服务等各方面开展学习交流。到基层开展社会调查20余次，参加各种会议发言20余人次，反映社情民意20余条，写出议案、提案、建议50多件。会员吴军《关于加强政府财政下拨的各项企业扶持专项资金及时到位的建议》，在省政协十一届一次会议上成功立案并得到办理；会员杨晓琴《关于改变成都农家乐发展为乡村旅游拉动消费的建议》、罗知斌《关于打造中药生产出口工业园区的建议》等3篇提案在市政协十四届一次会议上成功立案并得到有关部门的重视和办理；会员付子川《关于进一步加强天回街道金马支渠、苟连河、海滨堰河道污水治理的建议》、谢丹《关于在北改公建配套建设中加强农贸市场规划建设的建议》被区政协评为年度优秀提案。“4·20”芦山地震发生后，总支部号召全体会员向灾区捐款捐物价值100万元。捐资助学、扶贫帮困活动，捐款捐物总金额100万元，法律援助100余人次。会员企业全年实现销售收入、产值合计28亿元，上缴税金9000万元。

【中国民主促进会成都市金牛区支部】 支部有会员53人，其中区人大代表1人、区政协委员13人（含区政协常委1人），全年发展会员3人。有8人分别被聘为民进四川省委教育、法制、公共、文化等专委会委员。会员胡方廷代表民进成都市委会在十四届成都市政协一次全会上作“充分整合我市近现代文化名人资源，提升城市文化软实力”专题发言，支部承担市委会年度调研课题并完成《关于打造“蜀汉文化·印象成都”系统工程的调研报告》；会员杨熙《关于加强商务培训服务提升商贸金牛品质的建议》、胡方廷《减少历史缺陷，缩短均衡差距，促进学校发展》被区政协评为年度优秀提案。投身公益事业，健康专家敬晓在成都电视台做《慢性病的前世今生》专题直播讲座1次，现场讲座6次；成都医学院教授陈建在社区举办“基于社区的艾滋病防治宣传及消除歧视活动”讲座；企业家陈龙钢资助甘孜州新都桥小学10名失学儿童，捐款捐物累计20万元。会员胡方廷入选四川省首批中小学教育专家培养对象。

【中国农工民主党成都市金牛区支部】 支部有党员53人，其中区人大代表2人（常委1人）、区政协委员9人（常委2人）。发展新党员3人，转入党员2人。支部开展“同心共筑中国梦成都农工在行动”主题教育活动。与农工党锦江区支部进行两次联支活动。支部党员在市政协十四届一次会议上提出1件提案，在区政协六届二次会议上提出4件提案。党员石建辉被市食药监局聘为食品安全监督员；党员胡蓉被市社保局聘为行风监督员；党员肖新殊被区纪委聘为行风监督员。开展帮扶活动，支部党员、成都科欣医药贸易公司董事长杨益向雅安地震灾区捐赠价值100万元药品。4月25日，党员石建辉到“4·20”芦山地震灾区名山县中医院捐赠救灾物资并诊治部分伤员，支部党员为灾区捐款约2000元，区医院、区二医院等单位的党员定期到社区开展健康讲座、义诊等活动，受益群众1000余人。

【中国致公党成都市金牛区支部】 支部有党员48人，

其中区人大代表1人、区政协副主席1人、区政协委员8人（常委2人），发展新党员2人。支部学习领会中共十八届三中全会精神，开展“中国梦”主题教育活动。参与各级调研课题，组织专家学者赴临邛中学调研并提出指导意见。党员吉茂德参与致公党省委会《成都市水污染现状及治理办法》调研课题；党员肖剑书完成《朱成石刻艺术博物馆调研报告》《借天时地利、乘改革新风——打造“四态合一”安靖湖国家湿地公园》两篇调研报告；党员熊欣《关于加快推进我区社区信息化建设的建议》被区政协评为年度优秀提案。支部全年提出议案、提案15件。11月8日，党员吉茂德带队将范利君筹措的价值20万元的小学生工具书7000册，送到崇州市元通小学。党员陈思维向泸州市合川县二里乡小学捐赠价值1万元的图书；党员雷峥向贵州青少年基金会捐赠现金20万元。

（何梦海）

群众团体

工　会

【工会组织建设】　金牛区总工会全年开展“投产5年、职工50人以上”未建会企业集中建会行动，并通过开展社区工会属地化管理试点工作，加强小微企业的工会组建。全年新增基层企业工会200个，发展会员14234名，其中小微企业联合工会17个，涵盖单位（商家店铺）2940家，会员8634名。全年新增规范化社区工会服务站17个，截至12月，全区有规范化社区工会服务站39个。

【职工民主管理】　金牛区加大推广厂务公开民主管理区域性职代会制度建设力度，召开2013年厂（事）务公开工作联席会议，组织开展全区厂（事）务公开自查和抽查工作。9月，接受市厂务公开领导小组和人大代表、政协委员对金牛区开展创建厂务公开民主管理单位和示范单位的检查验收，区妇幼保健院和人民北路小学被评为“成都市厂务公开民主管理示范单位”，四川徽记食品产业有限公司等9家单位被评为“成都市厂务公开民主管理先进单位”。

全年新签集体合同、工资集体协商协议和女职工权益保护专项集体合同220份，其中区域性行业性集体合同工资协议59份，涵盖中小非公企业2776家。

【职工维权】　金牛区15个街道工会建立劳动争议调解机构，77个社区工会成立劳动争议调解组织，95%以上规模企业成立劳动争议调解委员会。全年受理各类职工维权投诉案件763件，涉及职工5000余人，为投诉者追讨工资3940万元。无偿为农民工提供法律援助案件61件，涉及农民工189人。加强女职工组织建设，在已建工会企业实现女职工组织建设全覆盖。

【困难职工帮扶】　牵头完成资助困难职工子女入学192名，助学金额26.2万元。牵头落实下岗人员再就业201人，完成工会创业贷款275万元，发放创业援助金3.6万元。在四川徽记食品有限公司和成都天府华侨城实业发展有限公司两家非公企业试点建立职工帮扶中心。免费为区内困难职工和环卫工人1760人进行健康体检。在元旦、春节等重大节日期间，慰问困难职工、残疾职工和农民工等1665人次，发放送温暖帮扶救助资金40万元。在重阳节慰问670名老党员和空巢老人，送慰问金额13万元。为57名符合条件的建档困难职工，提供每人800元的生活救助。2013年，金牛区医疗救助金标准提升至人均2000元。

【职工互助保险】　全区参保职工17526人，参保金额138.53万元；全年办理赔付684人次，赔付金额76.6万元，其中医疗赔付677人次，金额69.04万元；女职工特殊疾病赔付7人次，金额7.56万元。

（何文杰）

共青团

【“青春活力”工程】　2013年，团区委联合西南交大、中医附院、川大锦城学院团委选派在读研究生、医生、教师等37名优秀青年到街道挂职团工委副书记，有效解决街道、社区团组织负责人兼职工作多、资源缺乏的问题，其中32名编制外街道团工委副书记到北改一线的街道、社区坐班。

【青年志愿服务】　团区委联合成都中医药大学临床医学院、成都中医院大学附属医院急诊科在金牛区5个涉农社区设立中医药文化志愿服务、社区急救技能实践培训基地，每月定时开展太极拳、急救知识等培训和中医养生保健咨询等服务。团区委联合交大校团委选拔北改青年志愿者，开展专业志愿服务工作。在驷马桥街道联合街道党工委招募北改青年志愿者与坐班的编制外街道团工委副书记一起进驻曹家巷一、二街坊拆迁签约工作组，从事文案、宣传、收集民情等工作，编发每日《工作动态》80期、周《工作简报》12期，创建“曹家巷自改委”腾讯、新浪微博，发布信息108条。选聘高校研究生、专家教授组建调研课题组，确定“国际商贸城的发展”“青年社会组织参与社会青年事务管理”“创业园的校地合作”三个方向，从第三方的角度为北改提供智力支持和决策参考。开展青少年法制教育活动16次，参加人数1400余人次。

【青年（大学生）创业园】 全年接待青年大学生创业咨询1300余人次，收到大学生创业项目书350份，举办两期评审会，24个项目参加评审，新增入园项目15个，在孵项目85个，累计孵化项目177个。全年产值8051.6万元，上缴税金380.2万元，创业带动就业694人。创业园企业拥有各项专利62项，其中高压架空输电线路巡线系统以及铁塔现场监控设备等实用新型专利6项；银行安全门系统通信协议的实现方法等发明专利25项；标贴、杯标等外观设计专利31项。创业园企业拥有spandex书架及阅读器系统等7项著作权。

（蒲雨薇）

妇女联合会

【妇女就业促进】 金牛区以蜀绣为载体深化居家灵活就业。争取蜀绣网络建设工作经费5万元，指导完成标准化“蜀绣车间”建设；争取蜀绣专项扶持资金25万元，帮助区内蜀绣重点企业推广蜀绣文化品牌，促进女性就业。借力借势做好女性就业创业服务工作。继续做好妇女小额贴息贷款工作，全年发放资金1245万元。联合举办2013年“春风行动”现场招聘会，协办凤凰山片区就业专场招聘会。组织开展技能培训，全年培训妇女4874人次，帮助3871名妇女创业就业。

【家庭教育】 全年举办“父母有智慧，孩子更成功”父母大课堂系列讲座45场。组织“快乐六一，追逐科技梦想”“展翅未来”奖学金项目、“春暖金牛—流动儿童春节慰问”等主题活动为特殊群体儿童成长提供关爱。开展家教讲座、新编儿童话剧《畅通公路》、“应急救护夏令营”、“小手牵大手，不让毒品进我家”家庭承诺书签名和《儿童安全自救早知道》图书赠送等活动，帮助孩子健全性格、学会自救自护。

【女性权益维护】 完善金牛区妇联妇女法律帮助中心“信访接待、法律援助、人民调解、心理疏导”维权模式，全年调处信访案件178起。举办“法治大讲堂”等普法宣传讲座25场，开展法制宣传教育活动6次。举办“模拟法庭—以案说法”活动，对“巾帼爱心调解员”队伍进行法律知识、调解技巧等内容的培训，增强志愿者参与婚姻家庭矛盾纠纷调处的能力。

【妇联组织建设】 利用社区“两委”换届契机配齐配强社区妇联主席，在全区109个社区妇联建立“妇女之家”，建设率100%。指导杨柳巷社区申创“流动妇女平安之家”项目，成都市全兴小学申创“流动儿童工作示范基地”项目，奥林社区申创“太极进家庭”示范社区项目。引进配套资金10.4万元，帮助解决基层妇联组织工作资金不足，社会组织培育经费欠缺的困难。

（杨亚丹）

工商业联合会

【民营经济工作】 金牛区出台关于进一步加强和改进工商联工作的实施意见。加强工商联组织和商会服务体系建设，改进服务方式，创新服务手段，提高服务能力。推动解决非公有制经济人士反映的热点、难点问题，突出在坚定发展信心上的鼓励和为民营企业转型升级、加快发展上的支持。推荐吴军、张聪、吕金刚、王金蓉等4名非公经济代表人士成功当选成都市第二届优秀中国特色社会主义事业建设者。推介北改龙头工程，引导民营企业合力抱团参与北改项目，全年总投资112亿元。全区民营经济增加值增速6.7%，民营经济增加值占地区生产总值53%。

【商会建设】 金牛区推进工商联组织和商会服务体系建设。发挥担任省、市、区人大代表和政协委员的非公有制经济人士的参政议政作用，围绕全区经济社会发展建言献策，提出75件建议和意见。11月，金牛区天台商会成立，成为省内实现县级社团注册登记管理的首家异地商会。注重民营企业代表性，加强会员队伍建设，新发展企业会员218个。

【企业服务】 区工商联到徽记食品、兴盛国际、金府机电、川物集团等规模以上民营企业实地走访，针对民营企业对融资的迫切需求，加强与招商、建设、农业、中信等银行负责人的沟通联系，介绍民营企业发展情况，搭建银企合作桥梁，招商、建设、民生等银行先后与金星压缩机集团、徽记食品、西联钢铁等民营企业进行融资合作对接，协调帮助缓解民营企业融资难问题。

促成安徽南翔万商集团等大型民营企业负责人到金牛区进行投资考察，动员盐亭商会组织当地优秀民营企业家参观考察北改重点优势项目。促进四川浙江商会与中铁轨道交通高科技产业园招商项目意向合作。

（蒋万友　何梦海）

人民法院

【概　况】　2013年，金牛区人民法院受理各类案件14471件，审执结13959件，结案率96.5%，在收案数上升6.6%的情况下结案率仍上升0.6个百分点，以占全市5.4%的法官人数审结全市9.4%的案件。

【刑事审判】　区法院全年受理刑事案件1601件，结案率100%，收结案数与上年相比均下降11.8%。坚持分工负责、互相配合、互相制约的刑事诉讼原则，对40名被告人否定或改变公诉机关指控罪名、事实或情节，以保证准确有效地执行法律。坚持“教育、感化、挽救”方针，对39名未成年被告人适用非监禁刑，在全市率先适用合适成年人制度，保护未成年人的合法权益。执行修改后的《刑事诉讼法》，加强人权保障，坚持疑罪从无，严格执行非法证据排除规则。

【民商事审判】　区法院全年受理民商事案件10367件，审结9893件，结案率95.4%，收结案数分别比上年上升16.4%和17.7%。依法审理涉及企业承包、股权转让、重组和破产案件230件，促进区“提质增效、转型升级”目标实现。推行预立案机制，建立民事审判类案指导制度，提高审判质量。

【行政审判】　区法院全年受理各类行政案件83件，审结81件，结案率97.6%。对工伤认定、土地确权、社会保障等容易引发群体性纠纷的案件，进行强化行政协调，27件行政案件经协调后撤诉结案。主动延伸审判职能，全年发出司法建议4份，促进司法与行政的良性互动。

【执行工作】　区法院全年受理执行案件2420件，执结2384件，执结率98.5%。建立集中调查工作机制，提升执行工作效率。构建审执联动工作机制，执行标的到位率提升1.14个百分点。坚持和解为主，强制执行为辅，全年执行和解557件，执行和解率23.4%。开展“对失信人员曝光惩戒”专项活动，向社会曝光18名“老赖”，引导树立诚实信用社会风尚。

【公正廉洁司法】　构建廉政风险防控机制，建立责任体系，逐步形成不敢腐的惩戒机制、不能腐的防范机制和不易腐的保障机制。全面排查影响公正廉洁司法的风险点，全年无违法违纪情况发生。

【人民陪审员】　区法院在陪审员工作中坚持贯彻以替陪审员着想、为陪审员服务、请陪审员监督、让陪审员满意的精神，做到通知履行职务到位、陪审补助发放到位，业务培训指导到位，听取意见建议到位。全年，人民陪审员参与案件审理1666件，其中民事案件1060件、刑事案件543件、行政案件63件。

【人民法庭建设】　区法院优化人民法庭布局，恢复营门口人民法庭，设立道路交通事故巡回法庭试点，达到群众方便、法官亲民的效果。建立健全繁简分流机制，发挥人民法庭速裁、调解、以案说法的职能优势，实现简案办快、难案办精。3个派出法庭全年审结民事案件3941件，占全院民事案件总数的39.8%。

【司法公开】　区法院开展“巡回法庭”“坝坝法庭”等活动57件次，巡回范围遍及川、贵、甘、新等4个省，旁听群众2000余人次。加大对裁判文书、鉴定评估等信息的公开力度，依法公开裁判文书2055份。打造院长“四公开”（即）平台，发挥院长公开电话“12368”的影响力，在新浪和腾讯网上开通官方微博，畅通人民群众诉求表达渠道。

【诉讼服务中心】　3月，诉讼服务中心建成，为当事人提供“一站式”诉讼服务。截至12月，诉讼服务中心办理材料收转、文书送达、财产保全等诉讼服务事项23167件，成功调解案件462起，办理来信来访157件次，为48名当事人减、缓、免诉讼费16.6万元，确保困难群众打得起官司。利用诉讼服务点建设被纳入全市为民办实事民生工程的契机，在3个派出法庭建立诉讼服务点，构建起“一心多点，全域覆盖，联网运行，就近服务”的诉讼服务网络。

【法院管理】 区法院推进法院队伍的正规化、专业化、职业化建设，全年公开招录法官助理8名，遴选优秀法官5名，初步建立起较为合理的人才梯队，优化队伍结构。健全审判良性运行机制与案件质量管控机制。建立办案月通报制度，加强对审判执行运行态势的监控分析，在收案数比上年同期上升6.6%的情况下，结案数比上年上升7.1%，结案均衡度比上年同期上升13.8个百分点。

【审判调研】 区法院全年完成调研文章21篇，信息、情况反映、工作简报等97份，其中《女性犯罪的心理分析、行为模式及预防》《侵夺违禁品行为的刑法定性》等6篇调研文章分别获全省法院系统第二十四届学术讨论会三等奖和优秀奖。《自贡市自流井区国有资产经营投资有限公司诉四川廉正工程咨询有限公司服务合同纠纷案》入选《最高人民法院公报》，是全市法院近5年来唯一入选公报的案例，为全国法院审理同类案件提供指导。

【北改工程司法保障】 区法院针对曹家巷自治改造中可能因为少数人影响绝大多数人利益的问题，撰写《自治改造的法律思考》《论区分所有建筑物重建制度与群众自治改造——棚户区改造新路径之探析》《金牛法院分析棚户区自治改造路径及其法律支撑》等调研报告。成功化解曾文福、曾文健等两起涉北改重点执行案件。从自治改造项目启动、实施、做出定点征收补偿决定等方面拟定《自治改造工作程序指导意见》《关于完善自治改造定点征收程序的指导意见》等规范性文件，全面规范自治改造与定点征收程序，实现自治改造与定点征收有效对接。

（胡　敏）

人民检察院

【刑事司法政策】 2013年，金牛区人民检察院通过培训轮训、专家授课、研讨辩论等方式，确保修改后刑诉法、民诉法的准确适用，依法落实刑诉法对轻微刑事案件从轻处罚的原则，有效化解矛盾，妥善处理轻微刑事犯罪，对无逮捕必要的不捕120人，对犯罪情节轻微的不诉14人；对8名犯罪嫌疑人启动羁押必要性审查；主持刑事和解案件13件，审查侦查阶段达成刑事和解案件36件，和解后不批捕35人，变更逮捕强制措施2人，不起诉4人，对10人提出的缓刑量刑建议均得到法院支持。

【未成年人权益保护】 探索适合未成年人身心特点的办案机制，对4名未成年犯作出附条件不起诉决定，对48名未成年犯开展社会调查，对178名未成年犯适用合适成年人参与讯问，对被判处五年以下有期徒刑的全部未成年人犯罪档案进行封存。与共青团金牛区委、关工委、各街道联系，开展预防未成年犯罪活动，构建全区预防未成年犯罪体系。通过法制讲堂进学校、举办模拟法庭、庭审进社区等活动，在洞子口职业中学、驷马桥街道等北改工程所涉及的重点学校开展法制宣传活动。以“成都金牛未检”为名在新浪、腾讯上开通官方认证的实名微博，截至12月，新浪官微粉丝数为601，腾讯官微粉丝数为3179。未检科被共青团金牛区委授予“青年文明号”称号。

【刑事检察】 区检察院全年批捕1667人，占全市14.59%；起诉2129人，占全市12.68%。提前介入“8·25”公交车杀人案，从快批捕“8·13”重大袭警案犯罪嫌疑人，成功起诉全国扫黄打非办督办的一重大案件并依法追诉其单位非法经营罪。突出查办征地拆迁、工程招投标、社会保险等重点领域的职务犯罪。全年立案侦查贪污、贿赂、挪用公款案件16件、20人，立案侦查渎职侵权犯罪案件3件、6人，其中查办区社保领域贿赂案10件、12人，涉案金额126万元，全部侦查终结并移送审查起诉。召开“三长联席会议”，就重点区域治安环境整治、毒品犯罪防控、重大维稳案件（事件）介入、区域常见性犯罪逮捕条件把控等工作难点、热点问题达成共识，形成预防和打击合力。

【诉讼监督】 全年监督侦查机关立案60件、84人，占全市23.73%；追诉37件次。监督行政执法机关向公安机关移送涉嫌犯罪线索17件；对1242件案件提出量刑建议，2件刑事抗诉均获改判；提出民行案件再审检察建议、建议上级院提请抗诉案件共5件。办理全市首例有专门知识的人出庭案件，出庭监督全市首例社区矫正人员减刑案件，加强对辖区内278名社区矫正人员刑罚交付执行情况的监督，防范和减少再犯罪。

【预防职务犯罪】 区检察院在北改重大项目现场设立法律服务站，提供法律服务，举办预防法制讲堂。组织“涉北”企业70余名员工参加庭审警示教育，组织“涉北”企业260余名管理人员参观监狱，加强预防职务犯罪宣传。在附楼大厅设立行贿犯罪档案查询服务窗口，在门户网站搭建行贿犯罪档案查询预约平台，为企事业单位、群众提供行贿犯罪档案查询服务618件，其中涉及北改项目39件，列全市第一。处置一起涉嫌伪造并使用行贿犯罪查询告知函的违法犯罪事件。在建设资金达406亿元的16个重大项目招投标程序中，实施职务犯罪专项预防，受到市检察院检察长和区委书记的充分肯定。市检察院总结区检察院服务和保障北改的经验上报市委。

【维稳工作】 区检察院与公安、法院、司法行政部门等配合，把保障财富论坛、华商大会、西博会顺利召开作为重点，落实区委、市检察院各项维稳部署和任务，加强平安金牛建设。细化全院17个部门服务和保障北改工作的方案和措施，与13个涉北改派出所建立提前介入机制，参与凤凰山农场等群体性事件的维稳处理，保障曹家巷一、二街坊，茶花片区等北改重大项目的依法拆迁。

【涉检上访】 落实首办责任、检察长接待和接待受理处理环节的群众满意等制度，全年接待群众来信、来访126件（次）均依法妥善处理，做到件件有结果、事事有回音。8次参与突发重大事件的会商、研究、处置，协同公安、法院、街道化解矛盾，平息纠纷。

【平安创建】 以法治大讲堂、流动庭审警示、法制宣传周等多种形式，送法进社区、进企业、进项目29次，协同街道、派出所、司法所、社区等基层组织开展矛盾纠纷排查及调处12次。编印《金牛检察之窗》，凸显金牛检察形象。将金牛区院服务和保障北改工作情况、检察业务建设、检察队伍建设、检察改革以及人大代表、政协委员联络工作等五部分内容汇编成《金牛检察之窗》，定期寄送给人大代表、政协委员、社区群众，主动向人民群众展示检察工作，提升人民群众对检察工作的满意度。

【社会管理创新】 探索检务公开与检力下沉相结合

区检察院开展暑期送法进社区活动

的工作机制，以创建全国检察机关“文明接待示范窗口”为契机，成立正科级编制的街道检察室，招录20名检察官助理，设立有正式编制的“街道检察室”，在荷花池、营门口、沙河源街道建立有独立办公场所的驻街道检察工作站，形成“院一室一站”衔接的工作模式，将检察职能有效延伸到基层，把检察工作主动融入党委领导、政府负责、社会协同、公共参与的社会管理格局中，及时跟踪辖区内北改工程项目推进情况，及时了解掌握参建单位法律需求，及时向本院对口部门反馈，做好协同工作。同时升级、改版门户网站，搭建四个检察业务预约平台、七个检察业务互动平台和三个接受各方监督平台。

【检察改革与创新】 惩防一体“大自侦”格局构建　金牛区成立全国首个职务犯罪举报与预防局，新增受理全区职务犯罪举报与线索管理、情报信息收集与分析、信息库建立与管理等职能，开展“窗口”服务，举报线索比上年增长100%，行贿犯罪档案查询比上年增长197%。同时整合反贪、反渎、预防、监所、技术、法警“三局两科一队”，加大惩防一体的“大自侦”力量。

案件集中管理改革　区检察院受理分流审查批捕、审查起诉和自侦案件3114件、4342人，对所有案件开展流程监控，每月书面分析通报，评查案件281件，检查法律文书1718份，整改不规范执法行为16件次；规范涉案财物查封、扣押和冻结，对8件案件124万元涉案款物有效监管并依法处理；提供案件查询1500余人次，办理律师阅卷259次，安排接待会见40余人次，为律师复印案件材料2000余份。

（王丽娜）

（审读：汤纪利）

教育·卫生

EDUCATION AND HYGIENE

教　育

概　述

2013年，全区有各级各类学校198所，其中幼儿园120所、小学45所、普通中学29所、职业中学3所、特殊教育学校1所。全年在校学生149862人，其中在园幼儿31566人、在校小学生66188人、在校初中生32153人、在校普高生12390人、在校职高生7531人、在校特教生34人。2013年全区3—5岁幼儿入园率99%，适龄儿童入学率100%，小学毕业生合格率100%，初中毕业升学率99.49%，普通高中毕业率98.9%，职高毕业率和就业率分别为100%和99.4%。全区在职教职工11363人（含民办5239人），其中在职专任教师8249人（含民办2902人）。

全区全年投入教育经费10.55亿元，同口径增长14.4%，其中预算内教育事业费财政拨款9.27亿元（不含教育费附加及行政运行），同比增长16%。生均教育事业费10137.5元，同口径同比增长4.6%；生均公用经费2133.9元，同口径同比增长5.5%。

【教育配套工程建设】 区教育局承担“2013年北改”龙头工程项目4个，其中牵头项目3个，承办项目1个。牵头项目中，金牛中学改扩建项目提前完工并投入使用，建设规模11342平方米，总投资4430万元。8月23日，金牛中学改扩建工程移交仪式举行，金牛中学在原有基础上新建行政楼、综合实验楼、室内篮球馆、食堂等硬件设施，教育教学环境得到改善。成都市第八中学改扩建项目完成控制价评审，进行施工单位招标。府河苑幼儿园建设项目完成施工单位招标，待公示期满后开工。一环路北一段134号旧城改造项目配合抚琴街道完成成都外国语实验学校搬迁，配合区规划分局进行调规。

【学校整合】 金牛区根据优质群与属地化一体思路，按照统一领导班子、统一办学理念、统一招生与师资调配、统一账户管理“四统一”原则，从2013年秋季开始，对成都市花圃路小学、成都市肖家村小学、成都市木综厂小学、华西子弟小学分别与成都市人民北路小学、成都市北站小学、铁二院小学、成都市张家巷小学进行整体合并，除新人民北路小学保留一校两区的格局外，其余合并学校实行一体化管理，在学校合并后，注销成都市花圃路小学、成都市肖家村小学、成都市木综厂小学、华西子弟小学建制。

【金牛区教育国际化海外分中心】 3月，金牛区教育国际化发展中心美国分中心在成都市国际友城——美国菲尼克斯市正式成立，这是金牛区继2012年成立区域教育国际化发展中心、组建教育国际化战略联盟之后，在整合国际优质教育资源、输出中国传统文化品牌方面的又一重大举措，也是全市首个区级教育国际化海外分中心。分中心主要负责国外课程引入、师生交流互访、国际优质教育资源开发等工作。分中心将在全区师生海外培训、国外课程引入、师生交流互访、国际优质教育资源开发等方面发挥作用。

【全国首个“教育评价与质量管理”改革试验区】 10月28日，金牛区正式挂牌全国首个“教育评价与质量管理”改革试验区，成为中国教育学会“十二五”教育改革实验区，实验区建设启动仪式在成都市锦西中学举行。

【督学责任区】 11月，金牛区正式启动督学责任区建设，首批聘任督学17名。根据全区学校办学类型和地域分布并结合现实需要，划分4个督学责任区，分别为中学教育责任区，小学教育责任一区，社区教育学校责任区，督学主要负责督促和引导中小学、幼儿园、社区教育学校贯彻执行教育法律、法规和国家教育方针政策，规范学校办学行为，倾听群众意见，发现问题，督促学校改进，总结并推荐督导过程中发现的典型经验，提高学校教育教学质量，推动金牛教育科学、健康、均衡发展。

【全国青少年棒球活动示范区建设】 10月16日，金牛区组织召开全国青少年棒球活动示范区建设启动工作协调会，制定《成都市金牛区全国青少年棒球活动示范区工作实施方案》，确定成都市茶店子小学、成都市沙河源小学、成都市光荣小学、成都市全兴小学、成都市泉水路小学、成都市第二十中学、成都市通锦中学、成都市蜀西实验学校8所学校为金牛区全国青少年棒球活动示范区首批试点学校。各试点学校分别建立青少年校级棒球队，金牛区在此基础上组建区级青少年棒球队，代表金牛区参加各级各类青少年棒球比赛和对外交流活动，并为四川省棒球队、国家棒球队等专业队伍培养和输送更多高水平的棒球后备人才。

【阳光学生艺术团】 7月2日，金牛区阳光学生艺术团成立。成都市北站小学合唱分团、成都市第八中学合唱分团、成都市石笋街小学舞蹈分团、成都市第二十中学管弦乐分团、金牛实验中学民乐分团、成都市马鞍小学清音分团、成都市西一路小学川剧分团、成都市茶店子小学国画分团、成都市张家巷小学版画分团、铁二院小学版画分团、成都市新桥小学线描·漫画分团、成都市人民北路小学布艺·木偶分团、成都市抚琴小学书法分团等13支学校艺术团被授予首批金牛区阳光学生艺术团分团称号。

7月2日，金牛区阳光学生艺术团成立大会在成都市茶店子小学南校区举行

【教育惠民政策】 金牛区全年坚持教育公益性和普惠性原则，落实教育惠民政策。执行全区公办义务教育阶段学校每生每年小学700元、初中900元的生均公用经费财政拨款标准，全面免除金牛区义务教育阶段学生学费，免费向符合条件的城乡义务教育阶段学生提供教科书和作业本，做到“应免尽免”，同时对义务教育阶段在校住宿贫困学生发放生活补助，做到“应补尽补”，共投入7331.3万元。实施职教攻坚计划，全区中等职业学校（含技工学校）招生2631人，免学费政策投入1442.4万元。投入30.1万元，资助金牛区学前教育、义务教育阶段及两类高中教育阶段城乡低保家庭和低保边缘家庭学生944人次；按照1500元/年的标准，根据符合条件的实际学生人数和实际在校月份，对普通高中家庭困难学生给予生活补助，共投入464.9万元，春季资助学生3086人，秋季资助学生3099人；投入465.9万元，对中等职业学校全日制正式学籍一、二年级在校涉农专业学生和非涉农专业家庭经济困难学生给予生活补助，累计资助45462人次。继续扩大公益性幼儿园规模，全年新增公益性幼儿园7所，全区公益性幼儿园增至32所，区财政按幼儿数人均2000元/年的标准，给予公益性幼儿园经费补助，投入1086.8万元。完善义务教育阶段残疾儿童随班就读机制，招收义务教育阶段特殊学生133人，实现“应进全进”。

2013年金牛区教育事业基本情况

指标名称	单位	2013年实际	2012年实际	2013年比2012年（±%）
1. 学校数	所	78	82	-4.9
小学	所	45	50	-10.0
普通中学	所	29	28	3.6
职业中学	所	3	3	0.0
特殊教育学校	所	1	1	0.0
2. 在校学生数	人	118296	115824	2.1
小学	人	66188	64643	2.4

续表：

指标名称	单位	2013年实际	2012年实际	2013年比2012年（±%）
普通中学	人	44543	43636	2.1
初中	人	32153	31899	0.8
高中	人	12390	11737	5.6
职业中学	人	7531	7510	0.3
特殊教育学校	人	34	35	−2.9
3. 毕业生人数	人	25786	26387	−2.3
小学	人	11290	11841	−4.7
普通中学	人	12487	12361	1.0
初中	人	9145	9035	1.2
高中	人	3342	3326	0.5
职业中学	人	2009	2185	−8.1
4. 教职工人数	人	7457	7098	5.1
专任教师	人	6309	5943	6.2
小学	人	3062	2948	3.9
普通中学	人	2967	2738	8.4
初中	人	2073	1944	6.6
高中	人	894	794	12.6
职业中学	人	279	256	9.0
特殊教育	人	1	1	0.0
5. 招生人数	人	29219	29611	−1.3
小学	人	11913	11299	−5.4
普通中学	人	14675	15679	−6.4
初中	人	10588	11310	−6.4
高中	人	4087	4369	−6.5
职业中学	人	2631	2633	−0.1
6. 学龄儿童入学率	%	100	100	0.0
7. 幼儿园数	所	120	122	−1.6
在园幼儿数	人	31566	31949	−1.2
教职工人数	人	3906	3974	−1.7

数据来源：金牛区教育局2013年事业统计报表。

【石渠支教】 8月19日，区教育局启动赴甘孜州石渠县短期支教活动，选派校长、教师利用暑期赴石渠县开展短期支教工作。支教活动累计培训石渠教师近百人，成都市第八中学校长刘强、成都市第三十三中学校长雷志挺、成都市全兴小学校长付毓宗、成都市金科路小学副校长陈锐围绕“有效教学”“高效课堂建设”“教育管理经验”“学校德育管理”等主题，对石渠县中小学教师进行专题培训；成都市全兴小学团支部书记裴霜、成都市金建小学数学教师谢政、成都市第三十六中学物理教师王永忠等通过上示范观摩课、活动研讨、座谈交流等方式开展短期支教活动。成都市第八中学、成都市第三十三中学和成都市全兴小学3所学校代表金牛教育系统向石渠县教育系统捐赠6万元。

【藏区“9+3”免费中等职业教育计划】 金牛区继续实施藏区“9+3”免费中等职业教育计划，接收阿坝州和甘孜州包括藏、羌、回、汉4个民族的藏区学生164人在四川省成都市财贸职业高级中学校接受免费中等职业教育。7月，成都财贸职高2010届54名“9+3”高三毕业生全部推荐就业。

【成都市金牛实验中学临邛学校】 6月18日，邛崃市临邛中学正式加入金牛实验中学名校集团，挂牌成都市金牛实验中学临邛学校。区教育局和邛崃市教育局共同研究制定《关于开展名校集团跨区域发展工作实施意见》。金牛实验中学派出优秀的管理团队和骨干教师，力争用三年的时间将临邛学校培育为成都市“新优质学校”。在成都市教育局2013年度城乡教育互动发展及名校进县城托管到乡镇工作考核中，“金牛区教育局—邛崃市教育局”、“成都市金牛实验中学—成都市金牛实验中学临邛学校”分别被考核为优秀联盟和优秀学校。

【成都七中领办西藏军区八一学校】 8月27日，成都七中领办西藏军区八一学校正式签约。为加强成都七中八一学校建设，区教育局于2013年暑假前，协调相关部门打造学校内外部环境，引进高中专任教师14人，并按照省级示范普通高中招生待遇解决该校高中招生事宜，首期招收普高学生225人；同时，区教育局组织教培中心教研员等多次到校进行业务指导，助推教师提升教学技能。

【金牛区首届国际理解教育课程研讨会】 5月15日，成都市金牛区首届国际理解教育（Education for International Understanding）课程研讨会在成都市北站小学举行。研讨会以教育国际化为背景，围绕“国际理解教育在常态课中的实施方式”展开。成都市解放北路第一小学教师郑文奕、成都市北站小学教师肖娟、成都市迎宾路小学教师秦勤分别执教研讨课。课后，成都市教科院教育改革与发展研究所副所长刘旭对3节研讨课进行点评，并作题为《教育国际化背景下的国际理解教育》的专题讲座。

（李忠明　钟元明　林婷婷）

基础教育

【概　况】　2013年，全区有幼儿园120所，其中教育部门办10所、其他部门办3所、地方企业办2所、事业单位办1所、部队办3所、集体办1所、民办100所，在园幼儿31566人；小学45所，其中教育部门办41所、民办4所，在校小学生66188人；普通中学29所，其中教育部门办16所、其他部门办1所、民办12所，在校学生44543人（初中生32153人、普高生12390人）；特殊教育学校1所（教育部门办），在校特教生34人。全区有四川省一级示范性普通高中1所、四川省二级示范性普通高中5所、成都市示范性普通高中1所，省级示范性幼儿园4所、市级示范性幼儿园3所、市级学前教育集团1个、市级义务教育示范学校3所、市级义务教育优质名校教育集团4个。

2013年金牛区各级各类学校基本情况

<table>
<tr><th colspan="2">类　别</th><th>校数（所）</th><th colspan="2">在校生数（人）</th></tr>
<tr><td rowspan="8">幼儿园</td><td>小计</td><td>120</td><td colspan="2">31566</td></tr>
<tr><td>教育部门</td><td>10</td><td colspan="2">4595</td></tr>
<tr><td>其他部门</td><td>3</td><td colspan="2">773</td></tr>
<tr><td>地方企业</td><td>2</td><td colspan="2">460</td></tr>
<tr><td>事业单位</td><td>1</td><td colspan="2">581</td></tr>
<tr><td>部队</td><td>3</td><td colspan="2">578</td></tr>
<tr><td>集体</td><td>1</td><td colspan="2">214</td></tr>
<tr><td>民办</td><td>100</td><td colspan="2">24365</td></tr>
<tr><td rowspan="4">小学</td><td>小计</td><td>45</td><td colspan="2">66188</td></tr>
<tr><td>教育部门</td><td>41</td><td colspan="2">51360</td></tr>
<tr><td>其他部门※</td><td>0</td><td colspan="2">894</td></tr>
<tr><td>民办</td><td>4</td><td colspan="2">13934</td></tr>
<tr><td rowspan="6">普通中学</td><td rowspan="3">小计</td><td rowspan="3">29</td><td colspan="2">44543</td></tr>
<tr><td>初中</td><td>高中</td></tr>
<tr><td>32153</td><td>12390</td></tr>
<tr><td>教育部门</td><td>16</td><td>23479</td><td>10573</td></tr>
<tr><td>其他部门</td><td>1</td><td>360</td><td>145</td></tr>
<tr><td>民办</td><td>12</td><td>8314</td><td>1672</td></tr>
<tr><td rowspan="4">职业中学</td><td>小计</td><td>3</td><td colspan="2">7531</td></tr>
<tr><td>教育部门</td><td>2</td><td colspan="2">7141</td></tr>
<tr><td>其他部门</td><td>0</td><td colspan="2">0</td></tr>
<tr><td>民办</td><td>1</td><td colspan="2">390</td></tr>
<tr><td rowspan="2">特殊教育</td><td>小计</td><td>1</td><td colspan="2">34</td></tr>
<tr><td>教育部门</td><td>1</td><td colspan="2">34</td></tr>
</table>

数据来源：金牛区教育局2013年事业统计报表。
※注：成都七中八一学校为十二年一贯制学校，归属普通中学，所以小学中的其他部门项只有在校生数。

2013年金牛区义务教育段新生入学、普通高中招生情况

单位：人

义务教育段新生入学		普通高中招生	
小学新生	初中新生	招生计划	完成数
9652	7043	2300	2903

数据来源：金牛区教育局普教科（数据只包括直属中小学）。

【四川省《3—6岁儿童学习与发展指南》实验区】　3月，金牛区被四川省教育厅确定为全省仅有的两个贯彻落实《3—6岁儿童学习与发展指南》实验区之一。5月，在成都市锦西中学召开“实验区”建设启动大会。编制发放《指南》宣传手册《守护孩子唯一的童年》5万册，手册被市教育局在全市中心城区推广使用。9月，启动贯彻落实《指南》家庭教育巡讲活动。10月，召开贯彻落实《指南》实验区推进工作会和专题培训会，并启动金牛区贯彻落实《指南》试点园集体视导，实现对金牛区机关二幼、机关三幼、第四幼儿园、第九幼儿园、第十五幼儿园、第十六幼儿园、第十七幼儿园、第十八幼儿园、第十九幼儿园9所一级试点园的全覆盖。

【市级新优质学校】　金牛区坚持以“学生成长为中心、教师发展为关键、特色彰显为重点、质量提升为基础”，继续加大优质学校培育力度。10月14—15日，成都市教育局组织专家组对金牛区2013拟培育的成都市北站小学等5所学校进行市级新优质学校验收，各项工作得到专家好评。根据《成都市教育局关于公布2013年成都市义务教育阶段“新优质学校”验收合格名单的通知》，成都市北站小学、成都市人民北路实验小学、成都市人民北路中学、成都市解放北路第一小学、成都外国语学校附属小学等5所学校全部通过成都市新优质学校验收。

解放北路第一小学“电子书包”数字化学习

石笋街小学国际交流

【四川省阳光体育示范学校】 9月22日，金牛区14所中小学被评为四川省阳光体育示范学校，分别是成都市第十八中学、成都市金牛中学、成都市第八中学、成都市铁路中学、成都市第二十中学、西南交通大学附属中学、成都市金牛实验中学、成都市第三十三中学、成都市人民北路中学、成都市石笋街小学、成都市行知小学、成都市新桥小学、成都市全兴小学、成都市锦西外国语实验小学。

【四川省等级示范性普通高中确认达标工作】 2月起，金牛区全面启动省级以上示范性普通高中确认达标工作。3—8月，成都市第二十中学、成都市第八中学、成都市铁路中学、成都市第十八中学、成都市通锦中学、西南交通大学附属中学分别接受成都市教育局、四川省教育厅专家组的核查验收。12月，根据四川省教育厅《关于批准四川省成都市第七中学等65所学校为“四川省一级示范性普通高中”、四川大学附属中学等122所学校为“四川省二级示范性普通高中”的通知》，成都市第二十中学通过四川省一级示范性普通高中确认验收，成都市第八中学、成都市第十八中学、成都市铁路中学、成都市通锦中学、西南交通大学附属中学等5所学校通过四川省二级示范性普通高中确认验收。

【高考成果】 2013年，金牛区高考参考人数3218人，本科一段全口径统计（含艺体、留学）上线人数554人，上线率17.2%，上线人数和上线率均居成都市20个区（市）县第二名；本科上线人数（含艺体、留学）2257人，居成都市中心城区第一名，居20个区（市）县第4名，上线率69.9%，居成都市20个区（市）县第三名。2009—2013年，本科上线人数从1438人增加到2257人，本科上线率从44.4%增长到69.9%。

2013年金牛区幼儿园园长、专任教师学历情况

单位：人

	合　计	研究生	本　科	专　科	高中阶段	高中以下
合计	2168	9	333	1372	454	0
园长	228	3	63	135	27	0
专任教师	1940	6	270	1237	427	0

2013年金牛区小学专任教师专业技术职称、年龄结构情况

单位：人

	合　计	其中女	24岁及以下	25—29岁	30—34岁	35—39岁	40—44岁	45—49岁	50—54岁	55—59岁	60岁及以上
合计	3062	2470	229	649	792	551	422	235	143	40	1
中学高级	35	22	0	0	3	4	14	5	7	2	0
小学高级	1437	1180	0	22	298	427	346	184	122	37	1
小学一级	1185	951	65	490	445	98	42	36	8	1	0
小学二级	44	34	9	14	5	5	4	3	4	0	0
小学三级	7	6	0	0	4	1	1	1	0	0	0
未评职称	354	277	155	123	37	16	15	6	2	0	0

2013年金牛区初中专任教师专业技术职称、年龄结构情况

单位：人

	合　计	其中女	24岁及以下	25—29岁	30—34岁	35—39岁	40—44岁	45—49岁	50—54岁	55—59岁	60岁及以上
合计	2030*	1418	147	359	442	293	339	274	133	43	0

续表：

	合　计	其中女	24岁及以下	25—29岁	30—34岁	35—39岁	40—44岁	45—49岁	50—54岁	55—59岁	60岁及以上
中学高级	316	203	0	0	2	20	88	115	74	17	0
中学一级	818	556	0	13	153	204	228	141	55	24	0
中学二级	653	488	53	247	258	57	18	14	4	2	0
中学三级	8	6	0	5	0	2	1	0	0	0	0
未评职称	235	165	94	94	29	10	4	4	0	0	0

*注：不含成都市洞子口职高附设初中班43名教师。

2013年金牛区普通高中专任教师专业技术职称、年龄结构情况

单位：人

	合　计	其中女	24岁及以下	25—29岁	30—34岁	35—39岁	40—44岁	45—49岁	50—54岁	55—59岁	60岁及以上
合计	894	441	45	103	158	131	202	157	74	19	5
中学高级	360	139	0	0	1	30	119	123	65	17	5
中学一级	331	180	0	4	114	87	81	34	9	2	0
中学二级	152	91	10	83	43	14	2	0	0	0	0
中学三级	0	0	0	0	0	0	0	0	0	0	0
未评职称	51	31	35	16	0	0	0	0	0	0	0

数据来源：金牛区教育局2013年事业统计报表。

（李忠明）

中等职业教育

【概　况】　2013年，金牛区有四川省成都市财贸职业高级中学校、成都洞子口职业中学校、成都天府职业技术学校3所中等职业学校，其中成都天府职业技术学校为民办性质。在校中职学生7531人，职高巩固率91.14%，毕业率100%，招收新生2631人，毕业学生2009人，就业学生1997人，就业率（含升学率）99.40%。金牛区继续实施中等职业教育国家助学金政策，对具有中等职业学校全日制正式学籍的在校一、二年级所有家庭经济困难学生，给予一定生活费补助，资助标准每生每年1500元。全年投入465.9万元，资助学生累计45462人次。继续实施对公办中职学生及民办一、二年级中职学生免除学费政策，全年免除中职学生学费1442.4万元，资助学生7223人。

【重点职业学校建设】　金牛区加强重点职业学校基础能力建设。3月，四川省成都市财贸职业高级中学校作为首批国家级高水平中职示范校接受省教育厅专家督导，获得好评；同月，四川省成都市财贸职业高级中学校首批挂牌“四川省中等职业教育学生内务管理示范学校”。

【校企合作】　金牛区探索构建校企合作新模式，促进企业把学校作为人才贮备基地，学校把企业作为实习、实训基地，培养更多高素质技能型人才。洞子口职中创新订单培养模式，成立学前教育专业、数控技术应用专业、建筑装饰专业等专业教学指导委员会，精心打造校企合作平台，与企业共建产学结合基地；财贸职中通过与聚思力、香格里拉酒店等企业合作，采取订单式、冠名定向等校企合作方式，实现人才培养“三个零距离”（即专业设置与培养目标零距离、教学内容与职业需求零距离、实践教学与职业岗位零距离）；天府职中与四川省肿瘤医院、三六三医院等单位实行工学交替、勤工俭学等合作模式。截至12月，全区3所中职学校与400多家行业及企事业单位建立良好合作关系。

【中等职业学校招生】　2013年，成都市教育局将完成中等职业学校招生任务纳入市民生工程，向金牛区下达中等职业学校招生完成2500人的目标任务，全年实际招生2631人。

【专业技能大赛】　4月，金牛区职业学校参加成都市

2013年中等职业学校学生技能大赛获11个一等奖、11个二等奖；参加成都市第四届中职学生文明风采大赛总决赛获11个一等奖、14个二等奖、4个三等奖。6月，四川省成都市财贸职业高级中学代表四川省参加2013年全国职业院校技能大赛烹饪比赛，获3个二等奖、3个三等奖。

2013年金牛区直属中等职业中学专任教师职称情况

单位：人

	合计	正编教师	外聘教师
小　计	347	248	99
正高级	0	0	0
副高级	71	65	6
中　级	92	87	5
初　级	100	82	18
未　评	84	14	70

数据来源：金牛区教育局成职幼教科2013年12月统计数据。

（李忠明）

民办教育

【概　况】　2013年，金牛区有民办学校244所，其中民办幼儿园100所，在园幼儿24365人；学历教育学校18所（含10所民工子弟学校），在校中小学生2392人、中职学生390人；非学历培训教育机构126所，年培训9万人次。初步形成“规范管理，诚信办学，特色创新，健康发展”局面。

【民办教育扶持】　金牛区对接收政府安排义务教育阶段学生的12所民办学校进行办学经费补贴，全年补贴1226万元；选派6名直属学校中层干部到民办校开展“支管支教”，确定7所公办校与8所民办校“结对”发展；给予民办公益性幼儿园财政专项补助758万元；加大对民办校的考核奖励力度，奖励民办校园长21万元，提高民办学校的管理水平和办学质量，促进民办学校规范办学和有序发展。

【民办培训机构安全管理】　金牛区采取自查及抽查方式对民办培训机构进行安全检查。全年抽查培训机构30所，对其中5所下发整改通知书，要求限期整改。整改不合格者，依法予以取缔；加大校点清理工作力度，完善“一校一点一址”及“一校多点多址”的备案制度。

（李忠明）

成人教育

【概　况】　2013年，金牛区加快社区教育发展，实现“社区教育学院——社区教育学校——社区教育工作站”三级网络全覆盖。全区有社区教育学院1个、社区教育学校15所、社区教育工作站108个，其中市级规范化社区教育学校4所、市级示范社区教育工作站16个。3月，金牛区被教育部评为全国社区教育实验区。12月，营门口街道被中国成人教育协会社区教育专业委员会评为创建学习型社区示范街镇。

【全国社区教育实验区】　金牛区从加强创建工作组织领导、社区教育内涵发展、社区教育特色发展、社区教育可持续发展四个方面推进全国社区教育实验区创建工作，社区教育取得显著成效。3月20日，《教育部办公厅关于公布第五批全国社区教育实验区名单的通知》（教职成厅函〔2013〕8号）发布，金牛区被教育部授予全国社区教育实验区称号。

【数字化学习建设】　金牛区推进社区教育现代化，构建全民学习、终身学习的服务支持平台，“金牛市民学习在线”实名注册73958人，市民网络学习课程2280门。开展“学在数字金牛”网络学习大赛，投入16400元对获奖市民予以奖励。

【社区教育实验项目研究】　金牛区开展社区教育实验项目研究，“图书漂流与市民读书活动的实验”“数字化学习师资培养的实验”“开展社区假日学校的实验”被教育部列为2013年度全国社区教育实验项目。

（李忠明）

特殊教育

【金牛区特殊教育中心】　中心成立于2006年3月，位于红花北路42号（成都市驷马桥小学内），占地面积400平方米。中心秉承“一切为了残疾儿童的生存与发展”的办学宗旨，坚持以“补偿缺陷、育残成才”为育人方向，以教育学生“学会生存、学会健身、学会做人、学会求知、学会做事”为培养目标，逐步形成“因材施教、精心育人”的教风和“勤奋、立志、自立”的学风。为充实师资力量，中心还与成都市第四人民医院建立技术力量互动互补的工作模式，双方定期访问交流，强化康复培训工作的力度和深度。同时，中心定期派出专人到区残联开展学龄前残疾儿童的咨询、康复培训工作。

（李忠明）

校园特色

【金牛区机关第三幼儿园幼儿户外活动研究】 成都市金牛区机关第三幼儿园坚持以“儿童为本”，将研究聚集于“儿童”，通过“读懂儿童、解读儿童”提升教师专业化程度，通过对儿童视角的幼儿园户外环境改造及户外课程的开发，将户外开放的自然环境变成孩子学习游戏的主战场，把孩子从封闭的教室解放出来，还原孩子一个充满野趣和挑战的童年。

机关三幼“119”消防安全宣传活动

【成都市第四幼儿园市级园长发展基地建设】 2013年，成都市第四幼儿园被市教育局评为成都市幼儿园园长发展基地，基地在全市1600余所幼儿园中共评选出10个。幼儿园在《3—6岁儿童学习与发展指南》引领下加强基地建设，彰显幼儿园独具特质的“开放、差异、研究、包容”文化，开发开放培训资源，创新培训体制机制，为幼儿园园长、教师提供跟岗研修基地，搭建共同学习交流平台，有效发挥基地的示范辐射作用。全年培训北京、贵阳、成都及区内同行800余人次。

【成都市第十八幼儿园健康教育特色】 成都市第十八幼儿园围绕“小体育，大健康”教育理念，强化园本化课程建设，多维度、立体化地开展幼儿快乐运动活动，逐步形成健康教育特色。幼儿园确立以球类活动、跳绳活动、幼儿基本体操、体育游戏等为主要内容的身体锻炼活动课程；以系列主题教育活动培养幼儿良好心理的心理健康教育课程；以形式多样的日常教育活动培养幼儿良好生活卫生习惯的生活卫生教育课程；以目的明确的专题活动培养幼儿安全意识的幼儿安全教育课程。2013年，被授予全国幼儿啦啦操示范园、四川省体操特色幼儿园称号。

【成都市白果林小学“生本”课堂建设】 成都市白果林小学坚持以学生的发展为本，按照“先学后教，以学定教，少教多学”的原则，倡导“主动参与、乐于探究、交流与合作”的学习方式，逐步创建具有学校特色的“生本”课堂。“生本”课堂中，教师的“导”把精力放在设计“先做后学、先会后学”的过程中，课堂天天有讨论、堂堂有讨论、人人能讨论。教师通过理论学习、外出考察、培训和研讨，以新的教育教学观念参与到“生本”课堂的实践中，形成学校各具特色的“生本”课堂，以多元课型聚焦多元能力，让学生会听、能听、善听，敢说、能说、善说，整体提升综合素质。学校还将“生本”理念辐射到管理等活动中，从满足学生个性发展需求的角度出发，使“生本”教育更加丰富和完善。

【成都市金泉小学学生阳光体育活动】 成都市金泉小学作为成都市田径、足球、跆拳道、篮球体育传统项目学校，在开展好每日“三操一拳”（广播操、眼操、韵律操，太极拳）活动的基础上，以课堂教育为主渠道，整合利用各种教育资源，成立校足球队、田径队、健美操队、篮球队、乒乓球队，坚持每周两次训练。学校每年5月和11月定期举办运动会，并将5月和11月确定为学校体育活动月，在活动月期间举办太极拳比赛、广播操比赛、班级篮球联赛、班级足球联赛、乒乓球比赛、体育项目游戏、亲子活动、棋王争霸赛等各种体育比赛，同时与兄弟学校不定期开展各类体育活动交流，丰富学生课外体育活动的形式和内容。

【成都市锦西外国语实验小学生命教育研究】 成都市锦西外国语实验小学围绕“以生命为本”的办学理念，围绕“会学习，领悟生命的真谛；会生活，感受生命的快乐；会创造，彰显生命的价值”的办学目标，立足于学生“自然生命、自我生命、社会生命”三种生命形式的成长和丰富，构建由“常态化生命课程、专题化生命课程、个性化生命课程、拓展性生命课程”组成的较为完善的"生命教育课程体系"。学校开发《锦西童心剪》《基础学历素质》《开启生命的宝藏——速读力训练手册》《快速记忆力训练手册》《锦西德育常规手册》《锦西教学常规手册》等校本课程。学校生命教育的典型经验先后被《中国教育报》等多家媒体宣传报道。

【成都市九里堤小学国学经典教育】 成都市九里堤小学以"潜移默化，持之以恒"为指导思想，着眼素质教育传承优秀文化，坚持开展国学经典诵读活动，为孩子终身发展积淀文化功底打好人生根基。学校把国学教育纳入教学管理，结合校园文化主题，甄选适合不同年龄段孩子诵读的国学内容，各班坚持每天晨诵与课诵。通过"国学大舞台""国学故事讲坛"活动和一年一次的全校"国学经典诵读表演比赛"，为每一个孩子提供展示自我的机会，激发更多孩子学习国学的兴趣和热情。11月，学校学生参加金牛区"文轩杯"国学经典诵读大赛获小学组二等奖，学校被命名为成都市国学经典诵读示范学校。

【成都市全兴小学田园实践教育课程】 成都市全兴小学利用田园特色，构建"三园两馆"（种植园、养殖园、科技园，图书馆、博物馆），探索"田园实践教育课程"，打造"图书馆中的田园学校"。全年以环境育人为突破口，在开齐开足国家基础课程的情况下，开展"十二五"全国重点课题《中国特色学校创建与发展战略》子课题研究，着力探索《田园印象》《礼仪环保》《营养膳食》3门实践教育课程。11月，课题研究报告《基于特殊人群教育的田园实践课程探索》在青岛举行的中国教育学会第二十六次全国学术年会微论坛和12月在深圳举行的第四届两岸三地名校长高峰论坛上做交流。

【成都市人民北路小学构建"全阅读"课程体系】 成都市人民北路小学借鉴PISA、PIRLS、NAEP等阅读和评价模式，立足本校师生实际情况，从儿童阅读目标、内容、教学策略、评价等方面构建"全阅读"课程体系，开展阅读实践活动。学校的"全阅读"课程关注儿童阅读内容的"全"，将儿童阅读指向人与自然、人与社会、人与自我的所有方面，为小学生的健康成长建立完整的精神世界的坐标；关注儿童阅读方式的"全"，教师将阅读领域从纸质阅读扩展到电子阅读方面，探索出艺术阅读、电影阅读、音乐阅读、旅行阅读等多种多样的阅读方式，进而开展故事讲述、儿童剧场、电子绘画等阅读活动；关注教师阅读指导方式的"全"，教师们改变传统阅读教学"重朗读、轻思考"的现象，运用"猜测、联想、视像化、重读、比对、评鉴"等策略，引导学生进行有意义的阅读，整体提高阅读能力。学校开办家长阅读学校，邀请海峡两岸著名儿童阅读推广人林文宝、曹文轩、王林、阿甲、商晓娜到校开展亲子阅读讲座，举行系列亲子阅读专题研讨会。学校先后被评为21世纪阅读实验基地校和全国阅读教育先进集体。

【成都市铁二院小学"DI"创新思维教育活动】 成都市铁二院小学将创新教育融入学校课程建设体系，引进国际"DI"项目（Destination Imagination），为少年儿童搭建创新教育平台，从启发创新灵感、激发创造热情入手，鼓励少年儿童参与创新实践，获得创新体验，帮助少年儿童培养和提高学习能力、实践能力与综合创新能力。5月，学校DI"田园快脉"团队首次参加全球总决赛，获全球第13名、中国区第二名。12月，学校DI"天府绿舟"团队代表四川省参加2014DI亚太区北京国际邀请赛，从国内外622支参赛队伍中脱颖而出，获一等奖、第二名。学校借鉴"DI"理念，在常规校本课程中探究创新思维培养模式，独创"每周涵训"（即每周一次学生综合素质和涵养培训活动）制度，学生小社团成员自己报名参加，队员们搜集感兴趣的话题，以团队合作设计表现形式，在每周全校大讲堂上汇报展示小组研究的成果，锻炼学生的想象力和独立解决问题的能力。

【成都市西一路小学成为市首批川剧艺术特色学校】 成都市西一路小学通过长期开展课题研究、编写校本教材等方式，将川剧进校园与学校艺术教育有机结合，并作为学校特色文化建设的突破口，传承非物质文化遗产，弘扬地方文化精华。通过开展川剧进校园活动，丰富校园文化生活，提高学生的审美情趣。学校每个月每个班至少有一节音乐课有川剧艺术的融入，让全校学生了解川剧，感知川剧艺术的魅力。在普及的基础上，学校成立川剧表演、川剧唱腔、川剧乐器、川剧变脸小社团，聘请川剧名家授课，加强特长学生和有浓厚兴趣的学生的培养和训练，提高学生川剧艺术欣赏水平。学校将每年12月定为校园川剧文化展示月，将每周五为学校的川剧小课堂，通过校园电视台、红领巾广播站向全校师生普及川剧知识。学校创建为成都市首批川剧艺术特色学校。

【成都市新桥小学美术工作室线描教学】 成都市新桥小学以“做幸福高雅的新桥人”为目标，尊重、爱护每一个生命，提高每一个生命的品质，真正做到为学生的成长塑魂，为学生的生命强本。学校重视学生综合素质培养，把美术线描艺术作为学校的特色工作之一，以此来发掘学生生命的潜力。2013年，学校成立美术工作室，工作室教师根据美术教材内容，围绕线描教学这条主线，开设创意线描、线描写生、线描写生加创意构成等课程。在课程中整体提高学生上美术课的兴趣，学生对线条的认识不再局限，能够做到游刃有余地挥洒自己的情绪和思想，学校美术工作室的课程体系基本构成。6月，学校受邀参加儿童节在成都市茶店子小学开展的“童心共绘中国梦”现场作画活动，作品受到各界人士的赞许。工作室成立后，学生作品多次获各级奖励，不少作品被巴金文学院征集，成为诗集插图。

【成都市行知小学创造“心育”环境】 成都市行知小学丰富、发展陶行知先生的“真教育”思想，将“以人为本”理念升华为“以心为本”，提出“智育以德育为先，德育以心育为本”的育人思想，引导教师形成阳光快乐、积极向上、幸福自信的心灵磁场，提升以学校为核心的教育圈参与者（家长、学生、家人、朋友）的心灵智慧水平，形成一套以教师自我管理和心理自助为驱动的学校管理方法。学校狠抓队伍、课程、机制、载体四项建设，以“人人都是心理健康营养师，人人都是家庭教育指导师，人人都是生命成长设计师”为目标建设全员化的“三师型”心育队伍；建立“心灵智慧”课程体系；建立“专家讲”“校长讲”“教师讲”“三讲”机制和心理危机“预警”机制；设计“体验美丽人生”“培养阳光心态”“感悟生命意义”等教师活动，使广大教师养幸福从教之心，树终身从教之志；设计“幸福的味道”等重体验、重实践的系列学生活动，让学生感受生命幸福，从而培养身心健康、心态积极的阳光少年。10月，学校获评成都市心理健康教育示范学校，并作为小学代表在授牌仪式上作经验交流。

【成都市张家巷小学科技教育特色活动】 作为全国科技体育传统学校、四川省和成都市的科技示范校，张家巷小学始终坚持科技教育特色，通过开展实效高效的活动，实现学生自主快乐地成长。2013年，学校组织编撰《足迹——张家巷小学科技教育写真》，并举办“科技点亮梦想，创新成就未来——新书首发暨2013科普活动日”启动仪式。学校在全国和成都市车辆模型、航海模型比赛中分别获21个一等奖、7个二等奖。学生撰写的《手机有毒，我们怎么办？》活动报告获四川省青少年科技创新大赛一等奖。

11月1日，“行走的科学”《环球少年地理》科普进校园活动在张家巷小学版画室进行

【西南交通大学子弟小学校本科研体系创新】 西南

妙趣横生的课堂

交通大学子弟小学在多年的教育科研中创新与实践，打造教师文化、学生文化、管理文化、教学文化、课程文化，实现“课题工作化，工作课题化”的独特校本科研创新体系。学校成功结题国家省市区各级课题9个，在研区级课题2个。学校将课题研究与课堂教学实践有机结合，提升教师的教育教学能力和课堂教学效率，教师的百余篇教学经验论文在国家省市区获奖或刊登。学校通过创设校本论坛，使学校校本研修工作不再受时空限制，真正实现教、科、研一体化，形成田径、航模制作、科技创新发明、小机器人等系列主题活动，发展学生的创新能力，拓宽学生的个性发展，学生的综合素质显著增强。学校先后被评为全国校园文化“十佳”示范学校、四川省教师职业技能示范校、成都市健康教育示范校、成都市信息技术示范学校等称号。

【成都七中万达学校阳光体育示范学校建设】 成都七中万达学校在全面提高教育教学质量的同时，将建设“阳光体育示范学校”作为增强学生体质，促进学生综合素质提升的重要途径。学校以规范体育课程，提高教学质量为着力点，以加强师资队伍建设和开展教学科研为突破点，以开展体育活动为基点，建设特色项目为亮点，从制度、时间、质量上保证学校体育工作高质量地完成，并实现全校师生全面参与全面提升的目标。全体师生坚持每天35分钟的大课间活动，坚持每天1小时的体育锻炼，大课间体育锻炼内容包括跑操、啦啦操、健身操、跳绳、体能训练等。为保证体育运动开展的专业性和趣味性，学校将棋课、国学、陶艺等作为正式课程，并在选修课和社团中加大体育及健康教育活动的比例。2013年，学校师生获全国、省、市

3月28日，七中万达学校安全疏散演练

10月29日，七中万达“问题对话教学”课题组向市区教科所领导汇报课题阶段性研究成果

多项荣誉，成功创建四川省阳光体育示范学校。

【成都市第三十三中学“体育、艺术2+1项目”】 成都市第三十三中学将“体育、艺术2+1项目”融入课堂教学，发挥课堂教学的“主渠道作用”，提升课堂效益、打造幸福教育。学校建成篮球、乒乓球、田径、书法、版画、川剧、围棋、科创、舞蹈、文学等社团，通过开展课外体育、艺术活动，形成体育、艺术传统优势项目，形成川剧艺术进校园特色，保持成都市体育传统项目学校称号，并被授予成都市川剧艺术特色学校、四川省阳光体育示范校和全国非物质文化遗产校园传承研究项目学校称号。

【成都市通锦中学国际交流活动】 成都市通锦中学重视学校教育国际化工作，加强与发达国家及地区的教育合作交流，促进学生的全面发展，成为法国南锡大学、加拿大伦敦国际学院、韩国湖原大学、香港科技大学等国内外高校的生源基地，与新西兰Kapiti College结为姊妹校，与美国马里兰州圣玛丽瑞肯学校等四所高中进行长期文化交流。2月9日，通锦中学师生12人赴新西兰Kapiti College进行为期11天的游学活动。3月12日，美国乔伊基督中学、圣玛丽瑞肯中学、赖斯纪念中学、主教麦克纳马拉高中访问通锦中学，双方就建立友好学校及合作交流事宜进行深入沟通。3月21日，韩国湖原大学国际交流教育院访问通锦中学，双方签订《中国成都市通锦中学与韩国湖原大学合作交流协议书》。

【成都市金牛中学德育活动】 8月，成都市金牛中学改扩建完成，学校硬件设施更加完备，办学条件完

善。学校围绕“创品牌学校，办优质教育”的目标，确立“为幸福人生奠基，为快乐成长铺路”的工作思路，以活动为载体，以促进校风建设为中心，狠抓德育教育，定期举行体育运动会、篮球赛、美术作品展、书法比赛、汉字听写大赛、歌咏比赛、元旦晚会等文化体育艺术活动，丰富学生的课余生活，提升品格，陶冶情操，为树立文明、健康、活泼的校园新形象新风貌打下良好基础。同时，学校开展社会实践课程，把劳动实践、文明礼仪、生命安全、法制教育等内容融入课堂，增强学生爱劳动、懂礼仪、珍惜生命、遵纪守法的意识，提高学生适应社会的能力。

【成都市金牛实验中学“立人”教育体系】 成都市金牛实验中学校在继承办学实践的基础上，以“人”的发展为根本出发点，形成以立人教育文化、立人课程、立人课堂、立人德育、立人师资等为主要内容的立人教育思想与教育体系。学校以“养浩然之气，强立身之本”为校训，秉承“立人教育”思想，建构起较为完善的立人教育文化体系；基于对课程价值的追求，学校通过国家课程校本化、德育活动课程化、社团选修课程特色化建设，建构起立人课程体系；基于对优化课堂结构的研究，建构起以重视学科文化建设、提升学科素养为本质，以“自主、导学、行知、铸魂”为特征的立人课堂；基于对德育创新的追求，建构起以德育主题教育课程、社会实践课程、主题活动课程、“立己达人”学生领导力提升课程为载体，兼顾不同年龄学生特点的具有立体性的立人德育体系；基于对学校可持续发展的关注，学校建构起以优化教师发展文化为基础、以校本研修为载体、以课题研究为平台、以“青蓝”工程和名师培养工程为路径的立人师资建设体系。

【成都市洞子口职业高级中学校（成都市第四十四中学）创新德育体系】 成都市洞子口职业高级中学（成都市第四十四中学）在创建四川省学生内务管理示范学校过程中，提出“以德树人、德育在实”的理念，围绕学生成长“一个必须、两个要求、三个学会”（必须守法，要有特长和技能，学会交往、学会做事、学会感恩）的目标，通过行政干部区域督查责任制、班主任的班级量化考评机制、学生导师工作制度和学分制管理，使“人人都是德育工作者”的理念真正得以实现，实现“全员育人、全程育人、全面育人”的目标，形成学校德育工作的特色和亮点，为学校教育教学质量提升奠定基础，受到家长和学生好评。2013年，学校被评为四川省学生内务管理示范学校。

【成都七中八一学校成为军地联合办学样板学校】 3月，成都七中教育集团领办西藏军区成都八一学校有关事宜。同时，更名为成都七中八一学校。4月，成都市教育局下发《关于印发推进成都七中八一学校办学工作计划的通知》。6月，金牛区为学校公开招聘教师14名。8月，成都七中和西藏军区驻川办事处正式签订联合办学协议，正式任命史玉川任成都七中八一学校校长、王才金任副校长。

（李忠明）

卫　生

概　述

2013年，金牛区有各类卫生机构662个（包括驻区内中央、省、市、区的医疗机构），其中医院42个、门诊部43个、社区卫生服务中心（站）23个、妇幼保健机构1个、个体诊所549个、疾病预防控制中心2个、卫生执法监督大队2个。截至12月，全区建成国家级示范社区卫生服务中心1个、省级示范社区卫生服务中心（站）3个。金牛区作为全国社区中医药先进单位，有四川省中医特色社区卫生服务机构2个（营门口、沙河源）、成都市中医特色社区卫生服务机构12个（所有社区卫生服务中心均是）。

2013年金牛区基本医疗卫生情况

项　目	2013年	2012年
总诊疗病人	719万人次	741万人次
住院病人	21万人次	21万人次
病床	9806张	9663张
每千人口平均占有病床	8.16张	8张
卫生专业技术人员	11265人	10810人
每千人口拥有卫生专业技术人员	9.37人	9人
执业医师、助理医师	4240人	4059人
注册护士	5143人	4872人
每千人口拥有医生数	3.5人	3.38人

续表：

项 目	2013年	2012年
每千人口拥有护士数	4.3人	4.06人
执业药师	718人	619人
技师	524人	489人
其他（含见习人员）类	640人	771人
高级（正、副高）（占比）	50（10.8%）	47人（12.9%）
中级（占比）	189人（40.9%）	128人（35.1%）
初级（占比）	223人（48.3%）	190人（52%）

2013年金牛区传染病发病情况

项 目	2013年发病数（发病率）	2012年发病数（发病率）
甲类	0	0
乙类	1436例（119.98/10万）	1578例（133.5/10万）
丙类	3137例（262.11/10万）	3508例（296.8/10万）

全年孕产妇死亡率17.7/10万（1例死亡孕产妇，经专家鉴定为不可避免死亡），婴儿死亡率4.81‰。人均期望寿命78.04岁，其中男性75.61岁、女性80.78岁。

（黄知明　赁涵冰　彭　敏　刘洪明　唐　红　涂国平）

公共卫生

【医药购销治理】　金牛区认真开展治理医药购销领域商业贿赂长效机制建设，规范医疗机构招标采购行为，做到公开透明。严格药品集中招标采购制度，继续督促7家区属区级医疗机构与药招办签订药品集中招标采购合同，有800余个品种的药品参加集中招标采购，全年采购药品和耗材12550万元，网上集中采购10690万元，集中招标采购药品总金额占用药总金额的92%，预计药品和耗材总让利患者95万元。开展治理医药购销领域商业贿赂工作，拒收或退还红包50余人次，金额1.3万余元。

【医疗卫生体制改革】　*法人治理结构改革试点*　金牛区以金建人民医院为试点单位，建立以理事会为核心的现代医院法人治理结构，形成决策、执行、监督相互制衡的权力运行机制，落实公立医院独立法人地位，强化具体经营管理职能和责任，增强公立医院的生机活力。

公立医院综合改革试点　在成都骨伤医院进行公立医院综合改革试点，以破除“以药养医”为关键环节，以改革补偿机制和落实医院自主经营管理权为切入点，从管理体制、补偿机制、人事分配、价格机制、医保支付、采购机制、监管机制等方面探索新形势下公立医院运行机制。

7月，金牛区对全区12家游泳场所进行监督抽检

【疾病防控】　金牛区全年调查处理检诊疫情及疑似传染病、食物中毒18起，及时处理率100%。报告乙类传染病发病数1436例，发病率119.98/10万，丙类传染病发病数3137例，发病率262.11/10万。全年急性传染病（甲乙类）发病率控制在250/10万以内。发现活动性肺结核患者381例，其中新发涂阳病人120例，各项防治指标达标。加强血吸虫病防治，血防查螺工作，春秋季查螺面积61160平方米，未查出有螺。加强狂犬病犬伤门诊管理，登记处置犬伤9564例，注射人用狂犬疫苗接种率100%，注射狂犬病免疫球蛋白378人。国家免疫规划疫苗报告接种率99%。按现住址、现存活艾滋病感染者/病人878例，累计死亡117例，2013年新发现艾滋病感染者/病人244例，全区艾滋病防治专项目标完成100%。区疾控中心建立CD4细胞检测实验室，购置流式细胞仪并投入使用。推进区疾控中心标准化建设，《金牛区疾病预防控制中心标准化建设实施方案》完成政府审批，2013年新配置人员4人。2012年12月—2013年3月，国家脑卒中高危人群筛查和干预项目在人民北路、西安路、抚琴3个试点社区启动，期间完成12066名高危人群筛查、体检，对筛查出的疑似脑卒中患者进行规范化治疗和干预管理，对高危人群进行针对性干预指导和定期随访，对低危人群进行健康干预管理，改变不良生活方式，延长寿命，提高公众生活质量。

【妇幼保健】　金牛区落实孕产妇住院分娩补助政

策，全年补助费用5.1万元，对符合政策的100%给予补助；孕产妇系统保健管理率97.7%，高危孕产妇管理率100%，剖宫产率44.5%。婴儿死亡率4.81‰，5岁以下儿童死亡率6.69‰。产前筛查告知率100%，科学喂养知识普及率100%。全区妇幼保健一卡通建卡率95%以上。全区3岁以下儿童15539人，体弱儿童管理率100%，新生儿访视率100%，母乳喂养率87.9%。全区有1820名孕妇进行产前疾病筛查。有12家产科单位开展新生儿听力筛查，对9303例新生儿进行听力筛查，筛查率98.7%，筛查告知率100%。

【数字化管理预防接种门诊】 金牛区在营门口社区卫生服务中心建成全市首家数字化接种门诊后，陆续在全区范围内建成6家全数字化管理预防接种门诊。门诊实现集取号、预检、登记、接种、留观为一体的数字化服务。通过语音呼叫、屏幕显示等数字化电子信息形式，引导儿童家长按照服务流程完成预防接种。

【从业人员体检、办证系统建设】 11—12月，金牛区启动从业人员健康体检信息化管理系统和新版健康证系统建设。新建的从业人员健康体检信息化管理系统以数据传输和信息共享为平台，在每个从业人员体检工作流程上均进行系统管理和信息存储；新版健康证改变以往不防伪、易损坏等不足，受检者在全市任何一家受聘单位均有效，方便用人单位和受检者。

【金牛区区域卫生信息化平台建设】 依照国家法律法规及区域卫生信息化建设要求，通过万达信息项目组、久信监理公司和下属医疗卫生单位共同努力，完成中心端服务器安装、调试，各社区前置机服务器安装、调试，区域卫生信息平台的构建、部署，集中式公卫系统部署，7家社区成功上传数据至区县平台及接入市平台工作，平台机房建设和系统集成调试验收工作。

【爱国卫生工作】 *社区院落环境卫生改善* 区卫生局牵头组织全区109个社区对1950余个院落实施环境整治和清洁管理，进行每半月的检查测评和排名，对存在突出问题的院落下发《督办通知》和跟踪督查。下发《督办通知》28份，督办问题院落82个。与区文明办共同实施对全区100个老旧院落实施文明院落打造工程，通过对全区开展院落环境清洁管理和100个老旧院落环境打造，居民群众反映强烈的院落环境问题得到一定程度的改善。

灭鼠防病除害 结合城乡环境综合治理，开展以灭鼠为重点的防病除害工作，全年投放灭鼠毒饵20000余千克，使用毒饵盒2.2万个。

全民健康教育活动 结合各种卫生日开展健康教育主题活动，组织全区开展宣传咨询活动6次，悬挂大幅标语12条，展出展板40块次，为群众义诊3260余人次，免费测量血压2600余人次，接受健康咨询10000余人次，发放各种宣传资料30000余份。到辖区、单位、学校进行健康教育活动，组织医务人员20余人次，开展义诊、咨询、健康教育公益讲座、健康知识巡展等活动3次，发放宣传资料3000余份。

【中医药事业】 金牛区全年以社区卫生服务中心、站为主体，以区中医医院为龙头，中医专科医院、区妇幼保健院中医科等中医集中诊疗区为支撑，社会资本举办的中医医疗机构为补充的基层中医药服务网络基本建立。全区社区卫生服务中心和大部分社区卫生服务站都能够提供中医药服务，基层医疗机构中医药服务量45%以上。全区各综合医院、区妇幼保健院建立规范化的中医科、中药房和中医集中诊疗区。按照中医药健康管理服务路径，将中医药服务相关内容纳入城乡居民健康档案管理，开展以中医体质辨识为主要内容的健康风险评估和健康评价。推进区中医医院的“治未病”中心平台建设，建立“治未病”分中心或诊室。推进中医适宜技术的应用和“冬病夏治”“冬令进补”“冬病冬治”等特色中医疗法。

【公共卫生应急管理】 金牛区针对突发公共卫生事件及新发传染病和重点传染病防治，完善“非典”、人禽流感、霍乱、“甲型H1N1流感”、食物中毒、肺结核、手足口病、血吸虫病、鼠疫等24种应急预案、工作和技术方案。突发公共卫生事件处理率100%。调查处理检诊疫情及疑似传染病、食物中毒18起，及时处理率100%。全区无突发公共卫生事件报告。举办应急演练两次，开展卫生应急知识和传染病防控工作培训52次，完善卫生应急储备库，提高公共卫生应急处置能力，全年无突发公共卫生事件发生。

【无偿献血】 金牛区落实无偿献血和临床用血责任制，辖区内临床用血100%由无偿献血者提供，全年未发生经血液途径传播传染病事件。“4·20”雅安芦山地震发生当天，区献血办立即向全区各单位发出应急献血倡议，全区社会各阶层人员前往成都市血液中心和城区中心各献血屋献血，保证地震伤员的急救用血。全区全年采集献血4665人次，比上年同期增加719人，增长率18%；采血量1691300毫升，增长率20%。

【卫生执法】 金牛区对558家注册医疗机构进行日常监督检查，监督覆盖率100%，对存在违法违规行为的29家医疗机构实施行政处罚，其中警告4家、罚款25家，罚款金额93243元。对住宿场所、沐浴场所、游泳场所和美容美发场所实施卫生监督量化分级管理，对存在违法违规的21家公共场所单位和2家供水单位实施行政处罚，罚款24200元。开展春、秋季学校卫生、公共场所卫生、打击非法行医等29个专项整治工作，联合街道开展32次集中整治，出动车辆51车次，出动执法人员195人次，取缔无证诊所59家次。

【行政审批】 全区全年受理卫生行政许可2294件，同意许可1998件，不同意许可225件，完成许可2223件，其中公共场所许可1166件、生活用水许可32件、放射卫生许可11件、母婴技术服务单位15件、母婴个人157件、医疗机构行政审批466件、医师注册变更297件、护士注册变更79件。卫生行政许可审批工作现场办结率、按时办结率、群众评议满意率均为100%。

【金牛区与成都中医药大学附属医院签署社区卫生合作框架协议】 11月12日，金牛区与成都中医药大学附属医院签署社区卫生合作框架协议。根据协议要求，双方将在双向转诊、绿色通道、信息共享、专家进社区、技术帮扶等方面进行合作。此次战略合作框架协议为金牛社区卫生发展注入新的活力，让金牛百姓在家门口就能享受到三级甲等中医医院的医疗服务。

（黄知明 赁涵冰 彭 敏 刘洪明 唐 红 涂国平）

医疗服务

【医疗资源结构优化】 2013年，金牛区编制完成《金牛区北改医疗机构设置规划（2013—2017）》，通过调整区域卫生规划布局，构建全域覆盖、均衡发展的公共卫生服务体系和基本医疗服务体系，提升区域医疗卫生服务水平。强化民营医疗机构建设发展，鼓励社会资本举办医疗卫生机构。全年新审批民营医疗机构47家，其中综合性医院1家，社区卫生服务站1家，门诊部、诊所等45家。

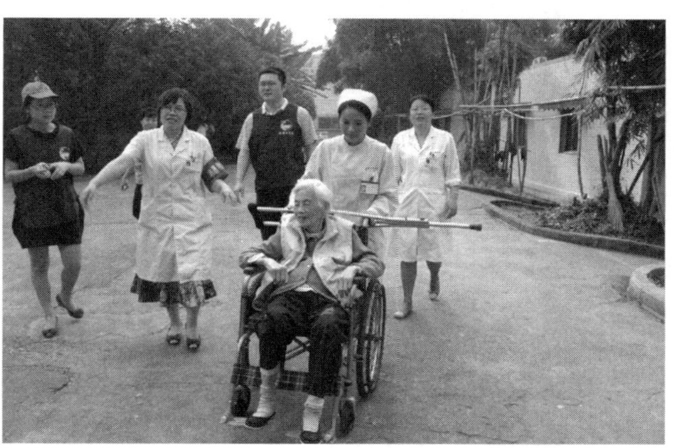

10月13—19日全国大型义诊活动周，区卫生局组织开展以“服务百姓健康行动”为主题的大型义诊活动

【医疗服务与保障】 “2013年医疗服务与质量检查”专项督导 金牛区对区属及局注册24家医院按照《医疗服务与质量督导检查评分标准》进行全面检查。通过推进“医院管理年”“医疗质量万里行”“三好一满意”等活动加强医院质量管理。

优质护理岗位示范 辖区二级以上医疗机构全部开展优质护理示范岗位服务，开展优质护理的病区数66个，占总病区数的80%以上。

医疗窗口行业软件提升 全系统投入5万元，有10家医疗机构重新制作公共标志5600余个。

重大活动医疗保障 全区全年医疗保障108次，出动医务人员216人次，救护车108车次。

“4·20”地震救援 全区医疗机构收治地震住院伤员12人；派往地震灾区的各医疗队累计巡诊14786人次，累计开展心理干预8136人次；接收急救箱、绷带、氧气袋等急救器材、急需药品、消毒药品、轮椅等医用物资及婴儿奶粉、婴儿尿不湿等灾区紧缺物资231件，累计折合价值38万元。派出6辆救护车，将征集捐赠的急需医用物资及时运往地震灾区。区属各医疗卫生单位、卫生系统全体干部职工为地震灾区捐款，全卫生系统捐款113893元。

【"金牛名医"工程】 金牛区制定《金牛区名医评选实施办法》，在区域范围内推出一批医术精湛、患者和群众普遍认可的、具有丰富临床经验、工作成绩突出的医疗技术带头人。借医师"多点执业"契机，引进、聘请大医院的知名专家、学科带头人到区内医疗机构执业。11月15日，第一届医学学术年会召开，表彰百余名医务人员近两年撰写的134篇论文（其中50%的论文已在国家核心医刊上发表）中的94篇优秀论文。拓宽人才引进渠道，通过公开招聘的方式，拦录10名急需短缺专业技术人才；通过公招方式，招聘19名专业技术人才；以重点考察的方式，拟引进卫生专业技术高级人才2名（正在进行中）。下属事业单位根据业务工作的急需和单位可持续发展的迫切要求，以自主招聘的方式引进本科生64名、护理等辅助科室大专或中专毕业生100余名。强化人才激励机制，采取公开竞争的方式，评选出区第七批突出贡献优秀专家3人，占区突出贡献优秀专家的10%，推荐上报区第八批突出贡献优秀专家10人。

【成都军区总医院改扩建工程】 项目位于天回镇街道大湾2、4组，土门2组，占地150亩，总建筑面积21万平方米，计划总投资11.35亿元，建设年限2013—2015年。2013年，项目拆迁农房35户，余9户农房、1家企业未拆迁。

【成都市建工医院安置拆迁】 成都市建工医院位于曹家巷一、二街坊棚户区改造地段。6月，成都市人社局与区政府签署移交协议。8月，双方现场清点核对验收移交资产，医院所属资产包括4329.6平方米（约6.5亩）土地，8460平方米房屋产权正式划归金牛区。截至12月，完成从成都市人社局整体接收安置该院的相关工作，接收安置在职在岗人员44人、离退休人员130人、聘用人员55人，接收房屋、医疗设备等资产价值8000万元，处置报废国有资产50万元；完成医院的拆迁等相关工作任务，拆迁医院（公产）5500平方米，医院职工宿舍（私产）56户；完成该院的补赔偿工作。

【金牛区人民医院引进美国氩氦刀项目】 氩氦刀是继射频消融治疗，微波，激光，超声聚集刀，伽玛刀等之后发展起来的肿瘤治疗高新技术。在治疗肺癌、肝癌、乳腺癌、肾肿瘤等实体肿瘤方面具有显著优势，代表世界肿瘤治疗最先进水平。氩氦刀治疗是完全的绿色疗法，微创治疗优势明显，治疗效果确切可靠。四川地区尚无氩氦刀治疗，2013年9月26日，医院引进项目。

【金牛区妇幼保健院收治弃婴】 9月24日下午6点，成都市金牛区妇幼保健院收治一名刚出生的婴儿，该婴儿出生后被父母遗弃在火车北站附近女厕马桶中，好心人发现后报警，并将孩子送到金牛区妇幼保健院儿科救治，全体医护人员立即接诊，开放绿色通道，给予全免费治疗，为该婴儿进行全身检查和新生儿的必要的辅助检查，同时予以新生儿特级护理及心电监护。成都各大媒体对此事进行连续跟踪报道。经过三天密切观察，婴儿生命体征平稳，医院派出医务人员配合警方将孩子送往成都市儿童福利院。

【成都骨伤医院社会经济效益双丰收】 2011年，医院建立腰椎间盘突出症、膝关节骨性关节炎、腰椎压缩性骨折三项成都市重点专病通过3年建设粗具规模，治疗人数逐年增长，年均治疗人数超过2.6万人，三项专病的治疗有效率93%，病人满意度96%，目前住院病人中超过半数为三项专病病人。其主要特色在于突出中医药特色和中医理疗优势，中医非药物治疗率较高，在弘扬祖国传统医学文化的同时，在群众中形成口碑效应和品牌优势。随着医院三项专病的建设发展，医院的经济收入逐年增加。同时，利用医院三项专病平台，建立起一套较为完善的人才培养体系，师承体系和科研体系。

【成都骨伤医院和金牛区中医院成功创建国家二级甲等中医医院】 11月11—15日，成都骨伤医院和金牛区中医院接受四川省医院等级评审专家组检查评审。专家组采取听取汇报、查阅资料、实地查看、抽查病历、处方、现场考核、个别访谈等方式，对创建工作进行评审。专家组一致认为创建工作思路清晰，目标明确，坚持突出中医药特色，走中西医结合道路的办院方向，坚持以提升服务能力为中心，突出质量、安全、管理、服务、绩效工作，两家医院18项核心指标全部合格，达到国家二级甲等中医医院要求。

【区人民医院】 区人民医院新建工程被列为四川省、成都市重点项目和金牛区北改重点项目，位于营门口街道茶店5、6组，占地约35亩，按照三级医院标准建设，总建筑面积11万平方米，其中地上7万平方米，地下二层4万平方米，设计床位700张，投入资金4.7亿元，建成后将全面承担区域医疗中心、健康管理中心、医学影像中心、医学检测中心和学术交流中心职能，成为区域内的医疗龙头单位。截至12月，各项准备工作基本完成。

【金牛区妇幼保健院】 区妇幼保健院是金牛区政府举办的具有公益性的公共卫生事业单位，是集医疗、保健、预防、康复、健康教育、科研教学为一体的国家级二级甲等妇幼保健院、爱婴医院，是金牛区妇女保健、儿童保健技术指导中心，金牛区产前筛查中心。获四川省“巾帼文明岗”、成都市妇女儿童事业突出贡献单位、成都市工人先锋号、成都市厂（事）务公开示范单位、成都市优秀人才示范岗等称号。2011年，按照三级医院标准新建金牛区妇幼保健院，地址位于九里堤片区，占地9亩，建筑面积17000平方米，开设床位200张。门诊开设有妇科、产科、儿科、儿童保健科、不孕不育、计划生育、妇女保健、乳腺保健等，预计年门诊接诊量达20万人次。住院部开设妇科、产科、儿科及新生科等病区，并拟建金牛区新生儿急救中心。配备有进口实时四维彩超、全自动生化分析仪、产前筛查诊断仪、腹腔镜、宫腔镜、DR等先进设备。项目被列为2013年金牛区北改重点项目，位于沙河源街道长月路，占地9.5亩，按照三级妇幼保健医院标准设计，总建筑面积1.8万平方米，设计床位200张，投入资金8600万元。截至12月，主体工程竣工。

【成都复兴医院】 医院是一所以治疗中晚期肿瘤的特色民营医院，是唯一一所拥有临床应用与实验研究相结合的民营医院，以“系统性仿生内控治疗”为核心技术，采用生物工程的原理自主知识产权无创肿瘤治疗。依托生物工程技术基础肿瘤研究平台，医院在全世界首创提出“恶性肿瘤投影学说”，树立医院独创的癌症基础理论，同时研发出具有完全自主知识产权的“新一代”癌症无创治疗解决方案，可降低放疗、化疗造成的损伤，甚至替代等放化疗等传统损伤性治疗法，具备成为新一类抗癌方法的巨大潜力，配合世界先进的高强度聚焦超声肿瘤治疗系统、深部热疗系统打造具有核心竞争力的无创治癌平台。通过三十余年的科研技术沉淀和发展，在系统性仿生内控治疗领域积累丰富临床经验，为中、晚期癌症病人提供优良的治疗体验和满意的放、化疗替代/巩固治疗方案。

肿瘤科是医院的重点科室，在医学学士、生物医学工程硕士、院长李显勇的带领下，经过对癌症30余年的研究和探索，开拓性地提出一种全新理论——恶性肿瘤投影学说，从一种全新的角度，较完整地阐释癌症的发生、发展与结局的关系，并在此基础上，研制出一种治疗癌症的新方法——仿生内控治疗，即仿造人体正常细胞分化调节程序，促进癌细胞分化，抑制癌细胞增殖，提高细胞抗病能力。配合该疗法的三种院内制剂分别是精氨酸口服液、仙鹤败酱胶囊、参黄胶囊，均获国家院内制剂批文，已进入临床使用，并纳入医疗保险报销范围。肿瘤科医护人员队伍中有高级职称3人、中级职称6人、初级职称10人，在治疗中、晚期癌症方面独树一帜，赢得社会的广泛认同。收治国内外晚期肿瘤患者3000余人次。经医院无创治疗方案治疗后，95%的癌症患者癌性癌痛大幅缓解，生存时间显著延长，生活质量得到提高。2004年，医院成为四川省唯一一家承担省级重大科技项目的民营医疗机构。

【成都玛丽亚妇产儿童医院】 医院由MARIA医疗投资集团参照国际JCI标准投资建设。医院创建于2011年6月7日，占地面积500平方米，医疗用床面积1.5万平方米，开放床位80张。医院引入FCMC等国际领先医护模式，在孕前、孕中、待产、分娩过程中进行全息跟踪，并为新生儿提供全面的监护保障。医院设置妇科、产科、计划生育科、医学影像学科，儿科等科室并配备专科医师，能够满足不同客户的需求；为客户提供多种中国及国际医保服务；拥有全球先进诊疗设备，为客户提供精准的诊疗服务；建设国际最先进的层流手术室，为客户提供优越、安全的手术环境。

【成都中医药大学附属医院（四川省中医院）】 医院创建于1957年，是中国最早成立的四所中医药高等院校附属医院之一，是集医疗、教学、科研、预防、保健、养生康复为一体的三级甲等中医院，全国示范中医院，国家中医临床研究基地，中医药国际合作交流基地，国家中药临床试验研究（GCP）中心，国家药物临床试验机构，全国中医眼病医疗中心，全国中医急症医疗中心，国家中医药管理局中医、中西医结合急诊临床基地和感染病临床基地。是西南地区临床学科门类最全、综合服务水平最高的区域中医医疗中心、科教中心和治未病中心。医院占地面积8万平方米，建筑面积20万平方米，编制病床2000张，有临床科室35个、医技科室9个、中医特色病区8个。2008年，医院被国家发改委与国家中医药管理局确定为国家中医临床研究基地建设单位，主要承担糖尿病的研究。医院拥有3个国家级重点学科（中医五官科学、中医妇科学、针灸推拿学），2个国家卫生部重点学科（中医眼科学、中医急诊学），13个国家中医药管理局重点学科（中医眼科学、中医妇科学、中医肝胆病学、针灸学、中医内分泌学、中医急诊学、中医耳鼻喉科学、中医老年病学、中医肛肠病学、推拿学、中医护理学、中医神志病学、中西医结合临床医学），6个国家卫生部临床重点专科（中医专业）建设项目（眼科、急诊科、传染病科、妇科、内分泌科、临床药学），8个国家中医重点专科项目（眼科、肾病科、妇科、急诊科、耳鼻咽喉科、推拿科、传染病科、脑病科），3个国家中医重点专科建设项目（内分泌科、肛肠科、皮肤科），2个国家中医重点专科培育项目（治未病科、临床药学），2个国家中医药管理局中医、中西医结合临床基地（急诊科、传染病），6个四川省重点学科（中医眼科、中医妇科、中医内科、中医外科、中医骨科、中西医结合内科），1个四川省医学重点学科建设项目（内分泌科），5个省级重大疾病防治中心（中风病防治中心、糖尿病防治中心、眼科防治中心、妇科防治中心、肝病防治中心），1个省级治未病中心，12个省级重点专科（肛肠科、针灸科、呼吸科、肝病科、心血管病科、脑病科、骨伤科、皮肤科、肿瘤科、脾胃病科、儿科、重症医学科）。医院有专科门诊30个，专病门诊35个，常年有300余名专家、教授在门诊为病员服务。医院设有名医馆，常年有名中医60多人在名医馆为病员服务。

医院有医疗设备总值3.12亿元，有MRI、X线C型臂数字化血管造影系统、准分子激光系统（鹰视酷眼）、全身CT、CR、DR、彩色超声波诊断仪、CCU、ICU、TTM、全自动细菌分析仪、全自动生化分析仪、尿沉渣定量分析仪、血细胞分析仪、全自动滑雪发光免疫分析系统、全自动特定蛋白分析仪、流式细胞仪、全能手术系统、腹腔镜、宫腔镜、电子肠镜、电子胃镜、超声外科吸引刀、维支气管内窥镜、全自动数字X线机、人工肾、体外循环机、共焦激光等万元以上医疗设备1730余台（件）。

医院有在编职工1172人，其中副高职称以上266人，中级职称334人，博士生导师48人，硕士生导师137人，享受国务院政府特殊津贴专家37人，国务院学位委员会中医中药学科评议组成员1人，国家百千万人才工程国家级人选1人，国家新药评审专家9人，国家有突出贡献中青年专家2人，四川省学术技术带头人11人，国医大师1人，四川省首届十大名中医3人，四川省名中医48人，四川省有突出贡献的优秀中青年专家15人，四川省有突出贡献卫生人才1人，四川省卫生厅有突出贡献中青年专家3人。

在对外教育方面，医院先后为30多个国家和地区培养4000多名中医药、针灸、推拿专业人才。近年来常年在医院短期学习的境外学生保持在300人左右，接待美国、德国、新加坡、韩国、葡萄牙、俄罗斯等30多个国家和地区的来访者6000余人次。作为四川省中医药对外交流的重要基地，医院在推动四川中医药走向世界的进程中发挥作用。

（黄知明　赁涵冰　彭　敏　刘洪明　唐　红　涂国平　林　威　钟　磊）

（审读：邓开龙）

科学·文化

SCIENCE AND CULTURE

科学技术

【科技创新】 全年组织各级科技计划申报科技创新项目、重大科技成果转化项目立项66个；实施区科技创新种子资金项目立项32个，资助金额225万元，这批科技项目将带动企业创新投入1.2亿元以上，项目完成后将实现年新增产值11亿元以上，新增利税3.3亿元以上。

【科技奖励】 金牛区全年有3个项目获国家科技进步二等奖，23个项目获四川省科技进步奖（特等1个、一等6个、二等2个、三等14个），13个项目获成都市科技进步奖（特等1个、二等3个、三等9个），6个专利获成都市专利奖（银奖3个、优秀奖3个）。

2013年金牛区入选四川省战略性新兴产业发展项目

所属领域	项目名称	承担单位
电子信息	四川商通云支付智能服务平台	四川商通实业有限公司
生物医药	成都利尔药业中成药及生物药品生产规模化项目	成都利尔药业有限公司
生物医药	国家一类新药-新型抗体类抗肿瘤血管生成药物-抗体融合蛋白（KH903）的研发	成都康弘生物科技有限公司

2013年金牛区获国家、省、市科技进步奖获奖项目

项目名称	承担单位
国家二等奖	
参附注射液品质控制与产业化关键技术应用	成都中医药大学
灸法治疗肠腑病症的技术与临床应用	成都中医药大学
高速铁路供电综合监控技术与装备	西南交通大学
四川省特等奖	
糖尿病微血管病变中医证效基础与临床循证研究	成都中医药大学 成都中医药大学附属医院
四川省一等奖	
高速铁路精密工程测量成套技术	西南交通大学 中铁二院工程集团有限责任公司
汶川地震次生山地灾害形成机理与风险控制	西南交通大学
区域林业碳汇（源）计量体系开发及应用研究	四川省林业调查规划院 四川省林业科学研究院
松龄血脉康胶囊系统性开发研究及产业化	成都康弘制药有限公司
缺血性心血管重构的基础及临床研究	中国人民解放军成都军区总医院

续表：

项目名称	承担单位
有毒中药毒性物质基础、作用规律与质量控制示范研究	成都中医药大学
四川省二等奖	
大相岭泥巴山深埋特长隧道关键技术研究	西南交通大学
桑皮纤维开松工艺及设备研究	四川省丝绸科学研究院
四川省三等奖	
双喷嘴高效斜击式水轮机的研发	西华大学
1000MW超超临界火电机组油系统关键技术研究	西华大学
长大隧道关键施工技术及设备研究	中铁二局股份有限公司 西南交通大学
高速滑坡致灾机理及抢险加固技术研究	西南交通大学
林木轻型基质工厂化育苗技术研究与应用	四川省林业科学研究院
四川省缓解气候变化的措施及对生物多样性影响评估	四川省林业科学研究院
黄连功效相关的品质评价与应用开发研究	成都中医药大学
白芷绿色加工技术与创新药物开发研究	成都中医药大学
藏药波棱瓜子抗肝炎药效物质基础研究与评价	西南交通大学 成都中医药大学
鼻窦炎中西医结合基础与临床研究	成都中医药大学 成都中医药大学附属医院
基于“输原开合”的脑损伤认知功能障碍的机制及临床应用研究	中国人民解放军成都军区总医院
杨家林临床经验、学术思想研究	成都中医药大学附属医院
不同取穴方法治疗偏头痛的优化方案评价研究	成都中医药大学
基于虚拟现实的搜爆与排爆训练系统	西南交通大学
成都市特等奖	
糖尿病微血管病变中医证效基础与临床循证研究	成都中医药大学 成都中医药大学附属医院
成都市二等奖	
基层医疗机构中医特色诊疗数字系统研究与开发	成都中医药大学
墙体自保温烧结制品生产应用技术研究	四川省建材工业科学研究院
扣件式钢管作建筑大体积混凝土多层钢筋支撑及降温管施工技术研究	成都市第六建筑工程公司
成都市三等奖	
隧道（洞）仰拱模板台车与TBM联合作业的设计与研究	中铁西南科学研究院有限公司
200吨/年锂离子电池磷酸铁锂正极材料中试研究	四川省有色科技集团有限责任公司
名老中医临床经验学术研究	成都中医药大学 成都中医药大学附属医院
基于WOSA/XFS标准的对公票据自助系统研发	成都三泰电子实业股份有限公司
新场构造须家河组四段气藏综合评价研究	中国石油化工股份有限公司西南油气分公司勘探开发研究院
工具式支架定位混凝土楼板上部筋施工技术研究	成都市第六建筑工程公司
补肾填精法调控辐射损伤ATM/ATR通路的研究	成都中医药大学 成都中医药大学附属医院
不同取穴方法治疗偏头痛的优化方案评价研究	成都中医药大学
鼻窦炎中西医结合基础与临床研究	成都中医药大学 成都中医药大学附属医院

【知识产权保护】 金牛区加大知识产权行政执法工作力度，贯彻实施知识产权法律法规，重点推进商贸流通领域的知识产权保护工作，加强知识产权检查，维护正常市场竞争秩序。四川建设机械（集团）股份有限公司、成都康弘药业集团股份有限公司被认定为第一批国家级知识产权优势企业，中铁西南科学研究院有限公司、成都三泰电子实业股份有限公司和西华大学被认定为第三批四川省知识产权优势培育企业，成都华西化工研究所股份有限公司被认定为第三批四川省知识产权试点企业。

【专利工作】 2013年，全区专利申请量突破3000件大关，全年专利申请量3229件，其中发明专利974件、企业专利1772件，分别比上年增长19.3%、31.1%、27.6%。全年资助专利1255件，金额197.6万元。对符合成都市及金牛区产业政策，经济效益好、有较好的市场前景的10个专利转化项目安排专利转化项目资金55万元，实现专利转化产值77.83亿元，比上年增加8.9亿元，增幅12.9%。

2013年金牛区获成都市专利奖项目

专利名称	专利类别	专利号	专利权人
银　奖			
养分平衡剂及其生产工艺	发　明	ZL200710050488.9	四川通丰科技有限公司
自动滚印盖章装置	发　明	ZL201010109345.2	成都三泰电子实业股份有限公司
从混合气中脱除和回收二氧化硫的吸收剂	发　明	ZL200710048743.6	成都华西化工研究所
优秀奖			
一种LED的聚苯硫醚复合导热材料的制造方法	发　明	ZL201110261271.9	四川瑞安特电子技术有限公司
人富血小板血浆的制备及在人间充质干细胞分离培养中的应用	发　明	ZL201110344464.0	四川新生命干细胞科技股份有限公司
降温管网兼做建筑底板多层钢筋支撑架的方法	发　明	ZL201210044299.1	成都市第六建筑工程公司

【科普组织】 11月22日，金牛区科协四届二次常委会暨四届三次全委会召开，根据区委提名，同意张晓静不再担任专职副主席职务，选举高新万为四届科协委员、常委、副主席。截至12月，金牛区科协有团体会员37家，其中街道地区科协15家，区级学会、协会14家，企业科协8家。

【科普项目】 按照《成都市金牛区科学技术协会科普项目申报与管理暂行办法》，邀请相关专家对申报的13个科普项目进行评审，确定对12个项目给予70万元的资金扶持。

2013年金牛区科普资助项目

序号	项目名称	第一承担单位
1	金牛区科普学校“健康中国梦”系列科普讲座	金牛区科普学校
2	金牛区现代商贸业发展对策研究	金牛区委办公室
3	金建小学校国家级人工气象站科普场站	成都市金建小学
4	九里堤北路社区科普文化走廊	九里堤街道九里堤北路社区
5	未成年人科普教育基地	人民北路街道地区科协（金仙桥社区）
6	手机有毒，我们怎么办	成都市张家巷小学
7	小小发明让城市更文明	成都市荷花池小学
8	寻找“主食”的奥秘	成都市北站小学
9	防伪印刷技术交流推广项目	成都金瑞通实业股份公司科协
10	迎宾路小学本地水产养殖	成都市迎宾路小学
11	石油钻井远程监控中心	成都宏天电传工程有限公司科协
12	应急救护知识普及及培训	金牛区企业联合会

【科普阵地】 全年建标准科普画廊19处，社区标准科普宣传栏105处，科普教育（示范）基地7处。新改建社区科普宣传栏20个，新建科普画廊1座。全区中小学校建成省级科技示范校1所、市级科技示范校6所、市级科技基点校14所。四川建设机械股份有限公司成功建立成都市院士（专家）工作站。在全市率先建立15个科普网络书屋。

【科普活动】 开展以“保护生态环境，建设美丽中国”为主题的科普日活动。科普日活动期间，全区各级科协及科普教育基地开展“低碳环保健康路径骑行”、茶文化科普体验等40多项科普宣传活动，全区范围内的所有科普教育基地对外开放展示。组织辖区科普文艺团体参加成都市第九届社区科普文艺创作汇演，其中《科学养生都快活》获一等奖、《科普知识进万家》获二等奖；编印

西安路街道“科技之春”科普宣传月活动

科普宣传活动

金牛科普系列丛书《品味科普——秋季篇》1万册，免费向基层科协、社区群众和党政干部发放。成都市北站小学科技小社团科技创新实践活动“探寻‘主食’的奥秘”获四川省第28届青少年科技创新大赛一等奖；成都市金建小学被命名为四川省校园气象科普教育基地；成都市茶店子小学被命名为中国少年科学院科普教育示范基地。金牛区通过全国科普示范区中期复查验收及中科协“十二五”全民科学素质行动计划纲要中期评估。

【企业技术中心】 新增成都宏天电传工程有限公司、四川新生命干细胞科技股份有限公司等10个市级企业技术中心，新增四川省有色科技集团有限责任公司为省级企业技术中心，新增成都天奥电子股份有限公司为国家级企业技术中心。截至12月，全区拥有企业技术中心37个，其中国家级5个、省级16个、市级16个。

【金牛区科技顾问团】 10月，金牛区科技顾问团完成换届，成立第五届科技顾问团，科技顾问成员20名，由省、市级有关业务部门及驻蓉大专院校、科研院所和辖区企业的领导和专家组成。20名顾问中有学术界人士10名，占50%；产业界人士5名，占25%；省、市有关部门5名，占25%。

【全国科技进步考核先进区】 11月15日，金牛区通过科技部组织的2013年全国县市科技进步考核，被表彰为2013年全国县（市）科技进步考核先进区，杨林兴、苏鹏、王堃等被表彰为2013年全国县（市）科技进步考核先进个人。

【国际科技合作项目】 成都三泰电子实业股份有限公司、成都华西化工科技股份有限公司申报国际科技合作项目，获得市科技局立项。

【国家可持续发展先进示范区】 2013年，金牛区完成《成都市金牛区国家可持续发展先进示范区建设规划（2013—2017）》的编制；完成国家科技部863高科技研究计划课题立项支持的“成都市金牛区凤凰二沟湿地生态治污工程水蚯蚓原位消解污泥示范项目”、“十二五”国家科技支撑计划课题重点项目立项支持的“成都市金牛区典型建筑低碳发展关键技术集成研究与示范项目”、四川省科技支撑计划课题和成都市软科学课题立项支持的“成都市金牛区国家可持续发展先进示范区指标体系及溢出效应研究”；在五块石街道、抚琴街道、人民北路街道实施数字化社区示范项目；新建西南交通大学磁浮列车与磁浮技术实验室、金牛区凤凰二沟湿地生态乐园等成都市科普教育基地2家，五块石街道大西南茶叶城、抚琴街道金沙社区和人民北路金仙桥社区等街道社区科技信息服务站3家；联合西南交通大学、成都线上田园科技有限公司成功申报国家科技惠民计划课题项目“成都市金牛区可持续发展发展社区管理与服务科技惠民综合示范项目”，获国拨资金950万元支持，省财政配套资金950万元支持。科技部中国21世纪议程管理中心领导和专家到金牛区开展调研，示范区建设工作获领导和专家好评。

2013年金牛区新增国家、省市科技计划项目汇总情况

序号	项目类别	项目名称	承担单位
1	2013国家科技部农业科技成果转化资金	猪用抗菌肽新技术成果转化及中试示范	成都市金之源生物技术有限公司
2	财政部2013年科技型中小企业技术创新基金	第二代BIK电磁兼容预测试系统	成都必控科技股份有限公司
3	财政部2013年科技型中小企业技术创新基金第二批项目补助资金	铁路货运站安全监控及生产管理系统	成都货安计量技术中心
4		氮氧化钛基金属陶瓷刀具的研发及产业化	成都美奢锐新材料有限公司

续表：

序号	项目类别	项目名称	承担单位
5	财政部2013年科技型中小企业技术创新基金第二批项目	补助资金	成都移联创科技有限公司
6	四川省2013年第一批科技计划项目	轨道交通产业技术转移平台能力建设	成都西南交大技术转移中心有限公司
7		灭弧阻燃型长寿命压敏电阻器产业化生产	成都铁达电子有限责任公司
8		防水保温绿化卷材	四川省励耘生态材料有限公司
9		高效有机多元微肥新产品通丰植物营养液、养分平衡剂成果转化	四川通丰科技有限公司
10		新型HIV无创快速检测试剂产业化	成都协和生物技术有限责任公司
11		小包装中药饮片创新技术研究及其产业化基地建设	四川省中药饮片有限责任公司
12		连续式铁粉过滤除氧的方法及连续式铁粉过滤除氧器成果转化	成都富华水处理设备有限公司
13		活塞式无站用储气系统CNG加气子站成果转化	四川金星压缩机制造有限公司
14		BF-VERE防护网	四川省励自生态技术有限公司
15	四川省2013年第二批科技计划项目	“静音钢轨”技术成果应用与产业化	中铁二院工程集团有限责任公司
16		四川省轨道交通科技成果转化服务平台建设	中铁二院工程集团有限责任公司
17		新型油改电节能装备HTYGD-ECH-A-70	成都宏天电传工程有限责任公司
18		基于WOSA-XFS标准的CTM系统	成都三泰电子实业股份有限公司
19		万吨级粗粮膨化食品现代化生产技术集成与产业化开发	四川徽记食品股份有限公司
20		脐带血造血干细胞技术成果转化项目	四川新生命干细胞科技股份有限公司
21		西南交大国家大学科技园成果转化平台	成都西南交大科技园管理有限责任公司
22		融合抗菌肽在奶牛饲料中的应用技术研究	成都市金之源生物技术有限公司
23		年产1000台/套七达余热回收系统技改扩能研究项目	四川七达节能环保科技有限公司
24	2013年成都市科技型中小企业技术创新基金项目	面向生物医药领域的连续式膜分离装置	成都连接流体分离科技有限公司
25		边远散井小气量天然气微型撬装回收技术及装置	四川金科深冷设备工程有限公司
26		基于LBS和webGIS的3G智能OTA终端系统软件	成都捷订通科技有限公司
27		铁路货运站安全监控及生产管理系统	成都货安计量技术中心
28		新型HIV无创快速检测试剂	成都协和生物技术有限责任公司
29		小波频谱分析振动消除应力系统装置	成都海讯科技实业有限公司
30		基于无线通信的城市公共停车场集中管理系统平台及手持智能终端	成都辛为科技有限公司
31		防作弊灌浆自动记录仪	成都中大华瑞科技有限公司
32		大功率发动机气门导管的柔性制造系统	成都天回气门导管制造有限公司
33	2013年成都市第三批科技计划项目	康柏西普眼用注射液	成都康弘生物科技有限公司
34		脐带间充质干细胞	四川新生命干细胞科技股份有限公司
35		24小时快递自助服务系统“速递易”	成都三泰电子实业股份有限公司
36		基于3G网络化智能动态监测系统	四川拓普测控科技有限公司
37		小波频谱分析振动消除应力系统装置	成都海迅科技实业有限公司
38		屋面防水保温绿化卷材	四川省励耘生态材料有限公司
39		生态固坡网	四川沃尔宜环保科技有限公司
40		Led室内智能筒灯照明灯具	四川瑞安特电子技术有限公司
41		ATM智能防撬安全门系统	四川辰星电子有限公司
42		天使投资创业补助	成都移联创科技有限公司
43		西南交大科技园大学生创业服务中心创业苗圃	成都西南交大科技园管理有限责任公司

续表：

序号	项目类别	项目名称	承担单位
44	2013年成都市第三批科技计划项目	成都金牛区青年（大学生）创业园服务中心创业苗圃	成都金牛高新技术产业园区创新中心
45		凤凰河二沟人工湿地	成都元泽环境技术有限公司
46	2013年成都市第二批科技计划项目	复方创新中药肾苓颗粒成果转化项目	四川禾正制药有限责任公司
47		1000吨/年高端装备制造粉末冶金材料产业化	四川省有色科技集团有限责任公司
48	2013年成都市第四批科技计划项目	高速动车组关键零部件国产化研发	四川城际轨道交通材料有限责任公司
49		铁路钢轨大型铣磨车用铣磨刀片	四川广正科技有限公司
50		新型高效络合系列微肥的开发应用	四川通丰科技有限公司
51	2013年成都市第五批科技计划项目	燃煤烟气一体化净化工程技术的开发	成都华西化工研究所股份有限公司
52		支票扫描多票箱项目	成都三泰电子实业股份有限公司
53		口腔粘膜渗出液人类免疫缺陷病毒抗体检测试剂盒	成都协和生物技术有限公司
54		第二批成都市知识产权示范复核合格企业	成都三泰电子实业股份有限公司
55		第二批成都市知识产权示范复核合格企业	成都康弘药业集团股份有限公司
56		第二批成都市知识产权示范复核合格企业	四川金星压缩机制造有限公司
57		第二批成都市知识产权示范复核合格企业	四川建设机械（集团）股份有限公司
58		第二批成都市知识产权示范复核合格企业	成都通力集团股份有限公司
59		密集绝缘母线干线系统（密集绝缘母线槽）	成都通力集团股份有限公司
60	2013年成都市第六批科技计划项目	无创产前基因检测技术研发	四川新生命干细胞科技股份有限公司
61		组合料地下渗滤系统处理农村生活废水的研究	四川景星环境科技有限公司
62		成都市污泥无害化处理技术优化及工艺研究	四川金海环保工程股份有限公司
63	2013年成都市第七批科技计划项目	铁路基础设施及运营环境自动检测预警系统	中铁二院工程集团有限责任公司
64	2013年成都市第八批科技计划项目	铁合金冶炼炉低压分相无功补偿装置	四川晨龙航天电器设备有限公司
65		XZ系列新型选钛捕收剂	四川晶大矿业科技有限公司
66		基于移动互联技术数字出版解决系统及交互内容制作系统	成都移联创科技有限公司

（梁　平）

文化事业

群众文化

【国家公共文化服务体系示范区创建】 金牛区出台《关于深入开展国家公共文化服务体系示范区创建工作的实施意见》，明确金牛区创建工作的组织领导和阵地建设、人员配备、经费保障等方面的刚性要求；区设8个部门联合制定了《关于认真贯彻落实区委、区政府创建工作实施意见有关具体事宜的通知》。在区财政资金中设立政府采购公共文化服务专项经费200万元，专项资金用于购买广场音乐会演出6场次、社区公益讲座40场次、社区电影放映337场次、文化直通车进校园22场次、文化惠民演出32场次、美术书法摄影展15场次等各项公益活动，并送到各街道、社区和学校，受到社区群众和学校师生的好评。11月6日，成都市被正式命名为国家公共文化服务体系示范区。

【书香金牛】 “书香金牛”活动出版2013年《书香金牛》（春之卷）（夏之卷）（秋之卷）（冬之卷），并于4月22日“世界读书日”在区图书馆举行“金牛区‘4·23世界读书日’系列活动暨‘书香金牛’第二届‘十佳’读书之星”颁奖仪式，在全年40名获奖读者中评出10名“十佳”读书之星。

【公共文化设施标准化建设】 区文化馆、图书馆建设 两馆均为国家一级馆，区图书馆建立全国文化信息资源共享工程金牛支中心，在各街道、各社区建立全国文化信息资源共享工程街道、社区基层服务点，在区图书馆、文化馆、街道和社区均建有标准配置的公共电子阅览室。新馆设计面积7000平方米，截至12月，完成项目立项、规划和设计。

区社区综合文化活动中心 全区14个街道（不含凤凰山街道）均建有500平方米以上的综合文化活动中心；在全区101个社区分别建有100平方米以上的社区综合文化活动室。中心和社区文化活动室均设多功能厅、活动展览室、图书阅览室、基层服务点（电子阅览室）、室外宣传栏等多项功能。坚持每周至少向公众免费开放5天、每天8小时以上，且节假日不休息。9月，在成都市第二次乡镇综合文化站评估定级的申报工作中，金牛区申报的9家综合文化活动中心全部通过评审，被评定为一级站5个，分别为黄忠、九里堤、沙河源、西华、金泉街道综合文化活动中心。二级站2个，分别为营门口和西安路街道综合文化活动中心。三级站2个，分别为人民北路和抚琴街道综合文化活动中心。

【公共文化“百千万工程”】 按照成都市提出的“构建百所市民文化艺术学校（辅导站），千名以上持证上岗的文化专业辅导员队伍，形成上万人的文化志愿者队伍”的公共文化教育辅导网络体系建设要求，2013年，全区社区文化辅导员已达517人，业余文艺团队达340支。组建了“成都市文化志愿者协会金牛分会”，共有文化志愿者1400余名，占我区常住人口比例的千分之一。2013年，已举办“金牛区2013年社区文化辅导员（文化志愿者）业务知识培训”共13场次，培训内容包括美术、合唱、曲艺、非遗、书法、广场舞、摄影、百姓故事会、音乐赏析、读书笔记、共享工程等，共培训人员1200余人次。

2013年，“成都市市民文化艺术培训学校金牛分校”共开设“曲艺、舞蹈、书法、体育、声乐、美术、音乐、文学”8个专业类别，含“方言表演、中国舞、书法、合唱、太极拳、国学、民俗文化”等14个公益班，全年共举办4期，共培训人员达16203人次，为提升广大社区群众的文艺鉴赏能力和带动更多的社区群众参与群众文化活动打下了坚实的基础。

【公共文化经费】 全年文化事业经费投入2882.4万元，比上年增长1.2%。区文化馆、图书馆根据专业设置需求，面向社会公开招聘事业单位工作人员，专业人员占比80%以上。全区14个街道综合文化活动中心均配备3名以上工作人员（其中主任1名、区文化部门直管的文化专干1名、街道抽调人员1名以上）。101个社区综合文化活动室均配备1名以上的兼职社区文化辅导员（其中1名享受财政补贴）。全区社区文化辅导员517人，业余文艺团队376支。

【“文化惠民”四大品牌活动】 交响金牛—广场音乐会 3月22日、4月19日、5月24日、6月9日、9月13日、10月18日在和谐金牛广场举行6场交响金牛——金牛区文化惠民工程广场音乐会，观众2万人余次。

文化金牛大擂台 4月25—26日，金牛区群众音乐大赛总决赛区文化馆举行。7月12日，群众舞蹈大赛在区文化馆举行。9月24日，广场舞大赛在金泉街道金科苑社区广场举行。10月25日，曲艺大赛在人民北路街

美术培训班

金牛区自创精选节目巡演

道锦西广场举行。全区近400余支业余文艺团队和上千名文艺爱好者参加社区、街道的层层选拔，推选出164支文艺团队和305名个人共4000余名参赛选手参加全区总决赛，评出“十佳十优业余文艺团队”20个、“十佳十优群文演艺之星”20名、“十佳十优群文书画摄影之星”20名。

金牛社区公益大讲台　全年在区图书馆多功能厅举办24场，在金泉、沙河源、天回镇、西华4个涉农街道开展“养生保健”、“安全防范”、“饮食营养”、“心理健康”巡讲4季、16场，共计40场。

金牛社区电影大看台　全年放映电影337场，映前宣传674场次，观众16.85万人次。

【文艺创作】　2月1日，由区文化馆组织创作配乐诗朗诵《金牛情缘》、竹板对打《说北改》在金牛区2013年春节团拜会上展示。

【金牛区文化艺术协会活动】　金牛区摄影协会　40余名摄影作者参加“文化金牛闹新春”活动，为天回镇街道、沙河源街道、金泉街道、西华街道社区居民免费拍摄打印4000余张全家福、寿星照、证件照等。组织摄影骨干17名，拍摄上千幅北改照片。发动收集“中国梦”摄影作品500余幅，举办“凝聚正能量 共圆中国梦”摄影比赛，评出一等奖2名、二等奖5名、三等奖10名、入选奖50名，在和谐金牛广场展出，同时出刊《金牛摄影》一期。为摄影家温建军举办《北改建设者》摄影个人展览，展出反映北改及二环建设中的劳动者的作品60幅。组织摄影作品60幅参加在东郊音乐公园举办的第九届天府艺术大行动摄影展。10月21日，摄影协会完成换届，选举新一轮主席团成员。

为居民免费照全家福

金牛区美术书法协会　参加“文化金牛闹新春”送文化下乡活动，会员现场为社区群众书写春联。在区文化馆开展美术书法培训。11月，组织会员参加“文化金牛大擂台”美术书法摄影比赛。

（杨　惠　余　华）

文化市场管理

【文化市场长效管理机制】　金牛区文旅体局获文化部全国文化市场重大案件及办案有功单位、国家版权局查处侵权盗版案件有功单位二等奖和全省文化市场综合执法先进单位。加强市场监管和消防安全督查制度落实，构建文化市场立体监管网络机制，坚持专项整治和日常监管相结合，依法严厉打击文化市场违法经营行为；在全市率先开展文化市场委托协管工作，从街道、社区聘请152名文化市场协管员，为全区文化市场的安全稳定和秩序规范发挥积极作用；确保成都《财富》全球论坛、全球华商大会等相关重要活动点时期的文化市场稳定。

【广播电视及新闻出版管理】　坚持正确的舆论导向，加强安全播出，成立安全播出指挥部领导小组，做好应急技术培训和演练工作，坚持安全播出值班制度，实现“零插播”。推动有线电视数字化工作，全年新建农迁房5000户，新发展用户1.3万户，光纤覆盖总户数35.7万户。深化和巩固“全国版权示范城市”成果，加强版权知识宣传教育，开展政府机关使用正版软件督查，巩固全区政府机关软件正版化成果。

【“扫黄打非”工作】　全年区级相关职能部门联合开展“扫黄打非”联合整治12次，取缔无证照印刷复制业“黑窝点”3家，收缴非法出版物1.2万册，收缴非法电视棒17个。做好版权保护工作，全年查获“3·09”“4·16”“4·30”“5·15”“9·10”“11·29”等大要案件，收缴非法音像制品30万张、涉藏非法出版物6600余册，淫秽色情音像制品2万张，移交司法机关逮捕5人，审查起诉“扫黄打非”相关案件2件、4人。加强重点时段、区域巡查监管制度，全年收缴各类非法出版物3500余册，金牛区文旅局获四川省“扫黄打非”先进集体称号。

（董　川）

文博保护

【文物保护】 出台《进一步加强文物保护工作的实施意见》，对文物保护工作提出更高要求。3月起，在全区开展全国第一次可移动文物普查摸底调查工作，全区15个街道调查国有单位317家，其中有文物藏品的单位6家，基本掌握全区各级各类国有单位的分布情况，完成第一阶段工作。全区新增两处市级文物保护单位，分别是凤凰山明墓及金泉寺、金牛宾馆历史建筑（张大千故居、俱乐部礼堂、银杏庄）。组织开展“5·18”国际博物馆日宣传活动，“文化遗产日”宣传活动，展示文化遗产魅力，提高社会各界关注保护文化遗产的意识。10月，成都市启动文化地标建设，金牛区梳理点位30个，完成九里堤遗址、明蜀王府墓群遗址、金牛坝、张大千故居、黄忠祠墓旧址5个文化地标项目的建设。

【九里堤遗址】 九里堤遗址位于九里堤街道九里堤中路社区，东至府河、西北面至风情港楼盘，南临九里堤中路，占地2亩。金牛区将九里堤遗址纳入第一批北改重点文态建设项目，投入198万元，2012年11月开工建设，2013年4月通过市文物局组织的专家组验收合格，8月12日，免费对外开放。

【朱悦㷿墓遗址】 朱悦㷿墓位于凤凰山街道凤凰山社区（南距北星大道500米），1970年由中国社科院考古研究所暨四川省博物馆成都市明墓发掘队清理发掘。1980年，被四川省人民政府公布为四川省文物保护单位，2006年被公布为全国重点保护单位。朱悦㷿墓是金牛区管辖的全国重点文物保护单位，也是成都片区大遗址的重要组成部分。2013年6月，《第六批全国重点文物保护单位朱悦㷿墓资料汇编》和《成都凤凰山朱悦㷿墓大遗址保护工作推进情况报告》编印成册；8月，完成《朱悦㷿墓保护规划立项报告》的编制和修改；11月，朱悦㷿墓大遗址保护项目的申报材料上报国家文物局。

九里堤遗址

【新桥村明墓群】 新桥村明墓群位于沙河源街道新桥社区，东临万基蘭御楼盘、西临长福小区、南临当地拆迁小区、北临长河路，占地32亩，总建筑面积250平方米。新桥村明墓群纳入第一批北改文态建设项目，金牛区投入750万元，打造带有绿地、有配套服务设施的特色文化公园，2012年12月18日开工建设，2013年11月完工。

【老官山汉墓】 2012年7月—2013年8月，成都市考古队对天回老官山汉墓进行抢救性发掘，清理西汉时期土坑木椁墓4座，出土文物620余件（不含简牍），其中漆器240余件、陶器130余件、木器140余件、铜器（含钱币）100件。2013年12月16日，该墓发掘成果公布，其中西汉织锦机、扁鹊派医学竹简系国内首次发现。带有“心”“肺”等线刻小字的人体经络髹漆人像，是迄今全国发现的最早、最完整的经穴人体医学模型，与墓葬出土经脉医书相对照，对揭开中华医学经脉针灸理论的起源和发展具有重要意义。老官山汉墓入选2013年中国考古六大发现。

【永陵博物馆】 博物馆位于永陵路10号，是五代十国时期前蜀开国皇帝王建的陵墓。该墓于1942年发掘，1961年被公布为全国重点文物保护单位，1979年正式对外开放，现为成都永陵博物馆。2013年3月，完成王建墓室保护展示方案，针对王建墓中的棺床、石床、油缸等石质文物以及拱券上彩画进行现状测绘、病害分析，制定相应的保护措施，进行连续监测，为综合控制墓室内温、湿度提供科学依据。11月，修缮博物馆大门。12月，完成“前后蜀历史文化陈列”项目招标工作。

【金沙遗址博物馆】 博物馆面积约5平方千米，2001年以来进行考古发掘，发现各类遗迹3000余个，出土大量珍贵文物。金沙遗址是中国进入21世纪第一项重大考古发现，2006年被评为全国重点文物保护单位。博物馆是为保护、研究、展示金沙遗址及出土文物而设立的主题公园式博物馆，占地面积30万平方米，总建筑面积约3.8万平方米，由遗迹馆、陈列馆、文物保护中心和园林区等部分组成。2013年，博物馆完成《金沙遗址博物馆馆藏文物三维数字化展示系统》《城市中大遗址保护与利用的探索及实践——以金沙国家考古遗址公园为例》两个课题的申报工作；编辑出版《君住长江尾——良渚文明展》《马王堆汉墓文物珍品展》两部图录；春节期间举办成都金沙太阳节，接待游客85万人次。截至2013年10月，金沙博物馆接待中外游客120万人次，在全国95家一级博物馆中综合排名第26位。

【薛公馆】 薛公馆位于解放路北一段15号，建筑面积240平方米，始建于民国时期，属川西民居风格，是成都平原传统农耕文化的罕有遗存。薛公馆建成之前是一个陕西会馆，名为露泽寺。当时到四川做生意的陕西人客死成都后，有钱人会把尸体暂时寄放在会馆，亲属雇人将尸体送回陕西。陕西会馆在民国初期被毁，后来兴建了清华中学。四川军阀刘存厚占领成都后，少将副官江冀州于1929年在清华中学的基础上斥资修建会馆。会馆建成不久，刘存厚与四川其他军阀为争夺成都开战，其后又因战败而不得不退守川北，江冀州也随之退守川北，直到1934年重回成都后，才与家人居住在会馆，直至1940年去世。江冀州去世后，家中4个儿子将公馆专卖给薛家，此后，这座公馆被称为薛公馆。1949年后，薛公馆收归国有。“大跃进”期间，附近的单位组织员工在公馆里炼过钢铁。再后来，公馆被用作幼儿园、民办小学和皮鞋厂，开过火锅店、茶馆。2013年8月17日，被列入成都首批历史建筑保护名录。

薛公馆大门

【张大千故居】 故居位于金泉路2号金牛宾馆内，是中国当代知名艺术家张大千在大陆的最后居所，也是成都主城区仅存的、最重要的名人故居。故居建于1947年，1948年张大千离开后，故居被作为茶馆经营，后空置。2013年8月17日，被列入成都首批历史建筑保护名录。

【原成都电子机械高等专科学校办公楼】 原成都电子机械高等专科学校办公楼位于花牌坊街2号，是20世纪50年代成都仿苏式建筑的代表之一，原名四川省立第一甲种工业学校，现名称为成都工业学院。学校创办于1913年，是辛亥革命后中国最早设立的工科学校之一。1916—1918年，陈毅元帅在此就读。旧址占地2000多平方米，包括大门及一栋两层楼的建筑等。2011年8月，旧址复建正式落成，并举行陈毅元帅塑像揭幕仪式。塑像背后就是纳入保护名录的原成都电子机械高等专科学校办公楼之一。2013年8月17日，被列入成都首批历史建筑保护名录。

（秦　鹏　余　华）

刊物·电视

刊　物

【概　况】 2013年，新金牛采编中心出刊《新金牛》52期、41.6万份；《民生金牛》12期、84万份。2013年成都市新闻奖评选中，《新金牛》报道的《北改第一改，老百姓都说越快越好》获专项奖。在全市好新闻评选中获通讯、言论、消息、图片、策划等11个奖项，获奖等级和数量在全市各区（市）县刊中名列前茅。

【刊物宣传】 时事理论宣传　围绕党的十八大和十八届三中全会，《新金牛》推出“迅速掀起宣传贯彻十八大精神热潮，全面落实五大兴市战略，扎实推进北改一号工程，加快建设现代化国际化新金牛”专题策划，反映全区学习贯彻十八大精神情况，并对区委十八大宣讲团在全区开展的宣讲进行系列报道；开设“掀起学习贯彻十八届三中全会热潮”专栏，及时跟踪报道全区各部门、街道学习贯彻落实党的十八届三中全会精神的动态，同时开设“我看十八届三中全会”“干在实处、走在前列”等专栏，结合全区转型发展实际，集中宣传典型人物和事例，激励干部群众增强进取意识、机遇意识、责任意识。

北改攻坚年宣传　推出“春之声”“新闻现场·北改现场”“北改项目”等栏目，宣传全区北改工程推进动态，对曹家巷、为民路、光荣西路等全区重点旧改工程等进行深度采访和及时报道，全年在《新金牛》上刊出北改龙头工程的相关报道100余条。

重大活动宣传　围绕“中国梦”主题教育活动、质量强市、安全生产、创建全国文明城市、社会治安综合治理等重大活动和重点工作推出特刊，开展系列报道。推出反映曹家巷一、二街坊的自治改造工作的特刊1期；推出“中国梦”特刊1期；推出反映民警刘军事迹特刊1期；推出质量强市工作特刊1期。开设栏目“珍惜文明城市荣誉 建设和谐美好家园”“金牛我们的家园·记者走社区”等栏目，深度报道文明创建工作中的先进典型，每月刊登两次全区各街道综合治理检查排名，在封底上刊登“讲文明，树新风”公益广告等。改进新闻报道的内容和方式，尤其是头版头条的报道，更加突出民生，更加关注基层。推出“走基层，解难题，办实事，惠民生”栏目，即时跟踪报道基层动态，刊发动态新闻消息50余条，刊发相关专题报道《我区15个街道建成社区居家养老服务中心》《全力为残疾人谋幸福》《100个院落准备换装》等17条。围绕学习兰辉、刘军事迹推出特刊及大量新闻稿件。

《民生金牛》推出“北改大事记”“民生故事”等专栏；推出“评选我心中的‘十大金牛好人’”“争创质量强市，共享美好生活”等专刊。

（唐骏波）

电　视

【优秀作品】　金牛区有线台选送的16件作品获成都市广播电视节目奖、6件作品获四川省广播电视节目奖、5件作品获中国广播电视协会县级委员会广播电视节目奖、3件作品获全国市县电视台优秀奖、1件作品获中国广播影视大奖。获奖数量及档次名列全省区（县）级电视台第一名。由区委宣传部和区有线台联合拍摄的纪实连续剧《曹家巷的安居梦》获中国栏目剧金骐奖一等奖，是全国获得一等奖的8件作品中唯一一部区县作品，也是自金骐奖设奖以来唯一一部获此殊荣的区县作品。

【电视宣传】　围绕“北改项目攻坚年”主题，全面报道北改工程各重点项目推进情况，曹家巷一、二街坊自治改造启动签约工作等旧城改造标志性事件，加强荷花池关闭提升改造、成都国际商贸城等重点项目的报道。策划推出《北改一线行》《金牛大道的变迁》等系列节目。围绕城乡环境综合治理工作开设新闻监督类节目《主播跑社区·城市管理面对面》，全年播出新闻2400余条。上报中央、省、市电视台稿件918条，其中中央台22条、省台299条、市台597条。和成都电视台共同打造推出反映金牛北改一年出形象的系列报道《北改一线行》，在央视《朝闻天下》和《新闻联播》中播出反映曹家巷自主拆迁改造的新闻节目，在全国引起强烈反响。

【专题访谈节目】　全年播出访谈节目《阳光政务》《牛人牛事》50期、专题片48部。策划制作《华丽变身 再见老荷花池市场》《自治改造 破解旧城改造难题》等6部反映北改专题汇报片，为北改工作的推进辑存有价值的资料。拍摄记录驷马桥街道曹家巷创新自治改造新模式，成功破解旧城改造难题的专题片《曹家巷有个自改委》，成为金牛区对外宣传探索自治改造新模式的外宣汇报片。

【社教节目】　从建设全国一流社区电视台的定位出发，办好《社区直通车》《欢乐社区大舞台》等栏目。围绕公益频道建设理念，将镜头对准群众，将服务面向市民，开展“金牛好人”、乐舞社区、艺满金牛群文比赛、金牛区首届残疾人技能大赛、安全知识教育等系列活动。全年播出《欢乐社区大舞台》95期，《社区直通车》96期、创作反映“社区人、社区事”为题材的百集系列情景剧《社区那些事儿》，围绕“中国梦”主题教育活动，拍摄曹家巷居民实现“安居梦”的15集电视连续剧《曹家巷的安居梦》并在市级媒体播出。与成都国际商贸城联合打造商贸类栏目《商润天下——走进国际商贸城》。

【欢行公益】　2013年重点打造社会公益组织“欢行公益”梦想团队，吸纳志愿者，深入基层践行公益梦想，传播公益正能量，搭起一座普通人与聋人朋友之间的桥梁。团队走进全国多个城市，面向全国推出公益节目《欢行手语》。在“5·19”全国助残日，联合全国32个城市的上百家手语联盟组织，开展万人手语舞吉尼斯纪录挑战公益活动，受到包括中央电视台等多家媒体的报道关注。

（曾亚莉　孙晓越）

档 案

【档案馆基础管理】 全年完成国家综合档案馆地址信息填报工作，确定《成都市金牛区档案局（馆）国家基本专业档案目录（第一批）》，制定《成都市金牛区国家综合档案馆收集档案范围实施细则》。

档案开放利用 区档案馆全年向社会开放档案68个全宗、881卷档案，接待档案查询3124人次，2186卷，出具查档证明580张，编写典型事例8篇；收到满意度调查表938张，其中写有留言赞扬117条，实现零投诉。

档案资料收集 全年收集9家单位的22个“双重活动”档案资料，并同步收集“新金牛”双重活动照片档案资料，刻录光盘141张。完成2012年“双重”照片档案资料整理，完成2012年收集的报纸、杂志资料整理、录入、装订、统计工作，共257本。

政府公开信息 金牛区政府公开信息服务中心全年收集整理2013年度政府公开信息资料765份。完成整理、录入、扫描加工961条、2441张、828份，归档1137份。完成《国务院公报》利用情况调查。

“民生档案建设年” 截至12月，馆藏婚姻档案6802卷、独生子女档案102卷、农房档案912卷、林权证档案288卷、知青档案75卷、人事档案1512卷、工龄档案552卷、退伍档案167件、退休档案135盒、革命烈士档案189件。利用率最高的馆藏婚姻、独生子女、知青、农房、工龄、人事等民生档案信息条目机检率100%。金牛区档案信息网站累计发布金牛区政府公开信息1775条、累计开放档案信息14.1万条，有15.4万人点击，远程民生档案服务效果逐步显现。

【档案资源整合】 开展“金牛区北改曹家巷一、二街坊陈列馆档案资料征集”工作，进馆的有曹家巷区域内的省重点国企——四川华西集团省建三公司的荣誉奖状及企业代表人物的奖状、奖章、证书、奖品等具有纪念意义的物品照片档案复制件96张、资料1册，实地收集北改工作电子图片3件、4.33GB，收集北改工程“双重”活动照片11组、325MB。

【区档案新馆建设】 11月7日，区政府第31次常务会议确定区档案馆、图书馆两馆建设投资规模（面积、投资概算），确定区档案馆建设地点位于茶店子街道辖区，蜀蓉路东侧，面积约6700平方米，与区图书馆、方志馆合建。

【档案规范化管理】 成都市光荣小学、成都市蜀西实验学校通过四川省科技事业单位档案工作规范化管理一级标准认定。金牛区统筹城乡功能区发展中心通过四川省机关档案工作规范化管理省二级标准认定，全区18个单位档案工作规范化管理通过省级标准复查。全年，全区各机关、街道接待档案查阅0.5万人次、提供档案利用1.4万卷次，完成2012年度文件资料归档工作，其中文书档案6.6万件、会计档案6027卷、科技档案769盒、照片档案1.3万张、光盘档案376张、各类专业档案1.4万卷、实物档案211件、资料471册。

【北改工程档案】 将129个北改工程项目档案工作纳入年度重点监督管理对象，全年北改工程电子档案资料30.96GB收集进馆。

【档案信息化建设】 全年全区档案馆计算机机读文件级档案目录累计录入5万卷，计118万条，占馆藏总卷数6万卷的83.2%，全文数字化图片151.5万张，全文档案数量约占馆藏档案的18.7%。馆藏8838册资料目录全部实现机检。金牛档案信息网全年上传开放档案信息1.1万条，上传开放档案信息14.1万条。金牛区电子档案文件中心刻录电子档案光盘50张，累计刻录电子档案光盘159张。

【档案法制宣传】 2013年是《档案管理违法违纪行为处分规定》（监察部第30号令）颁布实施的第一年。区档案局（馆）选取13篇重要文件编撰《档案工作实用文献资料选编》，同时在《新金牛》刊发专栏，详细解读《档案管理违法违纪行为处分规定》。全年结合档案工作规范化管理开展行政执法检查21次，开展“6·19”国际档案日宣传活动，举办“档案在你身边”征文活动，收到稿件40篇，选取其中28篇优秀文章编辑成《“档案在我身边”优秀作品集》供全区档案人员交流学习。各级各类新闻媒体上共刊登有关全区档案法制宣传教育的报道66条。

【爱国主义教育基地】 举办“中国梦·兰台情——金牛区档案事业发展掠影”专题展览。展览用全区档案事业发展的历史照片154张，展现了金牛档案事业34年的发展历程。

（黄诗雨）

地方志

【《金牛年鉴(2013)》】 《金牛年鉴(2013)》是成都市金牛区人民政府主办的综合性地方年鉴，整体反映金牛区2012年发展情况，记载时限从2012年1月1日起至2012年12月31日，为金牛区第十一卷综合年鉴。年鉴客观、真实、准确、全面记载金牛区2012年度在经济建设、社会事业发展中所取得经验及其成果，突出金牛地域特色和时代进程，记录全区各街道、部门、各行业的基本情况和年度大事，突出金牛区区域特色，为各级党政机关、研究部门、社会团体、中外投资者了解认识金牛提供翔实资料，也为续写《金牛区志》积累史料。《金牛年鉴(2013)》全书60万字，17个类目，99个分目，44个子目，866个条目，97个表，123张彩图，随文图片68张，于11月正式出版发行。

【《北改纪实》】 《北改纪实》属区域地情资料书籍，全书设有北改综述、北改影像、北改日志、文件附录等板块，客观真实地反映金牛区从2012年1月开始实施北改工程到2012年12月相关项目完成的情况，收录图片240余张，图文并茂，资料性强，于8月印刷成册。

【《古柏调研》】 《古柏调研》编纂工作从2012年开始，经过收集资料、文稿修改，2013年11月定稿，全书18万字，12月交付印刷。《古柏调研》记述时限为1949—2010年，从概况、交通与基础设施、土地与生产经营、收入与消费、组织体制的变革、公共服务和社会管理六个方面客观记述古柏社区历史发展变迁。

体　育

【概　况】 2013年，金牛区被国家体育总局授予2009—2012年全国群众体育先进单位。落实省、市、区体育民生工程，新建39条全民健身路径，安装乒乓球桌56张；金牛体育中心田径场每天早上向群众免费开放，全年有50万人次进场锻炼；培养三级社会体育指导员，并进行注册、登记，截至2013年，全区共有三级社会体育指导员1673人；对15个街道的216名社区体育活动积极分子进行第九套广播操培训。打造“运动成都·活力金牛”——金牛区全民健身400惠民工程活

4月18日，2013年运动成都·活力金牛首赛季决赛开赛

动品牌，全年3800余支队伍、25万人次参加各种主题的体育比赛和活动。组织体育志愿者到各街道、社区为群众开展科学健身知识讲座和咨询活动，全年举行“金牛科学健身大讲堂”讲座65场，参与群众7000余人次。

【全民健身活动先进单位】 金牛区被国家体育总局确定为全民健身示范城区试点单位以来，以实施“七化”工程（即健身设施全域化、健身参与全民化、健身活动品牌化、健身投入刚性化、健身制度系统化、健身服务组织化、健身方法科学化）为抓手，丰富和完善公共体育服务体系建设，推进全民健身事业又好又快发展。2013年1月，金牛区被国家体育总局评为2012年全民健身活动先进单位。

【全国群众体育先进单位】 8月14日，金牛区被国家体育总局授予2009—2012年度全国群众体育先进单位称号。近年来金牛区开展以“每天锻炼一小时，健康生活一辈子”为主题，贴近生活、方便参与的体育健身活动，打造“运动成都·活力金牛”——金牛区全民健身400惠民工程、“金牛科学健身大讲堂”等全民健身品牌，提高广大人民群众主动参与健身的意识，养成良好的体育锻炼习惯，形成崇尚健康的环境和氛围，构建“政府主导、部门协同、社会参与”的工作机制，采取体育搭台、活动吸引、运动凝聚等措施，促进全民健身运动蓬勃开展，提升全区人民群众的幸福感。

【“太极蓉城”嘉年华活动】 10月27日，由成都市体育局、成都市体育总会主办，成都市金牛区文化旅游和体育局承办的2013年“太极蓉城”嘉年华活动在金牛体育中心举行，活动包括特色太极拳展示、中小学

10月27日，2013年"太极蓉城"嘉年华活动举行

太极比赛、太极推手、名家把脉、太极名家讲坛、太极知识竞赛等，成都市各区（市）县的近万名太极爱好者参加。

【全民健身400惠民工程】 "运动成都·活力金牛——金牛区2013年全民健身400惠民工程"全民健身系列活动在全年分4个季度举办100社区趣味体育比赛、100社区太极拳比赛、100社区广播体操比赛、100社区拔河比赛。每个季度的比赛都在全区106个社区分别组织开展初赛、15个街道分别组织开展复赛，在此基础上举行区级决赛，全年全区有3800余支队伍、25万人次参加活动。

【竞技体育】 金牛区少年儿童业余体校开设棒球、田径、足球、艺术体操、网球、乒乓球6个体育运动训练项目，在建成的21个训练点开设24个训练班，全年训练学员380人，向上级专业队输送体育后备苗子4人。全区青少年业余训练建成52个训练点，开展26个项目的训练。

【学校体育】 全区各中小学落实"体锻一小时"工作要求，全年各中小学校举办足球、篮球、田径、游泳、乒乓球、网球、棋类、模型、排球比赛和"乒乓球活动月""百日游"等九大体育活动，全区83所中小学校12万名学生参加活动。

【体育彩票】 采用在各种运动、活动中做宣传，增加销售网点和增大销售覆盖面积等方法，提高体彩销售额度，同时加大对全区体彩销售网点的业务指导和检查，要求商家做到文明经营、规范管理。全区在线销售体彩点251家，全年销售量金额1.69亿元，名列全市第一。

【体育产业】 完成体育产业基本情况调查摸底工作，全面掌握全区体育产业现状，引进4家体育产业企业，投资总额2000万元。

【体育经营市场行业监管】 按照《成都市游泳场所管理办法》的规定，颁发救生员上岗证131个，对全区53个游泳场所的法人代表及游泳池负责人进行培训，增强游泳场所业主的安全责任意识。区级相关部门加大联合执法检查力度，全年开展游泳场所执法检查90次，准予开池28家。

【全民健身体育设施建设】 全年新建篮球场22个、全民健身路径39条、新安装乒乓球桌56张。截至2013年12月，全区有全民健身路径238条，全民健身体育设施进社区覆盖率达100%。

2013年金牛区体育竞赛获奖情况

时间	名称	奖项
2013年8月	2009—2012年度全国群众体育先进单位	
2013年9月	2013年全国开展百城千村健身气功交流展示活动成都市启动仪式暨成都市健身气功交流展示比赛	优秀组织奖、一等奖
2013年11月	成都市2013年"太极蓉城"系列健身活动	太极健身优秀辅导站
2013年11月	"体彩杯"2013年"太极蓉城"系列健身活动区（市）县太极拳总决赛	一等奖
2013年12月	成都市体育局综合目标考核先进单位	
2013年12月	中国·成都第三届自行车车迷健身节	优秀组织奖
2013年12月	成都市青少年体育九大活动	一等奖

（许 军）

（审读：薄 宇）

民生·社会
PEOPLE'S LIVELIHOOD AND SOCIETY

人　口

【概　况】　2013年，金牛区出生人口5504人，自然增长率2.38‰，符合政策生育率98.34%；死亡人口3757人，死亡率5.10‰。总出生人口性别比为106∶100，全区人口自然增长较2012年有所上升。推进使用成都市城乡一体人口计生服务管理系统，涉及生育服务证办理、再生育审批、独生子女父母光荣证办理、违法生育处理、市级奖励扶助、失独家庭统计、数据交换和共享等子系统，方便群众办证。

2013年金牛区人口构成及变动情况

单位：人

指标名称	2013年实际	2012年实际	2013年比2012年±%
年末总人口	740829	731229	1.3
1. 按农业与非农业人口分			
农业人口	0	0	
非农业人口	740829	731229	1.3
2. 按城镇人口与乡村人口分			
城镇人口	696172	685722	1.5
乡村人口	44657	45507	-1.9
3. 按性别分			
男	370317	366193	1.1
女	370512	365036	1.5
人口自然变动情况			
出生人口	5504	5431	1.5
男	2838	2789	1.8
死亡人口	3757	3971	-5.4
人口机械变动情况			
迁入人口	17812	17494	1.8
迁出人口	7094	8567	-17.2
总人口性别比（以女性为100）	100	100.3	-0.3

【计划生育扶助政策】　全区计划生育“三金”（独生子女父母奖励金、计划生育家庭奖励扶助金、计划生育家庭特别扶助金）全部兑现，其中计划生育家庭奖励扶助对象3047人，发放奖励扶助金292.5万元；计划生育家庭特别扶助对象1121人，发放特别扶助金431.2万元；独生子女父母奖励对象27697人，发放奖励金166.2万元。

【优生优育优教】　全年为辖区新婚夫妇、已婚待孕妇女分别发放新婚礼包3212份、新生儿礼包1773份。开展生殖健康专题讲座两次，培训辖区内计生专（兼）职人员244人次。组织开展“早教进社区”公益活动100场，大型早教活动5场，组织父母成长会22次，1480位宝宝及家长参与亲子游戏活动，早教免费授课1137人次。

【免费技术服务】　全年投入计划生育免费技术服务经费77.8万元，依托辖区内8个社区卫生服务中心为已婚育龄妇女开展免费生殖健康普查服务31195人次；为辖区已婚待孕夫妇提供免费孕前优生健康检查4350

人，覆盖率92.9%；为育龄期妇女免费提供避孕药具和举办生殖健康讲座，提高已婚育龄妇女的健康生活水平，增强其自我保健意识。

【流动育龄人口服务管理】 全年有流动育龄人口16.5万人，其中流入育龄人口16.4万人、流出育龄人口1073人；流入育龄人口中，育龄妇女6.8万人、已婚育龄妇女4.8万人。流入人口登记率89%，流动育龄人口计划生育综合服务率91%。为流入已婚育龄妇女提供免费计划生育技术服务和生殖健康保健服务4.7万人次；查验《流动人口婚育证明》6.2万人次，办理《流动人口婚育证明》269个；实施"新市民健康倍增计划"免费体检426人；发放流动人口农民工住院分娩补助15例；帮扶流动人口计划生育困难家庭50户。推进流动人口一孩生育服务登记网络办证，办理流动人口一孩生育服务登记10例。

【"12356"阳光计生服务热线】 2013年，"12356"阳光计生服务热线开通，成为宣传和服务群众的新平台，全年接受热线咨询119件、受理市人口计生委信访室转交"12356"群众信访16件，办结率100%。

（陈 蓉）

劳动与就业

【行政审批与工伤认定】 金牛区全年办理劳动行政复议6件、行政诉讼10件；受理工伤认定申请359件，已结案340件，按时办结率100%，工伤认定后劳动能力鉴定率70%以上；审查审批通过特殊工种提前退休职工65人，因病退休职工4人；审查办理特殊工时61件，综合计算工时220个岗位、6727人，不定时80个岗位、1653人；定点医疗机构审批工作稳步推进，审批通过35家医疗机构为基本医疗保险定点医疗机构；受理13家劳务派遣经营许可的资料申请，审查颁发劳务派遣许可证书6家；办理集体合同、女职工权益保护专项集体合同和工资集体协商协议备案151件，覆盖企业1928家；依法办理区属民办培训结构地址、名称、培训内容变更6件。

【劳动争议调解仲裁】 全年企业签订区域性集体合同33家，含1062家企业，单独签订集体合同33家，共计1155家，占建会企业的94%。受理劳动争议案件575件，其中拖欠劳动报酬及经济补偿金案件399件、社会保险案件56件、确认劳动关系案47件、其他案件73件，年底结案569件，结案率99%。在15个街道、13家事业单位、55家100人以上企业建立劳动人事调解组织。完成企业薪酬调查任务158家。发放农民工子女入学专用劳动合同8270份，监督检查换签或新签劳动合同不规范的相关企业，完成农民工子女入学新签或换签劳动合同6582人。

【劳动保障监察】 全年依法受理举报投诉案件668件，结案649件，按时办结率100%，无超期办理案件；办理国家信访网站、市长、区长信箱信访件40件，转办件235件，罚款1.9万元缴入财政专户，无一起行政复议和行政诉讼案件。开展农民工工资支付情况、用人单位遵守劳动用工和社会保险法律法规情况专项检查、人力资源和社保代理服务领域中介机构专项治理等活动。妥善处理突发事件17起，涉及农民工3400余人，追回拖欠工资1940万元。清理整顿人力资源市场秩序，打击非法中介活动，规范区人力资源和社保代理服务领域中介机构的经营以及用工行为。推进劳动保障监察网格化建设，全区建立街道一级网格15个，社区二级网格100个，配备劳动保障专兼职监察员和协管员237人，网格中用人单位2222家，网格中用人单位劳动合同签订率97.4%。

【城乡就业和劳务输出】 全区城镇新增就业15289人，其中下岗失业人员再就业9352人，就业困难人员就业1696人；农村富余劳动力向非农产业新增转移就业946人，农村劳动力转移规模15186人，劳务转移收入27334万元，全年无新增零就业家庭，动态消除零就业家庭。

【城乡就业培训】 全年农民工培训9409人，其中农民工在岗培训2870人，农村劳动力技能培训6439人，品牌培训100人。完成城乡劳动力技能鉴定2175人，其中初级工342人、中级工1521人、高级工312人。到街道和社区进行政策宣讲32次，为1.5万余名农民工提供政策咨询。

【城乡创业促进工作】 全年开展创业培训330人，培训合格率100%，培训后创业成功率50%以上。全年办理小额贷款2765万元，涉及9家劳动密集型小企业，带动社区159人就业。

【人才服务与高校毕业生创业就业】 开展主导产业人才需求状况调查，汇总全区实情编入当年成都市六大企业人才开发目录。提高单位、个人档案管理和人事代理服务质量，全年为存档人才提供证明、办理手续850人次，转进流动人员档案2503份，转出档案509份。抓好政策衔接配套和贯彻落实，加强组织机制保障，拓宽高校毕业生就业创业渠道。完善就业服务体系，优化毕业生报到接收办理流程，全年接收高校毕业生1244人，举办系列人才招聘会，实现本辖区生源高校毕业生就业2486人，就业率94%。以区青年（大学生）创业园和创业示范街为基地，61名高校毕业生实现自主创业。

9月7日，金牛区举办的2013年高校毕业生就业暨凯德广场·金牛二期大型招聘会在交大路凯德广场内拉开帷幕

【藏区"9+3"免费教育计划学生就业】 完成69名藏区"9+3"免费学生初次就业，其中2人自主创业，就业率100%。

【就业援助】 落实区就业优先发展战略，联系辖区内大中型企业1023家，挖掘储备岗位22832个，安置下岗失业人员、高校毕业生、就业困难人员、残疾人等9311人，其中为新引进企业招聘员工达成意向性协议5241人；为重点产业企业富士康招募输送员工528人。举办各类招聘会促进就业，全年共举办招聘会15场次，两次为北改重点项目凯德广场·金牛二期和龙湖北城天街商户组织专场招聘会，组织380家用人单位为求职者提供就业岗位6470个，进场求职人数超过1.5万人次，达成意向性协议4716人。"962110"就业援助4人，援助成功率100%。统筹管理辖区内的公益性岗位，先后为北改区域内5000余名农民工提供求职服务，为区内2842名农民工免费提供就业岗位。

【失业保险核发】 全年未出现一笔审核错误和款项错误，对20多家企业进行上门了解和政策宣传，核实其劳动关系的真实性，有效保证失业保险基金安全使用。8月，办理168人、252万元失业保险金关系转移。系统外转移168人，252万元；享受失业保险金人数增长迅速，绝大部分享受失业金人员为征地农民。全年，发放区属失业金37239人次，3046万元；代缴医疗保险39803人次，892万元；发放农民工一次性生活补贴288人，92万元；发放困难物价补贴29100人次，200万元。加强部门与街道合作力度提供企业上门服务，做好因企业拆迁或关闭导致员工失业的失业保险政策落实，为大量裁员的企业提供政策咨询和服务，为四川创新佑通通信有限公司等4家裁员在100人以上的企业，集中办理400多人的失业保险审核。

2013年金牛区单位从业人员年平均人数

单位：人

指标名称	2013年实际	2012年实际	2013年比2012年（±%）
单位从业人员年末人数	291417	206342	41.23
单位从业人员年平均人数	282000	209501	34.61
其中：在岗职工	196668	159614	23.21
一、按企业事业机关分组			
1. 企业	221795	146618	51.27
2. 事业	44984	53228	−15.49
3. 机关	9901	9655	2.55
二、按经济类型分组			
1. 国有经济单位	115432	133527	−13.55
2. 集体经济单位	3408	3605	−5.46
3. 其他经济单位	163160	72369	125.46
三、按国民经济行业分组			
1. 农林牧渔业	138	203	−32.02
2. 采掘业			
3. 制造业	24664	19370	27.33
4. 电力、煤气及水的生产和供应	42	767	−94.52
5. 建筑业	114659	88910	28.96
6. 交通运输、仓储和邮政业	16652	5333	212.24
7. 信息传输、计算机服务和软件	2837	2633	7.75

续表：

指标名称	2013年实际	2012年实际	2013年比2012年（±%）
8. 批发和零售业	18369	9871	86.09
9. 住宿和餐饮业	8394	6305	33.13
10. 金融业	1661	1725	-3.71
11. 房地产业	7308	1258	480.92
12. 租赁和商务服务业	8638	2545	239.41
13. 科研、技术服务和地质勘查业	21000	19423	8.12
14. 水利、环境和公共设施管理	5392	1651	226.59
15. 居民服务和其他服务业	766	1276	-39.97
16. 教育	25233	25022	0.84
17. 卫生、社会保障和社会福利业	10914	9791	11.47
18. 文化、体育和娱乐业	4166	2707	53.90
19. 公共管理和社会组织	11167	10711	4.26

2013年金牛区单位从业人员年平均工资

单位：元

指标名称	2013年实际	2012年实际	2013年比2012年±%
单位从业人员年平均工资	53093	51133	3.83
其中：在岗职工	59047	56158	5.14
一、按企业事业机关分组			
1. 企业	50396	42157	19.54
2. 事业	65675	73309	-10.41
3. 机关	66204	65172	1.58
二、按经济类型分组			
1. 国有经济单位	62100	58299	6.52
2. 集体经济单位	37419	41531	-9.90
3. 其他经济单位	47047	38388	22.56
三、按国民经济行业分组			
1. 农林牧渔业	42717	40581	5.26
2. 采掘业			
3. 制造业	40805	40090	1.78
4. 电力、煤气及水的生产和供应	85452	44627	91.48
5. 建筑业	44362	42067	5.46
6. 交通运输、仓储和邮政业	50542	59189	-14.61
7. 信息传输、计算机服务和软件	50545	39189	28.98
8. 批发和零售业	44735	31629	41.44
9. 住宿和餐饮业	32208	33561	-4.03
10. 金融业	131272	106132	23.69
11. 房地产业	46324	51755	-10.49
12. 租赁和商务服务业	72998	36495	100.02

续表：

指标名称	2013年实际	2012年实际	2013年比2012年±%
13. 科研、技术服务和地质勘查业	105801	95966	10.25
14. 水利、环境和公共设施管理	38127	53109	-28.21
15. 居民服务和其他服务业	40253	41243	-2.40
16. 教育	61196	58816	4.05
17. 卫生、社会保障和社会福利业	66160	61354	7.83
18. 文化、体育和娱乐业	37876	38862	-2.54
19. 公共管理和社会组织	64758	64186	0.89

（林　威　钟　磊）

社　保

【基本养老保险】　2013年，金牛区城镇职工基本养老保险参保人数23.38万人，新增参保0.86万人，征收保费15.14亿元。全区享受基本养老金42220人，其中城镇企业职工28537人、已征地农转非4406人、新征地农转非9277人，城乡居民养老保险13989人。离退休人员养老金社会化发放率100%，养老待遇核查验证率100%。全区纳入社会化管理人员101923人，发放养老金55.47万人次，金额6.63亿元。

【基本医疗保险】　全区城镇企业职工基本医疗保险参保人数25.33万人，新增参保0.59万人，征收保费5.07亿元。城镇职工享受基本医疗保险12.77万人次，支付总额62193.3万元。城乡居民享受基本医疗保险2.19万人次，支付总额6799.1万元。

【工伤保险】　全区工伤保险参保人数13.20万人，新增参保0.32万人，征收保费2280万元。享受工伤保险809人次，支付总额943万元。

【生育保险】　全区生育保险参保人数21.05万人，新增参保1.08万人，征收保费3393万元。城镇职工享受生育保险5753人次，支付总额2760.2万元。城乡居民享受生育补助275人次，支付总额51.2万元。

【失业保险】　全区失业保险参保人数14.18万人，新增参保1.19万人，征收保费9564万元。

【城乡社会保险】 全区城乡居民养老保险参保人数2.99万人，新增参保0.27万人。城乡居民基本医疗保险参保人数21.71万人，其中成年人3.6万人、学生儿童1.44万人、大学生3.66万人。

【基金管理】 全区社会保险基金执行“收支两条线”的管理规定，与银行签订社保基金账户服务协议，按要求确保基金的保值增值和专款专用，确保社保基金“不挪用、不占用、不乱用”。

（林 威 钟 磊）

残疾人权益保护

【金牛区残疾人联合会第六次代表大会】 2013年1月5日，金牛区残疾人联合会第六次代表大会召开。大会确定今后五年金牛区残疾人事业发展战略、工作方针和主要任务；选举产生金牛区残疾人联合会第六届主席团委员和金牛区出席成都市残疾人联合会第六次代表大会代表；选举产生金牛区残疾人联合会第六届主席团主席、副主席；推举并通过区残疾人联合会执行理事会理事长、副理事长、理事；通过金牛区残疾人联合会各专门协会主席、副主席。

【惠民工程】 金牛区在全市率先以政府文件形式印发《金牛区残疾人救助帮扶资金和辅助用品用具发放使用监督管理办法》，完善残疾人救助帮扶资金的管理和使用办法，梳理修订20项残疾人救助帮扶资金和物资管理办法，明确部门、街道、社区各自工作职责和工作范围。从残疾人新的需求出发，在拓展保障群体上创新，印发《金牛区脑瘫儿童康复救助方案》《关于促进居家灵活就业实施意见》《开展辅助用品用具适配工作方案》《重度残疾人享受专项生活补助、居家服务以及托养服务的补充通知》，制定《残疾人低保户购买养老保险办法》《残疾人自强助学金发放办法》等政策。

实施阳光安居工程，制定《金牛区困难残疾人家庭居家生活设施补助金发放办法》，首次对享受城镇廉租住房实物配租或租金补贴住房保障政策，对办理完入住手续的低保、低保边缘等低收入残疾人家庭进行补助，按每户补助金1000元标准，投入11万元、补助110户。

加强重性精神病患者阳光救助工作力度，阳光救助重性精神病患者44人，贫困精神病患者免费服药225人，精神病患者关爱行动救助860人。为全区9145名残疾人办理二代残疾人证，落实服务11.87万人次。

在全区15个街道开展示范型阳光家园建设活动。规范各项管理制度，在软硬件上提档升级，按照一街一特色的原则，强化街道日间托养站的日常管理，日间托养残疾人260人。

【“量体裁衣”式个性化服务】 全年新建市级街道示范点3个、区级示范社区15个。在完善已有服务基础上，新增服务项目两项。利用电子屏和社区公开栏等在15个街道的30个社区中将惠及残疾人的所有政策、服务流程及每名残疾人享受服务的情况进行公开、公示。从“个性化”需求出发，提出辅具个性化适配工作思路，引进专业评估机构，在对每个残疾人需求进行评估的基础上，由专业生产厂商和供应机构为残疾人“量身定做”个人“专属”的辅助用具。

【残疾人保障体系建设】 全年为1928名特困残疾人发放残疾人特困生活补助231.3万元；对因灾、因病造成生活困难的残疾人根据家庭情况给予紧急救助，全年投入1.6万元救助残疾人4人；开展温暖万家行活动，走访慰问1930人次。改善残疾人社会福利水平，投入32.7万元为1277名精神、智力类和其他类一、二级残疾人，以及815名贫困残疾儿童及残疾人家庭子女购买基本医疗保险；投入69.2万元资助2306名残疾人购买大病统筹保险；为12名残疾人发放灵活就业社保补贴2万元；投入527万元为141名残疾人购买社会养老保险；为88名残疾人学生及残疾人家庭子女发放自强助学金19.4万元；为419名残疾人发放代步车燃油补贴15.3万元。

【残疾儿童救助工程】 对确诊为脑瘫的0—12岁有康复潜力和康复价值，自愿申请在社会专业机构或福利机构中开展训练的脑瘫儿童进行救助，分别与省八一康复中心、核工业部416医院签订合作协议，申请手术救助7名，实施手术治疗1例，辅具适配7例，对27名脑瘫儿童开展康复训练。

与成都北斗星心理素质训练基地合作，依托社会专业机构和专业技术教师，开展学前残疾儿童的教育

金牛区残疾儿童学前教育康复中心（成都北斗星儿童心理素质训练基地）

与康复训练服务工作，全年在训儿童31人。

【残疾人维权】 贯彻执行新信访条例，坚持理事长接待日制度，加强区法律援助中心区残联工作站的建设，全区建成残疾人维权工作站15个、维权岗54个，办理来信来访13次，办结率100%。做好盲人稳定工作，全区无一人参与上访活动。

【社区康复】 全年培训康复技术指导员97人次，社区康复训练603人次，盲人定向培训50人，智残儿童家长培训55人，低视力儿童家长培训10人，聋儿家长培训3人。加大用品用具免费供应服务力度，全年发放辅助用品用具874件，矫形器3个，助听器22个，假肢安装6人（其中上肢1人、下肢5人），开展白内障免费手术10例。

【残疾人就业培训】 开拓残疾人职业培训新方式，与风雅堂"蜜蜂秀坊"合作开展彩绘加工培训，在西华街道、西安路街道进行手工藤编和印后加工培训，通过集中培训和委托等方式培训残疾人196人。组织开展"金牛区首届残疾人技能比赛及才艺展示"活动，全区14个街道代表队的87名残疾人集中展示残疾人培训和技能成果，选送13名残疾人参加全市技能比赛。全年投入12.2万元自主创业扶持金扶持残疾人在社区就业55人、自主创业12人，按比例安置残疾人804人，组织开展残疾人就业招聘会两次。

【残疾人文化生活】 加强与社会组织合作，利用"全国助残日"、春节等节日，拓展残疾人文化生活。5月19日，动员社会各界爱心人士举办以"万人手语与欢行手语"为主题的爱心庆祝活动。12月3日"国际残疾人日"，在驷马桥小学开展"特普共享蓝天"主题活动，号召与智力障碍残疾人共融、共享。同时各街道、社区结合实际开展庆祝活动，组织开展残疾人趣味体育活动、特色读书活动、科技培训、游园、歌咏舞蹈文艺活动等各种形式的活动60次。夯实"成都市残疾人艺术基地规范化建设"和"成都市基层残疾人群众文体活动示范点建设"，新建市级示范点两个；组织参加成都市第二届残疾人特殊奥运会，获金牌7枚、银牌5枚、铜牌1枚；组织两名选手参加全市手语大赛，获一等奖；以残疾人文化周为载体，开展党的十八大精神、中国残联六代会精神宣传学习和"实现伟大中国梦、建设美丽繁荣和谐四川"主题教育活动，开展残疾人特色读书会12次，首次举办金牛区残疾人励志演讲比赛。

（刘　杰）

老年人权益保护

【概　况】 2013年7月1日，新修订《老年人权益保障法》颁布实施。金牛区开展《老年人权益保障法》宣传活动，组织《老年人权益保障法》专题培训54次，参加培训5500余人；印制《老年人维权指南》1.4万本。全年调解涉老纠纷119件，其中财产纠纷26件、赡养纠纷33件、婚姻纠纷14件、其他纠纷46件。区法律援助工作站开展法律援助4件；区老年维权工作站接待维权咨询945人次。

【社会化养老服务和居家养老服务】 以各街道办事处为主体，引进社会力量建设街道居家养老服务中心。全年新建成居家养老服务中心（站）15个，新建社区托

完善个人健康档案

(养)老床位300张。各居家养老服务中心开展规范化、专业化的居家及社区养老服务，开展居家养老及托老服务20478人次，其中配送餐14520人次、托(养)老服务5958人次。为孤老、困难、高龄空巢老人提供上门服务2073人次，发放居家养老福利服务补贴61.9万元。

【高龄生活补贴】 10月起，为80—89岁老年人发放高龄生活补贴，全年发放80岁以上老年人高龄生活补贴391.8万元，其中80—89岁91.1万元、90—99岁286.3万元、100岁以上14.4万元。

(彭念贵)

红十字会

【应急救护培训】 2013年，金牛区举办急救员培训10期，培训1033人，发放急救员证1005个；举办普及培训班118期，参训6356人。在“世界红十字日”“世界急救日”等重要节庆日，开展以“急救与道路安全”“逃生与应急避险”等为主题的现场急救演练和应急救护知识讲座。

【红十字宣传】 在“5·8”世界红十字日、“世界急救日”等重要节庆日期间，组织街道基层红十字会、医院等会员单位开展宣传活动，发放宣传资料3400余份，向109个社区发放应急救护知识光碟109张、《应急救护手册》4.4万册，组织红十字志愿者艺术团进行宣传演出5次、志愿服务249人次。

【博爱家园建设】 为迎接全国博爱家园项目建设现场会在金牛区召开，对九里堤北路博爱家园进行了提升打造。4月15日，中国红十字会总会副会长郭长江、王海京，副会长兼秘书长王汝鹏和省、市、区领导以及红十字国际委员会、台港澳红十字组织、中国红十字会总会、各省级红十字会代表100余人到九里提北路博爱家园参观学习。会后部分省、市红会多次到九里堤北路社区博爱家园考察学习。

【抗震救灾】 4月20日，雅安市芦山县发生7.0级地震，是四川继“5·12”汶川地震后又一次较大的地质灾害。地震发生当天，区红十字会及时向社会发布倡议书，呼吁社会各界向灾区人民伸援手、献爱心，并公布捐赠专用账户和接受捐赠物资地点。指导志愿者理性、科学、有序地开展救灾工作。及时向社会公开、公示捐赠款物的来源和去向，主动接受社会监督。区红十字会共为地震灾区募集捐款219.6万元，除10万元定向捐助外，其余均按省、市红十字会的要求统一拨付到地震灾区。

【募捐筹资和救助】 全年通过各种途径募集资金276.97万元，其中通过募捐箱等日常募集8.86万元、“4.20”芦山地震募集219.56万元、争取台湾红十字组织备灾救灾能力强化及推展项目经费48.55万元。开展各类红十字人道救助活动，发放救助资金21.4万元，救助278人次，其中“红十字博爱送万家”活动救助因病致困家庭30户(90人)，救助区内“三无”人员122人；“红标·成都”公益救助项目助医行动救助尿毒症患者3人，助学行动救助城乡低保家庭大学生4人；实施台湾红十字组织“寒梅助学金计划”，对成都市解放北路第一小学32名学生实施专项助学；对因突发事件致困的25人实施紧急人道救助；帮助石渠县红十字会完善工作机构、培训专职干部；开展无偿献血、造血干细胞捐献、遗体和人体器官捐献以及防治艾滋病宣传活动。在国际残疾人日活动中，向成都市驷马桥小学、区特殊教育中心捐助爱心善款5万元。

【志愿者工作】 建立完善的志愿者招募、培训、管理、使用等工作制度。建立成都市金牛区红十字志愿者艺术团、四川传媒大学生志愿者服务队、成都市金牛区九里堤北路社区志愿者应急救援队等3支志愿者服务队伍。组织志愿者参与“4·20”芦山地震募捐、关爱老人服务、募捐箱管理；组织志愿者在“5·12”汶川地震纪念日、“5·8”世界红十字日，“6·14”世界献血者日、成都慈善日等与红十字活动相关的纪念日期间开展宣传活动43次。截至12月，全区登记志愿者4769人，其中注册志愿者916人。

【学校红十字青少年活动】 引导青少年树立讲公德、守诚信、乐助人、爱集体、爱国家的良好思想品德及“人道、博爱、奉献”精神，培养学生助人为乐的道德情操。全年面向区内中小学校开展5期急救员培训，740名学生参加培训，其中719人获得急救员证；开展5期应急救护知识普及培训，2119名学生参加。在成都市金建小学组织1038名学生开展应急演练活动。区红十字会获中国红十字会总会颁发的全国红十字青少年自救互救知识竞赛最佳组织一等奖。

（荣　鹤　李立明）

民政事务

【双拥工作】　2013年，金牛区重点解决好老红军、复转军人、伤残军人、军烈属等重点优抚对象的实际困难，及时足额兑现义务兵优待金。驻区部队与驻地开展双拥共建活动。水电十一支队、消防五中队等部队到辖区帮助解决低保户、孤寡老人等弱势群体的生活困难和宣传消防知识；成都军区总医院与驻地结对子，为困难群众减免医疗费，解决困难群众看病难问题；成都军区工程环境质量监督站等驻区部队开展"献爱心"慈善捐款活动，捐款6.5万元。

【优抚安置】　全面落实各项优待抚恤政策，调高部分重点优抚对象抚恤和生活补助标准及自然增长标准；投入22.3万元为重点优抚对象办理医疗参保手续；为优抚对象办理住院和门诊医疗补助177人次，共39.9万元。全年开具医疗费减免介绍信64人次；接收退役士兵293人，发放退役士兵待安置期间生活费51.5万元；为172名退役士兵办理自主就业手续（自谋职业），发放一次性自主就业（自谋职业）经济补助费860万元；为106人办理归口单位安置手续。

【军队离退休干部服务管理中心】　成都市金牛区军队离退休干部服务管理中心成立于2007年3月12日，设办公室、财务科、管理一科（抚琴服务站）、管理二科（九里堤服务站、黄忠服务站）4个职能科室，核定全额拨款事业编制24名，中心设主任1名、副主任2名。中心管理军队离休干部57人、退休干部561人，其中正军职11人、副军职51人、正师职97人、副师职165人、正团职165人、副团职73人、营以下56人。军队离退休干部集中安置在抚琴站管理97人；分散安置在九里堤服务站管理211人、黄忠服务站管理257人；由部队代管53人。

【婚姻和收养】　全年办理结婚登记7792对、离婚登记3400对；补办结婚登记2604对、离婚登记368对；为13847人出具无婚姻登记记录证明。为11名社会弃婴办理收养登记；为4名三代以内的旁系血亲办理收养登记；为1人办理协议解除收养登记手续。

【殡　葬】　清明节前，在全区范围内开展殡葬工作专项整治。成立"殡仪中介市场专项行动"领导小组，加大对祭祀、殡葬用品经销店的检查力度，依法查处非法从事殡葬服务、无证照经营、超范围经营、销售封建迷信用品等"黑中介"行为。天回皇恩寺陵园、凤凰山凤凰故园开展自查工作，加强对墓区内烟花爆竹燃放工作和公墓的建设和管理，保证殡葬工作无责任事故，无有效投诉，火化率100%。开展治理殡葬违规行为和丧葬陋习活动，加强公墓年度检查，对年检不合格的公墓限期改正；严格执行殡葬管理法规，加大执法力度，依法查处违规行为。加强殡葬法律、法规的宣传，引导广大群众自觉遵守国家殡葬管理规定。全年累计上报81名低保死亡人员殡葬补助金7.3万元。

【阳光圆梦助学金】　全年向62名低保及低保边缘家庭子女发放"阳光圆梦"帮困助学金17.6万元。

【慈善救助】　金牛区慈善会全年募集慈善资金271.4万元，其中"4·20"芦山地震募集资金153万元。全年支出善款254.2万元。

【低保工作】　全区全年在册低保对象2117户、2841（12月当月）人，全年累计救助低保对象4.19万人次，支出低保金1414.4万元，累计月人均补助337.8元，高于全市月人均补差275元的补差标准22.8%。

【医疗救助】　全年城市低保对象门诊医疗救助3852人次，支出门诊救助费42.7万元，人均门诊救助110.7元；住院救助379人次，支出住院救助金49.7万元，人均1309.9元，其中住院救助133人的7.8万元通过"一站式"结算。全额资助辖区低保对象、市属福利机构（儿童福利院和SOS儿童村）未成年人和辖区低保边缘家庭中患病人员参加2014年城乡居民基本医疗保险3344人、51.4万元；全额资助辖区低保对象和低保边缘家庭中患重大疾病人员参加2014年度大病互助补充保险2914人、87.4万元；按比例资助低保对象参加2013年大病互助补充保险693人、5.6万元。

【临时救助】　全区对患重大疾病、突发重大事件等特殊原因造成基本生活出现暂时性困难的家庭，给予每户每年不超过1万元的临时救助，解决困难群众在生活中遇到的实际困难。全年临时救助困难群众191户次、79.1万元，其中救助低保和低保边缘以外困难家庭125户、43万元。8月起，对突发性、特殊性等原因造成当前基本生活无法维持、急需救助的家庭，给予每户每年不超过500元的社区快速救助。全年实施社区快速救助53户、2.4万元。

【价格补贴及调标】 全区对3841（11月）名低保对象按每人300元、重度残疾、每人增发100元的标准发放中央补助一次性生活补贴119.9万元；向全区3923（2012年12月）名低保对象按每人300元的标准发放成都市春节前一次性价格补贴119.7万元。2—10月，按照每人38元的标准发放低收入群体价格补贴2.85万人次、108.5万元。11月起，金牛区城市最低生活保障标准由380元提高到430元。

【低保户液化气补贴】 全年分期对使用液化气的城市低保户进行摸底调查统计汇总，按每户80元的补贴标准发放低保户液化气补贴7169户次，55.7万元。

【防灾减灾】 九里堤街道九里堤北路社区和黄忠街道金沙公园北社区，通过成都市综合防灾减灾标准化试点社区验收。黄忠街道金沙公园北社区被民政部评选为全国防灾减灾示范社区。

【区划地名】 在全市率先完成对全区道路、桥梁、隧道进行的普查，共普查命名道路681条，桥梁123座，受市民政局的肯定，并在《民政工作简报》上刊用。做好未命名道路的摸底调查，组织地名专家对预命名的道路进行论证并绘制地名规划图，对80余条规划道路进行预命名。完成上报金牛区地名数据库的录入、更新数据等信息1万条。全年完成道路命名21条，拟命名道路41条上报市民政局待命名。印发《金牛区道路、桥梁或隧道命名流程图》。在全区范围内开展整治未安装、破损、污染等路名牌"烂象"行动，整改纠正问题路牌5处。

【道路命名】 金凤凰大道：原金凤凰大道向北延伸至金牛区与新都区交界处，道路全长1100米，宽40米。熊猫大道西段：西起王贾路，东至蓉都大道与熊猫大道对接，道路全长3800米，宽40米。花照壁中横街：原花照壁中横街向西延伸至金府路，道路全长1335米，宽25米。花照壁上横街：西起子星路，东止子云路，道路全长779米，宽12米。长亭路：北起花照壁上横街，南止花照壁中横街，道路全长100米，宽12米。子云路：北起长庆东一路与长庆西一路交汇处，南止花照壁中横街，道路全长155米，宽16米。子星路：北起长庆西一路，南止茶店子路，道路全长450米，宽16米。信息园西路：西起金周璐，东止金科北路，道路全长400米，宽15米。金桥路：北起信息园西路，南止金科西路，道路全长150米，宽15米。盛业路：北起信息园西路，南止兴盛西路，道路全长1192米，宽20米。蜀安街：西起西三环路五段，东至安置小区，道路全长200米，宽12米。盛发街：西起金牛区与郫县交界处，东止金富路，道路全长1300米，宽30米。凤栖路：西起金芙蓉大道，东止蓉都大道，道路全长1500米，宽16米。泉水路：原泉水路向北延伸至金牛区与新都区交界处，道路全长2400米，宽30米。王贾路：原王贾路向北延伸至金牛界，道路全长3200米，宽30米。利名路：原利名路向两端分别延伸至金牛区与新都区交界处，道路全长3800米，宽30米。明月桥巷：南起天回上街，北止新都区规划道路，道路全长187米，宽12米。

（彭念贵）

社区建设

【社区居委会换届选举】 2013年，金牛区全面开展社区党组织和自治组织换届选举工作。8月,区民政局开始对全区15街道109个社区就社区换届选举工作进行调研，草拟工作方案，经区委常委会研究、审定后下发《关于开展社区党组织和居委会换届选举工作的通知》（金牛委办发[2013]34号）。换届选举开始后，对街道的分管领导、社会事务与计划生育办公室主任以及社区"两委会"成员等参与选举的相关工作人员进行分层次、分类别、分专题培训。印发《换届选举明白册》40万份、《成都市金牛区社区居委会换届选举参考资料》200本、《金牛区社区居委会换届选举日志》200本等资料。集中换届选举于2013年10月开始，2014年2月底结束。全区15个街道中除去4个社区筹委会以及营门口茶店、花照2个社区，因拆迁经居民大会讨论、区政府社区换届选举委员会批准不参加本次社区换届选举外，实际有103个社区依法参加本次社区居委会直选换届选举。其中，城市社区52个，涉农社区51个。用公推直选的方式推选出党组织、居委会成员共799人，其中书记、主任“一肩挑”43人，单任书记66人，单任主任66人，副书记96人，副主任47人，两委委员481人。

【“社工之家”孵化基地】 5月，金牛区成立社工机构孵化培育基地，采取“政府资金支持、民间力量兴办、专业团队管理、政府公众监督、社会民众受益”的运营模式，培育社区服务类和群众生活类社会组织基地，发挥在社会管理创新方面的示范和引领作用。社工机构孵化培育基地命名为金牛区“社工之家”。根据《金牛区社工机构孵化基地（社工之家）管理暂行办法》，孵化基地将为入驻的社工机构提供多项目服务，包括专项服务——通过聘请社工及专家，为入驻社工机构提供个性化辅导和培训，在项目申报、项目策划、活动举办、财务托管等方面给予协助；硬件服务——为入驻社会组织免费提供办公、会议场地，信息网络等一般办公所需要的基础服务设备；后勤服务——提供公共水电、公共环境卫生和物业管理等工作所需的后勤服务；小额活动补贴——用于资助已入驻孵化基地、发展较好的社会组织开展公益服务项目。

【社区民主管理】 全区有109个社区，其中11个城市街道55个社区，4个涉农街道54个社区；有4个社区筹委会。按照《关于进一步健全基层自治组织体系完善自治运行机制的通知》要求，明确居民小组的职责，根据院落特点和居民意愿，制定包括院内管理、环境卫生、治安防范、设施管护、公共秩序等内容的院落自治公约，促进社区民主管理水平进一步提高。

【居民院落小单元治理】 按照有自治组织、有自治公约、有自治管理，推行院务公开的“三有一公开”要求，全区进一步完善院落居民自治组织，提升院落居民自治水平，促进院落居民自我管理、自我教育、自我服务、自我监督，把院落建设成管理有序、服务完善、环境优美、秩序井然、文明祥和的和谐生活共同体。

【社区人才队伍建设】 鼓励社区工作者参加社会工作师和助理社会工作师职业水平考试。审核57名报考社工人员资格，组织55人参加培训，为社区二作者提供便利。组织172名社区书记、主任参加培训；会同省民政干部学校拟定社区干部培训计划，采用理论教学、实地考察相结合的方式，提高社区干部的政策水平、执行能力和创新能力。

【社区居民院落自治运行机制】 全区10个街道、163个“三无院落”完成自治组织选举。各街道在做好“三无院落”自治组织建设的同时，摸清辖区内所有院落底数并完善院落自治组织成员台账。结合院落自身特点，通过组织集中培训、学习考察、召开经验交流座谈会等方式，对院落自治组织成员进行教育培训，提升院落自治组织管理院落和服务居民的能力。163个“三无院落”自治组织负责人培训面100%。按照《成都市金牛区民政局关于做好院落公开栏规范统一工作的通知》要求，完善整治验收标准，强调院务公开重点是公开院落概况、院落组织成员及职责、居民公约、民主决策程序、财务收支及居民要求公开的重大事项等内容，把院落居民反映强烈、普遍关心的问题及时纳入公开范围，方便居民参与和监督。

【星级社区创建】 按照推进社区治理，增强社区自治和服务功能，改善社区“宜居”环境的要求。抚琴街道西北街社区、荷花池街道杨柳巷社区、黄忠街道金沙公园东社区、人民北路街道马家花园社区、九里堤街道九里堤北路等5个社区，被评为成都市“三优社区”。

【社会组织管理】 2013年，金牛区有各类社会组织390个，其中备案31个，登记359个（含社会团体50个、民办非企业单位309个），涉及文化、体育、教育、卫生、科技、经贸等领域。社会组织依法登记、按时办结率均为100%。

【社区居家养老服务】 金牛区引进成都晚霞社会养老服务中心、银发老年公寓等社会资金1000万元参与社区养老服务机构建设，打造养老服务连锁品牌。制定社区居家养老服务工作实施意见，对符合条件的社区养老服务机构，按每个床位3万元的标准给予一次性开办补助，并对新办的社区养老服务机构在税收和水、电、气及光纤配套上给予优惠政策。整合社区办公用房、残疾人活动室、社区文化活动室等公共服务设施，建成面积6000多平方米、床位数290余张的养老场地。与社区卫生服务中心、诊所等签订养老服务协议，利用医疗机构优势开展集养老、医疗、康复为一体的特色社区养老服务。坚持福利服务、收费服务与公益服务相结合，通过“政府购买服务”形式，为空巢老人等群体提供上门服务。全区社区养老服务中心实现街道全覆盖。

（彭念贵）

民生工程

2013年金牛区承办省、市民生工程完成情况

项目	目标条目	具体任务	完成情况
一、交通先行工程	(一)建成“两快两射”工程	1.1.1建成“两快两射”工程，其中二环路高架系统工程2013年5月底基本建成。	该项目标完成。二环路高架5月底实现通车。
	(二)加快地铁建设运营	1.2.1完成地铁2号线东延线轨道铺设，开通运营西延线；地铁1号线南延线5个车站、3号线一期14个车站、4号线一期16个车站实现主体封顶。	该项目标基本完成。地铁2号线西延线开通运营。地铁3号线天回南站进行地铁地下施工；北郊车辆段进行井口施工，剩余7户农房和4家企业因拆迁要价太高，目前未签订拆迁协议，但不影响地下主体施工。
		1.2.2开工建设地铁7号线。	该项目标基本完成。完成前期各需拆除点位现场走线以及基本情况调查工作。就房屋拆除点位谈判收集到的问题向地铁公司进行反映，涉及的皇岛假日酒店、五块石客运中心站点位，由地铁公司直接负责对接协调工作。待地铁公司下达新一轮拆除工作任务后，金牛区将积极配合、协助地铁公司做好相关拆除工作。
二、教育助学工程	(一)落实义务教育“两免一补”政策	2.1.1全面免除城乡义务教育阶段学生学费，免费向符合条件的城乡义务教育阶段学生提供教科书和作业本，做到“应免尽免”。	该项目标完成。投入资金4403.8万元，受益学生79099人。
		2.1.2对义务教育阶段在校住宿贫困学生发放生活补助，做到“应补尽补”。	该项目标完成。投入资金16.5万元，补助义务教育阶段在校住宿贫困学生267人，做到“应补尽补”。
	(二)统一城乡生均公用经费标准	2.2.1全市公办义务教育阶段学校生均公用经费财政拨款标准统一为每生每年小学700元、初中900元。	该项目标完成。按照标准统一拨款，投入资金5732万元(包含“两免一补”中免学费资金2821万元)，受益学生79099人。
	(三)加大职业教育投入	2.3.1免除全市公办中职学校全日制正式学籍一、二、三年级非艺术类专业在校学生学费。	该项目标完成。投入资金1394.95万元，受益学生6991人。
		2.3.2按公办中职学校免除学费标准，对符合办学条件的民办中职学校一、二年级非艺术类专业学生给予学费补助。	该项目标完成。投入资金47.5万元，受益学生242人。
		2.3.3实施职教攻坚计划，中职学校(含技工学校)招生2500人。	该项目标完成。完成中职学校(含技工学校)招生2595人。
		2.3.4全面实行中等职业教育免学费政策，资助中职学校学生17.34万人(全市)。	该项目标完成。投入资金1442.4万元，受益学生7233人。
	(四)资助家庭经济困难学生	2.4.1对全区学前教育、义务教育阶段及两类高中教育阶段城乡低保家庭和低保边缘家庭学生实施教育资助。	该项目标完成。投入资金30.1万元，受助学生944人次。
		2.4.2对普通高中家庭困难学生给予生活补助生均1500元。	该项目标完成。按照标准统一拨款，投入资金464万元，春季资助学生3086人，秋季资助学生3099人。
		2.4.3对中等职业学校全日制正式学籍一、二年级在校涉农专业学生和非涉农专业家庭经济困难学生给予生活补助每生每年1500元。	该项目标完成。按标准发放国家助学金45462人次，总计金额465.9万元。
		2.4.4对家庭经济困难学生给予资助，确保全市考上高校的低保及低保边缘家庭学生不因贫失学。	该项目标完成。印发《金牛区2013年“阳光圆梦”帮困助学工程实施办法》(金民发〔2013〕87号)，于2013年7月1日正式启动“阳光圆梦”助学工程，发放56名低保及低保边缘家庭子女“阳光圆梦”帮困助学金15.9万元。
		2.4.5资助中职家庭经济困难学生6.59万人(全市)；资助普通高中家庭经济困难学生3093人。	该项目标完成。发放国家助学金45462人次，总计金额465.9万元。资助普通高中家庭经济困难学生投入资金464万元，春季受助学生3086人，秋季受助学生3099人。
		2.4.6资助家庭困难职工子女上学50人。	该项目标完成。资助家庭困难职工子女上学192人。
	(五)促进公益性幼儿园发展	2.5.1新增公益性幼儿园6所。	该项目标完成。新增7所公益性幼儿园。
		2.5.2对公益性幼儿园给予财政补助，改善办学条件。	该项目标完成。对32所公益性幼儿园给予财政补助1086.8万元，受益学生5858人。

续表：

项目	目标条目	具体任务	完成情况
二、教育助学工程	（六）保障适龄残疾儿童、少年受教育权利	2.6.1资助普惠性幼儿园家庭经济困难儿童、孤儿、残疾儿童2843人。	该项目标完成。投入资金284.3万元，按时足额资助2843人。
		2.6.2义务教育阶段特殊教育学生实现应进全进。	该项目标完成。招收义务教育阶段特殊教育学生133人，实现“应进全进”。
三、就业促进工程	（一）扩大就业规模	3.1.1城镇新增就业13722人。	该项目标完成。指导帮助城镇新增就业15289人。
		3.1.2失业人员再就业7614人，其中，区总工会落实下岗人员再就业200人，就业困难人员再就业1415人；动态消除“零就业”家庭，城镇登记失业率控制在4%以内。	该项目标完成。下岗失业人员再就业9352人（区总工会落实下岗人员再就业201人），其中困难人员再就业1696人；动态消除“零就业”家庭，城镇登记失业率控制在4%以内。
		3.1.3农村富余劳动力新增转移就业900人。	该项目标完成。农村富余劳动力新增转移就业946人。
		3.1.4残疾人居家灵活就业820人。	该项目标完成。安置居家灵活就业1011人。
	（二）促进青年（大学生）就业创业	3.2.1建立高校毕业生就业见习基地15个；促进62名高校毕业生实现创业；2010级藏区“9+3”免费教育计划毕业生初次就业率达95%。	该项目标完成。建立高校毕业生见习基地15个；促进高校毕业生创业62人；2010级藏区“9+3”免费教育计划毕业生54人，落实就业岗位人数54人，其中已就业30人、参军3人、继续升学21人，初次就业率100%。
		3.2.2本地生源高校毕业生就业率达85%，有就业意愿的困难家庭高校毕业生就业率100%。	该项目标完成。本地生源高校毕业生就业率87%，有就业意愿的困难家庭高校毕业生就业率100%。
		3.2.3引导高校毕业生到基层服务，确保全市建制村（涉农社区）有1—2名、城镇社区有1名大学生志愿者。	该项目标完成。完成30名“一村一名大学生”志愿者的招募和补入工作，确保服务社区至少有1名大学生志愿者。
		3.2.4新建社区青年（大学生）创业服务站1个，新征集创业项目25个，新增入园项目15个，培育重点创业项目13个，实现青年（大学生）创业125人。	该项目标完成。新建社区青年（大学生）创业服务站1个，新征集创业项目40个，新增入园项目15个，培育重点企业13家，实现青年（大学生）创业125人。
	（三）提供创业资金支持	3.3.1发放小额担保贷款2700万元。	该项目标完成。发放小额担保贷款2765万元。
		3.3.2发放妇女小额贴息贷款820万元。	该项目标完成。发放妇女小额贴息贷款1245万元。
		3.3.3发放工会创业小额信用担保贷款36万元。	该项目标完成。发放工会创业小额贷款275万元，发放创业补助、贴息3.6万元。
		3.3.4提供青年（大学生）创业小额贴息贷款50万元。	该项目标完成。发放贷款51万元。
	（四）加强职业技能培训	3.4.1培训农民工9000人，其中在岗培训2500人、品牌培训100人、技能培训6400人。	该项目标完成。开展农民工培训9409人，其中在岗培训2870人、品牌培训100人、技能培训6439人。
		3.4.2开展农村青年技能培训40人。	该项目标完成。开展农村青年技能培训40人。
		3.4.3开展文化市场从业人员职业技能培训1000人次。	该项目标完成。开展文化市场从业人员职业技能培训1000人次。
		3.4.4开展新市民素质培训2000人。	该项目标完成。开展新市民素质培训2240人。
	（五）维护职工、农民工权益	3.5.1以签订工资集体协议、妇女权益保护、劳动安全卫生保护为重点，新增劳动关系和谐企业2家。	该项目标完成。新增劳动关系和谐企业2家，并通过检查验收。
		3.5.2以职工社保、住房公积金足额解缴为重点，新增厂务公开民主管理示范单位2家。	该项目标完成。新增厂务公开民主管理示范单位2家，并通过检查验收。
		3.5.3为1万名建筑农民工免费发放实名双卡。	该项目标完成。此项工作由市建委统一发放。
四、社会保障工程	（一）提高城乡低保补助水平	4.1.1城市低保对象累计月人均补助达到275元。	该项目标完成。全年低保对象累计保障41874人次，支出低保金1414.4万元，累计月人均补助337.8元。
	（二）扩大社会保险覆盖面	4.2.1城镇职工养老保险参保人数达22.9万人；城乡居民参加社会养老保险覆盖率达90%以上。新型农村和城镇居民社会养老保险覆盖人群达301万人（全市），其中参保缴费人数达102万人（全市）。	该项目标完成。城镇职工养老保险参保人数23.3万人；全区城乡居民养老保险参保缴费人数2.99万人，参保率90%。
		4.2.2城乡居民基本医疗保险参保率达98%。城镇居民基本医疗保险年末覆盖人群达到245.5万人（全市）。	该项目标完成。城乡居民基本医疗保险参保24.47万人，参保率98%。

续表：

项目	目标条目	具体任务	完成情况
四、社会保障工程	（三）促进养老机构建设	4.3.1筹建养老服务床位300张。	该项目标完成。建成养老服务床位363张。
		4.3.2建成规模不低于10张床位的社区养老服务机构15个。	该项目标完成。建成规模不低于10张床位的社区养老服务机构15个。
	（四）强化食品药品安全监管	4.4.1基本药物、中药和中药饮片监督抽验合格率不低于97%。	该项目标完成。完成基本药物、中药和中药饮片监督抽验，重点针对国家基本药物品种和国家基本药物四川省基层补充药物目录品种抽验120批。抽验合格率待药品检验报告书结果出台后，由市食药监局统一汇总。
		4.4.2试点建设中药材溯源系统。	该项目标完成。协助市食药监局完成试点建设中药材溯源系统。
		4.4.3在中心城区建成餐厨垃圾收运体系，年收集处置餐厨垃圾达3万吨以上（全市）。	该项目标完成。制定金牛区餐厨垃圾收运处置管理实施意见，成立金牛区餐厨垃圾收运处置管理工作领导小组，明确区级相关部门、街道办事处以及餐厨垃圾产生单位的职责和责任，分阶段推进收运工作。与163家餐厨垃圾产生单位签订收运合同，配备餐厨垃圾收运工作人员46人、专用车辆14辆，发放餐厨垃圾桶1045个，工作日平均每天收运量20吨。
	（五）完善市场体系建设	4.5.1新建社区便利店25个。	该项目标完成。新建红旗连锁、互惠超市、老邻居、百佳等社区便利店25个。
		4.5.2每周发布中心城区重要主副食品价格信息。	该项目标完成。对3家农贸市场和1家超市的41种商品价格进行52期的民生价格监测和信息采集，并通过区有线台、《新金牛》、区门户网站、政务微博发布价格信息。
	（六）加大司法便民服务力度	4.6.1新建规范化乡镇（街道）法律援助站1个。	该项目标完成。完成驷马桥街道规范化法律援助工作站建设并投入使用。
		4.6.2新建规范化村（社区）法律服务室40个。	该项目标完成。建成40个规范化社区法律服务室并投入使用。
		4.6.3新建大型法治文化设施（法治教育基地）1个。	该项目标完成。建成成都国际商贸城法治文化广场并投入使用。
		4.6.4为困难群众提供法律援助服务1540人次。	该项目标完成。为困难群众提供法律援助服务2114人次。
		4.6.5在2个基层法庭设置诉讼服务点；"巡回法庭""坝坝法庭"审理案件48件次；开展走进法庭听审判、随案说法活动200件次。	该项目标完成。完成洞子口、金泉、天回3个基层人民法庭的诉讼服务点建设，并投入运行。完成"巡回法庭""坝坝法庭"审理案件57件次。开展走进法庭听审判、随案说法活动237件次。
	（七）关爱未成年人成长	4.7.1新建学校少年宫6所。	该项目标完成。完成成都市茶店子小学等8所学校少年宫建设工作。
五、扶贫解困工程	（一）开展低保五保对象医疗救助	5.1.1城市低保对象门诊救助年人均不低于100元，住院救助次均不低于1100元。	该项目标完成。门诊救助人均110.7元，住院救助次均1309.9元。
		5.1.2城乡低保对象和农村五保对象参保率达到100%。	该项目标完成。困难群众参保率100%。
	（二）帮扶贫困残疾人	5.2.1为990名贫困残疾人发放专项生活补助。	该项目标完成。为1928名贫困残疾人发放专项生活补助。
		5.2.2为贫困残疾人发放适配辅助器具500件。	该项目标完成。为贫困残疾人发放免费辅助器具874件。
		5.2.3为26名残疾儿童提供学前教育康复训练。	该项目标完成。为31名残疾儿童提供学前教育康复训练。
		5.2.4为250名低保重度残疾人发放居家安养护理补贴，资助残疾人托养服务机构3家。	该项目标完成。对376人发放居家安养护理补贴，资助残疾人托养服务机构10家。
		5.2.5为26名贫困家庭脑瘫儿童提供康复服务。	该项目标完成。为27名贫困家庭脑瘫儿童提供康复服务。
		5.2.6为100户残疾人家庭实施无障碍改造。	该项目标完成。为356户残疾人家庭实施无障碍改造。
		5.2.7为贫困白内障患者减免复明手术费用。	该项目标完成。完成白内障复明手术784人。
		5.2.8救助重度听力残疾儿童2人次	该项目标完成。救助重度听力残疾儿童3人。
		5.2.9贫困重性精神病患者参保率达100%，社区管理率达85%以上。	该项目标完成。对2838名重性精神病人全部登记、建档、随访管理，参保率100%，社区管理率88.5%。
		5.2.10建成残疾人综合服务信息系统。	该项目标完成。所有基础数据录入审核完毕，建成残疾人综合服务信息系统。
	（三）帮扶困难职工	5.3.1为符合条件的建档困难职工每人每年提供生活和医疗救助400—1000元。	该项目标完成。为57名建档困难职工提供人均800元的生活救助。
	（四）落实计划生育扶助政策	5.4.1给予符合条件的计划生育家庭父母每人每年960元奖扶金。	该项目标完成。按标准对享受计划生育家庭奖扶政策的3047人（其中国家奖扶对象2417名、省奖扶对象593名、城镇奖扶对象37名）兑现奖扶金。

续表：

项目	目标条目	具体任务	完成情况
五、扶贫解困工程	（四）落实计划生育扶助政策	5.4.2给予符合条件的独生子女伤残或死亡家庭父母每人每年1320元或1620元扶助金。	该项目标完成。按标准对符合享受特别扶助政策的1123人兑现扶助金。
六、医疗卫生工程	（一）完善医疗卫生服务体系	6.1.1实施12个乡镇卫生院和社区卫生服务中心提档升级。	该项目标完成。沙河源社区卫生服务中心创建为国家示范社区卫生服务中心，荷花池中心、九里堤中心、曹家巷中心创建为省级示范社区卫生服务中心。另有10家社区卫生服务中心和7家社区卫生服务站通过省级示范初审。
	（二）巩固基本药物制度	6.2.1纳入基层公益性服务体系的医疗卫生机构（含村卫生室）全部实施基本药物制度，实行零差率销售。	该项目标完成。金牛区纳入基层公益性服务体系的医疗卫生机构（含村卫生室）全部实施基本药物制度和零差价率销售。
	（三）促进公共卫生服务均等化	6.3.1开展城乡居民健康档案管理、健康教育等10大类基本公共卫生服务，城乡居民健康档案规范化电子建档率达92%。	该项目标完成。城乡居民健康档案规范化电子建档率95%。
		6.3.2改革全科医师执业方式和服务模式，15%以上的家庭签约家庭医生服务。	该项目标完成。家庭医生签约率20.2%。
		6.3.3高血压患者管理率达45%、糖尿病患者管理率达30%。	该项目标完成。将高血压、糖尿病患者管理纳入基本公共卫生服务年度考核，高血压患者管理率45.1%，糖尿病患者管理率30.5%。
		6.3.4发放预防艾滋病幸福包，组织艾滋病防治知识讲座，覆盖农民工等群体10万人以上（全市）。	该项目标完成。加强高危人群行为干预，覆盖12704人次，发放宣传资料22662份，安全套25886只。培训各类人员230人，全区公共场所累计免费发放安全套86000只。完成艾滋病防治健康幸福包制作，累计接受宣传教育1万人以上。
		6.3.5困难群众重特大疾病医疗救助覆盖率100%。	该项目标完成。对符合大病救助条件的低保和低保边缘对象按照80%比例予以住院救助；全额资助低保对象和低保边缘家庭中患重特大疾病人员参加大病互助补充保险2914人，金额874200元。困难群众重特大疾病医疗救助覆盖率100%。
	（四）促进城乡妇女健康	6.4.1实施城乡孕产妇住院分娩补助，城乡孕产妇分娩率达100%，全市孕产妇死亡率低于11.5/10万，婴儿死亡率低于5.30%。	该项目标基本完成。完成城乡孕产妇分娩补助金额5.1万元，城乡孕产妇住院分娩率100%，孕产妇死亡率17.7/10万，婴儿死亡率4.81‰。
	（五）实施免费健康体检	6.5.1实施免费孕前优生健康检查，计划怀孕夫妇检查覆盖率达80%。	该项目标完成。为4350人进行免费孕前优生健康检查，覆盖率92.9%。
		6.5.2免费为1760名困难职工和环卫工人进行健康体检。	该项目标完成。免费为1760名困难职工和环卫工人进行健康体检。
	（六）开展城乡医院对口支援	6.6.1统筹协调派遣1007名（全市）在蓉三级医院医师支援县级医院，290名（全市）二级医院医师支援乡镇卫生院。	该项目标完成。派出25名人员进行对口支援。全年诊疗1570人次，开展手术19例，会诊及疑难病例讨论36次，开展新技术新业务5项，学术讲座27次，业务培训30次，手术示教6次。
		6.6.2派遣180名（全市）县级医院医师到三级医院进修培训。	该项目标完成。选派区属医疗机构18人次到华西医院、成大附院、华西附二院、四川省人民医院进修培训。
	（七）民族地区帮扶工程	6.7.1实施《四川省民族地区卫生发展十年行动计划2011—2020年》，下派内地医务人员对口驻点支援410人次（全市）。	该项目标完成。根据《成都市对口支援民族地区疾病预防控制工作方案2013—2015年》的要求，派出8名专业骨干人员前往石渠县开展驻点对口支援；支援复印机、单反相机等工作用品。
七、百姓安居工程	（一）推进北城改造	7.1.1加快推进凤凰山白莲池片区和昭觉寺片区改造、火车北站片区重大基础设施和旧城改造，实施驷马桥片区、八里庄二仙桥片区拆迁改造。	基础设施项目：金芙蓉大道于5月12日实现通车；天丰路基本完成拆迁并交地，初步形成通车能力；新凤凰大道、凤凰大道、天龙大道进场施工，抓紧进行剩余拆迁工作；金粮路、万石路等道路进场施工；古柏路、三河大道校园路等道路加紧实施；地铁3号线一期工程天回南站进场施工、北郊车辆段拆迁收尾，井口施工加紧进行；地铁7号线项目按照地铁公司要求完成全部点位拆除，并配合地铁公司做好相关协调工作；北三环电力隧道抓紧拆迁并进场施工。 旧城改造项目：曹家巷棚户区自治改造项目完成100%签约，进行搬迁补偿兑现和旧房拆除工作，交房3336户，返迁房区域拆除完毕；为民路、光荣西路危旧房改造项目完成旧房拆除并于11月6日摘牌；中铁二局通锦桥片区附条件协议搬迁签约正式启动，签约1070户，签约率100%；新华印刷厂南片区按“地随房走”方式公开确定投资业主，正式启动签约工作，签约1919户，签约率99.6%；火车北站扩能改造加紧协调旧房拆除和启动新的拆迁工作；茶花片区和成灌路两侧500米及土桥场镇“城中村”改造项目加紧剩余拆迁攻坚；新华印刷厂北片区自主改造部分全部拆除。 公建配套项目：金牛中学提前完工并投入使用，金牛区市民服务中心、金牛区妇幼保健院主体完工；北府河摄影主题公园一栋主体完工；金牛区人民医院新建工程加快推进；长青路公园绿地、花照壁农贸市场完工；兴五福农贸市场、府河苑幼儿园等项目加快推进。 产业项目：西部地理信息产业园工业地块首期92亩用地摘牌，剩余地块加紧拆迁；成都国际商贸城三期C地块商务办公楼加紧施工；中铁轨道交通高科技产业园项目B区楼宇具备使用条件；区属荷花池市场实现100%商家关闭签约并摘牌，新的业态项目加紧推进；现代钢铁城项目一期地块完成拆迁，上市出让工作准备就绪；金府钢材市场提前完成拆迁工作；金府石材城加紧拆迁关闭。

续表：

项目	目标条目	具体任务	完成情况
七、百姓安居工程	（一）推进北城改造	7.1.2启动天斑路、金凤凰大道建设。	该项目标完成。天斑路：进场进行“三通一平”工作。 金凤凰大道：11月，施工单位进场，完成部分打围工作。
	（二）加大城乡居民住房保障	7.2.1实施棚户区改造2200户，完成1000户。	该项目标完成。实施3480户，完成1125户。
		7.2.2发放廉租住房租赁补贴500户，其中新增31户。	该项目标完成。发放廉租住房租赁补贴1185户，其中新增240户。
	（三）实施城区老旧院落改造	7.3.1改善提升100个老旧院落软硬件。	该项目标完成。按照2013年成都市文明院落建设标准，在全区范围内完成100个文明院落建设工程。
	（四）开展安全社区建设	7.4.1建成2个省级安全社区。	该项目标完成。14个街道通过省级安全社区验收评定，并命名四川省安全社区，推进进度和质量位于全省、全市前列。
		7.4.2推动54家规模以上企业实现安全生产标准化。	该项目标完成。82家企业通过三级以上达标评审验收，正式公告授牌企业65家。
		7.4.3培训红十字急救员800人。	该项目标完成。完成新增急救员1033人，并发放中国红十字急救员证书，建立急救员数据库。
八、文化体育工程	（一）加强文化场所建设	8.1.1启动5处（全市）历史建筑的保护修缮，推动3处历史建筑的保护修缮。	该项目标完成。薛公馆：以薛公馆保护及周边棚户区改造工程申报立项，在召开附条件搬迁动员会及相关评估、测绘工作完成后，签约率100%，基本完成兑付工作。 张大千故居：完成历史建筑保护的设计方案，房屋腾空、停止使用；由市房管局组织专家实地查勘和分析论证，挖掘梳理历史文化价值，提出保护措施和使用建议，组织制订规划建设方案。 原成都电子机械高等专科学校办公楼：房屋外观结构保存完好，经局部修缮后，具备挂牌条件；由市房管局组织专家实地查勘和分析论证，挖掘梳理历史文化价值，提出保护措施和使用建议，组织制订规划建设方案。
	（二）开展文化惠民活动	8.2.1免费开放1个图书馆，免费开放1个文化馆。	该项目标完成。免费向公众开放金牛区图书馆、金牛区文化馆。
		8.2.2举办“成都市文化四季风”等文化惠民演出活动。	该项目标完成。组织开展“成都文化四季风之文化金牛闹新春、交响金牛广场音乐会、文化金牛大擂台——2013群众艺术风采大赛”等系列活动。全年开展各类大型文艺演出20余场，参与群众18万人次。举行“金牛社区公益大讲台”讲座36场；放映“金牛社区电影大看台”295场次，映前宣传590场次，观众17.53万人次。
		8.2.3组织“文化直通车”进校园公益性演出22场。	该项目标完成。在22所小学校组织“文化直通车”进校园公益性演出22场。
		8.2.4新建科普基地2个、城乡科技信息服务站（点）3个。	该项目标完成。新建金牛区凤凰二沟湿地生态乐园、成都市第四幼儿园科技馆、西南交大磁悬技术与磁悬列车教育部重点实验室3个科普基地。 在五块石街道、人民北路街道和抚琴街道新建社区科技信息服务站；确定有关信息员、负责人和分管领导，按照“五个一”的标准逐项达标。
	（三）推动全民健身	8.3.1新建全民健身体育设施12套。	该项目标完成。安装全民健身体育设施49套。
		8.3.2培训社会体育指导员85人。	该项目标完成。培训三级社会体育指导员120人。
		8.3.3组织开展“运动成都”全民健身活动160次。	该项目标完成。组织开展“运动成都”全民健身活动210次。
		8.3.4公共体育场馆向群众免费开放体育锻炼20万人次。	该项目标完成。公共体育场馆向群众免费开放体育锻炼25万人次。
九、基础设施工程	（一）完善邮政设施建设	9.1.1新建邮政局（所）1个，邮政便民服务站（亭）8个。	该项目标完成。在交大路新建邮政局1个，并于6月正式运营；新建邮政便民服务站（亭）17个。
		9.1.2补建邮政信报箱格口1万个。	该项目标完成。补建邮政信报箱格口10042个。
十、生态环境工程	（一）启动环城生态区建设	10.1.1全面启动“六湖八湿地”湖泊水系建设，开工建设金沙湖、北湖、青龙湖、江安湖，建成锦城湖、锦江滨河公园高新段和锦江区三圣湿地（白鹭湾一期）。	该项目标完成。3月30日前完成配套公园建设，完成输水管线上36个下河排污口的治理工作。
	（二）加强大气、水环境综合治理	10.2.1完成38座加油站、4座储油库油气回收处理。	该项目标基本完成。38家加油站中33家完成油气回收治理工作；2家拆迁；2家即将拆迁；1家将搬迁。4家油库中2家完成治理并监测合格（中石化天回油库、104油库）；1家在施工阶段（102油库）；1家储存燃料油不在治理范围（四川石油管理局物资总公司成都油库）。102油库于2013年7月由中石油西北销售移交中石油四川销售，中石油西北销售在前期完成油气回收管线安装工作，中石油四川销售接手后，将安装计划报上级公司，待2014年资金下达后完成后续油气回收工作。

续表：

项目	目标条目	具体任务	完成情况
十、生态环境工程	（二）加强大气、水环境综合治理	10.2.2完成清水河等106个下河排水口污水处理。	该项目标完成。10月，106个下河排污口全部完成整治任务。
		10.2.3建成摸底河等3处输配水工程。	该项目标完成。4月完成。
	（三）提升城乡环境	10.3.1完成二环路沿线风貌打造和噪声控制设施建设，三环路沿线两侧50米范围内重要节点风貌改造。	该项目标完成。二环路风貌整治、三环路两侧50米15处建筑风貌整治及绿化改造在5月30日前完成。
		10.3.2基本形成绕城高速两侧200米生态林带。	该项目标完成。投入拆迁建设资金1.94亿元（其中拆迁资金1.91亿元、复垦植绿资金300万元）；完成拆迁29.4万平方米；约366亩的地块完成复垦绿化，对两侧的行道树进行修枝减裁，打造田园风光保护区。
		10.3.3推进环境治理"六大工程、四项专项行动"，实施精细化城市管理，巩固提高城乡环境综合治理成果。	该项目标完成。1. 围绕《财富》全球论坛、世界华商大会、中国西部国际博览会和北改工作，加强户外广告设置管理、加大户外广告升级改造力度、加大招牌整治力度，全区城市景观容貌品质得到提升。提前完成金牛广场、茶店子游园、锦西广场、迅驰大厦等光彩工程项目；完成九里堤南中北路和羊西线（槐树街—三环路）等招牌集中整治工程项目；率先开展卖场户外广告提档升级改造工作，整治规范招牌1777块，对16处大型商业卖场户外广告进行提档升级。 2. 6月，解放北路、蜀都大道、羊西线、老成灌路立面整治全面完工；5月，三环路50米林带完工。加强建筑工地及市政工地的文明施工检查力度。

（吴建华　徐　艳）

生活水平

收　入

【城镇居民收入】　全年城镇居民人均家庭总收入31978元，同比增长9%；居民可支配收入29633元，同比增长9.4%。

工资性收入　全年城镇居民人均工资性收入19327元，同比增长10.8%。工资性收入是城镇居民家庭主要收入来源。工资性收入稳步增长的主要原因，一是多年来全区经济总体稳定增长，辖区企业快速发展；二是积极促进城乡就业，促进城乡居民收入快速增加。

经营性收入　全年人均经营性收入2831元，同比增长7%。个体和私营经济一直是全区经济的重要组成部分，对于促进就业，繁荣市场经济起到巨大的作用。为促进居民就业，维护社会稳定，推动经济增长，区委、区政府在政策上积极鼓励和扶持个体工商业的发展，为其提供良好的发展平台。个体工商业者充分利用良好的创业政策和环境积极的开拓自己的事业，区个体经济和私营企业蓬勃发展，人均经营性收入快速上涨。

转移性收入　为促进社会公平，构建和谐社会，区委、区政府采取措施，逐步提高保障标准，扩大保障范围，使更多的居民能够享受经济快速发展带来的好处。全年城镇居民人均转移性收入达8733元，同比增长9.3%。

2013年金牛区城镇居民家庭基本情况

指标名称	计量单位	2013年实际	2012年实际	2013年比2012年（±%）
调查户数	户	120	120	0.0
人口状况				
平均每户家庭人口	人	2.87	2.8	2.5
平均每户就业人口	人	1.54	1.53	0.7
收入状况				
家庭总收入	元	31978.15	29325.47	9.0
工资性收入	元	19327.18	17436.35	10.8
经营净收入	元	2830.55	2645.65	7.0
财产性收入	元	1087.79	1250.36	−13.0
转移性收入	元	8732.63	7993.1	9.3
可支配收入	元	29632.79	27091	9.4
支出状况				
年人均总支出	元	22889.37	22818.07	0.3
消费性支出	元	18789.52	18226.01	3.1
食品	元	6827.17	6737.91	1.3
衣着	元	1551.47	1657.4	−6.4
居住	元	2158.9	1934.79	11.6
家庭设备用品及服务	元	1420.47	1280.03	11.0
医疗保健	元	1015.68	959.47	5.9
交通和通信	元	2857.02	2885.35	−1.0

续表：

指标名称	计量单位	2013年实际	2012年实际	2013年比2012年（±%）
教育文化娱乐服务	元	2368.72	2146.06	10.4
其他商品和服务	元	590.09	624.99	-5.6
年人均借贷支出	元	8813.46	8216	7.3
期末人均手存现金	元	6507.71	3745.63	73.7

【涉农地区居民纯收入】 全区通过“推进就业创业促增收，提升产城品质促增收，发展现代农业促增收，完善政策保障促增收”等举措，逐步形成涉农居民科学增收、持续增收的长效机制，完善人均纯收入结构，使工资性收入成为重要来源和支柱，家庭经营性收入稳定增加，政策转移性收入和财产性收入明显增加，促进农民人均纯收入稳步增长。2013年全区涉农地区居民人均纯收入19050元，同比增长10.3%。

2013年金牛区涉农居民家庭基本情况

指标名称	计量单位	2013年实际	2012年实际	2013年比2012年±%
一、调查户数	户	70	70	0.00
二、常住人口	人	245	245	0.00
平均每户人口	人/户	3.5	3.5	0.00
三、整半劳动力文化程度构成				
文盲或半文盲	%	0.00	0.00	0.00
小学程度	%	3.97	3.97	0.00
初中程度	%	43.05	44.37	-2.97
高中程度	%	23.18	24.50	-5.39
中专程度	%	9.93	8.61	15.33
大专及以上程度	%	19.87	18.54	7.17
四、居住状况				
人均年末住房面积	平方米	42.97	42.57	0.94
砖木结构面积	平方米	3.08	3.08	0.00
钢筋混凝土结构	立方米	39.89	39.49	1.01
五、生产性固定资产情况				
人均年末生产性固定资产原值	元	3019.02	3391.84	-10.99

2013年金牛区涉农居民家庭人均总收入与总支出

单位：元

指标名称	2013年实际	2012年实际	2013年比2012年（±%）
一、总收入	19627	18111	8.37
1. 工资性收入	9754	8889	9.73
2. 家庭经营收入	653	915	-28.67
一产业收入	9	2	349.00
二产业收入	63		
三产业收入	581	913	-36.41
3. 财产性收入	7423	6765	9.73
4. 转移性收入	1797	1542	16.51
二、总支出	14322	13387	6.99
其中：1. 家庭经营费用支出	322	545	-40.92
2. 生活消费支出	12157	10831	12.24
食品消费品支出	5108	4424	15.46
衣着消费	1151	1163	-1.06
居住消费	973	896	8.64
家庭设备用品及服务	501	449	11.51
交通通讯消费	1841	1838	0.17
文教娱乐用品及服务	1688	1276	32.30
医疗保健	712	594	19.87
其他商品和服务消费	183	191	-4.02
3. 财产性支出	16	15	9.47
4. 转移性支出	1827	1600	14.21
三、全年纯收入	19050	17263	10.35

消　费

【城镇居民人均消费性支出】 2013年，城镇居民人均总支出22829元，同比增长0.3%，其中消费性支出18790元，同比增长3.1%。消费性支出中，增长最大的是居住达11.6%，其次是家庭设备用品及服务11%，教育文化娱乐服务10.4%；医疗保健和食品支出有所增长；下降最大的是衣着支出下降6.4%，其他商品和服务下降5.6%。

每百户耐用消费品拥有量中，2012年下降最大的摄像机（-25.7%）2013年同比增长最大达17.1%。电话、组合音响、家用汽车、彩色电视机、家用电脑、洗衣机、空调机、电冰箱等有所增长，照相机、淋浴热水器的拥有量同比下降，下降最大的是摩托车达8.3%。

2013年金牛区每百户城镇居民家庭年末耐用消费品拥有量

指标名称	计量单位	2013年实际	2012年实际	2013年比2012年（±%）
空调机	台	152.03	151.11	0.6
洗衣机	台	101.63	100	1.6

续表：

指标名称	计量单位	2013年实际	2012年实际	2013年比2012年(±%)
电冰箱	台	100.81	100.74	0.1
淋浴热水器	台	98.37	98.52	-0.2
彩色电视机	台	150.41	143.7	4.7
组合音响	套	32.52	29.63	9.8
家用电脑	台	96.75	94.07	2.8
移动电话	部	233.33	232.59	0.3
普通电话	部	66.67	60.74	9.8
家用汽车	辆	28.46	26.67	6.7
摩托车	辆	4.07	4.44	-8.3
摄像机	架	13.01	11.11	17.1
照相机	架	63.41	64.44	-1.6

2013年金牛区城镇居民家庭人均消费食品情况

单位：元

指标名称	计量单位	2013年实际	2012年实际	2013年比2012年(±%)
粮食	元	402.96	389.03	3.6
油脂	元	165.86	179.41	-7.6
鲜菜	元	736.48	710.77	3.6
猪肉	元	1240.48	834.73	48.6
家禽及制品	元	329.05	359.26	-8.4
蛋类	元	118.97	120.66	-1.4
糖类	元	72.12	53.59	34.6
卷烟	元	381.72	314.98	21.2
饮料	元	77.4	94.78	-18.3
白酒	元	62.01	62.49	-0.8
干鲜瓜果	元	383.4	388.03	-1.2
奶及奶制品	元	330.54	365.15	-9.5

【涉农居民人均生活消费支出】 2013年，涉农居民人均总支出14322元，同比增长7.0%，其中生活消费支出12157元，同比增长12.2%。生活消费支出中，增长最大的是文教娱乐用品及服务达32.3%，其次是医疗保健19.9%，食品支出15.5%，家庭设备用品及服务11.5%，居住8.6%；交通通讯支出略有增长；衣着及其他商品和服务略有下降。

每百户耐用消费和拥有量中，吸尘器和移动电话增长最大均达10%；家用汽车和计算机、空调机、电话机、微波炉、抽油烟机等有所增长；彩色电视机和摄像机与上年持平；下降最大的是影碟机、照相机和摩托车，分别下降18.3%、9.1%和8.3%；冰箱、洗衣机、热水器略有下降。

2013年金牛区每百户涉农居民期末主要耐用消费品拥有情况

指标名称	2013年实际	2012年实际	2013年比2012年(±%)
1.洗衣机	105	106	-0.94
2.电冰箱	101	104	-2.88
3.空调机	121	116	4.31
4.抽油烟机	100	99	1.01
5.吸尘器	22	20	10.00
6.微波炉	65	64	1.56
7.热水器	115	116	-0.86
8.摩托车	22	24	-8.33
9.家用汽车	41	39	5.13
10.电话机	34	33	3.03
11.移动电话	331	301	9.97
12彩色电视机	180	180	0.00
13.摄像机	9	9	0.00
14.影碟机	49	60	-18.33
15.照相机	40	44	-9.09
16.家用计算机	101	97	4.12

2013年金牛区涉农居民家庭人均消费食品情况

单位：公斤

指标名称	2013年实际	2012年实际	2013年比2012年(±%)
1.粮食消费量	59.0	64.4	-8.39
2.植物油	12.5	11.4	9.65
3.蔬菜及菜制品	103.2	102.7	0.46
4.豆制品	1.4	1.4	0.00
5.猪肉	30.2	25.8	17.05
6.牛肉	1.5	1.3	15.38
7.羊肉	0.2	0.0	566.67
8.家禽	6.9	6.3	9.52
9.鲜蛋	7.1	6.4	10.94
10.水产品	6.0	4.8	23.96
11.食糖	1.2	1.2	-0.83
12.烟叶消费量	0.0	0.1	-70.00
13.酒	6.8	6.1	11.48
14.茶叶	1.3	0.9	38.89
15.水果	30.1	27.9	7.78
16.奶和奶制品	19.5	13.7	42.04

（审读：薄　宇）

街　道
SUB-DISTRICTS

抚琴街道

【概　况】　街道位于金牛区南部，1987年设立，因辖区内抚琴台而得名，相传抚琴台为西汉大辞赋家司马相如与卓文君的抚琴之地。1991年区划调整后，抚琴街道面积1.2平方千米，街巷15条，居（家）委会15个，人口3万人。2001年，街道将15个居委会改建为6个社区。2003年3月17日，区政府对街道进行区划调整，将原乡农市街道所辖的西北街社区、金鱼街社区（乡农市街道成立于1954年1月，辖区面积1.5平方千米，街巷26条，社区10个，人口4.2万人，于2003年撤销）、营门口街道所辖二环路内的金琴路社区划归抚琴街道，同时将抚琴街道抚琴西路以南的抚琴南路社区、抚琴西南路社区和一环路以内的抚琴北路社区划给西安路街道。2004年3月20日，区政府将原光荣街道并入抚琴街道（光荣街道成立于1994年1月，辖区面积1.8平方千米，街巷38条，社区6个，人口4.5万人）。至2005年底，抚琴街道西与二环路西三段以西的茶店子街道和营门口街道相连；东与九里堤南路、一环路西三段、北一段以东的荷花池街道，人民北路街道接壤；北与二环路北一段、北二段以北的九里堤街道连接；南与抚琴西路以南的西安路街道毗邻。2013年，街道面积2.8平方千米，北以二环路（西三段、北一段、北二段部分）为界，与茶店子、营门口、九里堤街道相连；南以一环路（西三段、北一段）为界，与人民北路、西安路街道毗邻；东以九里堤南路为界，与荷花池街道相望；

1月12日，抚琴街道为民路、光荣西路旧城改造搬家坝坝宴

西以抚琴西路为界，与西安路街道相接。辖区区域呈扇形分布，有街巷71条、社区居委会8个、常住人口12万人。

辖区内有沙湾国际会展中心、凯德广场等知名商贸网点；驻有四川省就业服务管理局，成都市人民政府第四办公区，市中级人民法院，区委、区政府、区人大、区政协等中央、省、市、区党政机关。街道既是金牛区的沙湾城市商业副中心，又是金牛区的政治、经济、文化中心。街道办事处位于光荣路19号。

2013年，街道财政收入地方实得2.04亿元。

【重点项目】 老会展·现代城　项目位于沙湾路258号原沙湾国际会展中心旧址，占地125亩，建筑面积60万平方米，总投资20亿元。项目集国际会议中心、高档商业、甲级写字楼、星级酒店和精品住宅为一体的城市综合体，分三期开发，截至12月，一期投入使用。

阿坝宾馆鑫城府　项目共有3栋，1栋为酒店和写字楼，总层38层（其中地下层3层）；2栋为35层（其中地下3层）高层住宅；3栋为5层多层住宅，截至12月，1栋修建到地面20层；2栋修建30层；3栋未动工。

新普瑞新熙门　截至12月，项目进驻企业有洲际假日智选酒店、招商银行等，通过区招商局加大招商力度。

抚琴街3号片区自主改造附条件协议搬迁项目　项目涉及拆迁院落楼20栋，拆迁户数320户，房屋占地23.37亩，拆迁面积4万平方米，纳入成都市2013年第一批棚改项目，选举产生12名自改委成员。

【社区网格化管理运行机制】 街道在西南街社区试点基础上，在8个社区推行网格化管理机制并形成相关工作制度。社区网格化管理是以社区为单位，将社区合理划分成若干个基础网格，把社区信息全部定格在网格，社区事务逐项分解到网格。发挥网格责任人在信息采集、民情反馈、事务协管、应急处置等方面的作用，构建社区工作人员与资源信息、公共事务管理的网格化模式，构建社区网络、小区网格、小组网点和监管员、责任人、信息员网格管理体系。

【社会化服务平台建设】 街道在各社区党组织中开展“党员服务民生示范岗”活动。党员在所在院落（楼幢、单元）就是一名民生服务员，采用“横向到边，纵向到底”方式，实现岗位设置全覆盖。活动中，社区党组织原则上每月组织党员志愿者到社区或院落宣讲党和政府的方针、政策或法律法规，每月收集群众的意见和建议，每月走访5—10户居民家庭，每月参与一次公益性活动，同时参与院落环卫、治安、秩序等方面的维护和建设。

【重点企业选介】 成都兴元房地产开发有限公司　2000年9月8日，公司进驻成都，位于金鱼街7号，注册资本4000万元，主要经营房地产开发、经营及物业管理、工程施工及商贸。公司的第一个项目是参与政府为民办实事重点项目金鱼村低洼棚户区改造工程，在金鱼街建起兴元花园小区，当年为金牛区上缴税金1578万元。2013年，公司完成税收3157万元。

会展旅游集团　集团创立于1997年，发展为包括投资开发、地产建设、物业经营三大板块，涵盖地产开发、工程建设、酒店、会议展览、旅游、景区开发、文化艺术、餐饮、广告、物业管理等十大产业的超大型集团公司，是中国西部最大、全国业内顶尖的企业集团之一。集团以旗下的世纪城新国际会展中心、九寨天堂国际会议度假中心、成都国际会议展览中心（沙湾）、新世纪环球中心超大城市综合体等项目为依托，走出一条“以会展旅游拉动区域经济、带动城市建设、提升城市形象的会展旅游地产复合型经营建设道路”，创立会展业成都模式，并将该模式成功移植到国内其他城市。2013年，公司完成税收10635万元。

康福德高汽车租赁（成都）有限公司：公司成立于2004年4月，是新加坡康福德高企业（世界第二大陆路客运上市公司）下属的全资子公司。康福德高汽车租赁（成都）有限公司是成都市首家外资汽车租赁公司，也是成都市首家通过ISO9001：2008国际质量认证的汽车租赁公司。公司拥有别克君威、别克陆尊、别克商务、本田奥德赛、帕萨特、瑞风2.4、索纳塔2.0、宝来、爱丽舍、捷达、金龙客车等较大规模性能良好、证件齐备、保险完善的中高档营运轿车，提供机场接送、单边接送、时租、日租、月租、长租等租车服务，并根据客户的不同需求提供各种优质车辆。2013年，公司完成税收近1000万元。

【光荣小区社区】 社区位于成都市老西门，东至一环路北一段，南至营门口路，西至金沙路，北至沙湾路，2013年，辖区面积0.74平方千米，有58个居民小区，居民住宅楼116栋，住户5881户；有常住人口12600人，流动人口6400人；有单位11家，其中机关单位两家、学校3所、医院1所、非公有制经济组织和新社会组织两个；有个体商业网点560个。全年社区整治文家东巷8号、15号，光荣北路71号3个“三无”院落。

【金琴路社区】 社区位于抚琴街道西南角。2013年，辖区面积0.27平方千米，有老旧院落41个，居民住宅楼112栋；有住户4853户，常住人口10934人。全年社区利用居民自治经费及打造办公楼剩余资金，整治营策巷20号、29号院落。5月，开设“4∶30学校”，解决社区双职工家庭孩子下午放学回家无人照管的问题。

【铁路新村社区】　社区成立于2002年，位于抚琴街道东北部，东临九里堤南路、南临一环路、西临沙湾路、北临沙湾东一路。2013年，辖区面积0.36平方千米，有常住户3660户，常住人口13027人；有居民住宅楼91栋，多为中铁二局、中铁二院职工住宅。辖区内有中铁二局医院、中铁二局第一幼儿园、中铁二局建筑处、沙湾工商所等单位。社区配合街道对辖区脏乱差现象进行为期三个月整治，取缔辖区建筑群中的两个非法菜市场，清运院落内的积存垃圾，规范周边的市容秩序。

【金鱼街社区】　社区成立于2001年，北接营门口路，南临营兴街，东接金鱼街，西与二环路西三段相连。2013年，辖区面积0.33平方千米，有4街、3巷、2路、1段，46个院落，居民楼幢137个、446个单元；有住户8764户，人口26292人。辖区有四川省水电气有限公司、金牛区巡警大队等5家驻社区单位；有商家店铺500余家。社区全年投入81.3万元改造营康路8号等3个老旧院落。

【西南街社区】　社区位于一环路西三段外侧。2013年，辖区面积0.28平方千米，有街巷13条；有居民住户4748户，人口11796人。11月20日，社区启动“三无院落”改造项目，涉及院落11个，包括抚琴北二巷片区、抚琴街南一巷3个院落和抚琴街2号，受益户数517户，受益人口1160人。11月，社区通过市级平安社区验收。

【圃园路社区】　社区位于二环路北一段26号。2013年，辖区面积0.46平方千米，有物管院落26个、单位院落4个、自管院落10个；有常住户7195户，人口18000人。金牛区委、区政府驻社区内。社区配合街道治理沙洲街、圃园路机动车占道经营现象。

【西北街社区】　社区位于老西门车站，是成都市最早建成的老城区之一。2013年，辖区面积0.28平方千米，有28个院落，其中26个院落是为居民自治管理；有住户3896户，居民9883人，其中常住人口4610人、流动人口5273人。社区全年加强基层民主政治建设，实现居民自治。完善便民服务一卡通平台，提高为群众服务的功能和质量。在广泛征求群众意愿的基础上，政府投资，社区参与，整治15个老旧院落。9月，《成都商报》以《只需一个电话，居民烦心事，社区一卡通》为题，报道社区探索社区管理服务新模式；《成都晚报》以《一卡在手，烦事无忧》为题，报道社区用“三心”服务居民。

【金沙路社区】　社区东临光荣西路，西至二环路，南到营门口路，北接沙湾路。2013年，辖区面积0.81平方千米，有大院56个；有居民住户7600余户，人口2万人。辖区有机关、单位、企业40余家；有商铺2000余户。社区内大多为20世纪八九十年代修建的纯居民院落，小区房屋建筑档次不高，物业管理缺位，居民多为城市拆迁户。9月，社区对为民路45、47、49号，金沙横街2号，金沙巷8号进行“三无”院落整治。

（张雪梅　王秋芳）

西安路街道

【概　况】　街道位于成都市中心城区西面，2003年、2004年街道撤并，东与青羊区斌升街道、黄瓦街道接壤，西邻青羊区石人街道，南接蜀都大道、成温路，北接抚琴街道、人民北路街道。2013年，辖区面积2.75平方千米，辖5个社区、3个社会事务公共服务站；有常住人口8.2万人，流动人口1.5万人；有机关、企事业单位160余家，商家2000余户，是一个适宜居住、投资、旅游、观光休闲、购物的现代化城区街道。街道办事处位于青西路6号。

街道全年实现地方实得1.81亿元，比上年增长24.7%；引进企业21家，到位国内省外资金10.40亿元。

【“三进三入”活动】　街道开展“三进三入”活动，促进辖区经济社会全面发展。进院入户，以改善民生为重点，倾听群众诉求，为社区群众提供人性化服务；进楼入企，以优化投资环境为重点，为纳税人提供规范化服务，做到联系企业经常化、服务企业规范化、为企业排忧解难及时化。进门入心，以促进共建共享为重点，为辖区单位提供个性化服务。在彭州石化项目引发的维稳工作中，街道依托“三进三入”工作机制

西安路街道就业援助招聘会

的有效运行，形成责任明确、互动良好、反馈迅速的网格化管理模式，确保辖区稳定。

【社会管理工作创新】 街道通过在《成都商报》刊登启事选拔人才，有60多名市民报名，筛选出20名志愿者，7月23日，西安路辖区社区工作志愿者实训班正式开课，20名新招募的社区志愿者进行为期4周的专业培训，志愿者中最大年龄49岁，最小22岁。

【金琴南路社区】 社区位于一环路外侧，东至一环路西三段，西至二环路西三段，北至抚琴西路（羊西线），南至文华路及摸底河沿线。2013年，辖区面积0.5平方千米，辖居民院落46个，居民楼栋155栋；有住户7247户，常住人口11000人，流动人口10380人；有企事业单位15家，其中机关事业单位6家、学校3所、医院1家；有个体商业网点400多个。社区有志愿者队伍6支、1200人。社区连续获成都市文明社区、金牛区先进基层党组织、金牛区四星级社区、创全国文明城市工作先进集体、金牛区“十佳社区”等称号。

【枣子巷社区】 社区成立于2011年，位于一环路西三段，西以青羊北路为界，北以东二路、西青路、实业街为界，东以西郊河为界，南以十二桥路为界。2013年，辖区面积0.62平方千米，辖居民院落42个，其中纯居民院落10个、单位宿舍27个、物管院落7个；有常住户7412户，常住人口17934人，流动人口3919人；有成都市地税局、四川省物探队、成都中医药大学、成都市财贸职业高级中学校等企事业单位。

【永陵社区】 社区成立于2001年1月，位于一环路以内，南至永陵路，东至同仁路，北至花牌坊街，西至一环路西三段。2013年，辖区面积0.64平方千米；有常住户7426户，常住人口13850人；有企事业单位17家（其中学校两所、医院1家）、个体商业网点300余个。

【白果林社区】 社区由原百寿路社区和银杏路社区合并而成，成立于2011年，位于文华路以南，百寿路以北，一环路西三段以西，摸底河以东。2013年，辖区面积0.59平方千米，辖60个居民小区、8条街道、160栋居民住宅楼、437个单元；有总户数6972户，常住人口8292人，流动人口8705人；有西安路街道办事处、四川省教育学术交流中心、四川省水产局、成都市经济信息中心、成都市安全生产委员会办公室、生殖健康医院、西月大厦、跨世纪大厦、白果林派出所、锦绣酒店等10家单位；有四川广播电视大学、成都师范学院、成都市白果林小学校、成都市白果林幼儿园、成都国际艺术演艺学校等5所学校、幼儿园；有商家店铺400余家。

【青羊北路社区】 社区由原三洞桥社区、青羊北路社区于2010年12月合并而成，位于一环路西三段以东，槐树街、永陵路以南，青羊东二路、西青路以北，青羊北路之间，东与青羊区相接。2013年，辖区面积0.45平方千米；有常住户4505户，常住人口11674人，流动人口6148人；有西安路街道社区服务中心、成都骨伤医院、四川必有医院、成都市级机关第三幼儿园、成都市第九幼儿园、西安路小学、西安路派出所、四川省投资促进局、四川省妇女儿童活动中心、四川省民族饭店、四川省归国藏胞接待中心、成都市对外经济促进会、成都市人民防空办公室、成都市第六建筑公司、金牛区纪委、金牛区教育局、金牛教育培训中心、武警西藏总队驻成都办事处等机关、企事业单位和400余家商家店铺，经济活动以餐饮、娱乐、住宿等为主。社区获全国创建文明社区示范点、四川省省级文明社区、四川省充分就业社区、四川省社会治安综合治理模范社区、四川省家庭教育示范点、四川省小公民道德建设优秀示范基地、四川省防震减灾科普示范社区、成都市和谐社区、金牛区“十佳社区”、金牛区四星级和谐社区等称号。

1月23日，社区在晚晴苑小广场开展新春游园活动。3月23日，组织社区青少年到十二桥烈士陵园扫墓。

（牛小安）

人民北路街道

【概　况】　街道地处成都市中心城区，北以一环路北一段至北三段为界；东傍川陕路入城通道解放路二段，与抚琴街道、荷花池街道、驷马桥街道相邻；西以花牌坊街、石灰街、西月城街为界，紧邻西安路街道；南以府河、饮马河为界与青羊区连接，整体呈扇形分布。2013年，辖区面积2.8平方千米，有52条街巷，6个社区；有常住户23782户，常住人口70317人，流动人口28383人。街道机关内设党政办公室（挂人大工委办公室牌子）、经济发展科、社会治安综合治理办公室、司法所、城市管理科、城市管理行政执法中队、社会事务与计划生育办公室、推进北改龙头工程办公室8个科室（队、所）；有环卫所、社区服务中心（挂就业和社会保障服务中心牌子）2家下属事业单位。街道有在职干部职工83人（含环卫所12人），离退休干部90人（含环卫所2人）。辖区内有中铁二院工程集团有限公司、中铁二局工程集团有限公司、四川省林业厅、四川省商务厅、四川省地质矿产勘查开发局、四川省档案局、四川省乡镇企业局、四川省地方铁路局、四川省丝绸工业研究所、四川省有色冶金研究院、四川省林业科学研究院等国有大企业、省、市大机关单位39家及人北派出所、北巷子派出所两个派出所；有西藏饭店、金麒麟大酒店、天指道国际休闲广场、沱江鱼府、外婆乡村菜、西北酒家、芙蓉国等餐饮娱乐特色企业；享有较高知名度的城隍庙电子电器市场位于辖区内。辖区商贸网点密布，交易活跃，环境优美，文化繁荣，是集经济、文化、商贸、餐饮休闲为一体的综合型街道。街道办事处位于新村河边街9号。

街道全年全口径税收15.50亿元，地方财政收入38316万元；引进项目15个，实际省外到位内资18亿元，固定资产投资33亿元，批零、住宿、餐饮业服务业发展迅速。

【重点企业选介】　成都中鼎绿舟置业有限公司　公司注册资金2亿元，2013年引进省外资金1.7亿元；承接四川新华印刷厂南片区拆迁。

中建地下空间有限公司　公司注册资金3亿元，总部设在成都，2013年引进省外资金2.6亿元，是国内唯一一家从事设计、开发地下综合工程的公司。

成都同基置业有限公司　公司注册资金2.83亿元，2013年引进省外资金2亿元，引进厦门藤王阁有限公司共同合作中铁二局旧城改造项目。

【社会管理】　街道全面做好辖区内社会治安综合治理和安全、消防、信访维稳工作等社会治安综合治理工作。辖区治安秩序得到有效控制，立案数比上年下降26%。成功处置玛丽亚医院医疗纠纷、省林业中心医院建设招标纠纷、达成铁路有限公司坠落亡人事件等群体性事件18起。开展上访群众接待工作，参与辖区北改工程出现的不稳定因素事件处置工作。

【院落自治新模式】　街道在金仙桥社区试点健全社区党组织管理网络。社区党总支将党小组延伸到各院落及单元，社区42个院落实现管理和服务网络全覆盖。实现院落分类管理“规范化”。社区非物管院落依据各院落的不同特点找准切入点，实行院落分类管理，并明确院落管理人员的职责，统一管理院落的标准，发动居民骨干参与，实现服务“自主化”。建全管理制度，保障管理和服务“常态化”。

【人民北路社区卫生服务中心巡回医疗活动】　人民北路社区卫生服务中心利用春节、国庆等节日和“世界结核病日”等卫生日开展巡回医疗活动12次，出动医护人员53人次，增加辖区的居民群众对常见病、多发病的预防、治疗知识的了解。

【新村河边街社区】　社区北以一环路北二段为界，南以万福桥至西北桥过桥进九里堤南路附近为界，东以人民北路至万福桥为界，西以西北桥过桥顺河至西体路口处止。2013年，辖区面积0.87平方千米，有院落56个，楼栋198栋；有常住户6113户，常住人口18555人，流动人口1854人；有机关、企事业单位20余家，其中中学2所，医院1家，农贸市场1个。11月29日，社区完成党委换届工作，选举产生新一届社区党委5人。

【城隍庙社区】　社区位于人民北路一段以东、一环路北三段以南、解放路二段以西，府南河以北。2013年，辖区面积0.93平方千米，有56个居民小区，居民住宅楼175栋；有常住户6646户，常住人口19599人，流动人口1801人；有驻辖区单位15家，其中机关单位3家、学校4所、医院1个。

6月，社区选举产生第一届城隍庙社区区域党委。11月29日，完成社区党委换届工作，选举产生新一届社区党委，党委委员5人，下属4个党支部，划分为13个党小组，有党员360人；社区居委会有成员9人，公共服务站工作人员4人，居民小组长17人、社区成员代表69人，另有社区居民议事会成员21人和居务监督委员会等群众自治组织。2013年，社区对成华巷2、4号，成华街9号，成华北巷6、7、8号等6个老旧院落进行集中整治，对城隍东巷58号，成华巷1、3、5号等4个“三无院落”进行整治。

【金仙桥社区】　社区位于金仙桥路2号锦西广场内，以石灰街金牛区第二人民医院为界，往东南方向至饮马河25号，以饮马河为界，沿饮马河往东北方向到通锦桥路，再由通锦桥路往北，沿通锦桥路、马家花园路到沙湾路口，再由西至一环路到泰源大厦。2013年，辖区面积0.3平方千米，有42个院落；有常住户2858户，常住人口6904人，流动人口1006人。社区有两委会成员8人，服务站工作人员3人，残疾专干1人。2013年11月29日，社区党总支换届选举党员大会召开，选举出第九届党总支书记、副书记及委员。

社区党组织通过党建网络实施党建网格化管理和工作全覆盖，社区党总支下设8个党支部，设立覆盖各单位和院落楼栋的党小组23个，形成党建三级网格构架。实行党的组织网络与社区管理网络相对接。7月，社区被评为国家级科普示范社区。11月，通过市级平安社区验收。

【马家花园社区】　社区位于新二村31栋侧饮马河边，一环路北一段以西至沙湾路口，马家花园路向东延伸到通锦桥头以路沿石为界，新二村市场以南至饮马河边，北至青羊区体育场。2013年，辖区面积0.35平方千米，有居民楼62栋，院落40个，单元235个；有常住户2501户，常住人口9542人，流动人口1352人；有中铁二局集团公司、青羊区体育场企事业单位和商家店铺400家。2013年11月29日，社区完成党总支换届工作，选举产生新一届社区党总支委员3人。

5月，社区在全区率先建立社区工会爱心超市。6月28日，区总工会在社区召开金牛区社区工会属地化管理试点现场会，80余人参加。

【西体路社区】　社区位于西体路9号附2号，以一环路北一段以西（铁二院大门）为界，西体北路向北延伸至一环路口，东侧以路沿石为界，西体路左右两侧，东起殷家沟西至新二村市场小吃街，南延伸至柳苑。2013年，辖区面积0.38平方千米，有楼栋83栋；有常住户2787户，常住人口8352人，流动人口2968人；有中铁二院集团有限公司、铁二院学校、成都市第十六幼儿园、医院、成都市西体路小学、市建九公司7家企事业单位，商家店铺260余户。

11月29日，社区完成党总支换届工作，选举产生新一届社区党总支委员3人。改造西体路9号的12栋老旧院落。

【花牌坊社区】　社区位于交通巷36号，西起一环路，东至江源巷，北起前进6组，南至花牌坊街。2013，辖区面积0.3平方千米，有常住户2787户，常住人口8352人，流动人口2968人；有四川省档案馆、中铁物资集团西南有限公司等7家单位；有威尔斯普、心连心等3家大型物业管理公司。

6月27日，社区成立区域党委。11月29日，完成社区党总支换届工作，选举产生新一届社区党总支委员3人。

人民北路街道文体公益活动

（肖　颖）

驷马桥街道

【概　况】　街道缘司马相如“不乘高车驷马，不过汝下”之驷马桥得名，是一个富含历史文化底蕴的典型老城区，地处成都市北门出城通道，北抵沙河，与成华区青龙街道相邻；南至府河，与青羊区草市街街道相邻；东邻府青路，与成华区府青路街道相邻；西临沙河排洪河，与荷花池街道相邻。成昆铁路，川陕公路，北星大道，内环路，一、二环路等交通要道在辖区交汇，沙河和府河流经辖区。成都三友竹编工艺有限公司（原成都竹编工艺厂）传承并发展着非物质文化遗产——竹编（瓷胎竹编）工艺技术，马鞍东路社区的“粽子一条街”在成都坊间小有名气。2013年，辖区面积2.79平方千米，辖8个社区，有户籍人口11.6万人，流动人口3万人；有华西集团、北门汽车站、水电七局等65个中央、省、市单位和543家公司、企业。2013年，引进中国移动通信集团四川有限公司金牛分公司、成都中核北改投资有限公司等4家企业入驻，四川绿城房地产开发有限公司从外区迁入，增添辖区税源增长点。驷马桥街道是由原驷马桥、解放路、曹家巷3个街道整合而成，有在职干部职工64人、离退休干部84人、临时聘用人员189人。街道党工委下设8个党委、4个党总支、54个党支部，有党员2947人。街道通过全国安全社区创建，被市委、市政府评为先进街道；辖区内成都市解放北路第一小学、香溪宾馆被评定为市级平安单位。街道办事处位于泰宏路9号。

街道全年税收实得1.10亿元，固定资产投资25.23亿元，工业总产值6300万元，国内省外资金12.34亿元。辖区市级重点项目金牛瑞安中心项目施工进展顺利，截至12月，投资3.6亿元。

【基层治理模式创新】 街道按照区委、区政府“自治改造”模式推进“十年拆不动的曹家巷”的改造工作，创新工作方法，在自治改造委员会中成立临时党支部，发挥党员先锋模范作用，发动群众做群众工作，被人民网、国家行政学院评为“社会管理创新最佳案例”，央视“走基层·为人民服务新观察”栏目连续两集12期报道《曹家巷拆迁记》、“面对面”栏目专题报道《曹家巷的秘密》，金牛有线电视台拍摄电视剧《曹家巷拆迁记》。

【曹家巷社区卫生服务中心创建全国“敬老文明号”】 9月2日被四川省老龄委命名为省级“敬老文明号”，9月26日被全国老龄委命名为全国“敬老文明号”。中心在社区医院的基础上，利用现有条件，收治老年病人，特别是失能的老人。

【城乡环境综合治理】 街道推进二环路、解放路沿线立面整治工程，对17处建筑进行风貌打造，投入1540万元，成立院落管理小组、院委会71个，改造7个社区的71个“三无”院落。街道继续投入社区公共服务自治经费的50%以上用于社区城乡环境综合治理工作，解决社区院落整治经费紧张、老旧院落清扫保洁人员缺乏等问题。

10月，驷马桥街道马鞍东路社区精品院落整治工程完工

【工人村社区】 社区成立于2001年9月，位于成都市北门一环路内，北临马鞍西路；南靠府南河，与青羊区交界；东为马鞍南路；西接解放路二段，与金牛区人北辖区交界。2013年，辖区面积0.48平方千米，居民楼栋89栋，259单元，有住户5266户，12020人；有四川华西集团、四川省建六公司、中国市政西南设计研究院等企事业单位。

【恒德路社区】 社区东起马鞍北路，西止解放路二段，南起张家巷马安西路，北止一环路北四段。2013年，辖区面积0.3平方千米，有居民楼栋95栋，272单元，居民4491户，常住人口12385人；有成都市张家巷小学、喀秋莎大酒店、四川省第一建筑工程公司等大中型企事业单位10多家；有金狐音乐超市等小型餐饮娱乐场所、商家店铺数百个。

【马鞍东路社区】 社区成立于2001年10月，位于马鞍建苑内。2013年，辖区面积0.26平方千米，现有65个居民院落，居民住宅楼129栋，常住户6141户，常住人口16509人，流动人口1400人；有机关单位6家、学校1所。

社区成立中老年人合唱队、太极拳队等。辖区内的“粽子一条街”，每年有多家新闻媒体进行报道。

【星辉东路社区】 社区位于马鞍南苑内。2013年，辖区面积0.35平方千米，有住户5223户，常住人口8854人，流动人口3216人。社区获四川省“三八红旗集体”称号。

社区人民调解和社区司法调解整体联动的“大调解”工作体系成为特色工作，社区两委班子在“大调解”工作中把矛盾纠纷化解在基层、解决在萌芽状态，多年没有危旧房群体超级上访和信访。

社区党委组织社区党员、群众、自改委成员发挥正向能量，依靠群众做群众工作、依靠多数群众做少数群众的工作，让群众真正参与拆迁改造全过程，推进北改龙头工程——曹家巷一、二街坊危旧房棚户区自治改造项目工程。

【树蓓街社区】 社区位于树蓓街1号，东起三友路、西至解放路一段、北临二环路北四段。2013年，辖区面积0.42平方千米，辖平安苑、朝阳公寓、蓝光碧蔓汀、金鹏苑、恒福苑、解放路一段89号等7个物管院落、47个纯居民院落；有住户7250户，常住人口20619人，流动人口6800人左右；有四川省第十二建筑工程公司、驷马桥派出所、中房第一幼儿园、成都市人民北路实验小学等6家单位。

2013年，社区举行健康讲座，现场为辖区居民开展义诊及养生保健咨询。对重点帮教人员进行思想转化工作，帮助他们解决生活、工作、就业、就医等方面的困难。

【红花社区】 社区位于二环路北三段以北，小沙河以东，二环路北三段106—220号，解放西路1—37号，解放西街1—14号，解放路一段20—150号，田家巷1—32号，红花南路1—84号，红花东路2—68号，红花西路1—26号，红花北路2—82号。2013年，辖区面积0.48平方千米，辖封闭式院落67个，楼栋147栋；有住户8465户，人口21487人，其中户籍住户6179户，户籍人口15958人，暂住人口5529人。

7—12月，社区开展“三无院落”打造工作，打造红花北路16号，红花南路27号、29号、31号、33号，解放路西路11号，解放路一段150号、124号、126号，解颐路17号，红花西路13号院11个院落18栋、780户，主要对门卫室、院落监控、活动室、车棚、院内路面、楼道粉刷和声控灯等进行改造。

【高笋塘社区】 社区位于驷马桥街道北部，东以沙河、解放路一段为界；西与北星大道、红花北路为邻；南以红花东路、二环路北三段为界；北邻成昆铁路。2013年，辖区面积0.57平方千米，有住户5300户，人口13500人；有金牛供电局、公交北星公司、成广公司、铁路工务大修段等单位。社区党委下设4个党支部，有党员220余人。社区两委会有成员8人，劳动保障站工作人员1人，残疾专干1人。

【一环路北四段社区】 社区位于一环路北四段207号。2013年，辖区面积0.25平方千米，辖居民院落29个，楼幢85幢，单元291个；有住户5393户，人口15106人，其中常住人口8000余人；有驻社区单位10家。社区有工作人员10人，社区党员总数178人。社区有文化专干，建立文化志愿者队伍，由领导小组组织、策划文化活动；在主要的公共场所设有固定的文化宣传栏，并定期更换内容。社区建有文化活动室，配备文化活动声像设备及3000余册图书。

7月15日，社区与驷马桥卫生服务站建立长期健康咨询、义诊关系。

（吴　兵）

荷花池街道

【概　况】 街道位于金牛区东北部，东与驷马桥街道相接，西与抚琴、九里堤街道相邻，南与人民北路街道连接，北以铁路为界与五块石街道、成华区双水碾街道相望。2013年，辖区面积3.8平方千米，有30条街巷、6个社区居委会；有户籍住户20200户，常住人口6.4万人，暂住人口2.3万人；有成都铁路局、四川测绘局、四川建筑科学研究院、成都木材综合工厂等100余家中央、省、市、区单位。街道办事处位于肖家村二巷89号3栋。

辖区内有全国十大商贸集贸市场之一的成都荷花池综合市场及其他各类专业市场（区）36个，经营各类日用商品3.5万种，注册经营户2万户，从业人员10万人，日均上市交易30万人次，年交易额300亿元以上。商品交易辐射西南、西北和中原地区，远销东南亚、中亚和俄罗斯等国，为西南地区日用商品主要集散地；有全国第五大铁路客运特级站——成都火车北站，年接发旅客2600万人次以上，为西南地区铁路客运交通枢纽。穿越辖区的一环路、二环路、人民北路等主干道构成现代化交通网。

街道全年地方税收全口径15.84亿元，税收地方实得4.63亿元，比上年增长44.6%，在全区街道中首次突破4亿元，列全区街道第一；引进国内省外资金26.55亿元，总量及增幅全区街道第一；限额以上批发零售销售额295.9亿元，总量居全区街道第一；住宿餐饮营业额1.4亿元；固定资产投资22.3亿元；引进重大项目——成渝客运专线公司。

【北改项目】 街道全年北改龙头工程旧城改造类项目9个、产业类项目2个，其中地铁7号线建设项目涉及辖区府河桥小食品市场点位拆除工作，于7月19日正式交地，提前11天完成任务；荷花名都危旧房改造项目、宏正商业广场转型发展项目在确保工程质量的前提下，提前完成目标节点任务。

【民生工程】 街道全年投入280万元对互助路社区、西北桥社区等10个老旧院落进行文明院落打造，拆除违章搭建100余平方米，立面整治4940余平方米，安装监控系统10套（29个摄像头）。10月，通过区文明办、区人大代表和市民代表的检查验收。实地考察16个“三无”院落，制订整治方案，于11月全面完工。街道投入80万元，在东一路社区（北站东一路10号）新建170平方米的社区养老用房，设置床位12张，配套老年人健身、文化娱乐、康复训练、老年人心理咨询、居家养老福利服务等项目，并引进养老专业机构成都晚霞养老中心进行运营管理。改造西北桥社区一环路北二段7号院的下水管网，解决排水不畅问题。

【城乡环境综合治理】 街道深化“门前五包五承诺”责任制，辖区临街商铺签约率100%，履约率95%。全年拆除违建4935平方米，取缔违法设置广告牌1640余个，拆除违规商招、店招1580个，整治面100%；依法查处和纠正各类行政违法案件，全年办理一般程序案件180件，处罚款38000元；办理简易程序案件73件，处罚款3620元。各类行政违法案件的查处率100%，行政处罚结案率100%。开展二环路立面整治公建业主出资、收费工作，签订出资协议资金1671万元，名列全区第一。城乡环境整治工作在历次考核中名列前茅。

【院落环境专项整治】 街道为每个社区预支10万元，专项用于弥补院落门卫、清扫保洁人员经费不足、院落杂物清理。成立辖区院落环境、秩序督查小组，加强院落环境督查，院落秩序劝导、执法等。制定院落清洁管理制度、巡查制度、通报制度。每月进行2次检查，及时通报督查结果，同时将督查情况作为社区考核依据，及时兑现。选自金牛观察19期第三页。

【省级安全社区建设】 街道作为全区安全社区试点街道之一，成立以党工委书记为创安领导小组主任的领导机构，下设9个专项工作组，由办事处党工委成员和各科室长担任项目组负责人。通过上级拨款、自筹资金、社会参与等方式投入5164.5万元用于安全社区建设，重点治理辖区“三重一需求”（重点场所、重点问题、重点人群；群众的需求）“两高一脆弱”（即高风险人群和高风险场所；空巢老人、学生儿童、外来流动人口子女），从机制上完善从发现问题到汇报、研究、处理、监督的完整程序。9月，通过省级安全社区建设的评定验收。

【安全社区创建】 街道运用户外媒体、平面媒体、新兴媒体“三大平台”，全方位、广角度传播活动声音，以浓厚氛围促进活动实效。利用安全社区宣传栏、橱窗、安全提示牌、宣传展板、悬挂横幅等宣传阵地开展培训与现场指导，全面实现宣传与培训的群众覆盖目标；通过平面媒体深入细致说政策，通过发放创建安全社区的资料，撰写创建安全社区工作动态信息，让群众安全意识得到提升，科学正确地掌握安全生活、健康生活的知识；新兴网络媒体及时传播，通过QQ群、微博等平台公布工作进展，让群众随时知悉创建

安全社区创建

工作，提出意见及建议，形成有效互动，弥补工作不足。

【九里堤南路88号搬迁】 九里堤南路88号院是紧邻二环路高架的一处低洼棚户区院落。8月29日，街道正式启动该项目的附条件协议搬迁工作，项目涉及拆迁住户17户，搬迁面积626.6平方米。截至10月15日，签约率100%，项目签订的安置补偿合同正式生效，标志着街道第一处棚户区改造项目的顺利实施。

【区域化党建工作】 8月，街道党工委成立区域化党建工作领导小组，负责街道区域化党建工作总体规划、组织实施和督查指导。领导小组下设办公室，设主任1名，由街道分管党务工作副书记兼任，具体负责区域化党委的组织、协调及日常工作。各社区设立区域化党建工作联络员，由社区党组织党委书记兼任，具体负责党员代表会议、区域化党委的组织、协调及日常工作。

摸底登记辖区内党组织58个，其中"两新"党组织11个。8月底之前成立了荷花池街道区域党委和6个社区区域党委。街道区域党委建立例会制度、指导督查制度、提案制度、总结推广制度、项目制度。结合北改围绕社会性、群众性、公益性事务，确立一批社区就业援助、志愿服务、社区医疗保健、社区主题文化活动等党建共建项目。

【三所联调】 2011年2月23日，街道以"政府购买法律服务"的方式与中信律师事务所签订协议，在地处荷花池商圈中央部位的荷花池派出所，挂牌成立辖区专业市场矛盾纠纷调解室，由中信律师事务所每天安排两名律师到调解室开展调解工作，街道司法所对坐班律师的工作绩效进行考核，掌握、了解调解工作的效果。2012年3月，金牛区在区内各公安派出所进行推广。2011年2月—2013年12月31日，调委会调解纠纷3478件，调解成功3474件，调解成功率99.9%，涉及人数7999人，金额2590万元。"三所联调"工作机制建设作为金牛区的特色工作得到省、市政法部门领导的好评。

【杨柳巷社区"四点半"乐园】 杨柳巷社区"四点半"乐园是2010年4月由成都市金牛区妇联与社区共同打造的未成年人社区课外活动阵地，日常工作由社区"爱心姐姐"和高校大学生志愿者共同参与完成。"四点半"乐园的活动时间为每周一至周五下午4:00—6:00，教学活动内容将艺术主题托管、心理健康服务、社区志愿服务、主题活动等融为一体，是一个爱心公益教育活动项目。宗旨是以社区为中心，以学校为纽带，以家庭为依托，建立学校、社区、家庭三方互动，德育、心育、美育三育并进的青少年教育新模式，为孩子们创造一个学习、娱乐的快乐港湾。培养目标是巩固文化知识，养成良好学习习惯；学习各种才艺，培养健康兴趣；参与社区公益，学做爱心文明小公民。主要成效是收集社区儿童基本信息，重点关注困境儿童；组织社区主题活动，丰富儿童课余生活，增强社区归宿感，提升社区儿童的幸福感；满足儿童身心发展及自我保护的需求，构建同辈群体及社区支持网络；课业辅导服务，协助儿童完成家庭作业，减轻儿童学业压力。

【东一路社区】 2010年11月，社区由原东二路社区和肖一巷社区合并而成。2013年，辖区面积0.8平方千米，有31个居民院落；有常住户5053户，外来人口占60%以上，分5个居民小组进行管理；有四川省建筑科学研究院等7家企事业单位。社区有1/3系荷花池市场商圈，有专业市场17个，店铺上万家。

【荷花池社区】 社区东至北站东二路北段，西至北站东一路北段，南至肖家村三巷，北至成都火车北站。2013年，辖区面积0.45平方千米，有12个居民院落，85幢居民住宅，居民代表27人；有常住户4050户，常住人口12077人；有机关、企事业单位10余家，其中幼儿园两所、小学1所、医院1家、农贸市场1个。

【互助路社区】 社区东临解放路一段，南靠一环路北三段，西临沙河排洪渠，北以解放西路为界。2013年，辖区面积0.33平方千米，有院落36个（其中物管院落4个、非物管院落32个），楼栋75栋，单元254个；有住户6706户，常住人口13007人，分6个居民小组；综合农贸市场1个。社区是集商贸、居住为一体的老社区。

【西北桥社区】 社区位于火车北站西南侧，北邻二环路内侧，东以北站西二路为界，南接一环路外侧，西临九里堤南路。2013年，辖区面积0.73平方千米，有30个院落，居民住宅楼102栋；有住户10769户，常住人口17108人，流动人口5969人，分7个居民小组；有单位8家（包括两家医院），个体商业网点230个。

2013年，社区参与支持北改，开展城乡环境综合整治，利用节假日和“4·16”邻里亲情日组织社区志愿者开展对残疾、空巢孤老、台属、特困党员慰问活动，组织居民群众开展全民健身惠民工程趣味体育比赛、太极拳练习、“科技之春”等为主题的文体活动。被成都市纪委、民政局评为成都市廉政文化进社区示范点。

【西三巷社区】　社区东起人民北路二段，西至北站西二路，北起二环路北二段，南至一环路北二段。2013年，辖区面积0.7平方千米，有住户8170户，人口18000余人，其中常住人口12000余人、暂住人口6000余人，分10个居民小组；有成都铁路局直属机关、成都市第十五幼儿园等20家企事业单位。

社区设党总支1个、党支部3个，有党员140人；有区人大代表两人；有居民代表47人。

【杨柳巷社区】　社区东界北起火车北站公交中心站过二环路北二段至人民北路二段；西界为九里堤南路；北界为宝成铁路线以南铁二局机筑处等单位以内的区域；南界为火车北站西一巷。2013年，辖区面积0.67平方千米，有居民院落32个，66个楼栋，212个单元；有常住户3892户，常住人口7800余人，外来暂住人口占社区总人口的60%以上，分5个居民小组；有军供站、火管办、站前警署、金牛区妇幼保健院等14家企事业单位。

2013年，社区成立“四点半乐园”、金牛区未成年人心理健康教育辅导站、健康俱乐部和金色夕阳艺术团。

（熊茂竹）

五块石街道

【概　况】　街道东与成华区相邻，南以玉局庵东、西路为界，西以宝成铁路和商贸大道二段接壤，北以沙河为界。2013年，辖区面积2.27平方千米，辖五块石、五福、玉局庵和五块石新社区筹委会4个社区，56个居民院落；有户籍人口13000人，暂住人口35000人，流动人口日均10万人次。街道办事处位于蓉北商贸大道一段7号。

街道全年地方税收1.04亿元，固定资产投资13.6亿元，规模工业企业总产值1.6亿元；限额以上批发零售额56.9亿元，限额以上住宿餐饮业营业额8796万元；省外到位内资11.02亿元，实际到位外资127万美元；引进重大项目1个。

【华恒货运市场】　市场位于五块石成洞立交桥东侧，属中铁八局自主改造项目，占地面积22.6亩。截至12月，所有经营者和商家搬迁，建筑物拆除完毕。

【老旧院落管理方式创新】　街道在“三无”院落站西桥西街32号院采取院落群众自治与准物管相结合的模式管理老旧院落。

建立院落自治组织　街道从整治院落环境、完善配套设施、强化治安环境和健全群众自治四方面入手，成立站西桥西街32号院院委会，并由社区拟订《院落居民自治管理公约》《社区居民自治管理委员会工作管理制度》，协助院委会管理院落日常事务。

引入准物业管理　通过居民自主会议讨论，在院落大部分居民都同意引入准物业管理的前提下为站西桥西街32号院引入准物业管理。社区配合院委会协助和监督准物管公司管理院落，通过逐步完善服务措施、提高服务管理水平、增加公益性经营项目等，实现院落自制、物业服务管理的良性循环。街道每月投入1.3万元补贴门卫和保洁人员。

完善人防、物防、技防、消防设施　街道维修3个院落大门，修缮门卫室；安装机动车进出栏杆，划线规范机动车停放；配备灭火器等消防器材；安装电子监控设施设备并正常运行；建立院落活动中心1个。

【五块石电子电器市场自主改造升级项目】　项目被确定为成都市2013年北改项目，截至12月，项目完成综合楼的拆除。

【社会治安】　街道全年调解各类矛盾纠纷116件，处理各类反映问题150余件，按时办结率和回复率均为100%；排查群体性事件纠纷9件，调处化解5件，其余4件明确包案领导和责任人；协调解决五块石新社区3、5、6组群众诉求，开展“城中村”拆迁意愿调查；开展“5·4”应急演练，做好两会和《财富》全球论坛期间的稳定维护。10月，通过省级安全社区验收。辖区无重、特大安全生产和消防安全事故发生。

【民生工程】 街道全年向42户发放低保金，发放门诊救助和住院救助2万元，重大疾病医疗救助2万元；发放贫困残疾人专项生活补贴5.2万元、重度残疾人居家安养护理补贴2.5万元、残疾人辅助器具91件，对18名残疾人的住所进行“无障碍”改造；为25名重度精神病患者购买医疗保险。11月，微型养老中心建成。

【五块石社区】 社区成立于2001年，位于五块石辖区核心地段，东至赛云台东一路和站北东横街，南至玉局庵东路，西至玉赛路和宝成铁路沿线，北至赛云台东二路延伸段和电子电器市场与电信局宿舍围墙交界处。2013年，辖区面积0.8平方千米，辖院落20个，楼栋70栋，单元249个；有住户4863户，总人口1.46万人；有企事业单位20家。

2013年，社区开通微信公众平台，社区与居民可以从文字、图片、视频等进行全方位的沟通和互动。社区有空巢老人30多人，社区干部创新性地使用电话对其中8名空巢老人进行远程“监控”。通过这种特殊的方法多次帮助患病在家的老人及时就医。

【玉局庵社区】 社区成立于2001年，位于宝成铁路旁，西边和南边以铁路为界，东与火车北站相邻，北以玉局庵东路、西路为界。2013年，辖区面积0.63平方千米，辖居民院落19个，单位院落17个，居民楼栋90栋，270个单元；有住户5959户，常住人口1.62万人，暂住人口约6000人；有企事业单位15家。

2013年，社区创新在老旧院落引进“准物业”管理，在站西桥西街32号院内试点成立院落内便民服务点，探索规范解决流动摊贩的经营与管理，取得实效。

【五福社区】 社区位于成都市北门二环路与三环路之间，东与成华区交界，西以商贸大道为界，北以沙河为界，南以赛云台东二路电子市场南侧墙为界。2013年，辖区面积0.89平方千米，辖3个农转非居民院落、1个单位宿舍；有住户9256户、出租房屋4048户，总人口1.85万人，其中流动人口8000多人；有企事业单位8家。2013年，社区被成都市科学技信局授予科技信息服务站；被金牛区授予市级示范社区教育工作站。

【五块石新社区】 社区成立于2005年6月（由原五块石村撤村建居），北邻赛云台东二路，东邻成花区花路，南靠玉局庵东路，西邻玉赛路。2013年，辖区面积0.03平方千米，有住户527户，常住人口1121人，流动人口6949人；有企事业单位9家。2013年，社区启动对3、5、6组统征意愿摸底调查工作，截至12月，同意率91.4%。

（何 伟）

九里堤街道

【概 况】 街道东以府河东侧河堤为界，南以二环路北二段路沿石为界，西以交大路为界，北以规划路为界。2013年，辖区面积3.1平方千米，有4个社区居委会；有常住户12393户，常住人口6万人，流动人口16000多人。街道以居住为主，各种配套设施齐备，是一个规划合理，布局科学，管理规范，且功能较完备的现代居住街区。街道办事处位于星辰路东一街8号。

2013年，街道办事处有在职职工63人、退休职工19人，下设党政办公室、社会事务与计划生育办公室、社会治安综合治理办公室、经济科、司法所和城市管理科、劳动保障所和行政执法中队，其中事业单位有社会事务服务中心和环卫所。

街道全年地方实得9398万元，规模工业总产值1.06亿元；批发零售收入29.29亿元，餐饮业收入2.40亿元，增幅分别为3.3%和10.9%；固定资产投资2.55亿元，建筑业总产值24.11亿元。9月29日，凯德广场·金牛二期开始试营业。12月，交大科技创新大厦正式完工。

【北改项目】 *西南交大创新大厦项目* 项目总投资1.8亿元，2013年1—10月完成投资4500万元，截至12月，项目主体全面完工。

交大片区旧城改造项目 截至12月，诸葛庙片区旧城改造项目完成调查摸底、成本测算，与华润集团等3家国内知名企业洽谈相关事宜。

【康禧路社区】 社区成立于2010年，东至星汉路，南至群星路，西至星辰路和交大路，北至九里堤西路。2013年，辖区面积0.8平方千米，辖居民院落18个，楼栋144栋，354个单元；有居民户5922户，人口16000余

5月27日，街道召开辖区"中国梦"主题教育活动动员会

人；有1所学校、4所幼儿园；有成都市人人乐商业有限公司九里购物广场、成都尚成酒店管理有限公司等5家单位，商业店铺600余个。社区有两委成员6人，其中党委成员2人、居委会成员4人；党委下设3个二级党支部，每个支部下设3个党小组，有党员181人；居委会下设5个居民小组。社区本届居民代表和单位代表66人。社区创建工会服务站及金牛区社区工会属地化管理试点单位，先后获成都市优美社区、成都市"巾帼文明岗"等称号。

2013年，社区排查交桂巷8号、32号，交桂一巷11号、37号等非物管院落的楼道灯情况，在46个单元安装楼道灯，并实施一户一表改造工程。

【星河路社区】 社区成立于2001年，东至星辰路、南至交桂路、西至交大路、北至长青路。2013年，辖区面积0.25平方千米；有常住人口5000余户，1.2万人。

2013年，社区5个小区获政府投资150万元，进行文明示范院落打造；两个居民院落进行地面整治，新安装红外线监控设施。社区组织67号院、27号院、锦西三期、C2小区的居民代表、党员和群众按照社区公共服务和社会管理专项资金的使用程序，进行宣传动员、收集意见、梳理讨论、决议公示，再组织项目的实施，完成67号院1号车棚的地面整治、67号院和27号院的自主打造及老协休闲座椅的更换、锦西三期健身器材的安装、C2小区的院落整治。

【九里堤北路社区】 社区成立于2001年12月，位于成都市西北二环路外侧，东邻群星路，西至九里堤西路，北临府河，南至星汉路。2013年，辖区面积0.65平方千米，可绿化面积0.15平方千米，有居民户4480户，总人口1.93万人，其中户籍人口9186人。

4月15日，社区承办中国红十字会博爱家园全国现场会。7—9月，通过完善小区应急逃生指引图、社区综合减灾地图、社区灾害风险评估示意图、家庭应急逃生地图的绘制，组织应急逃生演练。7月19日，社区假日学校正式开学，课程包括绘画、魔术、方言趣谈、航模制作和应急救护培训等内容，注重课堂培训与社会实践、知识性与趣味性、青少年教育与家长教育及精神激励与物质激励几个结合，让孩子们在假日学校里学到不同的东西。

【西南交通大学社区】 社区东滨府河，南至二环路，西靠交大路，北接群星路和九里堤北路。2013年，辖区面积1.55平方千米，辖23个院落，其中直管院5个、物管院8个、其他非直管单位宿舍10个（含交大南、北园）；有居民住宅172栋，408个单元；有住户8592户，居住人口3万人；有西南交通大学、成都燃气公司九里堤加气站、九里堤生产资料市场、兴育幼儿园等单位；有商业店铺980余家。

2013年，社区推行"六个用心"工作法做好群众工作，即用"宽容心"抚平消除居民的怨气；用"公正心"处理对待居民诉求；用"包容心"团结两委成员；用"爱心"帮助解决居民困难；用"耐心"协调化解居民的矛盾纠纷；用"诚心"拉近与居民的距离。

（胡　瑾）

营门口街道

【概　况】 街道地处成都市城区西北部二环路与三环路之间，东北以交大路为界，与九里堤街道相邻；东南以二环路北一段为界，与抚琴街道相连；西南以成灌路金牛大道为界，与茶店子街道相靠；西北以三环路为界，与西华街道、沙河源街道相接。2013年，辖区面积3.65平方千米（含跃进村、长久村未移交部分），有营门口路、银桂桥、银沙路、长庆路4个城市社区，花照、茶店两个涉农社区。辖区有人口7万人，其中常住人口4万人、流动人口3万人。辖区内交通发达，基础设施建设逐步完善，设有派出所1个，社区警务室6个，中、小学3所、大专院校1所，医院1所，街道综合文化活动中心1所，社区卫生服务中心两所，幼儿园7所；有武警黄金部队、解放军总参成都干休所、四川省农机鉴定站、中国成都SOS儿童村、成都市第四人民医院、成都大学师范学院和金牛公安分局等国家、省、市、区级机关企事业单位16家，重点单位18家，包括沙湾、营门等3个加油站，川铁、何兴等3个加气站；有顶峰、金牛市民中心、地铁、锦西人家等4个在建工地，九里堤公交站、金府路货运市场等人员聚集的较大场所8个。街道办事处位于银河北街198号。

街道全年财税收入7850万元，固定资产投资22亿元，工业投资8000万元，工业总产值3500万元，引进省内外资12.03亿元，实际使用外资3万美元。

【拆迁改造】　2013年，街道茶花片区征地拆迁完成拆迁总量的95%以上，锦西人家2、3、4组团安置房全面完工，成立锦西人家临时党支部和锦西人家小区管委会。地铁7号线交大路站、花照壁站及一品天下站、成灌路、交大路、二环路建设的管线、绿化迁改、违法建筑拆除和用地的拆迁等工作提前完成，保障“两快两射”交通等基础设施建设。

【安全维稳】　街道解决四川省晟茂建设有限公司和顶峰工地拖欠农民工工资、长庆西一路恒和华园物业纠纷、成都市金房苑社区卫生服务站患者张爱莲死亡、万通新都会亡人事件等不稳定事件，调解各类矛盾纠纷193起，调解成功率95.7%。处理各类信访件65件，防止群体性事件和越级上访3起。在全国两会、省两会、财富论坛、华商大会、西博会等重点时段，做好重点人员稳控，辖区无人到会议举办点非访，确保社会和谐稳定。加强安全生产监督管理，对辖区内学校、幼儿园、加油、加气站、等涉及重大民生的重点单位进行检查，检查企事业单位84家，下达整改责任指令书8份，复查8份，当场整改隐患145处，限期整改51处，复查合格51处，全年未发生重大消防及安全事故。与公安、工商和区文广局等执法单位开展联合执法、各项整治活动65次，挡获各类违法人员248人。辖区全年发生刑事案件526起，其中“两抢两盗”案件207起，比上年下降39起，下降15.8%。街道被评为省级安全社区，获全市信访系统“创先争优　能力建设活动”先进集体及区烟花爆竹安全监管先进单位称号。

【文明创建】　街道进行道德模范人物评比、故事大王PK赛等文化宣传活动26次，举办“金沙讲坛”分讲坛4场，举办群众文化活动12次，开展“400惠民工程”的体育健身活动，举办各类体育活动16次。实施“三无院落”和文明院落打造，全面完成互利西一巷5号等4个院落和“三无院落”整治。街道被教育部中国成人教育协会社区教育专业委员会评为全国创建学习型社区示范街道，为成都市获此殊荣的3个街道之一。

【环境综合治理】　街道对辖区内的广告招牌、违法建设、非机动车停放点进行专项整治，完成1580余家“门前三包”商铺基础信息的采集和录入。对道路路面人行道进行专项维护整治。出资10万元修补辖区无法移交和无主的市政设施。

【民生保障】　街道完成低收入住房困难家庭的调查信息建档工作，加快社区养老机构建设，新建立居家养老服务站1个。为符合条件的7名普通高中家庭困难学生申请助学金，办理外来务工子女入学500余件。协调处理劳资纠纷13起，未发生劳动保障方面的突发事件。组织技能培训128人，费补贴培训100人。督促指导全辖区的110家企业落实劳动合同管理制度，4015人签订劳动合同，签订率99%。

【茶店社区】　社区位于成都市西北，东以子云路为界与花照社区相接，西以金府路为界与金泉街道相邻，南以成灌路金牛大道为界与茶店子街道相邻，北以青羊区供电局营门口电管站旁道路为界与沙河源街道长久社区相邻。2013年，辖区面积0.7平方千米，辖2、5、6三个居民小组；有常住户640户，人口1300余人。

2013年，社区640户中签订协议580户，已调查未签协议60户；145家拆迁企业中签订协议142家，已调查未签协议3家；170家拆迁小作坊中签订协议150家。为征地拆迁后的498名涉农居民申请失业保险金，鼓励涉农居民购买社保。对已退休的征地涉农居民进行一次性特殊补发申请20人。

【花照社区】　社区北至长宁路，与营门口街道长庆路社区相接；南至金牛大道；西至子云路，与营门口街道茶店社区相接；东以金房苑横街为界与营门口街道营门口路社区相接，一品天下大街贯穿整个社区。社区属涉农社区，社区居委会于2005年6月16日实施村改居。2013年，辖区面积0.5平方千米，有15个居民院落，其中非物管院落6个、物管院落9个；有居民住宅楼85栋；有住户6100余户，人口18000人，其中常住人口7000余人、暂住人口11000人；有驻辖区企事业单位、物业管理公司9家，其中学校1所、幼儿园两所、机关事业单位两家、物业管理公司3家，有成都大学金牛校区、中国成都SOS儿童村及SOS儿童村格林幼儿园、新大地双语幼儿园、营门口街道办事处等单位，沿街商家店铺300余家。

社区有两委会成员6人，其中书记兼主任1人、副书记1人、委员4人（含交叉任职3人）。社区居委会下设社区建设、社会治安综合治理、城市环境卫生管理，计划生育、民政、劳动保障等办公室，营门口派出所在社区设有警务室。有党总支1个、党小组6个；居委会1个，居委会设居民小组6个，团支部1个。社区居委会有办公、服务临时用房200平方米，党组织办公室及党员活动室、社区文化活动室120平方米，警务室20平方米。社区第四居民小组属农业合作社，在2013年的北改惠民工程中，4组的企业和农户拆迁完成四分之三。

【银桂桥社区】 社区北至长宁路，南至二环路，东至交大路，西至银河北街及银沙新居。2013年，辖区面积0.45平方千米，有居民大院12个；有居民住户3594户（其中常住户1667户），人口12350人（其中常住人口7435人）；驻社区有营门口街道办事处、营门口街道社区服务中心、金牛区公安分局、金牛区工商行政管理局金北工商所、金牛区老协、成都汽车运输公司五分公司6家单位，有沙湾加油站、红旗连锁27分店等商家店铺350余家。社区有党员117人，其中妇女党员42人，全部党员中大专以上学历55人，在职党员46人（其中女性14人、男性32人）。党总支下设3个二级支部，每个支部下设两个党小组。社区配有300平方米社区活动室，50平方米图书室，藏书2000册。

2013年，社区开展旧城摸底调查，主要对辖区内的院落、单位的房屋类型、房屋产权人、房屋面积、房屋产权性质进行摸底。11月26日，社区完成党总支换届选举，选举产生新一届党总支成员。

【银沙路社区】 社区位于营门口立交桥二环路外西北角，北起花照村、南至二环路北一段、东临银桂桥社区、西至金房苑。2013年，辖区面积0.68平方千米，有7个街道、31个院落（其中纯居民院落28个、物管院落3个）、居民楼76栋、236个单元；有住户5232户，人口13000人；有驻辖区单位6家，各类商铺500余家。

2013年11月，社区进行换届选举，产生社区两委班子，成立党总支1个、二级党支部5个、居委会1个、公共事务服务站1个，居委会设居民小组5个，团支部1个。社区有办公、服务用房200平方米，配备电脑、打印机、电话、照相机、音响设备、资料档案柜等设施。

3月，社区组织体育爱好者参加“运动成都 活力金牛”400惠民工程趣味体育比赛初赛，启动“三无院落”打造工作。4月，组织社区合唱团参加金牛区“文化金牛大擂台”合唱比赛初赛，组织太极拳队参加“运动成都 活力金牛”400惠民工程太极拳比赛街道初赛。5月，组织社区合唱团参加金牛区“文化金牛大擂台”合唱比赛复赛，召开银沙欣苑筹委会会议。6月，组织社区舞蹈队参加“金牛大擂台舞蹈比赛”初赛；启动“中国梦”——银沙路社区征文绘画比赛。7月，组织社区居民参加“运动成都 活力金牛”400惠民工程拔河比赛初赛。8月，召开银沙欣苑第一届院务议事代表大会。10月，组织社区居民参加“运动成都 活力金牛”400惠民工程舞蹈比赛初赛。全年，组织社区群众和青少年参加金牛区、街道和社区举行的各种讲座52次，约850人次参加。

【营门口路社区】 社区位于二环路外，营门口立交桥西北。东以二环路北一段为界，与营门口街道银沙路社区相接；南以营门口路为界；西与营门口街道花照社区相接；北以花照壁东街为界。2013年，辖区面积0.4平方千米，有21个居民院落，有居民住宅楼83栋，办公楼4栋；有住户约4600户，人口12488人，其中常住人口10684人、暂住人口1604人；有驻社区企事业单位、物业管理公司11家，其中医院1家、机关事业单位1家、物业管理公司9家，包括成都市第四人民医院、广元宾馆、岷江饭店等单位，沿街商家店铺220余家。

2013年11月28日，社区完成党总支换届选举，选举产生新一届社区党总支成员，文化程度全部为大专以上。成立有党总支1个、二级党支部4个、居委会1个、公共事务服务站1个，居委会设居民小组4个、团支部1个、自治协会5个。8月7日，社区区域化党委成立。

社区有办公、服务用房200平方米，党组织办公室及党员活动室、社区文化活动室90平方米，警务室17平方米，配备电脑、电视、打印机、电话、传真机、照相机、音响设备、资料档案柜等设施。

【长庆路社区】 社区南至花照壁上横街，与花照社区、茶店社区相邻；北至交大路中心线与九里堤街道接界；西临金府路；东至中环长宁路（一品天下大街），与银桂桥社区、花照社区相邻。2013年，辖区面积0.75平方千米，有20个居民院落，885个商铺（不含金牛市民中心），其中居民住宅楼134栋、433个单元，办公楼6栋（含市民中心）；有住户6933户，人口19066人，其中常住人口7693人、暂住人口11373人；有驻社区企事业单位、物业管理公司19家，其中物业管理公司13家、学校1所、社区卫生服务站1个，包括成都市公交集团九里堤公交总站、铁二局新运工程公司、中日合资广州（本田）汽车有限责任公司港宏特约销售服务店、成都市行知小学校、金牛区市民中心（未交付使用）等单位。

2013年11月28日，社区党总支党员大会召开。2014年1月16日，社区居委会进行换届选举，产生第九届社区两委班子。成立党总支1个、二级党支部6个（院落党支部1个）、居委会1个、公共事务服务站1个，居委会设居民小组6个、团支部1个、自治协会5个。社区有办公、服务用房196平方米。

7月19日，社区居民李雨真等两位选手参加街道文化中心组织的2013年“成都百姓故事会·金牛故事大王PK赛”复赛，李雨真获第一名。7—10月，社区开展市民文明素质教育，利用道德讲堂、百姓故事会、宣传橱窗、北改联系卡、举办文明礼仪、素质修养、健康知识、科普知识讲座等形式丰富居民精神文化生活。

（陈　科）

茶店子街道

【概　况】　街道位于成都市西北面，北以金牛大道（老成灌路）、营门口路北侧路沿石为界，东以二环路西三段西侧路沿石为界，南以蜀汉路北侧路沿石为界，西与金泉街道东侧相邻。2013年，辖区面积3平方千米，有育苗社区居委会、锦城社区居委会、奥林社区居委会、化成社区居委会4个社区居委会；有常住居民户4.55万户，常住人口12.46万人，暂住人口5.58万人；有驻辖区部队、学校、科研院所、企事业单位等单位80余家。街道办事处位于安蓉路8号。

街道党工委下属党组织70个，党员1934人，其中茶店子街道机关党支部、茶店子街道离退休党支部两个机关党支部有党员71人；育苗路社区党委、锦城社区党委、奥林社区党委、化成社区党委4个社区党委共有党员1743人；“两新”党组织29个，有正式党员120人。

街道全年财政收入1.04亿元，比上年增长15%；招商引资12.1亿元；固定资产投资14.78亿元；建筑业产值8.43亿元。

【夏季防洪】　6月，成都进入汛期，6月19日、20日，7月10、11日连续暴雨，街道启动防洪应急预案，清点、准备防汛物资，及时进行补充储备。组织人员对排放不畅的院落进行疏通，用抽水泵不间断排水。特别是在对营康西路29号、蜀兴东街6号、蜀兴东街1号等二环路沿线的小区，集中力量组织实施抢险救灾，抽排地下室积水，组织转移机动车300余辆。在暴雨后，安排清扫人员及时清理、清运雨后的污物，把暴雨带来的灾害降低到最低点。

【院落改造】　街道对锦城社区、奥林社区、化成社区的15个院落进行改造，投入资金460万元，疏淘和封盖院内750多米的阴沟；铺设沥青路面6800平方米，安砌路沿石1650米，粘贴透水砖路面2900平方米，更换球墨铸铁井盖座190个，新建水表保护井65个，修补原有花台，改建便民设施安装：信报箱8套、宣传栏65平方米、休闲座椅32把、晾衣竿15套、院内监控设施安装5套；新建垃圾池6座，更换楼梯间路灯开关、灯具480套，安装院内庭院路灯120套。修剪、管护社区内绿化1万平方米，移栽乔木220株，整理绿化用地2700平方米，栽植乔木108株。

【茶店子公园地下公共停车场智能停车管理系统】　2013年8月21日，成都市首家职能停车管理系统“云智慧停车管理系统”在茶店子公园地下公共停车场内建成，并通过市建委公建处的验收。茶店子公共停车场建筑面积7070平方米，实际停车位223个，开通后可登录网站成都停车平台（www.cdpark.cn）查询并预订车位。

【锦城社区】　社区成立于2001年7月，2004年11月23日，由锦城社区和东街社区调整合并为锦城社区。东以五里墩路、蜀蓉路为界，南至羊西线蜀汉路，西与育苗路社区相邻，北至金牛大道。2013年，辖区面积0.9平方千米，有居民住户11208户，常住人口26253人，暂住人口12124人；有纯居民院落23个、物管院落7个；有西南电子设备研究所、电子科技集团第十研究所、东方电气分公司、成都市标准化研究院、成都市特种设备检验院、驻区部队等驻社区单位6家；有红杏酒家、大蓉和瓦缸酒楼、文杏酒楼等大型餐饮娱乐企业；有银行网点十余个，生活方便。社区党委下设11个党支部，有党员480人。社区居民代表135人，居民议事会成员42人，居民监督委员会成员5人，理财小组成员5人。

2013年，社区在各个纯居民院落中通过选举的方式成立管理小组，由各院管理小组成员对该院进行日常管理。社区先后获2013年度先进文化集体、2013年市级示范教育工作站等称号。

【奥林社区】　社区成立于2002年1月，西与锦城社区相邻，北同茶店子东街延伸至营门口路，东临二环路西三段、五里墩东街、五里墩横街、蜀通街，南到五里墩支路、横街、营康西路、蜀汉路。2013年，辖区面积0.5平方千米，有居民楼栋103栋（其中文明楼栋77栋）；有常住户6828户（其中文明家庭4528户），常住人口16401人，其中低保31人、孤老6人、军烈属21人、残疾人151人；有奥林体育场、四川省劳教局、天奥公司等驻社区单位；有商家店铺300余家。社区两委及残疾专干13人（其中女性8人）；有注册志愿者1502人；有合唱队、舞蹈队、腰鼓队、太极拳队、老年骑游队、老年书法小组6支文体队伍。

社区党委有党员203人，其中流动党员2人，下设锦汇花园、五里墩143号院、营康西路65号院、营康西路184号院4个支部；社区居委会有居民代表70人，下设五里墩143号院、五里墩17号院、五里墩19号院、营康西路65号、营康西路184号院、营康西路118号院6个居民自治领导小组，每个领导小组下设居民大组长及小组长，每个楼栋设有楼栋长。社区有理财小组成员5人、民主监督小组成员5人、社区居民议事会成员15人。

2013年，社区与阳光志愿者联盟共同开展“阳光义集 真心爱老、护老”系列活动。

【化成社区】　社区成立于2003年，位于二环路以外营门口立交桥南侧。2013年，辖区面积0.8平方千米，有住户10671户，人口30691人（其中户籍人口14099人、非户籍常住人口13509、流动人口3083人），属于居住密集型社区；有院落58个，其中物管院落14个、单位宿舍6个，其余为居民自治和居委会直管院落，划分为10个居民小组；有成都市奥林小学、托菲诺幼儿园、启

2月20日，化成社区开展国学经典诵读活动，辖区50余名中小学生参加

蒙幼儿园、西区医院等27家企事业单位，约300家小规模商家。社区居民中，旧城改造拆迁和农转非居民占一半以上，有残疾人188人、低保户79户、孤寡老人15人。辖区老龄人口约占15%，其中90岁以上的60人。社区党委有党员430人，下设10个党支部；社区两委班子有11人，服务站3人，残联专干1人。成立老协、残协、文体歌咏队、志愿者服务队等群众自治性组织。

2013年，社区向残疾人提供辅助器赠送、自闭症烘焙体验服务、帮扶、一对一寻岗、残疾人义卖五类服务。加强社区便民服务，制作社区社工协会便民服务“一卡通”，及时为居民提供水电、房屋维修，宽带安装，法律顾问服务等。

【育苗路社区】　社区成立于2001年10月，位于茶店子西面，南与黄忠街道蜀汉路为界，北与营门口街道金牛大道为界，西与金泉街道三环路西五段为界，东与茶店子街道锦城社区蜀光路、营康西路、安蓉西路、北街、南街为界。2013年，辖区面积1.1平方千米，有住户15602户，人口47138人；有纯居民院落47个、物管院落27个，居民小组12个；有金牛区委党校、成都市第二十中学、成都市茶店子小学、成都市第四幼儿园等18家企事业单位。

社区有两委会成员13人，其中具有大专文化程度10人、高中文化程度3人；社区党委下设15个党支部，有党员641人；有社区居民代表55人，居民议事会成员21人，居民监督小组成员5人，理财小组成员5人。社区设有青少年活动室、阅览室、多功能室、绿色上网空间、心理咨询室、老年活动室、残疾人活动室、党员活动室等服务场所。成立老协、残协、计生协会、文体合

唱队、志愿者服务队等群众自治性组织。

（龚　珂）

黄忠街道

【概　况】　街道位于金牛区西南部，以祀蜀汉刚侯黄忠所建的黄忠祠而得名，东以二环路西二段为界，南以摸底河为界，西以金牛区与青羊区区界为界，北以蜀汉路北侧路沿石为界。2013年，辖区面积1.51平方千米，辖金沙公园社区、金沙公园东社区、金沙公园北社区3个社区；有人口5.7万人，其中常住人口中3.9万人、暂住人口1.8万人；有四川省国有资产监督管理委员会、四川省人民政府台湾事务办公室、金牛区教育研究培训中心、成都市第二十中学分校、成都市蜀汉外国语学校、成都市营门口小学等机关事业单位。

黄忠街道具有深厚历史文化底蕴，现代商贸、金融服务、休闲娱乐业发达，中高标准住宅小区聚集，城市配套功能完善。辖区紧邻“一品天下”美食旅游商业街，有被誉为“旅游休闲黄金走廊”的羊西线；有四方阁玉琢金沙、虾佬鲍鱼等知名餐饮企业；有法国独资企业欧尚超市等大型购物中心；有御都花园、金都花园、格林花园等中高档住宅小区；有金沙遗址之金沙博物馆、金沙剧院等重要建筑物分布在辖区。街道办事处位于黄忠街8号。

2013年，街道全口径税收4.42亿元，地方税收1.04亿元，国内省外到位资金12.28亿元，实际使用外资4000万美元。地方税收实得首次突破亿元。

【城乡环境综合治理】　街道全年投入98.1万元，升级改造街道文化中心活动广场，新建金沙公园社区文化广场。投入214.96万元，重点整治金沙公园东社区蜀汉路346号老旧院落。街道城管工作在全区排名考核中继续保持第一。

【社会综合治理】　街道会同黄忠派出所针对入室盗窃和机动车盗窃案件频发的问题，采取以下措施：增配13名街道巡逻队员，对辖区重点点位实施24小时值勤服务；投资60万元，增添治安防控硬件设施，在重点点位新设3个移动治安岗，增配警用电瓶车、天网监控探头及其他设备，增强辖区治安防控能力。11月，街道获省级安全社区称号。

【残疾人辅助器具适配工作试点】　8月，金牛区被省残联确定为率先在全省开展辅助器具适配试点的五个县（市、区）之一，黄忠街道作为全区先行先试的街道，要在1年的时间内对街道95%以上有辅助适配需求的肢体、视力、听力残疾人进行辅助适配和部分家居无障碍设施改造。街道首先对辖区残疾人宣传辅具适配工作，提高残疾人的知晓率；同时安排工作人员到每位残疾人家庭进行调查摸底，为每位有辅具适配需求的残疾人建立档案。街道组织成都八一康复中心的专业医生对89名有辅具需求的残疾人进行精细化评估，根据实际情况为他们量身定做辅助器具186件。12月，街道将向残疾人配发完毕。

【社区“好人墙”】　1月21日，街道在同育街建成一面长71米的社区“好人墙”，旨在宣传“身边好人”的先进事迹，弘扬和传递社会正能量。第一批上榜者有被评为“中国好人”做善事不求名利的“助学达人”靳建中、敬业奉献的“四川好人”邵川平、下岗不失志的蜀绣大师孟德芝等9位模范代表。

黄忠好人墙

【金沙公园社区】　社区位于金沙遗址博物馆北侧，东以同和路为界，西以黄忠路为界，北以蜀汉路北侧路沿石为界，南至摸底河区界。2013年，辖区面积0.41平方千米，辖13个物业小区；有住户6243户，人口1.8万人；有各类经济组织300余个；金沙遗址博物馆、四川省人民政府台湾事务办公室、金牛区教育培训中心、黄忠双语幼儿园等机关事业单位位于辖区内。

2013年，社区举办以“互帮互助、以德相邻、共建和谐家园”为主题的第一届社区邻居节。社区道德讲堂建设规范，群众参与度高。

【金沙公园东社区】 社区北起羊西线，南临摸底河，东起二环路，西至青羊大道。2013年，辖区面积0.54平方千米，辖24个小区（36个院落）；有住户6821户，常住人口2.3万人；四川省国有资产监督管理委员会、成都市第二十中学分校、成都市营门口小学、欧尚超市等机关、企事业单位位于辖区内；有各类经济组织458个。

2013年，社区成立区域化党委，吸纳辖区单位党组织参与社区建设。指导3个居民院落建立合法的居民自治组织，规范社区院落自治工作。

【金沙公园北社区】 社区位于三环路羊犀立交内侧，北起羊西线，南至摸底河，东起黄忠路，西邻青羊区金沙街道同怡社区。2013年，辖区面积0.56平方千米，辖13个物业小区；有住户5170户，人口1.6万人；有成都市路灯管理处、黄忠派出所、成都市蜀汉外国语实验小学、四方阁酒楼玉琢金沙店等机关、企事业单位；有各类经济组织350个。

社区每月定期召开物业自治联席会议，通过与各小区业委会、物业服务企业的沟通与合作，及时掌握小区动态，化解小区矛盾，全年调解物业纠纷33起。

（潘仲明）

金泉街道

【概　况】 街道（原土桥街道、金牛乡）位于成都市西郊，北邻西华街道，东连茶店子街道，南靠青羊区，西接郫县，属涉农街道。2007年6月街道区划调整。2013年，辖区面积12.73平方千米，辖12个社区（其中涉农社区7个、城市社区5个），有人口11.3万人，其中常住人口7.1万人、流动人口4.2万人。街道党工委下设社区党支部（总支）12个，机关支部1个，企事业党支部28个，党员1207人。街道办事处位于两河路555号。11月，街道成功创建省级安全社区。

街道全年财政税收（地方实得）2.73亿元，总量占全区第三；固定资产投资39.88亿元；招商引资到位内资21.47亿元、到位外资3097万美元，培育外贸出口企业2家，引进重大项目1个；住宿餐饮业销售收入2.68亿元；商贸批零销售收入175.45亿元，其中汽车销售服务营业收入145亿元，成为辖区商贸业的支柱行业；工业总产值3.72亿元、工业投资8.87亿元。截至12月，街道在建和竣工的总部基地、商务楼宇项目13个，在建和竣工的房地产项目15个。

【全国科普行动计划先进单位】 人民北路街道金仙桥社区贯彻落实《全民科学素质行动计划纲要》，开展系列科普活动。建立社区党总支书记、居委会主任和驻社区单位分管领导及全体居民组长共同参加的社区科普教育领导小组，以及由14人组成的专兼职社区科普队伍、569人的社区科普工作志愿者队伍。每年社区结合各类主题宣传活动及各种节庆日举办以“四季科普”为主线的系列科普宣传活动，确保每月有1次形式多样的科普宣传活动，科普知识进家庭85%以上，参与活动总人数达到辖区人口的90%以上。2012年，金仙桥社区被命名为成都市科普示范社区，2013年4月，被命名为四川省科普示范社区，2013年6月，被中科协命名为全国科普示范社区。

【拆迁安置】 街道全年完成凤凰山机场搬迁配套项目（清水河社区6、7组征地拆迁）、何家社区8组统征农户、何家中心村、成蒲铁路扩建、金粮路扩建、互助1组抗洪排险的拆迁工作。通过对遗留问题的梳理和逐步化解，明确近效民居有关问题的解决思路，新确定的业主单位全面介入，进入征后实施工作阶段；土桥老场镇暨成灌路500米项目涉及的60亩上市土地、9亩公建配套用地全面交付鑫地公司；化解梗阻3.5环黄金路的拆迁户拆迁问题，移交兴蓉公司恢复施工。完成淳风桥社区土地挂钩整理的权属调整，并获省政府批准的土地整理建设用地征地批文。12月，街道与“郎二”11户签订补偿安置协议。

【民生工作】 街道全年为辖区低保对象发放低保金20万元，为贫困户发放生活困难、医疗救助、临时救助12.5万元；为特困残疾人发放生活补助13.3万元。城镇新增就业758人。3人申报社区金融小额贷款，申请贷款28万元；企业贷款2家，共贷款400万元。农民工在岗培训1426人次，为下岗失业人员提供岗位2142个，劳务转移收入6700万元。为543名农民工子女办理入学手续。

【北改工程】 *金府路西延线*　涉及郎家1组1户农户、

1家企业。截至12月，项目在推进阶段。

兴盛国际商务总部　截12月，项目完成基坑施工，进入主体地下室施工阶段。

水环境综合治理工程　截至12月，完成下河排污口点位治理50个，其中“3·30”及“5·30”节点点位42个、新增杨柳河点位8个。

河滨森邻建设用地征后实施项目　截至12月，完成何家9组人员安置，安置拆迁农户83人。配合国土金牛分局做好高家1、3组下一步的人员安置准备工作。

【清淳家园电表改造】　5月，街道对清淳家园一期电表进行改造，改变居民拖欠电费，街道承担巨大费用的局面。通过设立固定宣传点、小区组团宣传栏宣传更换智能电表后所能享受的梯度电价优惠政策，街道领导亲临现场面对面做群众解释工作、指导小区住户科学使用电器等方式，消除小区住户疑虑。有针对性地制订相关应急预案。协调区公证处对拖欠电费的用户依法进行实地调查取证，掌握可靠的情报证据，消除遗留涉稳隐患。按照先易后难、以点带面的工作方式，分别组织3个社区的两委成员、党员志愿者、党小组长等骨干分子，到楼栋及时掌握群众的思想动态，依托德高望重、公信度高的党员在群众集体活动及休息娱乐时间，挨家逐户开展政策宣传，进行思想沟通。截至5月底，5070套住房的5383只电表全部更换完毕，解决小区拖欠电费的遗留问题。

【“7·9”特大暴雨洪涝灾害抢险救灾】　7月9—11日，街道马家场遭遇近60年来特大暴雨洪涝灾害，期间造成117户民房、8家商铺、47家企业、100余亩农田被淹，22间房屋、200余米围墙倒塌，6户房屋出现损毁，2间房屋、3根电杆被洪水冲毁，河堤垮塌200余平方米。灾情出现后，街道立即启动防汛预案，主要领导、分管领导在第一时间到重点河道进行汛情勘察，并及时向上级主管部门汇报抢险救灾情况。副市长刘守成，区领导杨林兴、白国欣、戴延峰、梅健及市水务局领导亲临抗洪抢险第一线，看望受灾群众，了解受灾情况，指导抢险救灾工作。7月10日晚，市委书记黄新初冒雨到辖区晚霞养老服务中心视察了解养老中心受灾情况和群众转移情况。街道及时有序开展灾后重建和生产自救工作，确保了辖区群众的生命财产安全。

8月22日，金泉街道发动辖区党员、干部、群众共104名志愿者，参与“无偿献血奉献爱心”活动，共献血18900CC

【重点企业选介】　成都康弘药业集团股份有限公司　公司是一家致力于中成药、化学药及生物制品的研发、生产、销售及售后服务的医药集团，2013年有员工4000余人，拥有中成药、化学药和生物制品生产基地，销售网络遍布全国。2008年，康弘药业成为全国仅有的7家获“AAA级企业信用等级”的制药企业之一，同时也是四川省唯一一家授信企业，2009年，康弘药业“康弘 KANGHONG”商标被国家工商总局认定为“中国驰名商标”，同年，康弘药业获中国医药企业管理协会与搜狐网联合颁发的中国医药30年风云会改革开放30年创新奖。2010年，公司被国家知识产权局列为全国企事业知识产权试点单位。2011年，被中国化学工业协会评为“中国化学制药行业创新型企业品牌十强”。2012年，被国家科技部，国务院国资委、中华全国总工会列为国家第五批创新型试点企业，并再次被评为“AAA级企业信用等级”企业。2013年，公司全口径纳税1.85亿元。

四川华星锦业汽车销售服务有限公司　公司是华星西南汽贸集团（中国汽车贸易西南有限公司）旗下的梅赛德斯-奔驰品牌店。该店由梅赛德斯-奔驰(中国)汽车销售有限公司和北京奔驰-戴姆勒·克莱斯勒汽车有限公司共同授权，于2007年9月11日通过验收，10月18日正式开业。2008年，公司获北京奔驰授予的“经销商最佳贡献”奖。2009年，公司五次获得MBCL经销商激励政策的“明星销售团队”奖。2009年，获梅赛德斯-奔驰全国（华南区）“最佳经销商”奖。2010年，获中国（成都）金牌服务品牌奖。2010年，获北京奔驰区域“经销商销售优秀奖”。2011年，获中国成都诚信企业品牌奖。2010—2011年，蝉联梅赛德斯-奔驰"明星销售团队"奖。2013年，公司销售收入22.27亿元，全口径纳税4400万元。

【金科苑社区法治文化广场】　1月，由区司法局出资30万元将金科苑社区广场改建为法治文化广场，面积4700平方米。广场由民主法治示范社区石雕、法治文化长廊、法治文艺舞台、法治文化石、法治文化道旗、法治文化座椅、法治宣传栏7部分组成。民主法治示范社区石雕采用书本造型的红砂石进行雕刻，即体现有法典的文化内涵，又突出法律的严肃和庄严。法治文化长廊的两侧悬挂法治的牌匾，上面刻有古今中外法治名人名言警句。法治文艺舞台位于广场西侧，中央的LED显示屏长期播放普法栏目剧、法治微电影等。刻有孟德斯鸠、爱默生等法学大家的法治名言的文化石错落有致地放在广场草坪内，法治文化座椅上刻有100余种字体的"法"字。市、区、街道等全年在广场举办各类活动25次。

【郎家社区】　社区成立于1956年，位于成都市三环外迎宾大道。2013年，辖区面积0.75平方千米，辖9个居民小组，居民代表51人；有人口13290人；有西岸观邸、家在回廊、华置西锦城等5个商业楼盘、1个保障房小区；有金玉大饭店、国嘉制药、昊罡印务等企事业单位35家。2013年，社区建立健全各项规章制度，引导辖区居民实现自我管理和服务，根据各楼盘的实际情况，提供"量体裁衣"式的个性与优质服务；完成红色6号点位的房屋安置工作。社区对辖区高龄、孤寡、伤残、特困4类特殊群体进行"一对一"走访活动，为全辖区725名居民办理城乡居民医疗保险，参保率100%。开展"生殖健康进家庭"服务活动，免费为辖区居民发放避孕药具，为885名育龄妇女进行二次生殖健康检查。

【高家社区】　社区于2004年9月撤村建居。2011年区域调整，北邻蜀西路，南邻蜀西环街，东邻三环路，西邻蜀西南一路。2013年，辖区面积1.54平方千米，有人口2万人；有畅新苑、景新苑、新郎家小区、怡新苑、居然公寓、青房尚瑞、紫坪埔7个居民居住点。12月，社区换届选举，产生新一届两委会成员9人，另设有理财小组6人、监督委员会5人、议事会成员31人、居民代表67人。2013年，社区成立合唱队、舞蹈队、太极队、体操队、乒乓队、羽毛球队6支文化活动队伍，全年举办、参与各种活动29次。

【清水河社区】　社区成立于2004年，位于成都市外西郊，与成都飞机公司相邻，羊西线侧，两河公园旁。2013年，辖区面积2.4平方千米，辖13个居民小组，有常住人口3532人。

2005年，社区开始大面积拆迁。截至2013年12月，1队、2队、3队、9队、10队、13队拆迁安置完毕；8队、12队拆迁未安置，人员在外过渡；4队、5队、6队、7队、11队5个居民小组进行土地挂钩整理工作。

2013年，社区以拆迁和土地挂钩整理为重点，完成6、7组征地拆迁和黄金路遗留拆迁工作，同时配合街道做好辖区禁养和清淳家园一户一表电表改造工作。12月，社区通过"安全社区"达标验收。社区全年在基层公开综合信息化平台发布各类信息320条。

【淳风桥社区】　社区于2004年9月撤村建居，东邻清水河社区，南接青羊区黄田坝街道高坎社区，西邻高新西区，北接何家社区。2013年，辖区面积184.2公顷，辖10个居民小组，有常住人口2700余人；有机关单位1家、水厂2个、幼儿园1所、企业35家。社区有两委会成员7人，集体经济合作社社委会成员5人，党员97人。

2013年，社区完成土地挂钩整理第一阶段工作，并通过省国土资源厅的验收。社区配合街道完成清淳家园智能电表的更换和"7·10"防洪防汛及灾后重建工作，完成社区换届选举工作。

【金桥社区】　社区系涉农社区，2005年撤村建居，由土桥村更名为金桥社区。2013年，辖区面积2.68平方千米，辖13个小组，有人口约7800人，其中常住人口3800人、流动人口约4000人。13个小组全部拆迁完毕，部分人员得到安置，部分人员在外过渡，人员安置主要集中在金科苑社区、迎宾路社区的近郊民居，金卉苑及何家社区的河滨森邻等4个农民集中安置小区内。2013年，社区重点做60亩土地上市、并为9亩土地上市创造条件。社区联合金泉社区卫生服务中心，每月定期为广大居民开展义诊及养生保健咨询。组织社区居民参与街道举办的全民健身太极拳比赛、广播操比赛、趣味体育比赛、拔河比赛等各项文体活动。

【何家社区】　社区属于涉农社区，位于土龙路中海国际高尔夫球场旁，羊西线和土龙路贯穿境内。2013年，辖区面积0.86平方千米，辖9个居民小组，有人口14835人，其中涉农人口2060人；有汇源集团等单位21

家、非公有制经济组织和新社会组织15个、个体商业网点35个。2002年11月起，社区开始拆迁和人员安置，截至2013年12月，9个组全部拆迁完毕，安置3617户居民到河滨森邻。

2013年，社区换届选举，产生新一届领导班子7人，另设有居民小组长9人，妇女代表9人，党员40人，居民代表45人，议事会成员20人、监督小组6人、理财小组9人。社区着重进行城乡环境综合治理和何家中心村遗留问题的解决，完成何家中心村21户农户拆迁，改善何家8队60户的人居环境，完成2、5、6、7队原征地土地补偿政策性上访维稳工作。

【互助社区】 社区位于成都市西北面三环路外3千米，东与金桥社区相邻，南与何家社区相交，西与郫县犀浦镇交界，西北与西华街道涧漕社区、郫县五粮村相邻，金周路和羊西线横贯社区。2013年，辖区面积1.47平方千米，辖8个居民小组，有居民2000余人。

2013年，社区疏淘清理辖区内河道、沟渠。配合街道完成成蒲铁路扩建企业拆迁；3组、4组农户和企业拆迁；1组金粮路改扩建农户、企业拆迁工作及禁养工作，关闭养鸡场2个（共48680只）、养猪场9个（共247头）、养牛场17个（共366头）。

【土桥社区】 社区成立于2001年。北起成灌路，南临拉斐楼盘，东至金科北路，西至全兴酒厂铁路沿线。2013年，辖区面积0.5平方千米，有人口6561人，其中60岁以上的老年人467人。社区有两委会成员7人，党员117人，其中预备党员2人，设居民代表、居民议事会、居民监督委员会、理财小组、老年协会、志愿者服务队等组织。

社区是汉回民族聚居地，保存有一座始建于清代的清真上寺。社区重视民族团结，尊重回族居民的宗教信仰，春节、中秋节、重阳节等传统节日均会慰问有困难的回族居民。2013年，社区完善管理职能，通过设立院落党支部，打造党员幸福之家，实现小区院落的自我管理、自我服务、自我学习。

【迎宾路社区】 社区成立于2001年10月，位于成都市西面，位于三环路以西，蜀跃路、兴盛东路以北，金耀路、金科东路以南，金科南路以东。2013年，辖区面积0.73平方千米，有人口23826人，其中常住人口15887人、流动人口7939人；有近郊民居、金卉苑、泰逸美景、锦城豪庭、普罗旺斯等11个物业小区；有济宏医院、成都市迎宾路小学、金妞妞幼儿园、芙蓉锦汇酒楼等40余家企事业单位。社区有社区两委会成员9人，党员140人，居民代表57人，议事会成员23人，监督小组和理财小组各5人。

2013年，社区着重清理整治近郊民居、金卉苑2个农民集中安置区出现的50处违法建设，截至12月，完成违章搭建拆除，拆除违章建筑4000平方米。全面改造近郊民居庭院灯，完成迎宾路社区广场的提档升级。1月15日，由中共成都市金牛区委、成都市金牛区人民政府主办的首场文化金牛闹新春——金牛区2013年元旦春节期间系列群众文化体育活动在社区举行，1000余名群众参与活动。社区居民袁定清被区精神文明办授予“十大金牛好人”称号。

【金科苑社区】 社区成立于2006年6月，位于羊西线两河路，是新型农民集中安置区。2013年，辖区面积0.33平方千米，有人口13804人，其中常住人口6510人、流动人口7294人，包括郎家、高家、金牛、互助、何家、金桥6个社区的拆迁安置户，租房户和外来购房户，人员居住较为复杂；有综合菜市场1个、学校1所、幼儿园2所、社区卫生服务站1个、商家店铺53家。社区党总支有党员127名，另有居民代表84名，议事会成员28名、楼栋长37名、妇女代表14人。

2013年，社区提出“五推进”工作法，做好服务育龄妇女、服务失业人员、服务残疾人员、服务老年人等工作。妥善解决居民各类诉求2553起，其中创业就业52起、计生卫生75起、文化教育60起、居家琐事2032起、治安消防52起、司法调解29起、民政帮扶52起、其他需求201起，回复率100%。社区利用公共服务资金，疏通270余户下水道，改造区外两个公共厕所，更换小区楼栋扶手并在小区院落内新增晾衣架27个、休闲椅46张。

4月9日，街道在金科苑社区广场举行“文化金牛大擂台”——2013年度群众艺术风采大赛之群众音乐大赛选拔赛。

5月15日，由成都市委宣传部、成都传媒集团主办，成都市广播电视台、金牛区委宣传部承办的2013成都百姓故事会——金牛区巡讲在金科苑社区广场举行。

【两河社区】 社区成立于2010年3月，位于原清水村3、10组，毗邻摸底河，属典型的农民集中居住小区，主要服务对象为清淳家园住户及马家场居民。2013

年，辖区面积541亩，有住户4882户，人口15063人，其中常住人口1903户，5458人。

2013年，社区完成社区换届选举工作。发挥居民自治组织作用，按照"六步工作法"，让群众参与社区各项决策；确保公共服务资金专款专用；配合街道完成清淳家园智能电表的更换和"7·10"防洪防汛及灾后重建工作。

【蜀西社区】 社区成立于2010年10月27日，东起蜀西南二路，西至黄金路，南临黄金东二路，北至蜀汉西路，是城镇与拆迁安置点相结合的居住小区，主要服务对象为拆迁安置入住居民和商品楼盘、经济适用房、保障房等入住居民。2013年，辖区面积0.5平方千米，有9个小区院落，其中有拆迁集中安置院落3处（佳新苑、雅新苑、金玺园），经济适用房1处（两河锦地），保障性住房1处（西城丽景），商品楼盘4处（百仁安盛、西线阳光、白鸽岛尚、云翔金谷）；有住房8900套，入住居民2万人。12月，社区完成社区换届选举工作。

（侯曾梅）

沙河源街道

【概　况】 街道位于府河上游、沙河源头，毗邻火车北站，与新都、成华、郫县交界。2013年，辖区面积14.6平方千米，辖12个社区（含两个筹委会），有人口15万人。辖区分布有三横两纵（金府路、三环路、货运大道、北星大道、成彭高架）交通路网；有上府河、沙河、凤凰河；有宝成铁路和铁路西环线；有沙河市政公园和凤凰河湿地公园。辖区内有大型市场、医药企业30余家，分布有10余个商品住宅小区及17个集中居住小区。街道党工委下设70个党总支（支部），有党员1418人；有班子成员9人，平均年龄43岁。街道机关设9个科室，干部职工65人。街道办事处位于洞子口路718号。

2013年，街道税收地方实得1.88亿元，实际到位国内省外资金19.1亿元，固定资产投资25.54亿元，工业总产值15.4亿元。

【北改项目】 街道按"提档、转型、新增、改旧"4类项目实施北改工程，重点突出辖区产业提升和转型。截至12月，包括5个储备项目在内的20个涵盖产业、基础设施、民生工程类的北改项目中获成都市批准的有9个，占地1130.53亩，总建筑面积219.3万平方米，总投资127.5亿元。

【沙河源社区卫生服务中心】 区沙河源社区卫生服务中心作为全省唯一一家代表单位，接受全国示范社区卫生服务中心复评考核，专家组对沙河源社区卫生服务中心创建成功以来的巩固工作进行全面考核，复评专家组和四川省卫生厅、成都市卫生局对该中心给予高度肯定。

街道改变传统的医疗服务模式，利用中心既为全国示范社区卫生服务中心，又是一所综合性医院的优势和原有设施，通过前期论证及向区民政局、区卫生局申请，12月，一栋两层楼房、有30余张床位的沙河源街道金建养老托老服务中心改（扩）建成功。服务中心的落成为辖区老人开展全托式的养老以及必要时的医疗护理服务提供条件。

【安全社区创建】 3月，街道通过发放调查问卷、隐患排查表，召开座谈会，查阅历史数据等形式，完成《沙河源街道基线调查报告》《沙河源街道隐患诊断报告》，并通过报告梳理出6大类促进项目，确定17个子项目。根据确定的子项目定时召开工作情况汇报会，分析研究安全社区建设过程中出现的新问题、新情况，及时提出对策及处理意见并进行调整和处理。8月，完成各自的项目建设并及时进行总结。9月，完成安全社区建设工作报告。10月，街道接受全国安全社区成都支持中心专家的省级安全社区建设验收评定，通过验收并获"四川省安全社区"称号。

【重点企业选介】 *剑龙钢材城* 由成都剑龙实业有限责任公司于2003年投资兴建与管理，是成都市三大专业钢材市场之一。市场位于新成彭路三环路外侧，在中国西部唯一的国家级生产资料黄金商圈内，集展示交易、仓储办公、物流服务等功能于一体。以现代商贸物流中心的标准规划建设，在建筑品质、硬件配套、软件设施、市场功能等方面领先于同行业市场先进水平。

市场系成都市政府重点物流项目，可享受投资绿色通道政策和资金、土地优先政策。市场具备完善的配套服务体系，进出市场交通便捷；设置工商、税务代办点，方便商家办理相关业务；24小时安全保卫及消防、监控系统，为商家提供舒适、安全的经营环境；专业网站为商家构建现代信息、网络交易平台，打造西部地区最具潜力、最具发展、最具规模的现代化钢材物流中心。

金府灯具城 金府灯具城由成都宏盈物业发展有限责任公司管理，是中国西部最大的集批发、零售为一体的大型专业化、精品化、规范化的灯具市场，成为四川乃至中国西部最具规模和影响力的灯饰物流基地。2006年，金府灯具城成为中国西部国际照明电器博览会永久性会址。2008年，金府灯具城被正式授予“中国西部灯具第一城”国家级称号。2013年，金府灯具城经营规模7万平方米，市场工作人员1000余人，经营商家逾700户，灯具品牌上千个，经营品种以万计，商品辐射全省各地、市、州及云南、贵州等地，销售量位居西部前列，是全川灯具商家的供货源头。

成都万贯五金机电城 万贯五金机电城位于成都金府商圈的核心口岸，占地500余亩，总投资15亿元，是省、市、区三级政府重点规划打造的西部五金机电第一城，是政府重点扶持市场。2005—2009年，万贯五金机电城举办5届中国西部国际五金机电城博览会。2010年，万贯五金机电城修建电子商务大楼，打造五金机电电子商务平台航母，带动整个金府商圈提档升级步伐。

【川建社区】 社区南靠三环路，西与新成彭路相接，东望凤凰山，北邻东风渠，是沙河源街道所辖的居民自治组织。2013年，辖区面积0.43平方千米。社区属企业社区，辖区内的古柏路53号院落是川建（集团）公司员工的家属区，有43栋住宅楼；有住户2293户，人口6544人，其中常住人口5252人、暂住人口1292人。2013年，社区强化和完善社区、院落、楼栋三级组织体系，形成集自治型、服务型、平安型、学习型为一体的新型安全、健康、和谐社区。

【古柏社区】 社区位于沙河源西北部，北靠新都区大丰镇，西邻郫县安靖镇，南与友联社区和陆家桥社区相接，新成彭路横贯全社区，距市中心6千米，因境内史上有一株千年柏树而得名。2004年8月，社区实施“村改居”。2013年，辖区面积1.4平方千米，辖6个居民小组，有常住户820户，常住人口2201人，暂住人口2万人。

社区内的古柏大道改建纳入2013年金牛区北改交通先行项目，12月8日，项目启动。2014年1月26日完工，改建后道路全长1100米，行车路面宽13米，两侧人行道路各宽3.5米。

【汇泽路社区】 社区（筹委会）于2011年8月成立，位于川建路以南，泉水路以东，三环路以北，宝成铁路以西，是由泉水、友联、长久、踏水桥、王贾桥、陆家桥、古柏7个社区及曹家巷拆迁居民集中安置居住的新型社区。2013年，辖区面积0.64平方千米，有常住人口6430人，流动人口9000余人。

社区以小区管理为重点，探索自治自管方法，建立健全自治自管组织体系，成立居民自治自管小组。成立棋牌俱乐部、腰鼓队、舞蹈队、志愿者服务队伍等。社区打造活动阵地，修建泉水人家二期A区、泉水人家三期A区老年活动中心。社区建立健全“一案一回访一整改”和“办好实事、掌控民情、疏导诉求、化解矛盾、控制事态”的有序维稳工作机制。

【陆家桥社区】 社区成立于2005年5月，东邻凤凰山公园经北星大道，西邻川建、友联、古柏社区经新城彭路（金丰高架），南邻泉水小区至三环路，北邻新都区大丰镇经南丰大道至大天路。2013年，辖区面积0.9平方千米，有9个居民小组，住户855户，常住人口2350人，流动人口15120人；有单位35家，有社区卫生服务站1个，个体商业网点82个。社区成立志愿者队伍，有党员及群众志愿者105人。

2013年，社区建成陆家桥社区文化广场（和谐广场），并搭建阳光棚，开展各种文体活动和重大节日的庆祝活动。

【王贾桥社区】 社区东靠北星大道高架桥，南毗邻沙河与五块石街道相接，西与泉水社区相接，北邻凤凰山街道幸福分场。2005年6月，社区实施“村改居”。2013年，辖区面积1.46平方千米，有常住人口4629人，流动人口4932人。社区自筹资金修建以南北走向的王贾大道为主的交通道路，三环路、金府路横贯其中，交通便利。

社区建立“党员示范岗”，成立党员志愿者服务队。成立“三九绿城”和“水韵天府”业主委员会。社区协助配合街道推进王贾片区拆迁。完成3、4、5、6、7组土地补偿费和社区集体资产分配发放工作。

【五福新社区】 社区（筹委会）成立于2005年，位于商贸大道旁，东以商贸大道为界与五块石街道毗邻，西以府河为界与九里堤街道隔河相望。2013年，辖区面积0.67平方千米，有人口8000余人。

2013年，社区建立健全社区北改工作运行机制，协助街道完成北改及重点建设项目即2、5组安置房，华霖酒店，大西南建材城，华润峰尚配套建设项目等的协调、服务、整治、保障工作。10月，辖区内五福2、5组拆迁安置房建筑工地接受全国安全社区成都支持中心专家的省级安全社区建设验收评定，并通过验收取得“四川省安全社区”称号。

【踏水桥社区】 社区成立于2005年，位于人民北路延伸线，三环路、成彭路、铁路西环线贯穿境内，交通便利。2013年，辖区面积1.4平方千米，有常住户957户，常住人口2512人，流动人口3253人。

社区自筹资金新建文化活动广场，定期开展文体活动、群众文体活动，社区舞蹈队被区文旅局评为优秀业余文艺团队。

【新桥社区】 社区位于沙河源头地带，东与九里堤街道毗邻，西接长久社区，南与西华街道相邻。2013年，辖区面积1.46平方千米，有常住人口5310人，流动人口10350人；有大型专业市场——金府五金机电城，以商贸市场、物流、钢材、建材等为主导产业。

2012年6月，社区启动金府钢材物流中心市场搬迁工作，截至12月，完成全部182户商家的搬迁，拆除营业房屋4万平方米。2013年3月，成都国际摄影文化艺术主题公园动工，占地142亩，将建成世界首个摄影主题公园和成都首条西班牙风情街。

【友联社区】 社区位于沙河源街道腹心地带。2013年，辖区面积1.5平方千米，辖11个居民小组，已统征5个组；有常住人口2877人，流动人口4361人。社区纳入统征拆迁和重大项目拆迁的有9个居民小组，新建和管理新型集中居住小区两个（泉水人家二期、府河双桥苑）。

2013年，社区招商引资1.6亿元，引进企业30家，名列街道第一；为40家企业办理工商税务变更手续；完成区政务中心交办事项12项；开展文体活动20余次，参加群众700余人次。

【长久社区】 社区北与新桥社区相邻，西与西华街道交界，南与营门口街道交界，东与九里堤街道相邻。

长久社区消防安全知识培训会

2013年，辖区面积0.76平方千米，有两个安置住宅小区，住户1848户，户籍人口3316人，出租房1120套、流动人口2523人。辖区地处金府商圈，有万贯五金机电城、金府机电城、长久机电城、金府灯具城、金府灯具广场等五大市场。

社区开展“邻里文化系列活动”，搭建交流平台，丰富群众业余生活，增进邻里感情，建立邻里友爱互助的和谐关系；同时加强社区与群众的联系，增强社区凝聚力和吸引力，加深群众对社区的认同感与归属感。

【政通路社区】 社区成立于1966年，原名为洞子口居民委员会，于2001年更名为政通路社区居民委员会。社区位于三环路内侧成彭立交桥旁。2013年，辖区面积0.27平方千米，有3个拆迁安置小区、1个商品房小区及1个老场镇；有住户2448户，人口7345人。

社区成立诗社、舞蹈、合唱、文明劝导等团队。加强文明劝导，开展“红标行动”。

【泉水社区】 泉水社区位于沙河以北，三环路以南，泉水西路至福泉路以东，宝成铁路线至泉水东苑以西；北与汇泽路社区相邻，西与五福新社区相邻，南与政通路社区相邻，东与王贾桥社区相邻。2013年，辖区面积0.4平方千米，有两个拆迁安置集中居住小区、5个商品房小区；有常住人口3.5万人，暂住户7647户。

天乐医药开发项目为社区内北改重点项目，项目实施过程中，社区配合街道及项目业主单位，做好维稳、环境综合治理等工作。

（王 波）

天回镇街道

【概　况】 街道位于成都市北面，地处三环路与绕城路之间，东邻成华区青龙街道，南接凤凰山街道，西、西北、北分别与新都区大丰、斑竹园、三河镇交界。街道地处成都市北改战略要地，是北部新城的核心区域，是连接成、德、绵经济带的桥头堡，也是北城贯通一二三圈层骨干路网的起点，更是成都通往中国东部的起点。在北改规划形成的“16横12纵”贯通性骨干道路网中，街道处于两纵的货运大道快速路与川陕路主干道之间，路网发达、交通优势巨大。建设中的地铁3号线一期工程的终点就位于天回镇旁。2013年，辖区面积33.34平方千米，属涉农区域，辖18个社区，有常住人口5.7万人、流动人口7.3万人。街道办事处位于兴川路999号。

街道全年财政收入9999万元，引进国内省外资金23.59亿元，固定资产投资43.56亿元，工业总产值11.6亿元，工业投资9.13亿元，限额以上批发零售业销售收入66.94亿元，住宿餐饮业营业收入796万元，建筑业产值3.66亿元。引进重大项目4个。

【社会保障】 街道城乡居民养老保险参保覆盖率100%、城乡居民基本医疗保险参保率98%，实现新型农村和城镇居民社会养老保险全覆盖。城镇新增就业674人，下岗失业人员再就业644人，就业困难人员再就业143人，农民工就业38名。所属18个社区100%保持充分就业社区，城镇登记失业率控制在4%以内。创业人数49人，创业带动就业385人，带动比例1∶8。开展农村劳动力技能培训1218人，完成创业培训60人。组织辖区单位参加专场招聘会，为下岗失业人员提供岗位2346个，其中公益性岗位293个。资助城乡低保家庭及低保边缘家庭学生，办理进城务工农民工子女入学700人。加强对城乡低保“五保”对象的医疗救助，低保对象人均疾病救助580元。向计划生育奖励扶助对象发放奖扶金，每人每年960元。筹备泉水人家二期的异地安置工作，签订包括国际商贸城、中铁轨道项目、万圣新居项目共2610人的人员安置协议。

9月18日，天回镇街道召开区域化党建工作会

【重点项目】 全年启动和接续拆迁项目42项，拆迁农户1585户、5000余人，企业44家，拆迁面积4900余亩。完成环城生态区外环路200米内949户农房、544户附着物、11家企业的拆迁和11个产业项目的拆迁交地任务。完成西部地理信息产业园项目首期2、3号地块，晟鑫国际商业广场首期项目，中铁八局项目，军区总医院国家应急救援医疗队用地拆迁。在道路建设方面，完成天丰路拆迁、成都国际商贸城聚霞路延线等3条道路的拆迁，纵三线、纵四线的拆迁，万石路（绕城段）项目拆迁，三河大道项目拆迁，地铁3号线天回南站骏业物流的拆迁等。在水、电、气项目拆迁中，完成万石路、天斑路2个变电站，成都国际商贸城110千伏电力通道项目，成都北三环220千伏电力通道198段，绕城6.8千米长自来水管网埋设和天然气管网埋设的拆迁，确保基础设施和重大产业项目用地。全年的拆迁工作受到区委、区政府领导的充分肯定，区长白国欣在天回的拆迁工作简报中批示“天回镇街道拆迁工作有序推进，成效明显，值得肯定”。

【产业发展】 街道新引进中铁三局桥隧公司总部基地项目、成都西部黄金珠宝总部基地两个5亿元以上重大项目。成都国际商贸城项目三期日用品市场一阶段鞋类皮具箱包市场、西联钢铁物流港项目D区零售市场、中铁轨道交通高科技产业园首期B区3个项目投产或达产；成都国际商贸城项目C地块加快建设；西部地理信息科技产业园项目2号地块、成都国际商贸城项目三区二阶段市场、中铁轨道交通高科技产业园项目首期A区3个项目开工建设。加大对中铁轨道交通高科技产业园、成都国际商贸城、西部地理信息产业园等项目的二次招商力度，引进注册资金2000万元的成都国际商贸城房地产公司、注册资金2000万元的中铁隧道工程有限公司、注册资金2000万元的中铁科工设计有限公司等30余家企业。功能区内产业项目完成投资27.65亿元，各市场销售额超过400亿元。

【群众工作】 街道全年组织开展“下十日社区、进百家院落、办一件好事”的“十百一”活动。通过基层公开综合服务监管平台、街道政务微博、96110文明热线等形式，解答群众反映强烈的拆迁安置补偿等突出问题。通过社区文化活动、现场办公、领导接待日等形式，及时化解干群矛盾。组织志愿者上门服务，群众只需通过“只打一个电话、只进一个门、只认一个人”，就能办完想办的事。

【杜家碾社区】 社区属涉农社区，位于北星大道旁，南起大丰镇高家村，北至天回镇太华社区边界，东至大丰镇太平村，西至大丰三元村和赵家村边界。2013年，辖区面积1.69平方千米，辖10个居民小组，总户数862户，人口7175人，其中常住人口2430人、流动口4745人。社区有10个党小组，党员72人；有两委会成员7人、大学生志愿者2人、劳动保障工作人员2人。

12月4日，社区开展法制宣传活动，志愿者和法律援助律师为社区群众发放宣传资料，并就相关法律问题进行讲解。

【石门社区】 社区属涉农社区，位于天回镇以西，距川陕公路1千米。2013年，辖区面积1.2平方千米，1895亩，辖8个居民小组，有涉农居民667户，常住人口2042人。1组、2组、4组、8组整体拆迁过渡；3组、5组、6组、7组部分拆迁过渡；4组、8组统征；7组25人统征。社区有党总支部1个，下设3个支部，党员总数81人，其中企业党员8人。社区设有绿化和健身广场，办公用房670平方米，建有集劳动保障、民政救助、计划生育、残疾帮困等服务项目为一体的多功能、综合性社区服务大厅，设置警务室、图书室、活动室、会议室。2013年，社区获金牛区安全生产先进单位称号。

2013年春节、重阳节、教师节等节日，社区两委班子对辖区的贫困群众、孤寡老人。离退老干部、教师等进行节日慰问。3月4日，组织开展“学雷锋志愿者”活动。3月8日，组织辖区妇女参加文体活动。7月11日，世界人口日宣传活动期间，围绕计划生育与流动人口的管理服务举行宣传咨询活动。10月13日，开展“九九重阳节，浓浓敬老情”主题联谊会。

【红星社区】 社区位于天回镇南面，与凤凰山机场，凤凰山街道，大湾社区、车站社区相邻，东风渠横穿社区。2013年，辖区面积2平方千米，辖7个居民小组，常住户900余户，常住人口2344人，流动人口2200余人；有各类民营企业100余家；有国家一级防火单位104油库，成都蜀光石油化学有限公司等企业。2013年，社区获金牛区安全生产监管工作先进单位等称号。

【甘油社区】 社区属涉农社区，位于宝成铁路以西，天斑路以北，连接川陕路和北延线的金新线贯穿社区。2013年，辖区面积1.33平方千米，辖8个居民小组，有住户770户，人口2024人。社区有8个党小组，党员80人，社区两委会成员7人，大学生志愿者2人，劳动保障工作人员2人。

3月8日，社区以“关爱妇女，关爱健康”为主题，开展“三八”妇女节庆祝活动。7月1日，组织社区100余名党员、居民代表等到北川参观地震遗址。8月1日，组织110名退伍军人召开座谈会。重阳节，在社区举行大型文艺表演，并邀请社区360多名老年人观看演出，并准备36桌坝坝宴。

【白塔社区】 社区位于天回镇西北，北星大道旁，宝成铁路以西，紧邻成都国际商贸城，与新都区相邻。2013年，辖区面积2.28平方千米，辖10个居民小组，有住户866户，常住人口2747人；有天回镇白塔社区小学，白塔社区卫生服务站等法人单位及个体户20余家。社区有2个党小组，有党员96人；有工作人员11人，其中两委会成员7人，大学生志愿者1人，劳动保障工作人员2人。

2013年，社区代表街道参加金牛区全民健身400惠民工程拔河比赛及广播体操比赛，其中拔河比赛获金牛区二等奖。

【余家巷社区】 社区位于成都市外北宝成铁路以西天斑公路5千米处，东临太华、宝年社区，西、南、北与新都区相接，北星大道、天斑路由南北、东西方向贯穿社区，并有多条公交线路经社区到达成都国际商贸城。2013年，辖区面积1.2平方千米，辖8个居民小组，有住户648户，人口2041人。社区党总支下设7个党小组，党员76人。余家新居工程项目在建设阶段。社区人均收入1.7万元。

【车站社区】 社区位于成都市北郊，距市中心8千米，南与红星社区相邻，东与土门社区相接，北与明月社区相汇，西与凤凰山街道飞火社区、新都区大丰街道太平社区毗邻。2013年，辖区面积1.36平方千米，辖7个居民小组，有总人口5821人，其中常住户978户，常住人口2471人，流动人口3350人；有各类民营企业100余家。社区设社区支部、老年支部、企业支部3个党支部。2013年，社区获金牛区天回镇街道发展经济、财务管理和安全生产、国有资产管理工作先进单位，就业和社会保障、文化、教育工作先进单位，征地安置先进工作单位等称号。社区志愿者服务队每月开展两次志愿者服务活动，传递社会正能量。社区文艺舞蹈队定期或不定期开展文艺表演活动，丰富群众的文化业余生活。

【土门社区】 社区位于成都市近郊，距市区5千米，东风渠由西向东流经境内，川陕路贯穿南北，川天路由东向西贯穿社区直达天回镇火车站。2013年，辖区面积2.13平方千米，辖11个居民小组，有住户1233户，总人口3318人；有成都市东日化有限公司、成都市蜀香食品有限公司等企事业单位。2013年，社区获金牛区天回镇统筹城乡、武装工作先进单位，就业和社会保障、文化、体育、教育工作先进单位，征地安置工作先进单位，服务经济、安全生产工作先进单位等称号。

【金华社区】 社区位于川陕路（蓉都大道）和金新路旁，北接绕城高速，南至成都市第三十六中学，金华大道贯穿其中。2013年，辖区面积1.33平方千米，辖8个居民小组，有8个居民院落；有住户730余户，常住人口2419人，流动人口2000余人。

8月8日，社区在文化活动广场开展全民健身活动。10月11日，社区在文化活动广场开展"庆祝九九重阳节，关爱老人"文艺汇演。

【宝年社区】 社区位于绕城沿线、毗河岸边，与新都区相接，是全区多个重点产业项目的承载地。2013年，辖区面积1.31平方千米，辖7个居民小组（已整体搬迁3个小组），有住户727户，总人口1610人，其中非农人口839人、农村人口771人；有劳动力997人，非劳动力613人。社区有党总支部1个，下设2个支部，党员49人。

【大湾社区】 社区位于成都市北大门，距市区5千米，距三环路1千米，南至蜀陵路口，东至磨盘山，北至金丰湾工程机械交易市场，西至凤凰山机场。2013年，辖区面积3.15平方千米，辖12个居民小组，有常住户数1305户，人口4107人；有成都天子集团有限公司、成都大湾建材市场管理有限公司、成都天港建材市场管理有限公司、成都金丰湾工程机械交易市场、成都伍信实业有限公司等企业；有成都军区总医院、武警总部成都仓库、成都军区车材库、四川磨床厂等企事业单位。

【天回社区】 社区成立于2001年，位于天回镇上街45号。2013年，辖区面积0.8平方千米，有常住人口4020余户，人口7532余人；有单位13家，其中学校2所、医院1个。

10月19日，社区邀请辖区老人在何氏惠园举办九九重阳节座谈会。

【长胜社区】 社区成立于2005年，位于成都市北大门川陕路以东，距市区6千米，天回银杏园路、向植路、玉垒路等贯穿辖区。2013年，辖区面积1.65平方千米，有常住户837户，总人口1948人；有成都育才医院、优贝幼儿园、红旗连锁超市、蜀辣居火锅、城成商务酒店、竹山老鸭、天成苑食府、兴源茶庄等企事业单位；有13家农家乐。长胜社区展翔艺术团每晚开展文艺活动。

1月4日，社区邀请社区民警庄永忠对冠川汽配商城的商家开展消防知识安全培训。3月27日，社区联合天回社区卫生服务中心开展以健康教育为主题的义诊咨询活动。6月，社区开展一系列"我的中国梦"主题教育活动。7月15日，成都军区战旗文工团文艺直通车到社区慰问演出。12月，社区开展"12·4"全国法制宣传日宣传活动。

【银杏园社区】 社区原为向海社区，成立于2005年8月，2006年12月更名为银杏园社区。位于成都市北郊天回镇向海山上，属浅丘地带，地处新都区和成华区交界处，南与成都大熊猫繁育基地毗邻，北与成都市植物园相连，东靠成都北湖公园，西临川陕路。2013年，辖区面积2.2平方千米，辖7个居民小组，有住户668户，总人口2096人。2013年，社区获金牛区安全生产监管工作先进单位，统筹城乡发展、武装工作先进单位，开展城乡环境治理工作"进企业"活动先进单位，社区工会规范化建设达标单位等称号。

【木龙湾社区】　社区地处成都市北部边缘，外环路西北外侧，距成都火车北站12千米，北星大道贯穿其中，毗河从社区绕过。2013年，辖区面积2.54平方千米，人均耕地面积0.95亩。社区辖10个居民小组，有总户数910户，总人口3186人。成都国际商贸城重点产业项目落户社区，成都荷花池中药材市场、二期、三期商品市场、日用塑料制品市场已营业，四期在建设阶段。荷花池汽车客运站正式迁入。2013年，社区被街道党工委、办事处评为先进单位。

【太华社区】　社区属涉农社区，位于天回镇，绕城高速、北星大道、金新线贯穿社区。2013年，辖区面积2.2平方千米，辖11个居民小组，总人口3050余人。社区有党小组7个，党员96人。社区成立金牛区首个农村产权制度改革工作陈列室，将产权改革工作过程中的文件、图表、声像、数据等各种形式和载体的原始资料收集、归档并进行长期展示。2013年，社区被街道党工委、办事处评为优秀单位。

2013年，社区成立文化活动中心——乐民园，有图书阅览室、电子阅览室、舞蹈室、多功能活动室等。9月，社区开展“我们的节日—中秋节”主题活动。

【万圣社区】　社区成立于2005年，位于金新路、万石路、横二线道路之间，东与石门社区，南与新都区大丰镇太平村，西与杜家碾、太华社区，北与白塔社区相邻。2013年，辖区面积2.14平方千米，辖10个居民小组，有住户1070户，户籍人口2985人；有重庆源创家具厂、成都市童乐幼儿园等企事业单位。社区有9个党小组，党员88人；有两委会成员7人，大学生志愿者1人，劳动保障工作人员2人，工作人员2人。2013年，社区获社区工作优秀单位，党建、群团、人大工作先进单位，征地拆迁工作先进单位，征地安置工作先进单位，城管行政监管、社会治安综合治理工作先进单位，统筹城乡、武装工作先进单位，就业和社会保障、文化、体育、教育工作先进单位等称号。

【明月社区】　社区位于天回镇街道场镇中心，东至川陕路，北至金华社区和新都三河镇，西至宝成铁路和新都大丰镇。2013年，辖区面积2.68平方千米，辖10个居民小组，常住户1495户，人口3144人；有西联钢铁物流、成都市第三十六中学等企事业单位，其中各类民营企业100余家。2013年，社区获天回镇街道社区工作优秀单位，党建及群团工作先进单位，征地拆迁工作先进单位，服务经济、安全生产工作先进单位，就业和社会保障、文化、体育、教育工作先进单位等称号。

（李立波）

西华街道

【概　况】　街道位于成都市西北郊，地处府河上游，南与金泉街道交界，北以府河为界，东以三环路为界，西与郫县接壤，成立于2007年6月。2013年，街道辖12个社区，其中涉农社区9个，兴盛世家、府河新居集中安置小区新型社区2个，西华大学社区1个；有户籍住户14134户，户籍人口30665人；有党政机关、企事业单位479家。街道办事处位于沙西线府河星城内。

街道全年财政税收地方实得2亿元，引进省外内资19亿元，固定资产投资33.3亿元，规模工业总产值71.6亿元，限额以上住宿餐饮业4亿元，限额以上批发零售业13.7亿元。

【北改工程】　街道完成《财富》全球论坛老成灌路综合整治、三环路两侧50米专项整治任务，成都市金牛中学改扩建项目、府河幼儿园、成都市四幼用地项目和花照变电站、金青变电站7个北改重点项目拆迁交地工作任务。凤凰大道、金粮路、成蒲铁路建设用地拆迁工作全面启动，实现成蒲铁路（西华段）建设部分用地交付施工，保障铁路建设工期。29个村组（富森）、跃进5、6组（三环路内侧）拆迁，数码港机电城，金府机电城等拆迁项目正在持续推进中。全年投入拆迁资金6200万元，拆迁企业60余家、拆除面积18万平方米；农户130余户、拆除面积4万平方米。

【省级安全社区创建】　9月3—4日，街道代表全区首家省级安全社区建设单位，接受四川省安全社区建设专家评定组现场评定，专家组对街道安全社区建设6个大类、15个安全促进项目给予充分肯定。11月，街道被命名为省级安全社区单位。

【城乡环境综合治理】　街道落实城乡环境治理网格

管理、环卫作业精细化和市容秩序问题管理，建立城乡环境综合治理问题台账，并限期整改落实。完成非物管院落、下河排污口治理、违法建设监管、扬尘治理等目标任务，全年收取垃圾处理费210万元。配合市规范执法监督局拆除新增违法建设3800余平方米，实现新增为零的目标。

【基层党建】 街道开展“实现伟大中国梦建设美丽繁荣和谐四川”主题教育活动，及时下发实施方案，成立领导和工作机构，成立主题教育活动宣讲小分队12支。加强基层党员干部队伍建设，11个社区党组织全部实行公推直选，金牛社区作为全区首个海推海选党组织班子预备人选试点社区，党员全员提名、群众全员参推、选举全员竞争被《成都日报》头版典型报道。组建兴盛世家C区、府河新居A区院落党支部各1个。组织开展第九届社区居委会换届选举工作，11个社区全部实行直选。落实党风廉政建设责任制，加强领导班子成员遵纪守法廉洁自律教育，严格执行廉洁从政各项规定。打造兴盛世家社区廉政文化墙品牌建设。

【重点企业选介】 *成都宏天电传工程有限公司* 公司始建于2001年6月，是国际投资和大型装备制造商，香港联交所主板上市企业-宏华集团旗下核心企业之一。2013年，公司有员工600余人，各类专业技术人员占90%以上。公司总建筑面积6.6万平方米，研发大楼4000平方米，综合大楼2200平方米，生产作业厂房2.9万平方米。

公司专注于驱动与自动化系统的研究、设计、制造和调试。产品范围覆盖中/低压配电与控制、交/直流传动及其自动化系统、DCS系统、大功率特种电机、防爆照明与防爆电器等，产品销往世界30多个国家和地区。公司成为服务于能源、交通和大型装备制造业的电气系统集成商，也是中国最大的钻机电控系统集成商。公司由单一的产品生产发展成为以石油钻机电传系统为主业的自动控制系统集成商。通过同国际市场接轨，与国际大企业大集团如ABB，NABORS等的合作，结合公司自身特点加强体制改革、完善管理体系。2013年，公司产值9.4亿元人民币，营业收入8.4亿元人民币，上交所得税2700万元人民币。

成都天府华侨城 作为隶属于国务院国资委的大型中央企业，华侨城从深圳起步，深耕27年，以成熟领先的产业发展模式，成为极少数以文化产业为主营业务的、跨区域、跨行业经营的大型国有企业集团。2005年，华侨城率先扎根成都城北，总投资150亿元，通过对项目的综合开发，实现对周边环境的不断提升和完善。欢乐谷累计接待游客量1000万人次。2010—2012年，华侨城连续三年被评为金牛区纳税先进企业。

成都华侨城项目占地3000亩，包括1200亩主题公园、1500亩高尚人居、50万平方米的城市商业综合体。遵循“规划为先、依托自然、以人为本”的原则，把旅游、地产、商业结合，并创造性地提出“中央欢乐区CHD（Central Happiness District）”概念。7年的艰苦奋斗，华侨城用“优质生活创想家”的先锋精神和运营经验，通过对文化产业设施的建设与运营、文化活动的开展与传播、演艺平台的构建与展现，成功兑现了“为一个家，造一座城”的城市运营商承诺。2013年产值?

【金牛社区】 金牛社区位于金牛宾馆旁，横跨成灌公路两侧。2013年，辖区面积1.5平方千米，辖6个居民小组；有常住户967户、常住人口2100人(含农转非人员)，流动人口1500余人；有兰成渝、宏天电传、蓝灵集团等企事业单位28家。社区有两委会成员7人，党小组6个，党员100人，居民代表67人，股民代表67人，议事会成员25人，居务监督委员会5人，理财小组3人。截至12月，6个居民小组完成统征，征用土地1000余亩，农转非1600余人。金卉苑安置260余人、金科苑安置80余人、兴盛世家安置1200余人、河滨森邻安置400余人。集体经济组织全年收入2000万元，完成地方税收800万元。社区党总支被成都市委表彰为全市先进基层党组织。

社区投入民生保障专项经费300万元，主要用于为社区群众发放春节过节费用人均1000元、共计160万元；发放大米人均200斤、共计80万元；为社区300余名老年人（女55周岁、男60周岁以上），人均每月发放生活补助100元、共计30万元；为社区入园幼儿50余人，人均每学年发放学费补助400元、共计2万元。社区居民集体经济组织存款利息分红800万元。

社区的6支文艺队有成员100余人。开展“我们都是一家人”社区团拜会文艺汇演等活动。

【侯家社区】 社区位于成灌路与沙西线之间，全兴路、侯罗路贯穿全境。2013年，辖区面积1.5平方千米，辖8个居民小组；有常住户769户、常住人口2321人，流动人口6300余人；有四川金星压缩机制造有限公司、四川泰力电器成套有限公司等企业80余家。党总支下设党小组4个，党员100名，居民代表51人，居民议事会成员24人。截至12月，1、2、8组及4组部分居民拆迁，296户、1041人入住兴盛世家安置小区。

社区安排老年人半年进行三次免费体检、健康咨询服务，对社区育龄妇女进行妇科普查；出资4.8万元为社区女满55岁、男满60岁未征地农转非的老年人344人购买城镇居民基本医疗保险，减轻社区老年人大病住院医疗费用负担；配合街道及上级职能部门加快报征土地审批进度，新增分房安置人口28人，解决社区142名老年人农转非享受社保问题。

2013年，社区建成舞蹈队等4个业余文化团体，全年开展文化活动30余次，90余人次参与。

【涧漕社区】 社区位于成灌路两侧。2013年，辖区面积1.3平方千米，辖11个居民小组；有常住人口2300余人，暂住人口8000余人；有四川水井坊有限责任公司、金府石材城等企业130家。社区有两委会成员7人，党小组3个，居民代表59人，议事会成员33人，党员95人，居务监督委员会成员11人。河滨森邻小区安置1100余人、兴盛世家小区安置700余人。全年土地流转收益200万元，完成地方税收300万元。

社区全年投入20万元，疏导沟渠4000余米。10月，开展石材加工企业生产废水综合执法工作，区环保局、执法局、城管局、水务局对社区内企业的水环境进行整治。12月，社区开展"走基层"系列活动，配合街道土地征用管理科做好拆迁安置工作。

【兴盛社区】 社区位于沙湾路西延线，铁路西环线、城际铁路贯穿辖区。2013年，辖区面积1.2平方千米，辖6个居民小组；有常住户570户，常住人口2014人，流动人口4000余人。社区有两委会成员7人，党小组6个，党员93人，居民代表45人，议事会成员32人，居务监督委员会6人，理财小组6人。兴盛世家小区安置人员326户、1134人，府河新居小区安置23户、81人。目前2个居民小组600余亩集体土地进入整理，截至12月，统征4个居民小组，农转非人员281人领取社保。全年土地流转收益300万元。

社区围绕涉及第五和第六居民小组及成蒲铁路项目的拆迁交地工作，听取和反映群众的意见和建议，发挥群众主体作用，推进北改项目的实施。

【富家社区】 社区位于沙西线，西华大道横贯其中，北临府河，南临南堰河，东靠华侨城欢乐谷，西与兴盛社区接壤。2013年，辖区面积1.75平方千米，辖9个居民小组；有常住户759户，常住人口2662人，流动人口23560人；有企业单位60家。社区有两委会成员7人，党小组9个，党员84人，居民代表51人，议事会成员33人，居务监督委员会5人，理财小组5人。截至12月，23人完成临征，农转非23人，府河新居安置200余人。2013年土地流转收益500万元，完成地方税收300万元。

2013年，社区进行党总支委员会换届选举工作。召开城乡环境综合整治工作会，制定城乡环境治理、禁烧秸秆、防洪、河道保洁等措施，形成长效机制。成立安全生产领导小组，建立健全目标责任制，与辖区内的所有企业、个体户签订安全消防责任书。社区建立和完善劳动保障平台，组织社区200多名居民参加招聘会。社区投入10万元清运垃圾；投入8万元清淘9个居民小组的沟渠；投入4万元修缮社区内道路；投入3万元加固堤坝。

【金罗社区】 社区地处沙西线与府河之间。2013年，辖区面积1.33平方千米，其中企事业单位占地1500余亩，可耕地面积300余亩；辖9个居民小组；有常住户710户，常住人口2500余人，流动人口4500余人；有企业单位110家。社区有两委会成员7人，党员83人，党小组9个，居民代表57人，居民议事会成员31人。截至12月，府河新居小区安置55户、178人。全年土地流转收益620万元，完成地方税收90万元。

2013年，社区投入156632万元，创造安全、稳定的居住环境；投入8万元，清淘排洪、排污渠1.3万米，其中各支渠2000米、毛渠1.1万米；投入2.2万元，进行集中居住区的排污治理；投入14万元，开展环境卫生整治；投入4万元，建设防汛设施4处；为社区60岁以上老年人补助购买2013年城乡居民基本医疗保险，359人，每人180元，共64620元。

【跃进社区】 社区位于北三环路一段外侧，成灌路、北三环路一段贯穿其中，北临金牛宾馆，南临金牛公园，东靠成都华侨城纯水岸楼盘，西至茶店子客运站。2013年，辖区面积1.86平方千米，辖10个社区居民小组；有常住户1266户，常住人口3600余人，流动人口1.5万人；有企事业单位52家，个体商业网点133个。经过换届选举，社区有两委会成员7人，党小组5个，党员123人，居民代表80人，议事会成员31人，居务监督委员会3人，理财小组3人。截至12月，5个居民小组完成统征，5个居民小组即将统征，农转非人员1900余人，508亩集体地土地进入整理。社区对285户个体工商户进行全面清理。

社区成立文明城市志愿者和应急志愿者队伍，加强社区巡逻和环境治理，动员党员干部对社区街道院落存在的脏乱差现象进行整治清扫，完成迎接全国文明程度指数测评目标任务。参与“全国安全社区”创建，建立消防宣传活动长效机制，落实多个安全促进项目，获全国安全社区称号。

【瓦子社区】 社区紧邻三环路，位于金青路中段，北近西华大道，南靠成灌路，东靠金牛社区，西与青杠社区接壤。2013年，辖区面积0.96平方千米，辖7个居民小组；有常住户550户，常住人口2215人，流动人口3250人；有锦华电器、吉立柜业等企事业单位15家。社区有两委会成员7人，党小组4个，党员82人，居民代表41人，议事会成员28人，居务监督委员会3人，理财小组3人。截至12月，3个居民小组完成统征，3个居民小组即将统征，800余亩土地被征用，涉及农转非700余人。兴盛世家小区安置900余人、高家点位安置48人。全年土地流转收益342万元。

6月和7月的两场特大暴雨，对社区居民生产生活产生巨大影响。社区在暴雨前启动暴雨预警机制，对社区院落和商铺进行暴雨预警宣传，在暴雨中，社区出动工作人员在南堰河段拉起警戒标志，对高危路段进行临时交通管制，确保居民群众的出行安全，在暴雨后，社区对在暴雨中损毁的道路进行维护，保障居民出行方便。12月，社区开展“走基层”系列活动，为困难家庭、残疾人家庭送去生活物资，安装便民生活设施；治理南堰河段，排除内涝影响。

【青杠社区】 社区位于沙西线，西华大道横贯其中，北临府河，南临南堰河，东靠成都华侨城欢乐谷，西与兴盛社区接壤。2013年，辖区面积1.65平方千米，辖9个居民小组；有常住户878户，常住人口2764人；有天府华侨城、成都汇利包装实业有限公司等企事业单位15家。社区有两委会成员7人，党小组9个，党员97人，居民代表49人，议事会成员35人，居务监督委员会5人，理财小组5人。截至12月，600余亩土地被征用，涉及农转非600余人，750余亩土地进入整理，府河新居集中安置1300余人。全年土地流转收益642万元。

2013年，社区完成凤凰大道拆迁任务，拆迁22户。开展“走基层”系列活动，建立“三本台账”，第一时间制订解决措施、方案，指定专人负责，跟踪落实。建立有记账、有销账的动态管理制度。

【兴盛世家社区】 社区成立于2011年5月，是成都市推进城乡统筹发展过程中形成的拆迁安置农民小区，位于沙西线南，东临货运大道，西临铁路西环线、成灌高铁。2013年，辖区面积0.48平方千米，辖5个居民小组；有安置户1700户，安置人口7000余人，流动人口13000余人；有金信物业管理有限责任公司、西泉幼儿园、成都市兴盛小学、万达七中、卫生服务站、盛发综合市场、工商银行等企事业单位17家。2013年10月30日，经区委组织部批准成立社区党委。11月30日，经区政府批准成立社区居委会。11月26日，经换届选举产生第一届社区党委成员。社区有两委会成员7人，党支部5个，党员200余人，居民代表（楼栋长）65人，议事会成员21人，居务监督小组5人，老协成员7人。

2013年，社区协调金信源投资建设有限公司出资130万元扩建车棚，面积2000平方米，缓解小区非机动车停车难的问题；投入14万元，在小区内及街面安装公共座椅330张；投入8万元，开展破墙开店整治、改造小区园林绿化3处；投入3.1万元，慰问社区贫困党员、群众和70岁以上老人，共445人次；投入70万元，利用A区与铁路之间空地上的废弃工棚改建成老年活动中心，面积3260平方米；联系成都城市燃气有限责任公司免费为社区38名低保户更换燃气软管；联系社区卫生服务站免费为社区居民进行体检，并建立健康档案。

【西华大学社区】 社区位于成都市老成灌路西门—都江堰14千米处。2013年，辖区面积2平方千米。建有居民住宅楼38幢、学生住宅楼40幢；有常住户1100余户，常住人口3.6万人。社区服务的主要对象是西华大学教职员工。

社区全年组织学校的8位老领导和老教授给全校3000多名师生作了11场“中国梦”的宣讲报告；举办老年人学电脑学习班（10讲），约40人参加。社区两委委员为近600名大学生入党积极分子讲党课。社区投入5000余元，为群众活动点、舞蹈队购买电视机等活动用品；完成老职工宿舍区的围墙修建；重新申请批准立项（预算5年内拨款180万元），实施新职工宿舍区西华苑文化、体育、绿化和道路建设；参与小区物业管理的筹建工作。

【社会治安综合治理网格化管理】 街道建立健全街道、社区（村）、楼栋（居民小组）三级网格体系，细化管理网格，确定华侨城等6个重点区域及28个城市物管院落、68个农村散居院落为网格管理片区。将辖区重点防控部位、重点安保目标、重点稳控人员等纳入网格管理内容，确保街面有人巡、重点部位有人管、小区院落有人看、可疑情况有人报。发挥网格区域内责任人作用，开展社情民意等信息搜集报送，畅通上传下达渠道，确保网格管理的集约化、精确化和及时性、有效性。结合网格化管理，做好专群结合的群防群治，组建成立机关干部、党团员、城管综治等维稳队伍，维护社会治安。

【涉农集体“三资”管理】 完成农村集体土地所有权、土地承包经营权、集体和个人房屋所有权确权等权属的确权颁证，明晰集体土地上“集体、个人”的权属关系，建立街道、社区各类权属的数据库及登记管理系统。7个村级集体经济合作社和2个社区完成清产核资、备案登记。集体资金总额3501万元，固定资产总额3434万元，确权到户耕地面积0.12万亩，未确权到户面积1.12万亩，发放股权证7119本。建立货币资金账户、备用金、一事一议资金等管理制度，健全集体资产台账、集体资产保管及清查、集体资产经营管理等相关制度，初步构建长效管理机制。

凤凰山街道

【概 况】 街道位于成都市北郊，南北走向，东南与成华区青龙街道相接，西与沙河源街道相连，西北与新都区大丰街道交界，北与天回镇街道相邻。街道由首尾相顾的两座小山组成，远观似迎春展翅、翘首远望的凤凰而得名。相传凤凰山原名“石斛山”，蜀汉时后主刘禅常带随从人员在此跑马射箭，故改名“学射山”；隋唐时，道士张伯子在此山修道，终于修成正果，后人改“学射山”为“升仙山”；五代前蜀时，升仙山曾作校场，前蜀皇帝王建在此进行阅兵；宋代时，“升仙山”已发展成为成都人郊外踏青赏景、习射比武、游山宴请、求仙问道的地方；明蜀藩王朱椿把“升仙山”作为百年之后的归宿地，大修寝宫，取凤凰来朝之吉祥意，加之山形如凤凰展翅，人们便称之为“凤凰山”。1931年，四川省军政府在凤凰山东南部洼地上修建民航机场，1937年冬扩建为军用机场，称之为凤凰山机场。1953年，成都市政府组织民众上山起墓垦荒，种植柑、橘、梨、桃、苹果等果树万余株，创办凤凰山园艺场。2003年12月，凤凰山地区的行政管理职能移交金牛区。2004年4月，组建凤凰山街道筹委会，同年12月13日，凤凰山街道办事处正式挂牌成立，在辖区内全面履行政府的社会管理职能。2013年，辖区面积7.02平方千米，有常住户4557户，常住人口9726人，其中男4349人、女5377人；有成都市新农公司、成都市凤凰山小学和15个驻军单位。街道办事处位于凤凰山山王庙。截至12月，辖区整体统拆统迁工作未结束，居民仅部分返迁入住。

街道全年地方财政税收4231万元，比上年增长235%；固定资产投资14.3亿元；引进国内省外资金6.02亿元。

【城乡环境综合治理】 街道全年重点对八里桥旧家具市场、凤凰小区临时菜市周边的市容秩序进行整治，拆除违章建筑3处，清运垃圾10余车，拆除违法户外广告6处、74块，面积1080平方米。投入60万元，对凤凰河下河J2649、J2650号，黉门堰J2738、J2739、J2741号共5个下河排污进行整治。1-11月清除垃圾3600余吨，日清扫道路面积58.6万平方米，种植树7.6万株，新增绿地面积7930平方米。

【民生工程】 街道全年享受城填低保家庭有14户16人，发放低保金4.7万元。新建成街道居家养老服务中心1个，室外面积500平方米，室内面积108平方米，床位10张。1-12月发放各项民政补助金、救济金97.2万元，帮助有就业愿望的31名残疾人实现就业，办理独生子女证72人，省市老年优待证202人，为6户家庭办理了经适用房；为16名残疾人免费购买了城乡居民基本医疗保险。新增就业人数121人。办理下岗失业人员再就业67人，领取失业保险金417人次。组织辖区失业人员参加了3次2013民营企业招聘周活动和就业援助月人力资源市场招聘会及举办的凤凰山专场招聘会。办理农民工子女入学45人。就业困难人员认定13人。完成全年培训任务100人。共办理辖区老年核查183人。办理城镇居民医疗保险 832人。新生儿参保20人。

（洪 滔）

（审读：张 蓉）

人物

PERSONAGE

中国好人

【杨家云】 西华街道侯家社区治保巡逻队队员。2012年5月30日下午，加班后准备回家的杨家云为了阻止滋事者的危险行为，不幸被滋事者用木剑击伤头部，当场倒在血泊之中，因伤势过重，经抢救无效牺牲。他在从事社区治保巡逻工作中，热爱本职工作，为维护辖区社会治安环境做出积极贡献。

2012年7月12日，杨家云被金牛区人民政府授予“金牛区见义勇为公民”称号。2012年10月17日，被成都市人民政府授予“成都市见义勇为勇士”称号。2013年2月，被中央文明办、全国总工会、共青团中央、全国妇联共同评为“见义勇为类”中国好人。

【罗　帅】 九里堤街道康禧路社区居民。2012年3月16日晚10时，成都高新区紫荆电影城1810酒吧门口发生一起抢劫案。一名女青年步行至该处时，被人从身后夺取挎包。路过此处的罗帅听到呼救后，立即冲上前将抢包男子抓住。这时，抢包男子的同伙驾驶一辆轿车上前呼应，并拿出一把长约半米的砍刀对罗帅进行恐吓。正当罗帅用脚抵住车门以防拿刀男子下车时，抢包男子趁机挣脱控制钻进车内。随后，这伙人驾车从罗帅的脚上碾过后逃离现场。受伤倒地的罗帅随即被送往医院救治。经诊断，罗帅的右小腿，脚腕两处骨折。

2012年11月16日，罗帅被成都市人民政府授予“见义勇为勇士”称号。2013年2月，被四川省文明办评为“四川好人”。2013年3月，被中央文明办、全国总工会、共青团中央、全国妇联共同评为“见义勇为类”中国好人。

【张从国】 天回镇街道红星社区干部。2013年2月22日晚上9点左右，外来务工人员罗艳梅夫妇因生活琐碎发生争执，因一时赌气，罗艳梅跳入东风渠寻短见。红星社区干部张从国闻讯后，立即赶往事发地，不顾个人安危，跳入东风渠中将罗艳梅救起，用学到的应急救护知识对其进行现场抢救，为进一步救治赢得了关键时间。

2013年7月，张从国被中央文明办、全国总工会、共青团中央、全国妇联共同评为“见义勇为类”中国好人。

【刘　军】 沙河源派出所刑侦第一探组探长。2013年8月13日中午12时许，刚从案侦现场赶回派出所的刘军接到被盗车辆的线索，立即带领同探组民警叶丹、吴志鹏等民警前往五块石一家洗车店进行侦察。经现场核实，确认洗车店内的白色雅阁轿车就是8月12日被盗的车辆，刘军立即安排现场布控蹲守，在随后的抓捕过程中，刘军身负重伤，生命垂危，被同事们送往成大附属医院全力抢救，直到9月1日才脱离生命危险。案发后，公安金牛分局组织精干警力，经20余小时全力侦查，将涉案的嫌疑人全部抓捕归案。

2013年8月17日，刘军被金牛区委授予“优秀共产党员”和“英雄人民警察”荣誉称号。10月，被中央文明办、全国总工会、共青团中央、全国妇联共同评为“敬业奉献类”中国好人。

十大金牛好人

【黄中玲】　茶店子街道化成社区退休职工，现年69岁。黄中玲退休后积极参加社区组织的各项活动，并承担社区党支部工作，她充分发挥共产党员的模范作用，始终保持共产党员的先进性，在大灾大难面前，她总是带头捐款捐物，缴纳特殊党费，支援灾区重建。面对社区老年人缺少娱乐活动的情况，她带领大家组织成立了“老年人合唱队”，丰富社区老年人的文化生活。黄中玲用自己的实际行动谱写了自己平凡而美丽的人生。

【叶谷兰】　荷花池街道东二路社区居民，建科院退休干部。叶谷兰退休后热心家属区院落工作，被群众选举为院落的居民代表。上任以来，她积极工作，带头苦干，在工作上讲原则，在生活上关心帮助群众，在她的带领下，院内成立了一支以共产党为核心的常年性的“老龄志愿者服务队”，专门为院落群众服务，深受群众的拥护和领导的信任。

【何炳寅】　重庆市万州区交通委员会退休职工。何炳寅家中有两位年迈的老人——85岁的老岳父和83岁的老岳母，两位老人年轻时长期在艰苦地区生活，自身留下疾病，后来得知儿子和大女儿过世的消息，精神上受到打击过大，2009年至今，两位老人时常住院，他与爱人一个送饭一个在医院陪护老人，除了输液服药端屎端尿，喂水喂饭外还要洗脸洗脚，推拿按摩，洗澡洗衣。何炳寅多年如一日赡养照料久病在床的岳父母，认识他的人都称赞他为爱老敬老的好女婿。

【钟崇贵】　钟崇贵多年来一直照顾长期瘫痪在床的双亲，2006年父亲去世后，继续无微不至地照顾患重度精神障碍和身体残疾的母亲。母亲年老眼花，听力受限，行动不便，生活不能自理，但她几十年如一日地照顾关爱家中老人，她用自己的行动践行对父母的反哺之爱，是中华美德“孝”的体现。

【何　燕】　1995年，何燕通过对市场的考察分析，建立观赏鱼养殖基地，通过她和丈夫辛勤的劳动和诚信经营，观赏鱼销路很成功，由此收入第一桶金。2006年，由于土地拆迁，何燕结束观赏鱼的养殖，转型创办成都三谊包装有限公司，本着诚实守信的理念，经过辛勤的劳动和努力，公司每年向国家交税4万元，吸纳当地失地农民进公司务工30多个，扩宽闲置劳动力的就业渠道，为社会发展做出自己的贡献，她用实际行动践行生财有道、重义轻利、情义无价的诚信商人本色。

【蒋惠英、张治珍、徐弟全】　2012年4月3日下午，在三环路凤凰立交附近，货主王洪均在运货过程中因捆绑货箱绳子松动，导致价值70万元的9箱货物遗落路上。当时正在值班的成都迅速强环卫工保洁服务有限公司北星大道项目部一线员工蒋惠英、张治珍、徐弟全进行路面保洁，发现了遗落的部分货物，由于无货主联系方式，无法查找失主，并向公司报告。公司对此非常重视，积极配合有关人员多方查找，于4月6日找到货主，并归还捡到的货物。事后，《人民日报》《成都商报》以及成都电视台、四川电视台等多家媒体对此事做了报道。

【米贵生】　米贵生为人热情，乐于助人。他组织“老邻居坝坝宴”，成功阻止一租房客户跳楼轻生，为精神失常一丝不挂两夫妇穿上衣服并将他们送进医院，在得知一业主15岁儿子得了白血病和淋巴癌后，米贵生设立募捐点为他们募捐，配合派出所民警上门协查流动人员，他用一颗赤诚之心救无数家庭于危难，他尽绵薄之力给危困者撑起一片晴天。他从农民变成居民，但始终保持了助人为乐的本色。

【袁定清】　袁定清是一位退休老党员，1992年起，他自愿自费修补土龙公路通向老成都仿古城的机耕道，从未让集体报销任何费用，无怨无悔地养护道路，成为远近闻名的铺路爷。他还将自己治疗冻疮的秘方公布出来，使得不少受冻疮折磨的人得到医治，他还用自己的老年三轮车义务接送邻居孩子上学，从不索取任何报酬，他用温暖的善心打动所有人，为此还登上迎宾路社区政府网，点击率突破10万次。

金牛区见义勇为公民

【王官忠】 成都42路公交车驾驶员。2013年8月25日21时，一辆42路公交车从一环路北四段公交站点驶出，行至金牛区马鞍街时，犯罪嫌疑人李某在车上拿出单刃刀捅刺其他乘客，乘客尖叫逃离，王官忠手持拖把一路追凶，李某最终被警察抓获。在这起社会治安公共突发事件中，王官忠（等7位）同志不畏强暴、临危不惧，挺身而出与歹徒作斗争。为弘扬正气、鼓励见义勇为行为，2014年1月3日区政府六届第35次常务会研究，确认“8·25”社会治安公共突出事件王官忠等7位同志的行为属见义勇为行为并授予王官忠“金牛区见义勇为公民”称号。

【谢辉良】 四川杰特机器公司员工、简阳市养马镇人。2013年11月9日17时，金牛区沙河源辖区万贯机电城内发生一起飞车夺包案件，正在万贯机电城内采购货物的市民谢辉良在协助抓捕犯罪嫌疑人过程中被犯罪嫌疑人持刀刺伤左大腿，后经抢救无效死亡。为弘扬正气、鼓励见义勇为行为，经2014年1月3日区政府六届第35次常务会研究，确认谢辉良的行为属见义勇为行为。

（审读：张 蓉）

统计资料
STATISTICAL DATA

成都市金牛区二〇一三年国民经济和社会发展统计公报

2013年，全区人民在市委、市政府和区委、区政府的坚强领导下，以“全面现代化、充分国际化”为使命，坚持把北改作为消除城市二元结构、推动金牛转型发展的中心任务和根本举措，全面落实“五大兴市战略”，保持了全区经济和社会持续良好发展势头。

一、综合

据初步统计，2013年全区完成地区生产总值752.49亿元，比上年增长6.6%。其中第一产业实现增加值0.17亿元，比上年下降12.8%；第二产业实现增加值193.50亿元，增长4.7%；第三产业实现增加值558.82亿元，增长7.3%。三次产业比重为0.02：25.72：74.26。

年末全社会从业人员63.85万人，其中第一产业0.03 万人，第二产业19.22万人，第三产业44.60万人。

全年完成全口径财政收入129.31亿元，同比增长23.9%，实现地方财政收入53.90亿元，增长33.3%，地方公共财政收入45.12亿元，增长12.3%，地方税收26.62亿元，增长13.7%。地方公共财政支出50.24亿元，下降14.9%，其中教育支出10.17亿元，增长11.3%；科学技术支出0.98亿元，增长39.9%；社会保障和就业支出2.76亿元，增长2.3%。

二、农业

全年完成农业总产值0.27亿元，同比下降12.9%。年末实际耕种面积8126亩，下降19%。大部分农产品产量继续减少：粮食产量643吨，下降47.6%；肉类总产量238吨，下降25.2%；出栏肉猪2852头，产量198吨，产量下降24.4%。

三、工业和建筑业

全年实现工业增加值109.60亿元，同比增长3.5%。其中规模以上工业实现增加值43.90亿元，增长2.1%；利税总额22.60亿元，下降13.2%；利润总额14.17亿元，下降14.9%。工业投资28.95亿元，下降30.1%。

高科技产业园区累计实现规模以上工业总产值160.89亿元，同比增长2.1%；利税总额20.19亿元，下降15.1%；利润总额12.54亿元，增长17.3%。

全区建筑业实现总产值696.87亿元，比上年增长9.0%，实现增加值83.90亿元，增长6.6%。

四、固定资产投资及房地产业

全年完成固定资产投资336.65亿元，比上年增长0.4%。其中基本建设投资205.53亿元，增长33.4%；技术改造投资10.24亿元，下降63.9%。

房地产完成投资额99.52亿元，同比下降18.4%；

商品房施工面积754.42万平方米，商品房销售面积72.32万平方米；商品房销售额72.76亿元；商品房新开工面积71.70万平方米。

五、商贸和住宿餐饮业

全年累计实现社会消费品零售总额542.07亿元，比上年增长13.5%。其中批发零售业实现零售额480.53亿元，增长14.3%；住宿餐饮业实现零售额61.54亿元，增长7.6%。

限上批零贸易及住宿餐饮业销售(营业)额1194.96亿元，同比下降5.7%。其中家电行业实现销售收入104.11亿元，增长8.0%；医药行业225.07亿元，增长5.2%；汽车行业208.79亿元，增长15.8%；钢材行业359.78亿元，下降21.9%。

六、对外开放

2013年，全区实际到位内资204.81亿元人民币，同比增长9.45%；实际利用外资86948万美元，增长29.34%；签约引进重大项目18个，增长20%；外贸出口156026万美元,增长20.17%；引进特别重大项目9个，新引进中国建筑地下空间中国总部、中铁三局桥隧公司总部基地等10个世界500强企业投资重大项目。在省、市重大活动中签约项目18个，协议总投资370亿元人民币。

七、教育和科技

2013年，全区共有中小学78所，其中：小学45所，普通中学29所，职业中学3所，特殊教育学校1所；幼儿园120所。共有在校中小学生118296人，其中：小学生66188人，初中生32153人，普高生12390人，职高生7531人,特教生34人；在园幼儿31566人，学龄儿童入学率达100%；在职中小学教职工7457人，其中专任教师6309人。小学专任教师大专以上学历占小学教师总数97.7%，初中专任教师本科以上学历占初中教师总数87.8%。

2013年，全区拥有高新技术产业企业44家，全年实现总产值95.4亿元，增长19.5%。全年完成专利申请量3229件，增长19.2%，其中发明专利完成974件，企业专利完成1772件。

八、文化、旅游和体育

截止2013年末，全区共有区级图书馆和文化馆各1个，街道综合文化活动中心14个，社区综合文化活动室105个。全年开展"交响金牛"广场音乐会6场，参与群众2万人次。"金牛社区电影大看台"在辖区街道、社区放映337场，观看人数达16.85万余人次。

2013年，全区共有住宿接待能力的单位472家，其中：旅行总社4家，旅行分社3家，旅游门市部49家，星级饭店19家，星级饭店客房总数2519间；现有农家乐16家，其中：星级农家乐5家。全年接待游客人数708.25万人，同比增长9.5%，旅游总收入117.2亿元，同比增长21%，其中：国内旅游收入116.6亿元，同比增长21%，入境旅游外汇收入975.27万美元，同比增长19%。

2013年年末，全区共有体育馆8个，全年举办运动会80次。深入开展全民健身活动，在街道、社区举行100社区趣味体育比赛、100社区太极拳比赛、100社区拔河比赛、100社区广播操比赛等全民健身活动，共3800余支运动队、20余万人参赛。举办"金牛科学健身大讲堂"讲座48场，听众达1万余人。

九、卫生

至2013年末，全区有医院42家，实有床位数9482张，拥有卫生技术人员8260人，其中执业医师2616，注册护士4141人。基层医疗卫生机构共有615个，实有床位数251个，拥有卫生技术人员2650人，其中执业医师1258人，注册护士902人。医疗卫生机构全年共诊疗病人719万人次。全年，甲类传染病发病率为0/10万，乙类传染病发病率为119.98/10万，丙类传染病发病率为262.11/10万。

十、人口和计划生育

截至2013年末，全区常住人口为120.24万人，户籍人口740829人。在民政局登记的60岁以上的老年人口数为15.3万人，纯老年人家庭人口数4.89万人。全年出生5504人，其中男孩2838人，女孩2666人。死亡人口总数为3757人。人口自然增长率为2.38‰。出生人口性别比为106：100，符合政策生育率为98.34%，一孩率为90.31%，综合避孕节育率为88.9%。婴儿死亡率0.4%。

十一、人民生活和社会保障

2013年，全区城市居民人均可支配收入29633元，较上年增长9.4%；农民人均纯收入19050元，增长10.3%。

2013年，全区城镇居民基本医疗保险参保25.33万人，同比增长2.4%；城镇基本养老保险参保人数23.38万人,增长5.5%，其中基本养老保险职工数19.16万人，增长4.7%；失业保险人数13.20万人，增长2.6%，城镇登记失业人数9985人，同比下降0.7%。

2013年，全区指导帮助城镇新增就业1.53万人，下岗失业人员再就业0.94万人，其中困难人员再就业1696人，涉农地区富余劳动力新增转移就业946人。全年共培训农民工9409人，其中在岗培训2870人，农村劳动力技能培训6439人，品牌培训100人。全区共建立一级劳动保障监察网络15个，二级网络100个，配备劳动保障监察员和协管员237人，网络中用人单位2222户，网络内用人单位劳动合同签订率99%。

十二、社会组织和救助体系

2013年，全区共有社团50个；民办非企业309个，其中教育286个、卫生7个、社会服务8个、文化2个、体育4个；社区居委会109个，居民小组数628个；收养性机构5家，床位数1856张，年末在院人数1258人，其中女性570人，老人1229人；老年人协会178个，参加人数5.47万人；老年学校5个，在校人数11149人；全年登记结婚对数7792，同比下降3%，登记离婚对数3400对，同比增加16%。

2013年，发放低保金4.19万人次、1414.42万元，月人均补助394.3元；医疗救助困难群众7575人次、236.68万元，人均门诊救助1110.74元，住院救助次均1310元。资助基本医疗保险和大病互助补充保险3344人，总计144.38万元。临时救助特殊困难家庭191户，发放救助金79.06万元；社区快速救助53户16967元。完善政府补贴机制，加快养老服务体系建设。发放80周岁以上老年人高龄生活补贴74890人次、391.77万元；新建15个社区养老服务机构、363张养老床位。发放“阳光圆梦”帮困助学金56人次、15.94万元。

2013年，区红十字会共培训急救员1005人，应急救护普及培训6356人。全年共发放救助资金21.42万元，救助急困人群278人次，其中紧急人道救助25人次，一般人道救助253人次。

2013年，全区残疾人保障和服务体系进一步完善，安置残疾人居家灵活就业1011人，为1928名残疾人发放专项生活补助；发放适配辅助器具874件；为31名残疾儿童提供学前教育康复训练；完成376人居家护理补贴，资助残疾人托养服务机构10家。

十三、环境保护和市政建设

2013年，金牛区全年空气质量优良率（API指数≤100的天数）63.01%。区域环境噪声平均值54.9分贝，城区交通干线噪声平均值69.2分贝，集中式饮用水源地质达标率 100%。

截止2013年11月，全区绿地面积达到2176.14公顷，绿地率达39.11%，绿化覆盖面积2351.02公顷，绿化覆盖率42.25%（按建成区55.64平方公里）；公园绿地面积达到829.22公顷，人均公园绿地达到11.19平方米（按户籍人口74.08万人计）。

十四、安全生产、消防和社会治安

2013年，全区发生生产安全亡人事故3起、死亡3人,其中建设施工事故2起，亡2人，其它工商贸行业事故1起，亡1人。

2013年，全区共发生火灾308起，其中住宅场所火灾148起，占总数的48.1%，垃圾及废弃物火灾41起，交通工具火灾31起。火灾事故无死亡人数。火灾导致损失34.43万元，其中商场市场火灾损失12.36万元，仓储库房和厂房火灾损失10.76万元。

2013年全区共立刑事案件（一审）1601件；抓获各类犯罪嫌疑人3904人。目前，我区已创成市级平安街道15个，其中15个街道已被命名为市级二星级“平安街道”，6个街道申报并通过了市级“三星级”平安街道验收。区级平安单位580个。

注：1.地区生产总值、各产业增加值指标绝对数按现价计算，增长速度按可比价计算。

2.公报中数据系初步统计数，实际数据以统计年鉴为准。

金牛区2007–2013年主要经济指标

指标名称	计量单位	2007年		2008年		2009年		2010年		2011年		2012年		2013年	
		总量	增幅%	总量	增幅%	总量	增幅%	总量	增幅%	总量	增幅%	总量	增幅%	总量	增幅%
常住人口	万人	107.94		108.55		108.7		120.1		120.2		120.18		120.24	
年末户籍人口	人	698695		699064		711736		717769		722676		731229		740829	
地区生产总值	万元	3421314	12.3	3936051	10.4	4366801	11.5	5024990	11.0	5928057	13.1	6941648	10.5	7524891	6.6
第一产业	万元	4760	−16.1	3907	−26.6	2833	−47.4	2717	−11.6	2565	−17.1	1714	−38.9	1665	−12.8
第二产业	万元	1127016	8.6	1226434	4.5	1284484	8.3	1455036	7.5	1717006	13.3	1858800	6.9	1935043	4.7
工业	万元	754046	11.9	832566	4.9	877310	9.2	890532	−1.0	1028311	12.9	1072999	5.4	1095999	3.5
建筑业	万元	372970	2.2	393868	3.5	407174	6.5	564504	26.0	688695	13.9	785801	9.2	839044	6.6
第三产业	万元	2289538	14.3	2705710	13.4	3079484	13.0	3567237	12.5	4208486	13.0	5081134	11.9	5588183	7.3
交通运输、仓储和邮政业	万元	257477	5.4	275252	3.0	302923	8.6	172640	9.8	198429	11.2	225487	6.9	259170	9.1
信息传输、计算机服务和软件业	万元	178455	11.7	204220	15.0	217111	7.1	260835	13.5	293138	13.1	344453	10.7	368940	6.9
批发和零售业	万元	464421	16.1	579473	18.5	660081	13.8	773313	7.4	931910	15.2	1092091	10.9	1171375	5.5
住宿和餐饮业	万元	138853	5.8	152589	4.4	180705	18.3	207375	7.3	243960	12.7	286266	10.2	313071	4.5
金融业	万元	180989	24.8	254679	29.5	297748	17.4	453286	23.1	521732	9.4	732190	10.6	836893	12.5
房地产业	万元	219985	26.1	223261	−1.9	226279	16.8	299728	−4.6	325220	3.7	379805	7.4	397499	2.9
公共管理和社会组织	万元	83328	7.6	94001	7.3	88701	7.4	103858	−0.2	120027	9.8	131185	1.9	144077	6.8
三次产业比重	%	0.14 : 32.94 : 66.92		0.10 : 31.16 : 68.74		0.06 : 29.41 : 70.52		0.05 : 28.96: 70.99		0.04 : 28.96 : 71.00		0.02 : 26.78 : 73.20		0.02 : 25.72 : 74.26	
人均GDP（常住）	元	32283	5.9	36361	8.1	40199	11.1	43929	5.4	49339	12.3	57756	17.1	62598	6.5
地方财政收入	亿元	17.34	37.31	19.77	14.00	23.31	17.9	27.13	16.39	36.62	34.97	40.44	10.44	53.9	33.30
地方税收	亿元	12.26	26.7	12.42	1.30	12.67	2	15.33	20.99	20.82	35.78	23.42	12.52	26.62	13.70
地方财政一般预算收入	亿元	14.41	26.3	19.13	32.80	23.1	20.8	26.95	16.67	36.4	35.06	40.19	10.40	45.12	12.30
财政支出	亿元	24.46	32.5	24.49	14.20	29.38	19.9	34	15.72	46.41	36.53	45.23	−2.55	59.53	31.60
规上工业总产值	万元	2762102	39.7	3518302	28.20	3093783	1.4	2460001	−16.2	2859001	26.8	2062968	3.8	2056166	4.4
规上工业增加值	万元	976183	21.9	881300	20.50	809600	9.5	619800	−7.9	684700	12.5	559100	5.5	439000	2.1
规上工业利润总额	万元	151163	41.2	187072	23.10	179690	6.4	128422	−35.9	145622	20.5	165927	12.6	141661	−14.9
建筑业总产值	万元	2849408	17.26	4043211	41.90	4530683	12.06	4368743	−3.57	5460107	24.98	6515539	19.33	6968700	6.96
固定资产投资	万元	2004829	21.5	2414201	20.42	2453921	1.65	2437757	14.9	2826263	16.9	3354086	18.7	3366480	0.4
其中：房地产投资	万元	1137754	40.66	1232502	8.33	1123910	−8.81	1452358	29.2	1300825	−10.4	1219746	−6.2	995221	−18.4
基本建设	万元	564807	−15.95	732946	29.77	827863	12.95	596162	−28	914591	53.4	1540907	67.4	2055271	33.4
更新改造	万元	302268	79.28	380412	5.45	318753	19.34	228065	−40	217290	−4.7	283433	30.4	102407	−63.9
社会消费品零售总额	万元	2004076	17.6	2439561	21.73	2904322	19.05	3415251	18.4	4054586	18.7	4774275	17.8	5420712	13.5
农民人均纯收入	元	8508	18	10166	19.49	11155	9.73	13015	16.7	15508	19.15	17263	11.3	19050	10.3
城市居民人均可支配收入	元	14197	15.8	16359	15.20	18191	11.2	20304	11.6	23816	17.3	27091	13.8	29633	9.4

2013年金牛区国民经济主要指标

指标名称	计量单位	2013年实际	2012年实际	2013年比2012年(±%)
土地面积	平方公里	108	108	0.0
常住人口	万人	120.24	120.18	0.0
户籍人口	万人	74.08	73.12	1.3
社会从业人员	万人	63.85	63.76	0.1
第一产业	万人	0.03	0.52	−94.2
第二产业	万人	19.22	21.51	−10.6
第三产业	万人	44.6	41.73	6.9

续表：

指标名称	计量单位	2013年实际	2012年实际	2013年比2012年(±%)
地区生产总值	万元	7524891	6941648	6.6
第一产业增加值	万元	1665	1714	-12.8
第二产业增加值	万元	1935043	1858800	4.7
第三产业增加值	万元	5588183	5081134	7.3
规上工业总产值	万元	2056166	2062968	4.4
全社会固定资产投资总额	万元	3366480	3354086	0.4
社会消费品零售总额	万元	5420712	4774275	13.5
引进到位市外内资	亿元	204.81	187.12	9.5
引进到位外资	万美元	86948	67224	29.3
出口总额	万美元	156026	129840	20.2
城镇居民人均可支配收入	元	29633	27091	9.4
农民人均纯收入	元	19050	17263	10.3

注：增加值增幅按可比价计算。

2013年金牛区固定资产投资完成情况

指 标 名 称	计量单位	2013年实际	2012年实际	2013年比2012年（±%）
固定资产投资完成额	万元	3366480	3354086	0.37
1. 基本建设	万元	2268852	1570907	44.43
2. 更新改造	万元	102407	283433	-63.87
3. 房地产投资	万元	995221	1219746	-18.41
商品房屋建筑面积	万平方米	930	1031	-9.76
商品房屋竣工面积	万平方米	138	167	-17.37
商品房屋销售额	万元	1073896	3168025	-66.10
商品房屋销售面积	万平方米	133	241	-44.81
当年新增固定资产	万元	1895058	1895058	0.00
1. 基本建设	万元	1935823	1043356	85.54
2. 更新改造	万元	406631	182696	122.57
3. 房地产投资	万元	597844	669006	-10.64

注：本表前四行指标投资完成部分含跨区项目数据，细分项按注册地分，新增固定资产部分按项目地分但不含跨区项目数据。

2013年金牛区社会消费品零售总额

单位：万元

指 标 名 称	计量单位	2013年	2012年	2013年比2012年（±%）
社会消费品零售总额	万元	5420711.5	4774274.7	13.5
（一）按销售单位所在地分		5420711.5	4774274.7	13.5
（1）城镇	万元	5420711.5	4774274.7	13.5
其中：城区	万元	5420711.5	4774274.7	13.5
（2）乡村	万元	0.0	0.0	0.0
（二）按行业分	万元	5420711.5	4774274.7	13.5
批发业	万元	356350.6	304542.4	17.0
限额以上	万元	259888.5	223481.8	16.3
其中：个体经营户	万元	50751.1	29690.6	70.9
限额以下	万元	96462.1	81060.6	19.0
零售业	万元	4448955.9	3898009.6	14.1
限额以上	万元	3806897.9	3442070.4	10.6

续表:

指 标 名 称	计量单位	2013年	2012年	2013年比2012年(±%)
其中:个体经营户	万元	143046.3	63297.9	126.0
限额以下	万元	642058.0	455939.2	40.8
住宿业	万元	40366.4	37878.2	6.6
限额以上	万元	23297.2	28263.1	−17.6
其中:个体经营户	万元	6.5	18.3	−64.5
限额以下	万元	17069.2	9615.1	77.5
餐饮业	万元	575038.6	533844.5	7.7
限额以上	万元	175084	202869.2	−13.7
其中:个体经营户	万元	28263.2	21296.4	32.7
限额以下	万元	399954.6	330975.3	20.8

2013年金牛区非公经济增加值

单位:万元

指标名称	按当年价格计算		按2010年可比价格计算		
	2013年	2012年	2013年	2012年	增幅%
地区生产总值	7524891	6941648	6688133	6276449	6.6
公有经济	3227996	3049724	2942797	2782028	5.8
国有经济	3107747	2929268	2833409	2670893	6.1
集体经济	120249	120456	109388	111135	-1.6
非公经济	4296895	3891924	3745336	3494421	7.2
民营经济	3989032	3628609	3495605	3273214	6.8
外商经济	125536	102244	96923	83983	15.4
港澳台经济	182327	161071	152808	137224	11.4
第一产业	233	201	254	321	−20.9
民营经济	233	201	254	321	−20.9
外商经济	0	0	0	0	—
港澳台经济	0	0	0	0	—
第二产业	1324147	1242675	1206821	1158157	4.2
民营经济	1298537	1217626	1181710	1133755	4.2
外商经济	4692	4570	4535	4418	2.6
港澳台经济	20918	20479	20576	19984	3.0
1. 工业	795003	759006	769900	728965	5.6
2. 建筑业	529144	483669	436921	429192	1.8
第三产业	2972515	2649048	2538261	2335943	8.7
民营经济	2690262	2410782	2313641	2139138	8.2
外商经济	120844	97674	92388	79565	16.1
港澳台经济	161409	140592	132232	117240	12.8
1. 交通运输、仓储和邮政业	143176	123441	124334	104233	19.3
2. 批发和零售业	1104334	1009547	977748	881720	10.9
3. 住宿和餐饮业	299475	273834	244449	241997	1.0
4. 房地产业	369848	349586	298328	307216	−2.9
5. 其他行业	1055682	892640	893402	800777	11.6

注:按国家制度要求,2013年起,原民营经济改名为非公经济,原个体、私营经济改名为民营经济。

2013年金牛区地区生产总值构成项目

单位：万元

指标名称	增加值	劳动者报酬	固定资产折旧	生产税	营业盈余
地区生产总值	7524891	3357608	879751	1237579	2049953
第一产业	1665	649	1016	0	0
第二产业	1935043	803580	93462	412524	625477
工业	1095999	372833	65533	202296	455337
建筑业	839044	430747	27929	210228	170140
第三产业	5588183	2553379	785273	825055	1424476
交通运输、仓储和邮政业	259170	118685	73868	26304	40313
信息传输、计算机服务和软件业	368940	206422	59866	56618	46034
批发和零售业	1171375	540670	45216	400415	185074
批发业	900800	385982	34354	360146	120318
零售业	270575	154688	10862	40269	64756
住宿和餐饮业	313071	243455	30355	29504	9757
住宿业	60588	34249	16746	8549	1044
餐饮业	252483	209206	13609	20955	8713
金融保险业	836893	220769	25801	107348	482975
银行业	707132	180133	15384	98378	413237

2013年金牛区规模以上工业分街道工业企业主要经济指标表

单位：万元

单位名称	工业总产值(现行价格)		产品销售收入		利税总额		利润总额	
	2013年	比重	2013年	增减±%	2013年	增减±%	2013年	增减±%
茶店子街道	0	0.0000	0	0.0	0	0.0	0	0.0
黄忠街道	0	0.0000	0	0.0	0	0	0	0
九里堤街道	10560	0.0051	10137	4.7	241	-24.5	135	-38.0
人北街道	9342	0.0045	8118	-24.5	365	6.6	307	26.4
五块石街道	17818	0.0087	19242	14.9	963	-27.8	631	-40.7
西安路街道	23011	0.0112	18009	-3.2	794	4.6	382	7.9
驷马桥街道	6300	0.0031	3001	-46.0	392	77.9	17	-1.2
营门口街道	3124	0.0015	2067	-18.8	173	-18.0	37	-57.1
沙河源街道	148143	0.0720	144424	5.4	9376	46.8	6170	85.7
天回镇街道	115996	0.0564	111124	1.6	6738	-6.0	4860	16.5
金泉街道	37260	0.0181	29807	-18.0	1160	34.2	318	6.4
高科园区(小口径)	964963	0.4693	1034256	20.5	126076	41.7	84572	46.1
凤凰山街道		0.0000						
抚琴街道	2269	0.0011	2359	-23.3	136	-14.0	65	-15.6
荷花池街道	901	0.0004	33	-99.1	-14	-104.1	-15	-104.4
西华街道	716481	0.3485	653957	-1.8	79591	-48.1	44183	-55.1

（王　磊　蒲　飞　曾天林）

（审读：张　蓉）

文件·文献

DOCUMENTS AND LITERATURE

工作报告

全面深化改革　加快转型发展
为建设现代化国际化新金牛而不懈努力

——中共成都市金牛区委向区第六次党代会第四次全体会议的工作汇报（节选）

中共成都市金牛区区委书记　杨林兴

（2014年1月5日）

各位代表、同志们：

现在，我代表中共成都市金牛区委向区第六次党代会第四次全体会议作工作汇报，请予审议。

这次会议的主题是：高举中国特色社会主义伟大旗帜，认真贯彻党的十八大、十八届三中全会精神和中央、省委、市委经济工作暨城镇化工作会议精神，总结2013年工作，部署2014年工作，团结带领全区各级党组织、广大党员和干部群众，全面深化改革、加快转型发展，为建设现代化国际化新金牛而不懈努力！

2013年工作回顾和基本总结

*一年来，我们以北改为龙头引领城市转型，城市品质有序提升。*大力推进交通先行，北改首条新建骨干道路金芙蓉大道提前通车，天丰路下穿宝成铁路隧道主体完工，金粮路、金凤凰大道等6条新建道路有序推进。大力实施旧城改造，解放路二段、为民路及光荣西路棚改项目开工建设，工业学校、花牌坊新16号危旧房改造项目土地挂牌出让，曹家巷一、二街坊棚户区、中铁二局通锦桥片区等项目完成签约，正进行旧房拆除，茶花片区、土桥场镇等“城中村”改造项目加紧拆迁收尾，新华印刷厂南片区签约超过99%。大力提升城市形态，二环路沿线建筑综合整治、金牛大道提升改造和解放北路、交大路特色街区打造全面竣工，北改首个文态建设项目——九里堤遗址公园建成开园，完成市下达17条河道综合整治和322处下河排污口治理，城市环境持续美化。

*一年来，我们以项目为抓手促进经济发展，产业品质逐步优化。*成功引进了宏华集团成都页岩气研发中心等18个重大项目、中铁科工集团成都总部等10个世界500强企业投资项目，吸引了中核、保利等一批大型央企参与北改，大地财险、远东百货等一批知名保险机构和品牌商业企业入驻。成都国际商贸城三期日用品市场盛大开业，龙湖北城天街商场投入运营，欢乐谷二期正式开园，中铁轨道交通高科技产业园初见形象、东忠软件服务外包基地正式启动，西部地理信息科技产业园工业地块已开工建设、国内23家行业龙头企业协议入驻，凤凰山涵碧楼酒店项目用地成功摘牌，区属荷花池市场成功关闭、地块成功出让，蓉北和火车北站市场关闭调迁签约全面完成，产业升级步伐进一步加快。

*一年来，我们以民生为根本提升幸福指数，生活品质持续改善。*教育助学、扶贫解困等109项民生工

程扎实推进，实现城镇新增就业15289人，城乡居民基本医疗保险、养老保险参保率达98%和90%，拆迁安置房累计开工489.5万平方米、竣工337.1万平方米，荣获全国科技进步考核先进区、全国社区教育实验区、全国群众体育先进单位等称号。深入推进“平安金牛”建设和“全国安全社区”创建，成功调解矛盾纠纷9166件。大力做好“4·20”芦山地震应急联动保障及救助工作，顺利完成财富全球论坛、世界华商大会等重大事件的秩序保障工作，社会大局保持稳定。

一年来，我们以创新为动力推进北改攻坚，发展合力不断增强。深入开展“实现伟大中国梦、建设美丽繁荣和谐四川”主题教育活动和党的群众路线学习教育活动。积极支持人大、政协依法依章履行职能，区四套班子的整体功能和社会各界的积极作用得到有效发挥。探索推进以“居民自治工作法”为内核的“基层群众工作一二三”创新实践，曹家巷“自改模式”受到党和国家领导人肯定并荣获全国社会管理创新“最佳案例奖”，金牛区也因此被评为“全国社会管理创新示范基地”。创新选人用人机制，面向社区书记公开选拔了10名街道党工委委员和组织员，面向全区竞争性选拔了10名副处级领导干部充实到街道城乡环境综合治理岗位，从北改一线提拔重用了20名正副处级领导干部。严格落实“八项规定”，认真解决“四风”突出问题，深入开展“走基层、解难题、办实事、惠民生”活动，党风政风明显好转，群众对反腐倡廉工作的满意度进一步提升。

2014年预期目标和工作举措

2014年，是深入贯彻落实十八届三中全会精神、全面深化改革的第一年，也是北改“三年见成效”的决胜之年。综观国际国内形势，仍然是有利条件和不稳定不确定因素交织，需要我们辩证研判，沉着应对；把握改革政策走向，十八届三中全会推动的新一轮改革，必将为我们转型发展注入新的内涵和强大动力，需要我们抓住机遇，主动作为；立足金牛自身区情，经济总量大而质量不高、城镇化率高而二元结构凸显仍然是我们的现实难题，需要我们创新克难，加快转型。全区上下必须善于抓住和用好各类机遇，用心防范和化解各种风险，把问题和挑战考虑得更充分一些，把对策和举措谋划得更周全一些，保持定力、乘势而上，力争在新一轮改革发展中抢占先机、赢得主动。

一、在加快北改优城上下功夫，夯实转型发展新载体

（一）进一步优化北城空间布局。认真落实省委对成都城市建设“五个转型升级”的重大要求，深化完善北改“四轴八片”的城市设计，统筹新区规划和旧城改造，推动形成多中心、组团式、人性化城市空间新格局。自觉坚持“产城一体、四态合一”的理念，加快编制城北副中心、天回旧场镇、火车北站片区等3个重点区域实施规划，加紧完成大西南建材城、木综厂等重点项目规划方案编制，配套完善道路、能源、教育、卫生等北改专项规划，同步推进城市地下空间开发利用规划编制，努力形成相互衔接、全面覆盖的全域规划体系，实现在适度空间尺度内宜业宜商宜居、更加宜人的多元需求。

（二）进一步筑实北城承载基础。继续强化交通等基础设施建设的先行摆位，以完善路网为重点，加快推进金凤凰大道、天龙大道等6条道路拆迁建设，力争天丰路、金粮路等道路年内建成通车，加快构建12纵14横骨架路网体系，努力缓解交通梗堵问题。以提升质量为重点，大力实施九里堤路等道路综合整治，有序提升道路形象和通行能力。以完善配套为重点，突出抓好重大项目、重点区域的市政公共设施、能源基础设施和生活配套设施建设，不断提升城市综合承载能力。

（三）进一步提升北城城市形态。坚持以产立城、产城一体，积极推动新区建设，加快启动北部功能区等区域土地报征及征后实施，同步推进产业项目和城市配套，同步实现产城品质提升和生产生活方式转变，着力构造城市新形态。大力推进旧城改造，加快推进茶花片区，土桥场镇和曹家巷一、二街坊，火车北站片区等一批城中村和棚户区拆迁改造项目，积极创造条件实施茶店子中央绿岛项目，有序实施一批保留建筑和特色街区打造项目，尽快建成一批老旧城区更新改造样板。大力推进老旧院落综合整治，积极推动城市建设管理升级示范片区建设，着力展现城市新形象。

（四）进一步做美北城生态环境。坚持把生态系统作为绿色的基础设施来打造，推动生态城区建设。依托山形地貌特点和上风上水优势，注重传承历史记忆和文化基因，切实抓好以环城生态区、城市公园、街头绿地和滨水空间为主体的城市绿地系统建设，突出推进两河片区、上府河片区土地整理和生态工程建设，

不断提升生态环境品质。深化城乡环境综合治理，坚持以大气环境、交通环境、水域环境、市容环境为重点，加大“城市病”治理力度，不断提升城市管理精细化、科学化水平，努力创造靓丽美观、整洁有序、宜业宜居的城市环境。

二、在转变发展方式上花力气，做强转型发展新支撑

（一）大力提升产业能级。坚持不懈地推进产业倍增，着力打造“一中心、两高地”，加快构建现代产业新体系。以现代商贸业为主导，积极推进荷花池、金府一量力等四大片区传统批发型市场向现代展贸型商场转型提升，大力推动电子商务与传统商贸融合互补、实体市场与虚拟市场无缝对接、品牌节会与专业节会同步打造，提升商贸金牛影响力；以科技商务业为支撑，大力培育楼宇经济和城市综合体经济，全产业链式汇聚科技研发和商务服务资源，提升科技金牛竞争力；以文化旅游业为先导，大力挖掘“扁鹊医书”、“蜀锦织机”等文化元素，大力塑造都市型文化旅游品牌，推动吃住行游购娱多业态融合发展，提升文化金牛软实力。

（二）大力促进项目提速。坚持以项目为轴心组织经济工作，着力实施一批能够带动产城品质提升和社会形态优化的重大产业化项目。千方百计服务中国（西部）国际珠宝中心、红星美凯龙、金府财富中心等重大服务业项目开业投运，想方设法推动中铁轨道交通高科技产业园、西部地理信息科技产业园等高端产业项目加快建设，积极促成区属荷花池市场、大西南建材城等改造提升项目加快实施步伐，进一步掀起快推项目的热潮，力争早出实物形象、早见经济效益。

（三）大力强化创新驱动。坚持以科技创新引领产业升级，深入实施产学研用协同创新工程，支持康弘药业等科技型企业和新生命干细胞等高科技项目加快自主创新步伐，推动科技成果迅速转化为现实生产力。坚持以管理创新促进产业升级，积极搭建平台，切实优化环境，精心扶持一批技术优势明显的科技型企业，支持建设一批企业工程技术研究中心和科技成果转化平台，培育壮大一批高新技术企业和上市公司。坚持以商业模式创新推动产业升级，注重改造提升传统产业与培育发展新兴产业并举、产业链的技术创新与价值链的高端融入并举，更广泛地推进信息技术在现代服务业中的深度应用，努力提升产业层次、提高竞争能力。

三、在深化改革开放上求突破，激发转型发展新活力

（一）加快转变政府职能，增强市场主体活力。坚持以市场为导向，妥善处理好政府与市场的关系，即使市场在资源配置中起决定性作用又更好发挥政府作用。努力营造一个既优质又高效、既规范又便捷的政务环境。要突出抓好投融资机制创新，深入推进生产要素市场化改革，积极探索不过度增加政府负债的城市建设投融资方式，创新推进闲置土地收储开发、棚改项目政企合作等有效途径，鼓励支持更多社会资金参与投资北改，着力防控政府债务风险、破解北改资金难题。

（二）创新社会治理机制，增强社会发展活力。着眼推进治理体系和治理能力现代化，创新社会治理方式，提升社会治理水平。要坚持系统治理，更多发挥党委政府的主导作用、基层组织的主力作用和广大群众的主体作用，努力推动形成政府治理和社会调节、居民自治良性互动的多元治理体系。要坚持依法治理，深入推进依法治区，建立涉法涉诉信访事项导入司法程序的工作机制，引导市民运用法治思维和方式解决矛盾和问题，推动形成办事依法、遇事找法、处事用法的社会环境。要坚持综合治理，总结推广“居民自治改造”创新实践，综合运用法律、政策、经济、教育、协商等方式规范社会行为、协调社会关系、解决社会问题。要坚持源头治理，健全畅通有序的诉求表达、心理抚慰、矛盾调处、权益保障机制，加快社会管理联动服务中心、金牛市民中心和大调解指导协调中心建设，着力构建以网格化为基础、信息化为支撑的新型基层治理体系，使群众问题能反映、矛盾能化解、权益有保障。

（三）深化综合配套改革，增强城乡统筹活力。适应以人为核心的新型城镇化要求，深入推进统筹城乡综合配套改革，进一步加强城乡规划、产业发展、基础设施、公共服务和社会管理“五个统筹”，加快推进郊区城市化和农民市民化。把解决“半市民化”问题作为统筹城乡的主要任务，着力解决涉农地区人口住房、就业、社保、教育、医疗等问题，健全公共服务体系，努力推动城乡公共资源均衡配置和生产生活方式的同步转变。要积极推进生态文明建设体制改革，创新举措加快生态区建设，同步健全协调联动的城乡环境综合管理体系，实现城乡环境保护与生态文明建设共同发展。

（四）提升对外开放水平，增强区域投资活力。坚持把招商引资作为对外开放的中心环节，以更大范围、更深层次、更加主动的姿态扩大对外开放，增进务实合作。要招大引强引优，充分利用财富论坛、华商大会、西博会的后续效应，突出抓好重点企业、重点产业、重点区域招商，特别要瞄准世界500强、国内100强及区域性龙头企业，着力引进大企业大集团、骨干税源企业和高成长企业。要创新招商方式，积极探索市场化招商途径，通过委托招商、以商招商和点对点促进等方式，增强招商引资的针对性、实效性。要牢固树立重商亲商理念，进一步优化营商环境，吸引更多的优质资本和高端人才到金牛投资兴业。

四、在增进民生福祉上出实招，共享转型发展新成果

（一）加快完善就业社保体系。按照“守住底线、突出重点、完善制度、引导舆论”的思路，健全全覆盖、保基本、多层次、可持续的民生保障体系。深入实施就业促进战略，健全公共就业服务体系和自主创业支持体系，千方百计地扩大就业和支持创业，动态消除零就业家庭。积极推进社会保障“扩面提标”，大力发展社会福利、社会救助和慈善事业，稳步提升社会保障水平，努力实现“人人享有社会保障”目标。加快推进余家新居、清淳家园等安置房建设，切实抓好危旧房、棚户区改造，努力满足城乡居民多层次的住房需求。

（二）大力提升公共服务水平。以提升群众满意度为关键，进一步加大公共财政投入，积极推进社会事业改革创新，努力为社会提供多样化的服务。积极推进优质教育、卫生资源满覆盖，加快完成八中改扩建、沙河源片区中学和府河幼儿园等配套建设，统筹推进金牛区人民医院新建项目，努力让城乡群众享有相对便利的优质教育和医疗服务。积极应对老龄化问题，不断完善以居家养老为基础、社区养老为依托、机构养老为支撑的社会养老服务体系。把保障群众基本文化权益摆在重要位置，大力发展公益性文化体育事业，深化推进文化惠民活动和全民健身运动，高质量抓好图书馆、档案馆建设，更好满足城乡群众多样化精神文化需求。

（三）努力营造和谐稳定环境。认真落实信访逐级负责制和领导包案制，完善北改重大项目及重大招商引资社会稳定风险评估机制，及时妥善处理群众反映的问题，积极预防和有效化解矛盾纠纷，防止群体性事件发生，防止各类矛盾叠加升级。进一步加强社会治安综合治理，健全立体化的社会治安防控体系和全覆盖的应急管理机制，加强流动人口、重点特殊人群管理，着力提升安全生产和消防安全管理水平，按照“四个最严”的要求加大食品药品监管力度，依法严密防范和惩治各类违法犯罪活动，切实保障人民生命财产安全。进一步加强网络舆论引导，依法改进对微信、博客等新媒体的管理，注重社会心理疏导和人文关怀，加强社会公德、职业道德和家庭美德教育，促进社会和谐稳定。

五、在联系服务群众上用真情，开创党的建设新局面

（一）扎实开展教育实践活动。按照中央和省委、市委的安排部署，以务实作风精心组织、周密安排、扎实开展好群众路线教育实践活动，以整风的精神有效解决党员干部中存在的“四风”突出问题，以真整真改的具体行动取信于民。

（二）切实加强班子队伍建设。按照“信念坚定、为民服务、勤政务实、敢于担当、清正廉洁”的好干部要求，进一步优化班子配备和队伍结构。引导干部在攻坚破难的北改一线、基层前沿砥砺品质、提高本领。

（三）不断深化基层组织建设。积极抓好新任社区“两委”班子成员教育培训和监督管理，切实提高综合素质和履职能力。要着力构建新机制，积极推广党员联管、组织联建等区域化党建做法，大力推行基层党建项目化管理，切实提升基层党建科学化水平。

（四）大力加强民主政治建设。

（五）深入推进反腐倡廉建设。要加大监督和惩治力度，坚持严格执纪、有案必查，着力解决发生在群众身边的不正之风和腐败问题，筑牢“不敢腐”的法纪防线，努力实现干部清正、政府清廉、政治清明。

名词解释

1. 五大兴市战略：市委十一届九次全会提出实施“五大兴市战略”，包括交通先行、产业倍增、立城优城、三圈一体、全域开放。

2. “基层群众工作一二三”创新实践：强化“一种观念”——群众是真正的英雄，基层组织的重要任务就是团结引导“英雄”正向发挥作用；突出“两大依靠”——紧紧依靠群众组织去做群众工作、依靠绝大多数群众去做少数群众工作；坚持“三项原则”——公开公正原则、社会协商原则、依法依规原则。

3. 四风：形式主义、官僚主义、享乐主义和奢靡之风。

4. 三大发展战略：省委十届三次全会提出实施多点

多极支撑，“两化”互动、城乡统筹，创新驱动“三大发展战略”。

5. 主基调、主遵循、主方向、主路径：市委经济工作暨城镇化工作会议提出了今年全市工作的主基调、主遵循、主方向、主路径。主基调是稳中求进、改革创新、统筹发展；主遵循是以全面深化改革为统领、以提高增长质量和效益为中心、以保障和改善民生为目的；主方向是推进城市空间、城市产业、城市生态、城市管理、城乡形态“五个转型升级”；主路径是产业发展高端化、资源配置市场化、城乡统筹一体化、对外开放国际化。

6. 五个转型升级：省委书记王东明在成都市调研城市规划建设管理工作座谈会上提出推进城市空间、城市产业、城市生态、城市管理、城乡形态“五个转型升级”。

7. 四轴八片：“四轴”是指蓉都大道、北星大道、西华大道、金牛大道等四大发展轴；“八片”是指北星大道-国际商贸城片区、北星大道-凤凰山片区、西华大道环城生态区等三大新区开发重点片区和人民北路-火车北站片区、解放北路-曹家巷驷马桥片区、沙湾路-铁二局西南交大片区、金牛大道-茶店子金牛宾馆片区、蓉都大道-天回旧场镇片区等旧城改造五大重点片区。

8. 12纵14横骨架路网体系：12纵是指金辉路、羊西线、金牛大道、校园路、西华大道、商贸大道、王贯大道、北星大道、金凤凰大道、蓉都大道、金丰高架、古柏路；14横是指内环路、一环路、二环路、一品天下大街、金府路、三环路、凤凰大道、金芙蓉大道、金粮路、天丰路、天龙大道、金华寺西路、绕城高速、三河大道。

9. 环城生态区：由成都市城市总体规划确定的沿中心城区绕城高速公路两侧各五百米范围及周边七大楔形地块形成的生态用地和开发建设用地构成的控制区。

10. 一中心、两高地：国际现代商贸中心、科技研发商务高地、多元文化创意高地。

11. 五大改革：市委书记黄新初在市委常委（扩大）会上传达贯彻党的十八届三中全会精神时提出要突出抓好“五大改革”，即经济体制改革、统筹城乡综合配套改革、行政管理体制改革、生态文明建设体制改革和社会治理机制改革。

12. 四个最严：中央农村工作会议强调用最严谨的标准、最严格的监管、最严厉的处罚、最严肃的问责，确保广大人民群众“舌尖上的安全”。

13. 三视三问：成都市推行的“视群众为亲人，问需于民；视群众为老师，问计于民；视群众为裁判，问效于民”的群众工作法。

成都市金牛区人民代表大会常务委员会工作报告（节选）

——在成都市金牛区第六届人民代表大会第四次会议上

成都市金牛区人大常委会主任　张文友

（2014年1月16日）

各位代表：

我受成都市金牛区第六届人民代表大会常务委员会的委托，向大会报告工作，请予审议。

2013年工作回顾

一、以坚持党的领导为核心，为更好地植根群众提供保障

一是紧紧围绕区委中心工作履行监督职能，确保区委决策部署的落实。二是坚持人大工作向区委请示报告制度，人大及其常委会开展的重大活动、作出的重要部署、决定的重大事项，都事先向区委请示报告，经区委原则同意后再进入法定程序，从制度和法律上保证区委对人大工作的领导。三是坚持把党管干部原则和人大依法任免干部相统一，通过法定程序，努力保证实现区委的意图。四是坚持党领导下的人民代表大会制度，把对党负责与对人民负责有机统一起来，确保了人大工作始终坚持在思想上与区委同心同德，在行动上与区委同心同行，在目标上与区委同心同向，在责任上与区委同心同担，全力推动区委决策部署的贯彻落实。

二、以促进全区发展为中心，为更好地惠及群众履职行权

先后召开人代会2次，审议有关工作报告，选举区人民政府区长。召开常委会会议9次，召开主任会议24次，开展视察、执法检查7次，共审议议题70项，作出相应决议、决定和审议意见93条，并对审议意见办理情况全部进行了再审议。通过“一府两院”的共同努力，这些决议、决定和审议意见，都得到了较好的落实，有效促进了各项工作的开展。

（一）着眼推进北改龙头工程，强化对重点项目的监督。

1. 继续强化北改重点项目监督。常委会继续将推进北改龙头工程作为监督工作的重中之重。常委会会议、主任会议先后9次围绕北改工程推进情况听取和审议相关工作报告，组织开展视察。

2. 全力助推北改重点项目落实。一年来，常委会主任办公会议先后20余次专题研究区人大如何更好地监督北改、助推北改、参与北改的工作情况；把结合北改优化交通路网布局等6件涉及北改的代表意见建议列为重点督办件。

3. 积极参与北改重点项目建设。2013年，区人大常委会按照区委的要求，继续派出两位副主任，积极主动地配合区委有关领导，参与北改龙头工程中涉及旧城改造、拆迁安置房建设、新居工程建设的项目推进；参与协调、督促涉及曹家巷一、二街坊，为民路、光荣西路、新华印刷厂南片区等旧城改造项目的推进。

（二）着眼推进经济转型发展，强化对经济健康运行的监督。

1. 着力产业转型跨越，促进经济高端发展。

2. 着力招商引资优化，促进税收持续增长。

3. 着力财政资金监督，促进民主科学理财。

（三）着眼提升城市建设品质，强化对新型城市建设的监督。

1. 强化城市管理的监督。

2. 强化城市建设的监督。

3. 强化打通“断头路”的监督。常委会听取和审议了区政府关于2013年打通“断头路”建设情况报告。对区政府优先安排建设资金，积极争取市级有关部门政策支持，打通黄忠大道、黄金路等3条“断头路”，开工建设货运大道、天丰路等3条道路，促进城北路网快捷畅通取得的成绩表示肯定，并对本届政府打通断头路目标任务提出了具体建议。

（四）着眼保障改善民生，强化对社会事业发展的监督。

1. 关注群众文化需求，推动文化体系建设。

2. 关注教育教学质量，保障教师合法权益。

3. 关注民生工程落实，促进发展成果共享。

（五）着眼营造良好法治环境，强化对规范执法检查的监督。

1. 加强依法行政工作监督。制定并通过《成都市金牛区人民代表大会常务委员会执法检查办法》。一年来，常委会重点加强对区政府贯彻落实相关法律法规情况的监督，听取和审议了区政府贯彻执行教师法、环境保护法、归侨侨眷权益保护法等法律法规的情况报告，针对执法检查中发现的问题及时提出整改意见，督促政府及有关部门要严格执法，依法办事，保证和促进法律法规在我区的贯彻实施。

2. 加强公正司法工作监督。常委会听取和审议区法院大力打造诉讼服务中心为民司法工作的情况报告。听取和审议了区检察院贯彻执行刑诉法、民诉法工作情况报告。听取和审议区公安分局执法规范化建设工作情况报告。

3. 加强信访维稳工作监督。常委会听取和审议区政府加强大调解工作体系建设的情况报告。2013年共接待受理来信来访80（批）件487人次，其中收到上访信件65件465人次，接待上访群众15批22人次。

（六）着眼推进干部队伍建设，强化对干部履职能力的监督。

2013年，共依法任命干部39人，依法免去职务12人。先后组织38名拟任命干部参加任前法律知识考试。

三、以夯实履职平台为抓手，为更好地联系群众搭建桥梁

（一）以强化学习为动力，不断提升代表履职能力。

（二）以优化服务为载体，努力增强代表履职意识。

一是组织驻区省、市人大代表召开专题调研会，对市发改委、市国土局等11个市级部门和金牛区、锦江区等3个区级单位进行调研，形成《关于我市环城生态区的调研与对策建议》调研文章。二是组织省、市、区人大代表近300人次，参观彭州石化项目，参加二环路高架通车视察活动和四川省第三届道德模范评选，旁听市中级人民法院走进法院听审判，视察北改重点项目等10余种活动。三是继续开展“我为成都发展献一策”活动，其中3件“献一策”建议被市人大采纳，并转交市政府研究办理。四是坚持和完善常委会领导联系、走访人大代表制度，经常听取和研究代表提出的意见和建议，接受代表监督。五是及时拨付代表活动经费，为代表履职行权提供经费保障。六是邀请省、市、区人大代表72人次，分批列席常委会会议（同时，还邀请了区政协委员、市民代表、各人大街道工委和军队代表小组负责人216人次列席常委会会议），听取“一府两院”工作报告和重要情况通报。2013年，还依法补选了3名区六届人大代表。

（三）以代表建议为突破，不断提高代表履职实效。

区六届人大二次会议以来，代表们对于我区经济建设、社会发展和城市建设管理等方面工作共提出了

118件建议、批评和意见。常委会及时向“一府两院”进行交办，并按规定全部回复了代表。代表对办理结果均表示满意。

（四）以“代表之家”为平台，不断提高代表履职活力。

常委会通过领导带队调研和组织部分人大街道工委的同志到双流县胜利镇白塔村进行“代表之家”建设的参观学习等方式，帮助各人大街道工委查找“代表之家”建设中存在的不足和与先进单位的差距，各人大街道工委根据自身实际，对前期已建成“代表之家”和“代表接待选民办公室”的软、硬件进行了全面提档升级，在黄忠街道还探索建立了“网上代表之家”，点击率超过3万人次。一年来，以“代表之家”为平台，共开展代表活动65次，参加活动的代表580人次，接待选民3045人次，收集选民意见建议195条，并全部进行办理。

四、以加强自身建设为根本，为更好地服务群众筑牢基础

（一）加强专题教育，增强履职动力。

按照区委的统一安排部署，人大机关开展了“实现伟大中国梦、建设美丽繁荣和谐四川”主题教育和“三视三问”群众工作法等学习教育活动。

（二）加强学习调研，提升自身素质。

一年来，常委会积极参与市人大组织的工作调研和各种培训，配合市人大开展执法检查及调研视察；围绕常委会审议议题开展专题调研，完成调查报告47篇，有力地促进了常委会审议质量的进一步提高；围绕全区重点工作、人大工作和社会普遍关注的热点、难点问题开展专题调研，完成了《关于进一步在北改中促进基层民主政治建设的思考》等10余篇调研报告。

（三）加强作风建设，强化务实能力。

2013年“三公”经费开支与2012年同期相比，下降了17.8%，其中，公务接待费下降了87.6%。常委会修订出台了《金牛区人民代表大会常务委员会组成人员守则》。按照民主集中制原则，常委会在开展人大监督、任免干部、讨论决定重大事项等工作中，认真执行议事规则和组成人员守则，集体行使职权，确保了科学民主决策。

（四）加强街道人大工作，推进基层民主。

规范代表活动，确保闭会期间代表活动的正常开展和代表权力的履行，畅通人大代表联系群众、表达群众利益诉求的渠道；组织60名区人大代表向辖区选民述职，接受选民的监督，促进代表履职尽职；定期召开街道人大工作会议，专题研究街道人大工作；进一步拓宽监督渠道，加强对“一府两院”派驻街道工作机构的监督，推进了基层民主政治建设。

2014年工作要点

一、围绕大局，履职行权，在服务中心工作上下功夫

坚持和依靠党的领导，是做好人大工作的根本保证，人大工作要始终服从和服务于区委中心工作。区人大常委会党组要继续坚持重大事项向区委请示报告制度，要紧紧围绕全区工作大局，安排和部署各项工作；要自觉地在区委的领导下，解放思想，振奋精神，集中力量，突出重点，保证党和国家大政方针贯彻落实，保障宪法和法律正确实施，把党的领导贯穿于依法履职的全过程，落实到工作的方方面面；要深入开展党的群众路线教育活动，推行“三视三问”群众工作法，深刻把握群众路线教育实践活动的精神实质，切实把思想和行动统一到区委的决策部署上来；要严格落实中央“八项规定”，改进作风，亲民爱民，廉洁自律。要加强调查研究，增强调研实效，提出有价值的建议，为区委决策提供参考依据。

二、加强监督，规范行为，在推动依法行政上下功夫

推动政府及其各部门依法行政，是人大及其常委会的重要职责。区人大常委会将按照选题求精、调研求深、审议求真、监督求实的要求，综合运用听取和审议工作报告、执法检查、视察、评议等方式，将“一府两院”贯彻执行法律法规、区委决策和人大决议决定的情况、“十二五”规划执行情况、国民经济和社会发展计划以及财政预决算执行情况，北改龙头工程的推进情况等事关改革发展稳定的重大问题、事关民生福祉的热点难点问题，继续作为监督工作的重点。运用执法检查、拟任人员法律知识考试等手段，促使政府工作人员重视法律素质教育，自觉加强法律学习，不断增强法制观念。健全和落实规范性文件的备案审查制度，切实加强对行政行为的监督。将常规性的监督活动与督促落实依法行政规划有机结合起来，促进政府及其部门依法行政计划的落实。

三、关注公正，提升效率，在促进司法为民上下功夫

关注司法公正和高效司法，强化司法监督，依然是今年人大常委会的工作重点。常委会将综合运用专题调查、审议专项工作报告等形式，推动司法机关增强责任意识、质量意识、规范意识，强化人才建设、业务建设、基层建设，提升公正司法能力、服务大局能力、科学办案能力，督促和支持司法机关解决一些老百姓反映强烈的问题。同时，还要组织人大代表旁听法院庭审，加大涉法信访案件的督办力度，促进司法公正和社会公平正义。

四、提升素质，密切联系，在发挥代表作用上下功夫

一是进一步抓好人大代表的学习培训，提高人大代表的综合素质。二是进一步发挥人大代表桥梁纽带作用，密切人大常委会组成人员与代表、代表与选民的联系，帮助群众切实解决困难和问题，不断增强代表工作实效。三是积极组织代表开展视察、调研等活动，邀请代表参加人大常委会及其工作机构的各项工作，保障代表的知情权、参与权和监督权。四是加强对代表议案和书面意见的跟踪督办，着力推进代表反映问题的解决落实。

五、加强学习，开拓进取，在加强自身建设上下功夫

一是加强理论学习，做到理论学习的规范化和制度化。重点学习党的十八大、十八届三中全会及中央、省、市、区委重要会议精神，学习宪法及相关法律法规和人大业务知识，不断提高常委会组成人员及机关工作人员的政治理论素养和综合素质。二是加强机关的思想、组织、作风建设和党风廉政建设，以群众路线教育为主线，按照“照镜子、正衣冠、洗洗澡、治治病”的要求，开展批评与自我批评，切实解决“四风”问题，不断提高机关服务质量和水平，着力打造务实、高效、和谐、廉洁型机关。三是加强调查研究，要切实改进工作作风，大兴调查研究之风，在调研中总结经验，在调研中形成有见地、有价值的意见和建议。四是加强与上级人大和其他区（市）县人大的联系，学习借鉴外地人大先进经验，进一步拓宽思路、创新方法、激发活力、增强实效。五是继续做好宣传和机关老干部服务等各项工作。

各位代表！当前，我区正处在全面建成小康社会，奋力推进北改龙头工程的关键时期。我们一定要紧紧抓住北改这个千载难逢的历史机遇，在区委的领导下，以改革创新的精神、求真务实的作风、扎实有效的工作，更好地担负起宪法和法律赋予我们的神圣职责，不断开创人大工作新局面，为建设现代化、国际化新金牛而共同奋斗！

名词解释

1.“四风”：即形式主义、官僚主义、享乐主义、奢靡之风。

2.“三视三问”：视群众为亲人，问需于民；视群众为老师，问计于民；视群众为裁判，问效于民。

3.“五个一”活动：读一本好书、上一次党课、听一次讲座、组织一次参观、献一条良策。

4.“五大兴市战略”：交通先行、产业倍增、立城优城、三圈一体、全域开放。

5.“四态合一”：城市形态现代化、城市业态高端化、城市文态特色化、城市生态优美化。

6.“八项规定”：改进调查研究，精简会议活动，精简文件简报，规范出访活动，改进警卫工作，改进新闻报道，严格文稿发表，厉行勤俭节约。

7.“三公”经费：因公出国经费，公务车购置及运行费，公务接待费三项。

8.“十个全覆盖”：实行审议意见再审议制度的全覆盖，实行常委会审议议题电子表决的全覆盖，实行对重大事项监督的全覆盖，实行任命干部法律意识强化的全覆盖，实行人大任命干部述职评议的全覆盖，实行政府序列外部门和区属国有公司工作评议的全覆盖，实行对市垂直部门工作评议的全覆盖，实行代表向选民述职全覆盖，实行代表接待选民的全覆盖，实行人大和“一府两院”定期交流沟通的全覆盖。

9.“四个百分之百”：所有来信来访，件件进行登记，件件记录在案，随时可查，达到100%；所有来信来访，都要有人拆阅，有人接访，进行分析、归类，达到100%；所有来信来访，都要交办，都要把办理责任落实到单位、个人，达到100%；所有来信来访，件件要有回音，达到100%。

成都市金牛区人民政府工作报告（节选）

——在成都市金牛区第六届人民代表大会第四次会议上

中共成都市金牛区区委副书记、区政府区长　白国欣

（2014年1月16日）

各位代表：

我代表区人民政府，向大会报告工作，请予审议，并请区政协委员提出意见。

2013年工作回顾

2013年是我区推进北改的攻坚之年。区政府在市委、市政府和区委的坚强领导下，在区人大、区政协的监督支持下，以"全面现代化、充分国际化"为主要使命，坚持把北改作为落实"五大兴市战略"、消除城市二元结构的根本举措和中心任务，与全区人民一道，风雨同舟，锐意进取，保持了全区经济社会良好发展势头。预计全年实现地区生产总值750亿元左右、增长7%左右，完成地方公共财政收入45.1亿元、增长12.3%，地方税收26.6亿元、增长13.7%，固定资产投资336.6亿元，城镇居民人均可支配收入29394元、增长8.5%，涉农地区人均纯收入19024元、增长10.2%。

一、大力推进城市转型，城市品质不断提升

*基础载体不断强化。*规划引领持续增强，编制完成五块石、金府市场等北改片区实施规划，完成北部功能区核心区控规调整，优化亿铭国际等22个项目规划方案。资源转化有效突破，完成6756亩土地报征，启动4129亩土地征后实施，实现1190亩土地拆迁交地。能源配套扎实推进，国际商贸城1号变电站即将投入运营，北三环电力通道、驷马桥二期变电站加快建设，花照、天斑等5个110千伏变电站完成开工前期工作。

*城市形象不断优化。*路网体系日趋完善，金芙蓉大道提前通车，天丰路形成通车能力，金粮路、金凤凰大道等6条道路启动建设，地铁3号线、7号线金牛段工程抓紧实施。旧城改造加快推进，解放路二段、为民路及光荣西路棚改项目启动建设；一品天下健康巷、薛公馆、花牌坊新16号危旧房改造等项目达到开工条件；曹家巷一、二街坊棚户区，中铁二局通锦桥片区等项目完成签约，正进行旧房拆除；新华印刷厂南片区即将启动兑付工作；茶店花照城中村拆迁抓紧攻坚收尾，成灌路两侧500米及土桥场镇城中村拆迁扎实推进。

*城乡环境不断美化。*城市环境面貌稳步提升，扎实开展"六大工程""七项专项行动"，完成二环路等临街立面整治260栋，实施光彩工程76栋，拆除违建29.2万平方米。大气环境治理积极推进，制定环境污染应急预案，建立油烟治理长效机制，全面加强工地扬尘、秸秆焚烧等源头管控。水环境治理切实加强，整治完成下河排污口322个，实施河道清淤13条，提升河道景观6处。群众居住环境逐步改善，整治完成老旧院落100个、"三无院落"163个，九里堤遗址公园建成开园，新增健身路径49条，新增绿地12.5万平方米，绕城两侧200米范围复垦绿化24.4万平方米。顺利通过全国环保模范城市复核检查。

二、大力推进高端发展，产业品质逐步优化

*工业提质逐步增速。*新兴产业加快聚集，中铁轨道交通高科技产业园B区建成投运，日本东忠等30余家知名企业陆续入驻；西部地理信息科技产业园动工建设，成为近年来推进速度最快的重大产业化项目，首批23家优质企业协议入园。工业总部加快发展，引进总部和生产型服务企业201家、引进资金10.2亿元，总部项目竣工6个、开工6个。创新能力稳步提升，新增高新技术企业6家、专家（院士）工作站1个，建立国家级企业技术中心1家，新增中国驰名商标1件，省、市著名商标10件。预计全年实现规模以上工业增加值45亿元左右。

*服务业升级逐步加快。*产业项目有效推进，成都国际商贸城三期日用品市场、龙湖北城天街商场、凯德广场二期投入运营，欢乐谷二期正式开园，金府财富中心、北府河摄影主题公园、绿地世纪城等项目加快建设，凤凰山涵碧楼酒店即将开工，中国（西部）国际珠宝中心、西部黄金总部基地等项目抓紧推进；通过省级服务贸易示范基地专家评审，完成服务外包合同金额2.4亿美元。传统市场有序转型，区属荷花池市场成功关闭，地块顺利出让；蓉北市场、火车北站市场完成签约，将于春节前关闭；大西南建材城、金府石材城拆迁关闭加快实施；现代钢铁城一期完成拆迁交地。电子商务有力拓展，4家实力电商企业成功落户，全市首家零售行业O2O电商平台成功运营。预计全年实现服务业增加值550亿元左右、增长7%左右，社会消费品零售总额540亿元左右、增长13%左右。

*对外开放逐步深化。*依托大展会招大引强，借势财富论坛、华商大会等重要节会，完成项目签约18个、投资总额370亿元；新引进中铁科工成都总部等10个世界500强投资项目。依托新资源高端突破，利用旧改项目资源，吸引中核、保利等大型央企参与北改，借助金牛万达广场、信德环球广场等楼宇资源，引进大地财险、平安保险、远东百货等知名企业落户金牛。依托大企业开拓国际市场，鼓励支持实力企业深化国际经贸合作，实现外经营业额12亿美元左右、外贸出口15亿美元左右。全年新签约引进重大项目18个，预计实际到位内资190亿元以上、增长4%以上，实际利用外资

8亿美元以上、增长30%以上。

三、大力推进共建共享，社会管理持续深化

*基层治理水平持续提升。*基层组织建设不断强化，全面开展第九届社区居委会换届选举，完善社区民主管理制度，实施居民院落小单元治理；"第二次全国和谐社区建设示范城区"通过省市验收。社会组织管理切实加强，在全市率先成立社工机构孵化基地，新增社会组织25家；开展社会组织信用等级评估，推进社会组织管理改革，成为首批"全国社会工作服务标准化建设示范地区"。群众组织作用有效发挥，创新群众自治改造模式，坚持顺应民意、依靠民力、善用民智推进工作，曹家巷"自改模式"受到央视持续关注，荣获全国社会管理创新"最佳案例奖"，我区被评为"全国社会管理创新示范基地"。

*社会稳定体系持续完善。*风险防控有序开展，健全重大项目社会稳定风险评估机制，全年排查不稳定因素230件，调处率100%。法律援助靠前服务，健全困难群众权益保障机制，落实"一社区一律师"制度，推进法律援助"双延伸"，全年法律援助案件362件、2114人次。矛盾化解成效凸显，深入开展"大调解"和信访工作，坚持疏导和化解并举，积极处理各类社会矛盾纠纷；坚持服务与管理并重，切实完善流动人口网格化管理机制。荣获"全省维护社会稳定工作目标先进区""全省法制宣传教育先进集体"等称号。

*平安金牛建设持续推进。*治安管控力度切实加强，加快构建立体化社会治安防控体系，严厉打击各类违法犯罪活动。安全监管能力不断提升，全面开展安全生产大检查，全年未发生重特大安全事故；健全食品药品管理体制，大力整顿和规范市场经济秩序；有序推进安全社区建设，率先在全省整区通过省级安全社区验收。应急保障工作有效推进，建立全区安保维稳应急联动响应机制，全力做好"4·20"芦山地震应急保障和救助工作，积极组织多次应急实战演练。

四、大力推进公共服务，民生质量全面改善

*社会保障全面加强。*着力促进充分就业，全年新增城镇就业15289人，涉农地区富余劳动力向非农产业转移就业946人。着力实现人有普保，城乡居民基本养老保险、医疗保险参保率分别达90%和98%，办理低保人员养老保险523名，实施困难群众医疗救助11182人次。着力加强老有颐养，新建15个街道居家养老服务中心，驷马桥居家养老服务中心被评为"全国敬老文明号"。着力抓好住有安居，为2122户困难群众提供城市住房保障服务，完成64万平方米安置房建设。

*社会事业全面进步。*学有良教持续提升，提前完成金牛中学改扩建，成功创建"全国社区教育实验区"。病有适医稳步推进，社区公共卫生服务能力不断增强，区妇幼保健院、区疾控中心建设进展顺利。科技工作扎实开展，荣获"全国科技进步考核先进区"，金仙桥社区被评为"全国科普行动计划先进单位"。文体事业蓬勃发展，通过国家一级公共图书馆评估验收，荣获"全国群众体育工作先进单位"。第三次全国经济普查全面启动。民宗、侨台、双拥、广电、档案、文物、残疾人、红十字、人口计生、民兵预备役等各项工作积极推进。

*社会文明全面提升。*文明创建深入开展，顺利完成全国城市文明程度指数测评、全国未成年人思想道德建设工作测评。志愿服务不断加强，组建网络文明传播等多支志愿者队伍。市民精神生活日益丰富，大力开展"文化金牛大擂台"、"交响金牛"等文化活动。社会风气昂扬向上，组织"金牛十大好人"等评选活动，我区公安民警刘军获"中国好人"称号。

2014年主要工作

一、快推重点项目，展现城北新面貌

*加快完善基础载体。*优化空间布局，抓紧编制城北副中心、天回旧场镇、火车北站片区等重点区域实施规划，尽快完成大西南建材城、木综厂片区改造等重点项目规划方案，同步完善教育、卫生等配套专项规划。推进路网建设，实现天丰路、金粮路等道路通车，加快金凤凰大道、天龙大道等道路建设，促进商贸大道北延线、王贾大道北延线等道路开工，实施九里堤路等道路综合整治。破解能源制约，确保驷马桥二期、国际商贸城1号变电站等项目尽快运行，促进花照、天斑等5个110千伏变电站早日开工。

*加快推进产业升级。*力促高端项目建设，确保中国（西部）国际珠宝中心、红星美凯龙、金府财富中心等项目投产运营，中铁轨道交通高科技产业园、西部地理信息科技产业园、天乐城北综合体、凤凰山涵碧楼酒店等项目加快推进；推动西部黄金总部基地、现代钢铁城一期等项目尽快开工。力促传统市场调迁，加快区属荷花池市场提升改造、金府钢材物流中心转型发展，完成蓉北市场、火车北站市场、金府石材城、大西南建材城等市场关闭，启动成都市农产品批发中

心、五块石电子电器市场等市场调迁升级。

加快提升人居环境。推进城市更新改造，确保荷花名都、马家公馆等项目竣工投用，飞大1号广场、朝阳朗香等项目加快推进，曹家巷一、二街坊棚户区，中铁二局通锦桥片区等项目启动建设；促进市委党校、邮区中心局、茶店花照城中村、成灌路两侧500米及土桥场镇城中村等项目完成拆迁，西安北路、百寿路、交通巷等棚改项目及木综厂片区自主改造顺利启动；力促火车北站扩能改造项目实施。推进环城生态区建设，完成外环路200米生态带复垦植绿，促进和兵田园项目尽快开工，力争启动上府河片区土地整理。

二、奋力提振经济，增强发展新活力

促进传统产业升级。加快传统工业转型，关停并转低端生产制造企业，建立工业用地限入机制，坚决淘汰落后产能；鼓励工业企业逐步剥离制造功能，发展总部经济，做强总部实力；实施产学研用协同创新工程，支持康弘药业、铸信集团等优势企业利用科技创新，打造“金牛研发”品牌。加快传统商贸业转型，分类制定并刚性落实调迁计划，促进荷花池、金府一量力、五块石、城隍庙四大传统市场片区向高端商务、现代商业转型升级。

促进新兴产业壮大。做优现代商贸业，加快成都国际商贸城建设，促进北星干道沿线综合体和商业等项目尽快落地；依托商贸产业优势，顶层设计电商平台，争创“全国电子商务示范基地”。做强科技服务业，按照“产城一体”思路，加快北部功能区建设，吸引轨道交通、导航测绘等高端产业聚集发展。做大文化旅游业，提升欢乐谷、交子等文化品牌影响力，促进扁鹊医书、蜀锦织机等文化元素向文化产业延展。

促进开放水平提高。依托资源多推项目，坚持精细化包装，精准化推介，加快优质资源向项目实体转化。借助载体招优引强，依托特色园区、高端楼宇等载体，促成南车集团、中国通号、爱信精机等企业尽快落地。拓宽渠道多元引资，探索城投债、企业合作等模式推动项目，充分利用北改政策，鼓励辖区单位实施自主改造、联合开发。

三、创新社会治理，构筑共建新机制

强化城乡环境治理。完善环境卫生、市容秩序监督考核机制，加大“七乱”现象整治力度，提升市容精细化管理水平。加强大气污染综合治理，做好工地扬尘、油烟排放、秸秆焚烧等源头管控。加大重点领域减排力度，实施金牛支渠等13条河道治理，推进市第七污水处理厂达标运行。开展老旧院落全面整治，推动城市建设管理升级示范片区试点，着力改善城市环境品质。

强化综合治理创新。拓展群众自治新方法，总结、推广曹家巷自治改造经验，健全完善社区居民自治管理体系，实现政府治理和社会调节、居民自治良性互动。激发社会组织新活力，逐步扩大政府向社会组织购买服务，争创“全国社会组织建设创新示范区”。构建社会治理新机制，建成区级社会管理联动服务中心，推进城市综合管理“2+X”改革，实施社区网格化管理，实现城市综合治理常态化、规范化、精细化。构筑矛盾化解新格局，整合优化大调解“一办五中心”工作体系，推进涉法涉诉信访事项导入司法程序，有效预防和依法化解社会矛盾。

强化安全体系建设。不断深化“平安金牛”建设，依托立体化社会治安防控体系，健全常态化整治机制；深入开展群防群治和平安创建活动，巩固“三无院落”整治成果。扎实开展“法治金牛”建设，纵深推进“六五”普法工作，依法预防打击犯罪，依法规范社会秩序，依法维护社会稳定；加强法律援助体系建设，切实保障困难群众合法权益。深入推进“全国安全社区”创建，持续开展企业安全生产标准化建设，加大监管力度，有效遏制重特大安全事故；强化食品药品专项治理，加快形成广覆盖、专业化、高效率的监管体系；切实加强重点领域应急管理，完成全区40个粮食应急供应网点挂牌工作，完善重大公共安全事件预警处置体系，保障人民群众生命财产安全。

四、努力改善民生，顺应群众新期盼

兜住民生保障的底。推进创业带动就业，确保家庭困难高校毕业生实现100%就业，力争新增城镇就业1.4万人。加快社会保险扩面，推进非公经济从业人员参保，加强社保基金监督，提高各项社会保险待遇水平。优化低保审批核查程序，健全残疾人、老年人、困境未成年人等重点人群权益保障和关爱服务体系。完善养老服务，加强特殊困难群众公共住房保障，完成余家新居一期、清淳家园二期等安置房建设45万平方米。

织好公共服务的网。推动教育资源优质均等，加强教育督导，完善质量评价监测，加快完成八中、府河幼儿园改扩建，新建外化成中小学、北部功能区配套小学。推动卫生服务便民惠民，深化落实医改，继续做好社区卫生服务机构标准化建设，确保区疾控中心、区妇幼保健院投入运行，统筹推进区医院、区中医院建设。推动全民健身持续开展，抓好青少年棒球等项

目推广。加快档案、医疗、教育、人口计生等信息化建设。做好残疾人辅助器具适配试点工作。高质量完成第三次全国经济普查。

抓住文化建设的本。抓保护促传承，扎实做好可移动文物普查，推进朱悦𤊨墓等历史文化遗迹保护，充分挖掘老官山汉墓等出土文物内涵。抓建设树品牌，打造社区电视公共文化服务平台等名片，大力繁荣文学艺术创作。抓管理强服务，严厉打击侵权盗版，高质量抓好区图书馆、区档案馆建设，巩固基层公共文化阵地，建立品牌化、规范化的公共文化服务模式。

五、建设“三型政府”，开创工作新局面

建设法治型政府。坚持依法行政，严格执行区人大决议决定，自觉接受区人大及其常委会的法律监督、工作监督和区政协的民主监督，进一步提高人大代表议案、建议、批评、意见和政协委员提案办理质量，主动做到重要工作向区人大常委会报告、向区政协通报。强化法治理念，建立学法常态机制，提高运用法治思维和法治方式解决问题的能力。推进依法决策，健全政府法律顾问制度，完善规范性文件、重大决策、重大项目合法性审查机制，提高政府决策科学化水平。创新行政管理，推进行政审批制度改革，做好地方债务风险防控，加大市场监管力度，规范行政执法程序，着力构建统一开放、公平竞争的市场环境。

建设服务型政府。加大政务公开力度，提高信息准确性和及时性，发挥各类社会组织和新媒体作用，畅通政府与市场之间信息渠道，努力塑造主动、开放、透明的政府形象。加大服务企业力度，建立区领导联系企业工作机制，主动帮助企业解决实际问题，确保各项政策落实到位；强化投资软环境治理，大力营造“重商、亲商、安商”的浓厚氛围。加大服务群众力度，完成街道、社区便民服务机构标准化建设，推进“一窗式”综合服务模式改革，启用金牛市民中心，加快打造贴心、便捷、高效的政务环境。

建设廉洁型政府。扎实推进作风转变，深入开展以为民务实清廉为主要内容的群众路线教育实践活动，解决干部队伍中存在的“四风”问题，进一步增强宗旨意识、责任意识和廉洁意识。不断强化监督管理，坚持用制度管权管事管人，深化预算管理、国资管理等改革，完善国有公司法人治理结构。严格规范权力运行，建成行政权力依法规范公开运行平台，自觉接受社会监督和舆论监督，确保权力在阳光下运行。切实降低公务成本，进一步精简文件、会议，压缩“三公”经费开支。着力健全惩防体系，严格落实党风廉政建设责任制，加强行政效能监察和审计监督，实现干部清正、政府清廉、政治清明。

名词解释

1. 五大兴市战略：市委十一届九次全会提出实施“五大兴市战略”，包括交通先行、产业倍增、立城优城、三圈一体、全域开放。

2. 六大工程：立面综合整治工程、水环境整治工程、出入城通道品质提升工程、园林绿化环境整治工程、市政设施提升工程、景观照明提升工程。

3. 七项专项行动：车辆乱象专项整治行动、店招广告专项整治行动、建筑工地专项整治行动、各类市场专项整治行动、市容秩序整治行动、街面环境卫生整治行动、社区院落环境整治行动。

4. 三无院落：无门卫、无物管、无管理组织的院落。

5. O2O电商平台：将线下商务的机会与互联网进行结合，让互联网成为线下交易的前台。

6. 法律援助“双延伸”：在提供法律援助之前延伸服务，开展法治宣讲、法律援助宣传、摸排调查以及妥善处理矛盾纠纷；在提供法律援助之后延伸服务，开展受援对象回访、法律援助服务质量调查以及法律援助后续事务帮助。

7. “一窗式”综合服务模式：“一窗式”服务是基于街道、社区现有便民服务窗口分类办理提出的一种新型窗口服务模式，其目的是使办事群众在一个窗口办理所有入驻事项，缩短办事时间、提高工作效率、优化人员配备。

8. 三级政务微博平台：区、部门和街道、社区三级政务微博平台。

9. 环城生态区：由成都市城市总体规划确定的沿中心城区绕城高速公路两侧各五百米范围及周边七大楔形地块形成的生态用地和开发建设用地构成的控制区。

10. 七乱：垃圾乱扔、广告乱贴、摊位乱摆、车辆乱停、工地乱象、河道乱污和违规搭建。

11. 城市综合管理“2+X”改革：“2”指公安、城管两个部门为主体，“X”指教育、民政、建交、卫生等多个具有社会管理职能的部门参与，针对社会治安、城市管理和突发事件处置等工作，探索建立联动协调运行体系和机制，构建集综合服务、综合管理、综合执法于一体的社会管理大平台。

12. 一办五中心：“一办”即矛盾纠纷“大调解”工作

领导小组办公室；“五中心”即设在区司法局的人民调解指导中心、设在区政府法制办的行政调解指导中心、设在区法院的司法调解中心和大调解指导协调中心、设在区信访局的信访群众疏导调解中心。

13. 四风：形式主义、官僚主义、享乐主义和奢靡之风。

中国人民政治协商会议成都市金牛区委员会常务委员会工作报告（节选）

——在政协第六届成都市金牛区委员会第三次会议上

政协成都市金牛区委员会主席　李凯威

（2014年1月15日）

各位委员、同志们：

我代表中国人民政治协商会议第六届成都市金牛区委员会常务委员会向大会报告工作，请予审议。

2013年工作回顾

一、强化思想武装，坚定政治方向

（一）深入学习贯彻中共十八大和十八届三中全会精神。

（二）深入开展“中国梦”主题教育活动和联系服务群众的工作。

（三）深入抓好委员学习培训和素质提升工作。

二、紧扣北改工程，助推转型发展

（一）以提案为抓手献计北改。主席会议研究、确定《关于推进北改龙头工程中，高水平规划公建配套设施，打造功能齐全、配套完善的靓丽城北的建议》《关于加快金粮路周边道路建设的建议》《关于利用电子商务进一步加快对我区专业商品市场提档升级的建议》《关于在北改工程中以金华寺规划改造推进天回片区文态、生态建设的建议》等7件提案为年度重点提案，由区政府、区政协有关领导联系督办，取得了较好的办理效果。对承担北改任务较重的区建交局办理的17件政协提案，组织开展了民主评议工作，从不同角度、不同方面对区建交局承担北改工作任务的推进情况，展开了广泛而深入的视察、协商、评议，有效促进了问题的解决落实。市、区两级政协委员还十分重视北改进程中生态建设和环境保护的问题，对我区城北水系污染和水环境保护现状进行了充分调研，向市政协提交了《关于对城北部分河道污染进行治理的建议》的提案，引起了市级部门的重视，研究采取了相应措施予以落实，起到了积极的效果。

（二）以协商为平台建言北改。六届十五次主席会议针对国有公司在北改中的作用发挥情况，组织视察了部分国有公司在建项目，提出了加强经营管理、加大投融资争取和服务力度、进一步提升资金使用效率，切实服务北改工程的建议。六届十七次主席会议就抓住北改契机，进一步做好招商引资工作，加大招商引资项目的拆迁整合力度，推进招商引资项目的基础设施和公建配套建设，营造北改项目招商引资氛围、做好引进企业的服务工作等问题进行了协商建言。为推动高新技术企业发展，促进区域产业转型升级，六届十八次主席会议组织视察了北改区域内的部分高新技术企业经营发展情况，建议要拓宽高新技术发展的行业领域，加大对高新技术企业的支持、扶持力度，做好高新技术产业园区配套服务。针对区属荷花池市场提升改造，组织有关政协委员开展专题协商，就保障市场提升改造工作顺利推进，提升荷花池品牌效应，提出了建议。

（三）以反映民意为载体参与北改。针对经济界人士反映实体产业发展受多种因素影响面临较大压力的情况，组织经济界别委员开展界别活动，调研走访多家企业和商贸市场，编报“我区部分实体产业经营困难、部分工业企业外迁流失、传统商贸业优势逐步减弱”的《社情民意反映》，建议相关部门重视企业界人士反映的情况，尽快研究、出台应对措施，保证北改中实体经济的正常发展。结合北改工作的推进，发展壮大小微企业的问题，组织经济界委员认真调研我区小微企业经营发展的现状，了解企业的发展意愿，切合实际提出了五个方面的建议，形成的调研报告被省、市、区政研室以专文形式刊登，引起了相关方面和领域的较大关注。为顺应北改对发展现代服务业和产业转型升级的要求，就有关产业、企业方面人士关心的电子商务发展问题组织专题视察，提出了要加快电子商务平台建设的建议。围绕社会各方面十分关注的交通出行问题，以“交通先行”、打造“畅通城北”为课题，组织界别委员到全区中小街道了解交通现状，分别就金芙蓉大道建设、五块石辖区货运汽车乱停乱放造成交通拥堵、噪音严重、荷花池北站东二路重型车辆行驶造成道路严重磨损等情况及时进行反映，得到相关部门的重视和采纳，促进了城北交通状况的改善。

三、关注民生改善，促进社会和谐

（一）关注城乡环境综合治理。按照区委对城乡环境综合治理工作的部署，进一步落实区政协《关于对全区城乡环境综合治理工作加强联系监督的意见》，对全区15个街道办事处环境综合治理情况进行实地明察暗访，收集编报《城乡环境综合治理联系督查情况反映专刊》7期，对存在的问题积极协商建言，得到了区委、区政府有关领导的重视肯定，促进了有关部门、街道整治工作的开展。

（二）关注民生改善群众诉求。大力关注老龄事业发展。六届十九次主席会议建议加强政策扶持，加强养老服务机构建设，推动养老服务社会化、市场化、产业化。针对社区微型养老机构场地需求受限的情况，先后以提案、社情民意、专项建言等方式向省、市、区三级进行了情况反映。大力关注教育事业发展。六届二十一次主席会议对我区教育均衡发展情况进行视察协商，深入分析我区城市建设向外扩展、义务教育外来人口子女数量大等实际情况，提出了加快校点布局规划调整和建设、加强教育资源的合理配置、整体提升我区教育质量等建议。大力关注卫生事业发展。分别对卫生工作信息化平台建设、免费孕前优生健康检查工作和社区卫生服务中心建设等方面问题，以主席会议、专题视察等方式进行建言协商。还就中小街道排污管道疏淘、涉农社区拆迁安置遗留问题处理、部分社区群众买菜难、社区公共服务等群众关切的热点难点问题，以多种形式进行收集、反映。

（三）关注社会治理和谐稳定。重视社会治理各方面工作，积极参与维护社会和谐稳定的工作。安排政协常委会听取区纪委、区法院、区检察院工作情况通报；组织部分委员视察区公安分局执法规范化建设工作情况，提出了进一步强化公安执法规范化建设的基础条件，提升新形势下的公安执法能力，推进公安执法规范化建设水平的建议。重视民族团结、宗教和谐方面的工作，对有关街道、社区、宗教场所进行了视察。六届七次常务委员会议对多个部门共同参与的社会矛盾纠纷大调解工作进行了视察协商，提出了建议进一步统筹整合力量资源，加强“大调解”整体效能建设，编制“金牛区预防、化解矛盾纠纷程序”宣传册，将“大调解”工作纳入法制渠道，注重依法解决社会矛盾纠纷的建议。

2014年工作思路

一、增进全面深化改革的思想政治共识

坚持用中央全面深化改革的重大决策部署夯实各界团结奋斗的共同思想政治基础。要把深入学习贯彻十八大精神和十八届三中全会精神，作为当前和今后一段时期的重要政治任务，采取行之有效的办法加大学习宣传，广泛凝聚共识。要深刻领会十八届三中全会关于全面深化改革的重要精神，注重把学习贯彻《中共中央关于全面深化改革若干重大问题的决定》同我区转型发展的实践紧密结合，切实抓好区六次党代会第四次全体会议精神的贯彻落实，准确把握区委全面深化改革、加快转型发展的总体要求，进一步明确中心任务和着力重点，做到与区委在思想上同心同德、目标上同心同向、行动上同心同行。

二、助推北改优城和经济发展方式转变

坚持按照市委确定的工作主基调、主遵循、主方向、主路径，突出稳中求进、改革创新、统筹发展，以加快北改优城、转变发展方式、深化改革开放的重点工作、重要任务、阶段目标为协商议事的主要着力点，不断推进整体协商、重点协商、专题协商、对口协商、界别协商，为经济社会发展建言献策。要发挥人民政协人才荟萃、智力密集的优势，大力关注经济工作的关键环节，敏锐捕捉经济运行中的苗头性、倾向性、前瞻性的问题，围绕全年北改重要目标，加强分析研究，为区委、区政府科学民主决策服务。

三、维护社会和谐民生改善的良好局面

坚持把增进民生福祉，联系服务群众作为履行职能的重要责任。要紧紧围绕推进社会治理各方面工作，进一步加强社情民意工作，努力反映人民群众的心声，表达人民群众的意愿；要把人民群众关注的热点难点作为政协委员履职的着力点，合理有序的组织开展履职活动，努力促进社会事业的发展和民生问题的解决。要大力关注加快完善社会保障体系，提升公共服务水平，切实加强环境治理和保护，营造和谐稳定环境等方面的工作，积极协助区委、区政府开展理顺情绪、凝聚人心、化解矛盾、维护稳定的工作。

四、加强探索创新提高履职科学化水平

坚持对履职方式和工作机制进行探索，推动人民政协履行职能在更高水平、更宽领域、更好质量上实现发展。要把推进基层协商民主建设作为探索创新的重点，深化对协商民主的认识，认真研究如何构建程序规范合理的基层协商民主工作制度，积极协助区委、区政府制定并组织实施年度协商工作计划，重点就我区转型发展中的重大事项进行科学协商，建务实有用之言。要进一步深化党派合作，创新发挥界别作用的方法和途径，注重加强委员队伍建设，注重提高专委会工作水平，注重增强政协机关服务能力。要继续有效履行好政治协商、民主监督和参政议政三项职能，把握前瞻性工作，着力探索性工作，完善经常性工作。要大力加强作风建设，认真落实中央、省、市、区关于改进工作作风密切联系群众的规定要求，扎实开展以为民务实清廉为主要内容的党的群众路线教育实践活动，努力打造一支与改革发展任务相适应的高素质机关干部队伍，以优良作风促进基层政协工作科学化水平的提升。

名词解释

1. 提升三个品质：产业品质更高、城市品质更优、生活品质更好。（区委关于加快推进北改龙头工程的意见，金牛委发〔2012〕1号）

2. 三视三问：成都市推行的“视群众为亲人，问需于民；视群众为老师，问计于民；视群众为裁判，问效于民”的群众工作法。

3. “挂、包、帮”：是指开展“领导挂点、部门包村、干部帮户”活动。区级领导至少联系1个街道、2-4个社区和2户群众，并根据实际联系其他基层党组织。各街道、区级各部门领导干部分别联系1-2个社区和3户以上群众，确保社区全覆盖。区级领导每年到联系点蹲点调研、入户走访不少于2次；区级部门领导不少于3次；街道领导不少于6次。（金牛委办发〔2012〕45号）

4. “双报到”：是指机关基层党组织和机关党员到社区报到。全区每个机关基层党组织都要到结对共建社区报到，每年在结对共建社区开展志愿服务活动不少于2次，每年走访、慰问和帮扶社区困难党员和群众不少于2次，和社区党组织共同开展组织生活不少于2次，每年撰写1篇社情民意或调研报告。每名机关党员到居住地社区和结对共建社区报到，在社区帮扶1名困难群众，结合职业特点和自身特长在社区认领1个服务岗位，每年至少参加1次社区公益或志愿服务，撰写1篇帮扶总结。（金牛委办发〔2012〕45号）

5. 主基调、主遵循、主方向、主路径：市委经济工作暨城镇化工作会议提出了今年全市工作的主基调、主遵循、主方向、主路径。主基调是稳中求进、改革创新、统筹发展；主遵循是以全面深化改革为统领、以提高增长质量和效益为中心、以保障和改善民生为目的；主方向是推进城市空间、城市产业、城市生态、城市管理、城乡形态“五个转型升级”；主路径是产业发展高端化、资源配置市场化、城乡统筹一体化、对外开放国际化。

文件选登

金牛区关于改进工作作风、密切联系群众的实施办法

为认真贯彻落实中央关于改进工作作风、密切联系群众的八项规定，根据省、市相关规定，结合金牛实际，制定本实施办法。

一、改进调查研究

区委、区政府领导班子成员要围绕事关金牛经济社会发展的重大全局性问题和群众关注的热点难点问题开展调研。要把调研工作和解决问题有机结合，每年调研的时间不少于70天，并撰写1—2篇调研报告。到基层调研时，参加的牵头单位负责同志原则上不超过2人，街道安排1位负责同志参加。1个调研点涉及多个单位的，每个单位只安排1位负责同志参加。统筹安排调研活动，尽量不集中、不在同一时间到一个单位。坚持轻车简从，尽量安排集体乘车。

二、密切联系群众

区委、区政府领导班子成员要牢固树立“群众是真正的英雄，基层组织的重要任务就是团结、引导‘英雄’正向发挥作用”的观念。深入开展“挂、包、帮”活动，每人必须联系1个街道、2个以上社区和2户以上困难群众。坚持联系群众经常化，随时把握民情，有效疏导民心，凝聚推进北改正能量。进一步落实接访、包案制度，及时解决群众诉求。充分发挥区委书记、区长网络信箱和区长公开电话直接联系群众的作用。

三、直接服务基层

区委、区政府领导班子成员要带头增强服务意识，用心为辖区居民、辖区单位、辖区纳税人服好务。要坚持少开会、开短会，少讲话、讲短话，安排更多的

时间深入到北改项目、民生工程和情况复杂、困难较多的地方去攻坚破难。原则上每年在一线工作的时间不少于工作日的1/2，做到开展工作在一线，掌握情况在一线，解决问题在一线。

四、精简会议活动

严格清理、切实减少各类会议活动，时间和内容相近、出席领导和参会人员相同的会议应合并或套开。严格会议活动审批，以区委、区政府名义召开的全区性会议和举行的重大活动，由区委办、区政府办统筹安排。区级部门召开的本系统全区性工作会议，原则上每年不超过2次，会期不超过2小时，只请与会议内容密切相关的单位派1人参加。严格控制举办各类庆典、纪念会、研讨会、论坛等活动，对确需举办的，要从严控制规模数量，严格履行审批程序。未经批准，区委、区政府领导班子成员一律不出席剪彩、奠基、庆祝会、纪念会、研讨会、论坛等活动。

五、精简文件简报

控制以区委、区政府名义发文的数量，法律法规规章和党内法规已作出明确规定的，一律不再制发文件；区级部门发文或区级部门联合发文能够解决的，不由区委、区政府（含区委办、区政府办）发文。区委、区政府发文必须对党中央、国务院和省委、省政府与市委、市政府重大工作部署有实质性的贯彻落实措施。严格控制简报编发，区委、区政府只保留《金牛要情》、《金牛观察》，区级部门、街道报送区委、区政府的简报只保留1种。严格控制文件、简报篇幅，区委、区政府文件一般不超过3000字；区级部门、街道报送区委、区政府的文件控制在4页以内，简报控制在2页以内。

六、规范外出公务

加强因公出国（境）管理，严格执行中央、省、市规定，不安排无实质内容的出国（境），不进行一般性考察；区委书记、区长原则上1年内不超过1次，区委常委、副区长原则上2年内不超过1次。严格国内出行管理，除重要的招商活动、重大事项的决策调研、重要工作的学习创新和上级规定参加的会议培训外，原则上不安排出行活动。

七、改进新闻报道

简化区委、区政府领导班子成员出席会议活动新闻报道，优化报道内容和结构，压缩数量、字数和时长，有的可刊播简短消息或只报标题新闻，突出北改、民生和社会新闻。领导职务称谓根据会议活动主题内容确定，不报道担任的全部职务。考察调研活动新闻报道要多反映群众关心的实质性内容。一般性会议活动原则上不作报道。新闻报道工作由区委宣传部负责统筹协调和日常管理。

八、严格文稿发表

区委、区政府领导班子成员代表区委、区政府发表涉及全局和重大敏感问题的讲话和文章，须报区委、区政府批准。除区委统一安排外，个人任职期间不公开出版著作（含摄影、书画作品），不发贺信、贺电，不题词、题字，不为出版物作序。

九、简化接待工作

区委、区政府领导班子成员到基层调研、检查，不张贴悬挂欢迎标语横幅，不打电子屏滚动标语，不摆放花草。除工作需要外，不到名胜古迹、风景区参观。原则上不在基层用餐，确需在基层用餐的，尽量安排在单位食堂，不上高档菜，不饮酒。不得赠送各类纪念品或土特产。

十、厉行勤俭节约

认真落实厉行节约、反对铺张浪费的规定，严格执行公务卡使用制度，减少“三公”经费开支。进一步规范公务接待管理，严禁用公款搞走访、送礼、宴请、旅游等活动。进一步规范办公用品的采购、使用和管理，严格执行公务用车管理规定，减少水电气消耗，降低办公成本。严格控制会议活动经费，区内会议一般安排在区机关办公大楼内，会议材料不装袋、不准备笔和笔记本，不摆放花草水果、不做背景板。

（2013年1月31日以金牛委发〔2013〕1号印发）

金牛区关于全面加强对外开放工作快速助推北改龙头工程的实施意见

为深入贯彻落实全市对外开放工作会议精神，围绕市委“奋力打造西部经济核心增长极”的总体部署，全面深化“全域开放”战略，进一步提升我区对外开放招商引资工作水平，为全市加快建设开放型区域中心和国际化城市做出新贡献，现提出如下实施意见：

一、总体思路

充分把握2013年《财富》全球论坛和第十二届世界华商大会等重大机遇，紧紧围绕加速推进北改龙头工程这一主线，牢固树立“全球化、宽领域”的开放理念，全面建立“全员化、精细化”的招商体系，更加突出“高端化、国际化”的招商方向，迅速掀起金牛“大招商、招强商”的对外开放热潮，确保全区对外开放招商引资工作实现大跃升，为北改龙头工程提供强大的资金、项目、人才支持，为加快建设产业品质更高、城市品质更优、生活品质更好的现代化国际化新金牛营造良好的投资环境。

二、工作目标

2013年招商目标：引进北改资金400亿元人民币，引进国内省外资金200亿元人民币以上，实际到位外资7亿美元以上，引进总投资达到1亿元人民币或1000万美元的重大项目20个以上，引进世界500强企业及跨国公司取得新突破。

三、工作重点

（一）围绕现有载体，实施资源招商

1. 大力推进新增上市土地资源招商。围绕区域发展、项目投资的实际需要，务实制定并刚性落实2013年度集体土地征地拆迁上市工作计划，重点加大土桥片区、两河片区、金牛高科西区、量力片区、王贾片区、兴盛片区、北部功能区等重点区域的土地拆迁整理力度，有针对性地向产业总部、文化旅游、高端商贸等国内外行业领军企业进行营销推介，确保2013年上市土地2000亩以上，力争土地资源利用效益最大化。

2. 大力推进旧城改造地块资源招商。充分利用北改系列优惠政策，进一步加大旧城改造项目包装、推介和实施力度，重点实施解放路市委党校地块、电子器材公司地块、邮区中心局地块、市汽车运输公司地块、公交公司地块；人民北路新华印刷厂南片区、成都铁路局片区、站西桥横街、成铁运校地块、地矿局地块；沙西线银桂桥片区、九天羽毛球馆片区、嘉立钢材城、沙湾公寓地块；成灌路花牌坊新16号、茶花片区、数码港地块等项目，切实加强与尚泰集团、恒大地产、金地集团、鑫苑置业等国内外商业地产开发龙头企业跟踪洽谈，确保2013年新包装推介重大旧改项目15个以上，促成签约落地10个以上，完成拆迁8个以上，力争旧城改造有新的重大进展。

3. 大力推进楼宇资源二次招商。集约利用区域新投入运营的高端写字楼和总部楼宇等载体资源，重点抓好信德环球广场、万达金牛广场、盛大国际总部等项目的二次招商，积极引进国际化程度高、产业层次高、带动力强的跨国公司总部、电子商务、文化创意、高端商务服务等项目，尽快弥补我区现代服务业发展短板，确保2013年全口径税收上亿元楼宇2个以上，力争楼宇经济发展有新的重大突破。

（二）围绕主导产业，实施链条招商

1. 狠抓强链招商，加快构建国际现代商贸中心。充分发挥中药材指数、五金机电指数等2个国家级行业指数对相关行业的高端引领作用，大力引进一批行业优势企业在我区设立区域总部、展示中心等，推动商贸业高端化发展；重点推进成都国际商贸城引进日用品17大门类的名优企业入驻，开展各类重大展贸节会，不断扩大人气商气和对外知名度。加快促进晟鑫国际名牌名品展示中心、德尔家居集成西部总部基地、兰花草国际软装家居博览中心、富森法国风情家居长廊等项目建设步伐，推动高端商贸业规模化集群发展；积极利用四川省电子商务示范基地平台，支持九正建材、空中数字商城、环球生资网、金银街电子商务总部、万道商城等电子商务企业加快发展，建立全省首个电子商务行业协会，构建电子商务市场云，全力争创国家级电子商务示范基地，不断拓宽市场半径，提升产业能级，推动商贸业精品化发展；加快实施金府钢材物流中心、万贯五金机电城、区属荷花池市场等专业市场调迁关闭、改造转型，推动商贸业升级转型发展。

2. 狠抓扩链招商，加快打造现代科技研发商务高地。以中铁轨道交通高科技产业园为依托，发挥法国阿尔斯通、美国天宝、日本东忠等国际行业龙头企业入驻的优势，扩大智能轨道交通产业联盟，大力引进产业链条上下游的设计研发、科研实验、工程咨询、销售中心、结算中心等行业国际知名企业，加快打造西部最大的智能轨道交通产业基地。以西部地理信息科技产业园为依托，认真梳理空间地理信息产业链条，大力引进卫星定位系统、地理信息系统、遥感遥测、物联网、光电子、节能环保、集成软件管理等产业链上的高端企业，努力培育更多具有核心竞争力的上市公司和区域总部，奋力推进科技研发商务高地加快建设。

3. 狠抓补链招商，加快打造多元文化创意高地。依托成都华侨城、一品天下美食街等项目，围绕华侨城创意娱乐等“八大文化旅游产业组团”建设和规划的“四点一线四片”特色文态重点片区，大力引进一批精品餐饮、高端酒店、娱乐动漫、养生休闲等行业知名企业，加快包装推介一批特色街区打造、历史院落改造、文物遗址建设等招商项目，积极对上争取蜀城项目选址落户，大力促进区域餐饮娱乐、文化创意、休闲旅游等行业规模扩大、业态提升、特色突出，着力塑造现代文明与历史文化交相辉映，传统形态与现代业态浑然相融的金牛特色文化创意品牌。

（三）围绕重大节会，实施主动招商

1. 强化区域形象主动营销。借助《财富》论坛、华商大会的世界级平台，加大我区对外营销力度和广度，最大限度地发挥重大国际性盛会的全球窗口作用。以北改优城战略、交子商贸文化、提升三大品质、“四优街道”创建等内容为重点，积极开展主题鲜明、视野多元、展现形象、具有国际化标准的对外营销宣传，主动参与全市对外宣传活动，邀请境内外媒体聚焦金牛经济社会发展，充分展现金牛在历史传承、产业发展、民生和谐、城市文明等方面的良好形象，进一步提升我区的对外影响力和投资吸引力。

2. 把握重点时机主动推介。充分把握2013年《财富》全球论坛、第十二届世界华商大会契机，最大限度利用好此次重大节会“大事件效应”的高附加值，会前详细摸排梳理目标企业，制定全面、精细、可行的招商推介方案；会中积极对接推介重点项目，有针对性地邀请参会的行政要员、财团商会及企业高管到我区考察；会后大力跟踪促进，确保项目推介取得实效、意向企业对接有力；高水平办好西博会金牛分会场、南亚商品交易会等一系列重要展会，积极做好重点项目宣传推介，力争一批重大项目成功落地。

3. 采取多种方式主动出击。将“走出去”招商和“请进来”招商相结合。根据不同项目类型和不同目标企业，制定个性化、订单式的招商方案，开展区域差异化招商。积极走出去对环渤海、长三角、珠三角、东南亚等国（境）内外重点区域上门招商，主动对接目标企业，不断提升招商项目对外知晓度；同时对梳理的重点目标企业主动请进来考察拟推介的重点项目，充分展示政府诚意和项目实际情况，坚定企业投资信心。力争2013年举办大型北改招商推介会1次，赴珠三角、长三角、环渤海地区开展专题项目推介3次，赴香港、台湾、南亚、欧美等地开展境外招商推介，邀请50家以上重点目标企业来我区考察。

（四）围绕外需拉动，加快提升经济外向度

1. 做大外贸企业主体。进一步加快骨干外贸企业培育，切实做好宏华科贸、攀钢国贸等外贸企业的跟踪服务，力争培育出口上2亿美元的外贸龙头企业1家；在着力培育骨干企业的同时狠抓初创型企业孵化，及时帮助中小型企业解决在出口退税、核销结汇、政策扶持等方面的问题，力争新增有出口实绩的外贸企业5家。用好、用活国家及省、市的各项外经贸扶持政策，结合我区实际情况制定有引导性的外贸扶持政策。鼓励自营生产型外贸企业加强自主品牌建设和品牌推广，扩大自有产品生产出口。引导商贸流通型外贸企业加大本地产品的采购力度，增强外贸出口对地方经济的带动作用。

2. 促进外经企业发展。利用我区外经工作在全市持续领先的优势，引导区内企业发挥自身优势，走出国门，充分挖掘国外市场，开展涉外项目合作，建立海外生产基地，投资实体经济；鼓励区内有技术有资质的大中型企业如铁字号企业、建筑施工企业、工程设计服务企业等积极参与国际招投标，对外承包工程，通过外经业务带动外贸出口。充分发挥我区市级服务外包示范园区优势，重点培育以科技服务业、专业技术业和商业服务业为特点的各类服务外包，发展高端科技特色服务外包产业。

3. 加强对外交流合作。加强“三圈一体”合作，深化“金新彭”三地雁阵联动融合发展，在道路配套、产业互补、生态共建等方面开展全方位合作，努力在互补、互得与优势聚集中增进区域核心竞争力，实现三地同发展共繁荣。融入“成德绵”发展带区域合作，发挥成都北大门的口岸优势，为全省“两化”互动、统筹城乡总体战略做出金牛应有的贡献。加强友好城区交流合作，进一步增强与杭州、上海、厦门等国内发达地区的友好区县对接联系，全面把握“内资西进”趋势，积极主动承接重点产业转移。加强国际交流合作，继续加强与英国索尔福德市等国际友好城市的交流与沟通，缔结新的国际友好城市，在人才、资源、项目等方面加强交流与共享，在更大范围内实现经贸、文化、教育、科研等领域的工作联动，不断扩大我区经济外向度。

（五）围绕提升区域竞争力，全面优化投资环境

1. 着力构建具有国际优势的生产服务环境。贯彻落实“交通先行”战略部署，加快金芙蓉大道、天丰路、金凤凰大道等道路建设，启动实施王贾大道、商贸大道北延线、双凤大道、金新路（川陕路—蜀龙大道）、天丰路（川陕路—蜀龙大道）等规划重点道路建设，加速完善北城骨干路网体系；按时完成二环路6.9公里立面整治，把金牛大道打造成为《财富》论坛、华商大会的迎宾大道，启动区域内其他重要道路、重要节点立面和商招店招整治，同步实施夜景光彩工程和沿街绿化及块状绿地建设；加快老旧客运站关闭整合和新站建设，完善能源等公建配套项目建设，加快打造交通便捷、优美现代、配套完善的新城北。

2. 着力构建体现国际品质的生活服务环境。继续加大城乡环境综合治理和文明城区建设力度，围绕“营造优美环境”、“构建优良秩序”、“提升优质服务”、“培育优秀市民”四大主题，深入开展“四优街道”创评活动；坚持抓好城区卫生保洁及扬尘治理工作，继续加强公民道德建设，不断提高城市文明形象和市民文明素质。高标准完成2013年度一般院落和精品院落整

治工作，切实改变老旧院落市民生活环境。加快包装推出一批高端文化、教育、医疗、体育等配套项目的招商，着力引进一批国际知名品牌文化机构、教育机构、医疗机构落户，打造具有国际品质的生活服务环境。

3. 着力构建遵循国际惯例的政务服务环境。健全完善北改工程“全域招商”工作新格局，根据部门、街道、国有平台公司各自职责，有针对性地下达对外开放目标任务，加大综合目标考核分值，加快形成“招商工作人人参与、项目引进人人有责、企业服务件件落实”的全域开放工作新局面。着力打造遵循国际惯例的政务服务环境，遵循“应简尽简、能优则优”的原则，进一步精简行政审批事项，广泛推行政务公开，进一步健全重大项目服务“绿色通道”，构建公开透明、规范有序、务实高效的政务服务平台；遵循“诚实守信、务实高效”的原则，针对重大投资项目，认真落实重大项目协调会制度和外商（来）投资企业座谈会制度，高效解决项目在引进、审批、运营等环节遇到的各类困难，确保企业优惠政策应享尽享、及时兑付，努力营造高水平的政务服务环境。

（2013年1月11日以金牛委办发〔2013〕3号印发）

金牛区关于常态化解决城乡环境综合治理中群众诉求的工作制度

为切实转变干部作风，认真解决群众诉求，进一步加强城乡环境综合治理工作，特制定以下工作制度。

一、畅通群众诉求渠道。由区委、区政府总值班室负责收集来自市（区）长信箱、市（区）长公开电话和文明热线96110等渠道的群众诉求，将其中涉及城乡环境综合治理的群众诉求及办理情况整理编辑，每天编辑《城乡环境市民投诉情况专报》。

二、加强信息研判。由区城乡环境综合治理办公室负责对每天的《城乡环境市民投诉情况专报》进行初筛，确定可以实施媒体监督的点位，然后与区外宣办会商，确定报道口径和方向。

三、加大媒体监督。由新金牛采编中心、区有线台负责对区级相关部门和各街道解决群众诉求情况开展媒体监督。对优秀案例进行宣传报道，对工作开展不力的单位予以通报批评。

四、强化监督检查。由区监察局、区应急效能办负责对群众诉求处理情况开展监督检查，通过日常督查、随机抽查和定期通报等方式，督促区级相关部门和各街道切实解决群众诉求。把群众满意度、诉求处理速度纳入党风廉政建设和行政效能建设目标考核内容。对因慢作为、不作为、乱作为，导致群众反复投诉的，或对群众合理诉求推诿扯皮、敷衍塞责、激化矛盾并造成严重影响的，按有关规定追究相关人员责任。

五、确保信息技术支撑。由区信息办负责维护日常信息化电子政务平台，升级完善电子监察系统，畅通电子网络诉求渠道，为顺利推进常态化解决群众诉求工作提供坚实的技术支撑。负责完善网络问政机制，做好网络舆情监控和网络舆论引导，积极开展涉及城乡环境综合治理的网络宣传。

（2013年3月15日以金牛委办发〔2013〕11号印发）

2014－2017年全区城乡环境综合治理工作方案

为持续深入推进城乡环境综合治理，进一步改善城乡环境质量，提升城市形象，按照《2014—2017年全市城乡环境综合治理工作方案》要求，结合我区实际，现就2014—2017年全区城乡环境综合治理提出如下工作方案。

一、总体思路

深入贯彻党的十八大“大力推进生态文明建设”、“努力建设美丽中国”和十八届三中全会“完善环境治理和生态修复制度”的重大部署，按照省委、省政府和市委、市政府对深化城乡环境综合治理以及推进城市建设管理转型升级和“大城市、细管理”、治理“城市病”问题的重要要求，以北改龙头工程为契机，以“规划为先导、建设为基础、管理为手段”，持续深入推进城乡环境综合治理，进一步改善城乡环境质量，提升城市形象，为加快建设现代化国际化新金牛奠定坚实的环境基础。

二、基本原则

（一）坚持科学治理。把城乡环境综合治理与产业发展、城市建设等有机结合，统筹推进。坚持规划引领，进一步完善城乡环境综合治理总体规划和专项规划，严格规划控制，不断增强治理工作的科学性、针对性。

（二）坚持全域治理。拓展治理广度，延伸治理深度，推动城乡环境综合治理工作向基层、盲点死角延伸。强化老旧院落、“城中村”、城乡结合部等薄弱区域环境治理，实现治理工作全域覆盖。

（三）坚持分类治理。根据各街道辖区的不同实际，因地制宜，制定差异化、梯次化工作标准，分层次、分步骤、有重点地实施治理。

（四）坚持常态治理。完善决策指挥、组织推进、监督考评等工作机制，提高治理标准，强化过程管理，提升治理精度，推进治理工作标准化、制度化、精细化、常态化。

（五）坚持联动治理。切实强化部门联动，整合多方力量，合力有效解决治理工作中管理交叉和缺位问题，不断强化“党政主导、部门协同、整体联动、齐抓共管”的工作格局。

（六）坚持依法治理。切实增强法治意识，认真贯彻落实《四川省城乡环境综合治理条例》，持之以恒深入推进环境治理，做到目标不变，力度不减，劲头不松。

三、目标任务

用四年时间，切实按照成都市建设“大美之城、现代之都”、“绿色之城、生态之都”、“宜居之城、文明之都”的工作目标，持续深化治理，力争城乡环境综合治理取得新成效，努力打造宜业、宜居、宜商更加宜人的现代化国际化新金牛，为成都市打造“全国一流、西部第一”的城乡环境贡献金牛力量。

（一）环境质量明显改善。建立科学的大气污染防控体系，提升环境监管和污染防治能力，有效改善空气质量。饮用水源水质达标，水域环境整洁优美，主要河流岸绿景美，出境断面水质稳定提升，全区水域黑臭水体基本消除，水质明显改善。

（二）城市面貌更加优美。“七乱”现象得到有效遏制，流动商贩、商业噪声、油烟扰民等问题得到有效控制。城市立面整洁清新、富有特色。道路平整舒适、设施完好，街道清扫保洁率达100%，道路完好率达98%。

（三）环境品质有效提升。严格按照国家园林城市标准要求，强化绿地管理，大力推进绿化景观建设，促进绿化景观进一步美化，绿化品质进一步提高，城市形象进一步提升。

四、工作重点

（一）强化设施建设，夯实环境基础。加大环境卫生、道路管网、公共配套等设施建设力度，着力夯实城乡环境综合治理硬件基础，不断提升城乡环境综合承载能力。

1. 完善环卫设备设施。提升环卫作业的机械化水平，及时添置更新垃圾桶（箱）、洒水车、扫地车等环卫设备。加快推进生活垃圾分类收集、转运站、餐厨垃圾收运处置等垃圾处置项目建设。建立健全设备采购和项目建设运营机制，全面提升垃圾收运处置水平。（责任单位：区城管局、区环保局、区卫生局、区发改局、各街道）

2. 完善道路管网设施。持续推进道路（桥梁）改造升级，深化中小街道病害井盖治理，及时整治道路（桥梁）病害，提升平整度和黑化率，确保运行安全。到2017年，城市道路路面完好率达98%以上，城市道路黑化率达85%以上。强化市政维护监督考核机制，力争2017年底实现道路（桥梁）专业化管理全覆盖。加快推进污水收集配套管网系统建设，深入实施污水配套管网建设改造，提升污水收集处理率。加大管线乱牵等“乱象”整治力度，加快推进电力、通信架空线缆下地整治工程，逐步消除城市道路上空既有“蜘蛛网”。（责任单位：区建交局、区经科局、区环保局、各街道）

3. 完善公共配套设施。合理规划布局和建设农贸市场、机动车洗（修、停）车场、非机动车停放点、公共厕所等配套公共设施，优化街道商业业态布局。系统整治街面标志标牌、景观照明、绿化设施、休闲桌椅等公共设施，清洗、涂装或更新脏污、陈旧建筑立面，清理楼顶屋面，规范设置户外广告和商招店招，努力保持设施完好率达90%，确保公共配套设施完好、美观、整洁。（责任单位：区建交局、规划金牛分局、区城管局、区商务局、金牛工商局、市交警二分局、各街道）

4. 推进信息化建设。按照全市统一部署，整合相关部门信息系统资源，建设互联、共享的综合性城乡环境综合治理数字化政务平台。综合运用现代网络和数字技术，在大气和水环境监测、涉农区域面源污染预警预报、环境卫生管理、景观照明设施管护、道路桥梁安全监控等方面推进信息化管理，完善城市环境数据库建设，构建可测量、可控制、可监督的城乡环境综合治理数字信息网络，提升环境治理现代化管理水平。（责任单位：区信息办、公安金牛分局、区环保局、区建交局、区城管局、金牛工商局、各街道）

（二）突破重点难点，改善环境质量。以人民群众关心关注的大气、水、交通等环境问题为重点，加大整治力度，持续深化治理，破解环境难题，不断改善全区域环境质量。

1. 改善大气环境质量。完善大气污染源快速解析系统和大气污染应急响应机制，做好大气污染监测、预警预报及应急处置工作。清理核查全区排气工业企业主要污染排放情况，实施深度治理，推进清洁生产，分步削减排污总量。全面落实秸秆禁烧、禁煤（木炭、煤油、柴油等）等治理工作。强化工地监管，严格执行建筑垃圾运输车辆全密闭运输，继续实施道路硬化、裸土覆盖、绿化带提挡降土“三大工程措施”，提高预拌混凝土、预拌砂浆使用率，切实加大扬尘污染防治力度。（责任单位：区环保局、区发改局、区经科局、区建交局、区城管局、区统筹局、区房管局、国土金牛分局、交警二分局、各街道）

2. 改善水域环境质量。深入实施饮用水源地保护工程，扎实做好饮用水源一级保护区封闭、隔离工作，切实抓好饮用水源保护工作。深入实施黑臭河渠综合治理工程，采取河渠（沟）清淤、污水管道清通、化粪池疏掏等非工程措施和雨污连接管封堵、单元户雨污分流改造以及新建污水管道、污水检查井等工程措施，对黑臭河渠进行综合治理。深入实施河渠沿线水域环境卫生治理工程，梯次推进全域水系建设，大力削减水污染物排放，努力营造水系更加完善、水景更加美丽、水韵更加悠长的水域生态环境。力争2015年底前，实现污水收集处理率达到95%；力争2016年底前，全区黑臭河渠实现“全线截污”，消除黑臭水体，重要河流实现“岸绿景美”，出境断面水质稳定提升；力争2017年底前，对河道景观进行美化提升，努力营造整洁优美的水域景观，推进水功能区水质达标，改善提升水域环境。（责任单位：区建交局、区环保局、区城管局、区统筹局、各街道）

3. 改善交通环境质量。以全区主街干道、出入城通道等为重点，强化管理养护，抓好环境卫生，打造绿化景观，整治路容路貌，着力营造整洁、优美的路网环境。以火车站、汽车站、地铁站等公共交通场站及周边区域为重点，加大环境卫生作业频次，完善场站隔离设施和交通标志标牌，规范车辆和行人的通行秩序，依法整治机动车、电瓶车、摩托车等非法运营和乱停乱放行为，强化治安巡逻和流动人口管理，着力营造清洁美观、文明有序的交通场站环境。严格查处机动车乱停乱放，临时占道停车场超范围、占用盲道停车，机动车违反禁令及标志标线、超载冒载，切实治理驾乘人员向车外乱吐乱扔以及路口散发小卡片、兜售物品等交通违法行为，着力营造秩序井然、通行顺畅的交通通行环境。（责任单位：公安金牛分局、市交警二分局、区建交局、区城管局、各街道）

4. 提升城市面貌品质。全面实行城市道路保洁作业分级分类管理制度，推进生活垃圾分类投放、不落地收运工作，力争到2017年底，全区机动车道机械化清扫作业覆盖率达77%，全区物业化服务小区分类投放收集分别达到100%。严格户外广告设置管理，全面清理整治违法户外广告，力争2017年底前完成全区所有卖场户外广告提档升级改造，户外广告减量30%。规范设置商招店招、标志标牌，力争2017年底基本完成主街干道、出入城通道、中小街道商招店招的综合整治。依法整治随意占道挖掘、占道经营、噪声及油烟扰民等违法违规行为，力争2017年底“门前三包”履约率达90%。持续治理老旧院落，抓好环境卫生，规范容貌秩序，健全长效机制，力争2017年底，老旧院落环境治理达标率达95%以上，星级院落巩固合格率100%，实施居民自治管理和物业管理的老旧居民院落达100%。（责任单位：区卫生局、区文明办、区环保局、区房管局、区城管局、区民政局、各街道）

5. 防控涉农区域面源污染。抓好种养殖场点环境污染整治工作，按照控量递减、防止新增的原则，逐步取缔种养殖场点。在取缔之前切实做好畜禽粪便排泄处置措施，减少环境污染。抓好再生资源回收利用站点建设管理，合理规划布局，严格取缔无证无照垃圾回收站点，加强证照齐全再生资源回收站点的监管，做好周边环境卫生管理。（责任单位：区统筹局、区商务局、相关街道）

（三）打造特色亮点，提升环境品质。围绕建设产业品质更高、城市品质更优、生活品质更好的现代化国际化新金牛目标，注重治理细节，突出品质提升，着力从特色街区打造、生态文明建设等方面提升城市形象，改善城市面貌。

1. 打造特色街区。持续推进“城中村”、城乡结合部和老旧街道、破烂道路等整治改造，结合辖区地域特色和民俗风情打造特色街区。加快推进特色文化广场、景观广场建设，在重要节点塑造特色文化标志，建设具有历史文化内涵和城市景观的标志性公共文化设施，发掘城市人文内涵，彰显城市文化特色，全面提升城市形象品位。（责任单位：区建交局、规划金牛分局、区文旅局、区城管局、各街道）

2. 强化生态建设。深入推进环城生态区建设，完善健康绿道网络体系，着力构建独具特色的生态景观。加快实施重点河道景观提升工程，营造“水韵悠长、绿意盎然”的水域景观。（责任单位：区建交局、区统筹中心、区城管局、各街道）

3. 推进示范工程。继续分层次、高标准推进“环境优美示范工程”建设，积极争创“五十百千”示范工程，全区每年建设本级环境优美示范街道1个。每个街道每年建设本级环境优美示范社区1个，确保达到“清洁化、秩序化、优美化、制度化”标准，逐步实现“全域创建”和“全域示范”。（责任单位：区文明办、区卫生局、区城管局、区民政局、各街道）

五、保障措施

（一）加强组织领导。高度重视城乡环境综合治理工作，坚持把城乡环境综合治理工作作为“一把手”工程，切实加大领导力度。严格落实《四川省城乡环境综合治理条例》有关规定，进一步建立健全区、街道两级治理工作推进机制，构建强有力的组织指挥、协调推进、宣传发动、督查考核等指挥体系和工作体系，切实加大推进力度。严格执行城乡环境综合治理责任区制度，切实落实属地、部门的工作责任，确保工作落到实处。

（二）强化宣传引导。创新宣传方式，在新闻媒体开设有关城乡环境综合治理的专栏或专题，运用消息、通讯、评论、访谈、舆论监督、公益广告等多种宣传形式，努力扩大宣传的覆盖面，多层次、全方位宣传城乡环境综合治理，形成强大舆论声势。对群众反映强烈、意见较大的环境问题和行动迟缓、治理不力责任单位进行曝光，进行追踪报道和新闻回访。对环境治理先进典型进行深度报道。有计划、有针对性地开展形式多样、贴近群众的宣传教育活动，增强宣传的渗透力，引导群众积极参与，弘扬文明新风，营造“人人参与、共建共享”的浓厚氛围。

（三）保障资金投入。将环境治理工作经费纳入财政预算和公共财政管理体系，安排与经济社会发展和财政收入相匹配的治理经费，建立完善环境治理经费随经济社会发展和财政收入增长而逐年增长的机制，使环境治理经费随管理范围扩大、工作标准提高、技术手段更新等同步增长。拓宽资金渠道，按照“投资多元化、经营产业化、管理一体化、服务社会化”的要求，积极引导和鼓励社会资金和民营资本参与城乡环境综合治理。

（四）严格监督考核。切实将城乡环境综合治理工作纳入对各街道和相关职能部门的目标管理，加大督导力度，严格目标考核和过程管理。坚持实施“每天检查、半月排名、每月通报、年终考核”，严格考核评比，及时通报考评结果并斗硬奖惩。强化督查问责，全面落实责任倒查机制，加大媒体曝光力度和行政问责力度，确保治理工作有力有序有效推进。

（2013年12月17日以金牛委办发〔2013〕44号印发）

金牛区关于进一步加强环境保护重点工作的实施意见

为认真贯彻国家环境保护“十二五”规划和省、市关于加强环境保护重点工作的实施意见，全面落实市委、市政府建设全面现代化、充分国际化的世界生态田园城市，实施“五大兴市战略”和区委、区政府实施北改龙头工程的总要求，加快推进我区经济增长方式转变，提高生态文明建设水平，现就进一步加强我区环境保护重点工作提出如下实施意见。

一、强力推进污染物总量减排

（一）突出重点领域减排。根据污染源普查和环境统计数据及近几年污染物总量减排情况，今后一个时期工作的重点将集中对砂洗、印染、制药等行业的化学需氧量和氨氮排放总量进行控制，强化城市生活燃煤治理，强化绕城高速以内区域企业煤改气治理，强化机动车尾气氮氧化物治理，强化城镇生活污水、垃圾处理设施建设和运行监管，确保列入“十二五”减排目标责任书的重点减排项目按期完成。

（二）加大工程减排力度。大力推进城镇污水、垃圾处理厂及配套管网建设，实施雨污分流和污水管网纠错查漏，提高污水处理厂污水收集率和进水浓度值，力争到2015年，城镇污水处理设施负荷率达到85%以上，城市生活污水处理率达到95%以上。有计划、分步骤加快推进天回第七污水处理厂运行达标工作，使其污水处理负荷达80%，化学需氧量和氨氮进出口浓度差分别达到190毫克/升和20毫克/升；积极推进凤凰河二沟净水厂的扩容改造，提高污水处理能力和脱氮除磷能力，化学需氧量和氨氮进出口浓度差分别达到250毫克/升和30毫克/升，污泥无害化处理处置率达100%。大力推进再生水回用，力争2015年城区再生水利用率达到40%。

（三）加快淘汰落后产能。严格执行《产业结构调整指导目录》、《部分工业行业淘汰落后生产工艺装备和产品指导目录》，加大染整行业的淘汰力度。严格控制重点行业建设项目的审批、核准和备案，对未按期淘汰的企业依法吊销排污许可证、生产许可证。

（四）落实减排目标责任。各街办、区级各部门和企业主要负责人，要切实履行污染减排第一责任人的职责，加强组织领导，实施预警调控，层层分解落实减排目标，综合运用经济、法律、技术和必要的行政手段推进污染减排，完善减排政策措施，加大减排财政投入，健全减排统计、监测和考核体系。落实年度减排目标责任评价考核，将减排目标完成情况和政策措施落实情况作为领导班子和领导干部综合考核评价的重要内容，纳入政府目标管理；对未完成减排任务的，实行行政问责和“一票否决”。

二、全面加强污染综合治理

（一）强化工业企业污染综合治理。严格实施排污申报，全面落实排污许可证制度，禁止无证排污。严格入河排污口设置审批，强化入河排污口监管。继续实施重点污染企业挂牌整治，对逾期未完成整治任务的企业依法实施停产治理或关闭。积极协助省、市环保部门推行清洁生产，以印染、医药、食品加工等行业为重点，推行重点企业强制性清洁生产审核与非重点企业自愿审核，加大规模以上工业企业清洁生产审核力度。推进污染企业环境绩效评估，严格上市企业环保初审。加强工业固体废物污染防治，尽量就近、就地处置和综合利用。建立健全工业园区水污染物处置与管控体系，着力提高企业稳定达标排放率。

（二）加强大气污染综合治理。深入实施清洁空气行动，健全重点区域大气污染联防联控机制，实施多种污染物协同控制。以PM2.5治理为重点，深化颗粒物污染控制，严格控制建筑工地扬尘、堆场料场扬尘、道路扬尘和工业烟粉尘排放。加强机动车污染防治，加快淘汰黄标车，到2015年全面淘汰机关事业单位黄标车。深化城市烟尘、机动车尾气、餐饮业油烟、加油加气站油气回收治理。烟花爆竹实行限时、限区域燃放。严格禁止露天焚烧秸秆等农业生产废弃物。

（三）加强重点小流域污染综合治理。以凤凰河、饮马河、九道堰、茅草堰、四斗渠、簇门堰、西郊河等整治为重点，分区分段控制，对生活、工业及城镇面源产生的污染进行全面控制，改善水环境质量，强化水质监测和风险防控。

（四）加强噪声污染综合治理。严格执行《成都市环境噪声震动污染防治管理条例》。建立噪声污染防治长效工作机制，以道路交通噪声、社会生活噪声和建筑施工噪声为控制重点，着力解决公众反映强烈的噪声扰民问题。强化噪声源头控制，在住宅区和其他敏感建筑物集中区域内禁止新建产生环境噪声污染的金属加工、机动车维修等企业。严格文化娱乐场所审批管理，新建的经营性文化娱乐场所要征求所在地市民的意见，新建大型经营性文化娱乐场所实施听证。严格控制夜间施工，加强建筑施工全过程噪声控制。开展社会生活噪声污染综合治理，重点整治噪声扰民投诉较多的KTV、酒吧、迪吧等娱乐场所噪声和商业活动噪声。到2015年，城区环境噪声总体控制在55分贝以内，交通干线噪声总体控制在70分贝以内。

三、着力加强生态环境保护

（一）大力推进生态文明建设。持续推进我区生态建设，深入开展生态街道、生态社区、生态小区和生态家园等生态细胞工程创建，鼓励有条件的街道、社区开展生态文明建设试点。

（二）加强重要生态功能区保护。以生态功能区保护为重点，加强湿地保护与建设，逐步恢复湿地生态功能，按全市的统一规划，实施环城生态区生态湖泊水系建设。加强交通基础设施建设中的生态保护。

（三）加快城市绿地系统建设。按照全市的统一部署，实施三环路、绕城高速公路生态廊道建设，实施府河、沙河、摸底河、东风渠、茅草堰、四斗渠、簇门堰等河道绿化带建设，加快中心城区公园、绿地建设。

四、严格环境影响评价和“三同时”制度

（一）大力推进规划环评。完善工业园区规划环评，健全规划环评与项目环评联动机制，凡依法应当开展环评的规划，规划环评是项目环评受理的前置条件。凡已经通过环评的规划，其包含的建设项目环评内容可适当简化。

（二）强化建设项目环评。凡依法应当进行环评的建设项目，必须开展环评，并把主要污染物排放总量控制指标作为新改扩建项目环评审批的前置条件。凡需新增污染物排放量的建设项目，项目所在地区必须削减一定比例的同类污染物，并纳入年度减排计划。严格执行建设项目环境风险评价，风险不可控的项目、风险应急体系不完备的项目一律不予审批；高排放、高污染项目一律不予审批。对于政府投资建设项目的立项审批、核准，项目竣工结算，均应查验项目遵守环评制度和环保设施“三同时”制度的情况。

（三）强化建设项目全过程监管。突出设计、建设、调试、试生产等重点环节环境管理，禁止无排污许可、无总量指标、无在线监控等污染治理设施的企业投入运行，确保污染治理设施稳定达标运行。对环评文件未经批准即擅自开工建设、建设过程中擅自做出重大变更、未经环保验收即擅自投产等违法违规行为，依法追究相关部门、企业和人员的责任。对涉及环境敏感区、环境风险高、污染较重、施工期环境影响较大的建设项目开展环境监理试点，将建设项目环境监理报告作为环保部门进行试生产审查和竣工环保验收的重要依据之一。

（四）*大力发展环保产业*。以环保装备和产品生产、环保工程、环保服务业、资源再生与综合利用为重点，着重发展环保污染治理设施社会化运营、环境咨询、环境监理、环境工程技术设计、认证评估等环境服务业。

五、严格化学品环境管理

建立健全化学品环境风险防控体系。完善危险化学品环境管理登记制度，落实化学品环境污染责任终身追究制和全过程行政问责制，对化学品项目布局进行环境风险评估，把环境风险评估作为危险化学品项目评估的重要内容，从严落实化学品生产的环境准入条件和建设标准，严格禁止高污染、高风险化学品企业准入，科学确定并落实化学品建设项目环境安全防护距离。开展化学品生产经营企业环境隐患排查，落实重点企业环境风险管理措施，对生产、使用化学品的重点企业依法开展强制性清洁生产审核，依法淘汰高毒、难降解、高环境危害的化学品，限制生产和使用高环境风险化学品，禁止在环境敏感区域新建或扩建危险化学品项目。

六、加强危险废物污染防治

严格危险废物环境管理。落实危险废物申报登记、转移联单和经营许可证制度，加强对危险废物收集、贮存、运输、处置和城镇污水处理厂污泥处置的环境监管，严惩危险废物非法倾倒、转移行为。加强医疗废物全过程管理，全面实现医疗废物无害化处置。

七、完善核与辐射安全监管

履行核与辐射安全属地化管理职责，理顺管理体制，明确各级的管理职责，逐步落实核与辐射安全属地化管理制度。一是要建立专门的管理机构和人员；二是在摸清辖区内放射源和射线装置底数的基础上建立台账；三是要配备必要的防护设备、加强监督检查；四是配合上级部门开展重点区域电磁辐射环境背景调查、重点电磁辐射污染源普查、电磁辐射污染源申报登记工作；五是加强核与辐射安全监督能力建设，积极向上级部门在人员培训、个人监测仪器、专家信息库共享和应急保障等方面争取支持。

八、加强饮用水水源保护

（一）*落实饮用水水源保护区管理制度*。加强饮用水水源保护区建设，设立明确的地理界标和明显的警示标志。实施水源保护区环境整治，彻底治理不达标水源地和存在环境风险的水源地，坚决取缔和搬迁影响饮用水水源安全的污染源，在水源保护区内开展饮用水源安全保障达标和生态建设。实施水源供水和保护工程，配合相关部门加快推进市自来水二、五厂取水口上移工程。到2015年，城镇集中式饮用水水源地水质达标率达到100%。

（二）*健全饮用水水源监控和评估机制*。在水源保护区重要位置实行视频监控，集中式饮用水水源地每年开展一次水质全指标监测分析，实行饮用水水源保护区年度评估。完善饮用水水源保护应急处理机制，形成饮用水水源地污染来源预警、水质安全应急处理和自来水厂应急处理保障体系，提高饮用水水源保护区预警能力和突发事件应急能力。

九、努力提高环保监管能力

（一）*着力提升环境监测能力*。完善环境质量监测网络、污染物监测网络、应急监测网络建设，逐步扩大监测范围，增加监测项目和点位。认真执行国家新修订的环境质量标准，落实环境监测信息发布制度。

（二）*着力提升环境监察执法能力*。按照环境监察标准化建设要求，着力推进区环境监察执法大队业务用房建设，完善执法装备和应急设备，建设环境移动执法系统和污染源在线监控中心。到2013年底，区环境监察能力建设达到二级以上标准。加强环保日常监管和执法检查，开展整治违法排污企业保障群众健康环保专项行动，严厉打击环境违法行为。持续开展环境安全监察，建立建设项目全过程监管和生态环境监察制度，深化流域、区域、行业限批和挂牌督办等督查制度。开展环境法律法规执行和环境问题整改后督查，健全重大环境事件和污染事故责任追究制度。建立健全环保举报制度和企业环境监督员制度。全面推行污染源在线监控，监控设施由环保部门直接管理或委托第三方管理。

（三）*着力提升环境统计能力*。加强环境监测、环境监察、污染控制、总量减排、生态保护、环评审批、应急指挥等核心领域信息化建设，构建“数字环保”体系。加强重点污染源自动监控系统建设，实现与全市联网。推进环保电子政务和信息安全体系建设，提高环保公共服务信息化水平。加强环境统计信息化和基础环境统计能力建设，全面提升环境统计数据质量，确保环境统计逐步成为节能减排等环境管理工作的重要支撑。

十、强化环境风险防控管理

（一）完善环境应急管理体系。构建政府主导、部门协调、分级负责、属地管理为主、全社会共同参与的环境应急管理机制。建立环境应急管理指挥平台，完善环境应急指挥网络，加强环境应急救援物资储备，强化环境应急技术支撑和处置救援队伍建设，定期组织流域、区域环境应急演练。在重点流域、重点区域建设流动环境应急预警监测系统。加强环境应急区域合作，建立跨区域环境应急联动机制。

（二）完善环境风险管理措施。开展重点环境风险源和环境敏感点调查评估，建立环境风险源分类档案、信息数据库。将环境风险纳入环境影响评价、环境监测、环境执法等环境管理体系，探索建立环境与健康风险管理制度，建立环境事故处置和损害赔偿机制，落实企业风险防范主体责任，完善环保与交通、公安、安监、经济、水务等部门的联动机制。

（三）抓好环境信访投诉受理工作。加强“12369”环保举报热线平台建设，将环境信访案件作为领导下访案件的重点，加大各类环境信访特别是污染纠纷和重点环境问题的调处力度，及时化解矛盾，维护群众环境权益。

十一、加大环保工作保障力度

（一）健全环境保护管理机制。加强环境保护工作组织领导，进一步完善政府负责、环保部门统一监督管理、有关部门协调配合、全社会共同参与的环境保护工作机制，建立环保联席会议制度。完善基层环境管理体制，明确街道环保机构和人员，加强基层环境保护工作力量。加强环保队伍执法管理，统一环境执法标志，完善环境执法程序，规范环保行政执法行为。

（二）落实环境保护目标责任。环境保护实行统一监管、分工负责。各街道办事处对本辖区主要污染物总量削减、环境质量和环境安全负总责。区级部门和企业主要负责人履行污染减排第一责任人的职责。严格执行一把手环保实绩考核制度，增加环境保护考核绩效在经济社会发展综合考核中的比重，把环境保护目标及任务纳入经济社会发展评价范围及领导干部绩效考核，考核结果作为领导班子和领导干部综合考核评价的重要内容，对不认真执行环保政策法规、未完成环保目标任务或对发生重特大突发环境事件负有责任的单位和部门领导进行约谈，情节严重的追究相关责任。

（三）加大环保资金投入。加大政府环保投入，优先保证污染防治、环保科技创新、生态环境保护、环保基础设施和环境保护能力建设。本级征收的排污费重点用于污染防治和环境监管能力建设。积极争取中央、省、市各类环保专项资金。建立政府引导、企业和社会共同投入的多元化环境保护投入机制。

（四）实施环境经济政策。推行环境污染责任保险制度，开展环境污染强制责任保险试点，逐步扩大试点范围。完善排污收费制度，严格排污费征收管理。建立企业环境行为信用评价制度。

（五）加强环境宣传教育。开展全民环境教育行动，加强环境宣传教育规范化建设，加大环境保护法律法规和方针政策宣传教育力度。结合全区“四优”街道创建活动，积极开展创建绿色院落、绿色社区、绿色学校、绿色企业、绿色机关等绿色系列活动，到2015年，中小学环境教育普及率达到100%。培育壮大环保志愿者队伍，建立完善环保公众参与机制，搭建环保公众参与平台，鼓励和引导公众及环保社会组织有序开展环保活动。落实环保信息公开制度、有奖举报制度、环境诚信制度和环保监督员制度。加强新闻舆论宣传，充分发挥媒体作用，大力弘扬环境文化，推动全社会牢固树立生态文明理念。健全教育培训机制，加大各级各类干部和企业负责人环境保护法律法规的培训力度，组织环境保护专题形势报告会，不断提高全民环保意识。

（2013年7月29日以金牛府发〔2013〕19号印发）

索　引
INDEX

说　明

一、本索引采用分析索引法，按拼音字母（同音字按声调）顺序排列。

二、附录中的内容及图片、图表均作索引。

三、索引词条用宋体字标明。数字表示内容所在的页码，数字后面的拉丁字母（a、b）表示栏别（从左到右）。凡类目、分目标题索引词条及所在页码均用黑体字标明。

A

爱国卫生工作　148a
爱国主义教育基地　164b
安全管理　116a
安全社区创建　193b　207b
安全社区建设　117a
安全生产、消防和社会治安　223b
安全生产监督　116a
安全维稳　198a
安全制度　62a
安置房总面积　113b
奥林社区　201a

B

农林牧渔总产值（表）　88b
八项规定　234b
白国欣　32
白果林社区　188b
白果林小学　142b
白塔社区　211b
百姓故事会活动　93a
办公用房改造　104b
棒球队　32
宝年社区　212a
保障措施　249a
北部新城现代化商贸综合功能区　79a
北城城市形态　229b
北城改造与城市建设　37
北城生态环境　229b
北府河（量力）220千伏变电站工程　44b
北府河摄影主题公园　82b
北改工程　8　92b　203b　213b
北改规划　37a
北改纪实　165a
北改项目　193a　196b　207a
碧玺国际项目　55a
标志标牌　248b
标准化工作　120a

兵员征集 94b
博爱家园建设 173a

C

“村公”专项资金 84b
《财富》论坛 245b
财税管理 112a
财政收入 112a
财政项目资金评审 112a
财政预算执行 98a
财智国际项目 55a
参建参治 95a
餐厨垃圾收运体系 49b
餐饮服务许可 119a
残疾人保障体系建设 171b
残疾人儿童救助工程 171b
残疾人就业培训 172a
残疾人联合会第六次代表大会 171a
残疾人权益保护 171a
残疾人维权 172a
残疾人文化生活 172a
曹家巷自治改造 38a
测绘面积 15
茶店花照城中村 40a
茶店社区 198b
茶店子街道 200a
茶文化创意大厦 82a
拆迁安置 203b
拆迁改造 198a
拆迁面积 12
拆迁资金 114b
产业发展 210b
产业品质 8
常务委员会工作报告 232b
常务委员会会议 123b
畅通城北 240b
超五星酒店 82a
车辆管理 109b
车站社区 212a
成都北三环220千伏输变电通道 44b
成都汇智社会工作服务中心 21
成都九正科技实业有限公司 71a
成都康弘药业集团 56a
成都量力时代科技有限公司 71b
成都七中领办西藏军区八一学校 137b
成都市第八建筑工程公司 58a
成都市第二建筑工程公司 57b
成都市第十八幼儿园 142a
成都市第四幼儿园 142a
成都市环城生态区 79b
成都市专利奖项目(表) 155b
成都铁路局片区 39a
成都喜马拉雅大酒店 75b
成灌路两侧 6
成果转化 96a
成蒲铁路42a
成人教育 141b
城北新面貌 237b
城隍庙社区 189b
城郊结合部环境整治 48b
城市日常管理 46a
城乡创业促进工作 168b
城乡环境 7
城乡环境综合治理 202a 193a 191a 213b 217b
城乡就业培训 168b
城乡社会保险 171a
城镇居民家庭基本情况(表) 182b
城镇居民家庭人均消费食品情况(表) 184a
城镇居民人均消费性支出 183b
城镇居民收入 182a
川建社区 208a
淳风桥社区 205b
慈善救助 174b
从业人员体检、办证系统建设 148a

D

“打非治违”专项行动 117b
“大调解”组织体系 94a
“杜工之家”孵化基地 176a

大气环境质量 247b
大事记 28
大湾社区 212b
大西南茶叶城 70a
大型经营性文化娱乐场所 250b
大学生创业园 54b
代表工作 100b
代表活动 234a
代表之家 234a 101
单位从业人员年平均工资（表） 170a
单位从业人员平均人数（表） 169b
单位食堂 233b
档案 164a
党内监督 91a
党外干部工作 93b
道路管网设施 247b
道路建设 40b
道路命名 175a
道路养护管理 47a
登记示范性普通高中确认达标工作 139a
低保工作 174b
低保户液化气补贴 175a
迪欧时代总部基地（二期）项目 55a
迪舒美领项目 55b
地方志 165a
地理气候 1a
地理坐标 1a
地区生产总值构成项目（表） 227
地铁3号线金牛段 41b
地质灾害防治 116a
第二次会议 123a 97b
第二次全国和谐社区建设示范城区 17
第六次党代会第三次全体会议 89a
第三次会议 97b
第三次全国经济普查 114b
第三届中国（成都）南亚商品交易会 72b
第三十三中学 145b
第十届中国国际美食旅游节 72b
第十四届中国西部国际博览会 72b
电磁辐射污染源 251a
电视 163a
电视宣传 163a
电子及通信设备制造业 53a
电子监察系统 246b
电子科技集团第十研究所 200b
电子商务 71a
电子商务交易额 6
东一路社区 194b
东忠软件服务外包基地 81b
动物重大疫病预防免疫 87b
洞子口职业高级学校 146a
督学责任区 136a
杜家碾社区 211a
断头路 233a
队伍结构 231b
对外开放 6 222a
对外开放水平 230b
对外宣传 92b
兑付工作 10

E

2007-2013年主要经济指标（表） 224
2009-2012年度全国群众体育先进单位 165b
2012年全民健身活动先进单位 165b
2013年“太极蓉城”嘉年华活动 165b
28号大院内 16
二环路风貌打造 43b
二环路改扩建
二环路周边管理 49b

F

发展计划管理 111a
法定程序 232b
法律服务 111a
法律援助 110b
法院管理 133a
法制工作 109b
法制观念 234b
法制宣传 164b
防灾减灾 175a

房产管理　62a
房地产施、竣工基本情况（表）　61
房地产投资基本情况（表）　60
房地产透支前10名企业　61a
房地产销售基本情况（表）　60
非公经济增加值（表）　226
非物质文化遗产　191a
缝纫设备交易基地　28
凤凰大道　41a
凤凰山街道　217a
服务模式　10
服务外包产品　63a
福彩基金　22
抚琴街道　185a
妇联组织建设　131b
妇女联合会　131a
妇幼保健院　151a
复兴医院　151a
富家社区　215a

G

《古柏调研》　165a
改革框架　22
国际认证的企业名录（表）　73a
干部教育培训　92a
高等院校　27
高端功能培育　79b
高端楼宇　238a
高家二组土地　116a
高家社区　205a
高考成果　139b
高龄生活补贴　173a
高笋塘社区　192a
高新技术产业园区　240b
各级各类学校基本情况（表）　138
工会　130a
工会组织建设　130a
工人村社区　191b
工商行政管理　118a
工商业联合会　131b
工业　51a
工业分街道和工业企业主要经济指标表（表）　227
工业经济基本情况（表）　51a
工业企业分街道主要经济指标（表）　52
工业企业分组情况（表）　52
工业企业行业主要经济指标（表）　52
工业企业选介　56a
工业项目　54b
工业学校片区　38a
工业园区建设　54a
工业增加值　5
工业重点项目　51a
工业总部项目　54b
工作报告　228a　240a
工作方案　246b
工作格局　247a
工作回顾　232b　236a　240a
工作机制　19b
工作机制建设　23
工作经费　18
工作目标　244a
工作思路　241b
工作调研　100b
工作要点　234b
工作重点　244a　247a
公安　121b
公安执法能力　241a
公共安全　121a
公共安全事件　238b
公共厕所管理　49a
公共垃圾　49a
公共绿地建设　45a
公共卫生　147a
公共卫生应急管理　148b
公共文化“百千万工程”　159a
公共文化经费　159b
公共文化设施标准化建设　159a
公共住房制度　62a
公司电商交易（服务）总额　71b
公司工程总产值　57b
公益事业　11
公正司法能力　235a

功能区建设月产业化项目 79
共青团 130b
古柏社区 208a
骨伤医院社会经济效益 150b
固定资产投资及房地产业 221b
固定资产投资完成情况（表） 225
光荣西路 233a
光荣小区社区 186b
广播电视机新闻出版管理 160b
规范性文件 239a
国际残疾人日 172a
国际化城市 8
国际交流活动 109b
国际科技合作项目 156b
国际门交流合作 245b
国际商贸城 70b
国际友好城市（表） 4b
国家高新技术 74a
国家公共文化服务体系示范区 158a
国家可持续发展先进示范区 156b
国家重大技术装备 74b
国民党革命委员会 128
国民经济主要指标（表） 224
国融金府机电城 117a
国有资产管理 113a

H

“涵碧楼” 31
“花园式庭院” 20
韩国希杰影院 82a
合作区（市）县（表） 4b
何炳寅 219a
何家社区 205b
何燕 219b
河滨森邻 86a
河道清淤 45a
荷花池街道 192b
荷花池汽车站 40a
荷花池市场 29
荷花名都 39a
核心价值体系建设 92b
恒德路社区 191b
红花社区 192a
红十字会 173a
红十字宣传 173a
红泰国际（孙家大院）棚户区 39b
红星美凯龙 237b 230a
红星社区 211b
红砖房筒子楼 12
宏华电器 74a
宏华集团 10
宏正商业广场 69b
侯家社区 214b
互助路社区 194b
互助社区 206a
户籍人口 11
花牌坊街新16号 38a
花牌坊社区 190b
花照110千伏变电站工程 44b
花照壁农贸市场 44a
花照社区 198b
华恒货运市场 195b
华侨城 214a
华西集团 11
化成社区 201a
化学品 251a
环保产业 251a
环保监管能力 251b
环城生态区 239b
环境监测和环境质量 46a
环境统计能力 251b
环境卫生 248a
环境综合治理 198b
黄标车 104a
黄中玲 219a
黄忠街道 202a
汇泽路社区 208b
会议和活动 89a 97b
惠民工程 171a
火车北站扩能改造 44b
火灾事故 122b
获国家、省、市科技进步奖项目（表） 153

J

"金牛名医"工程　150a
"金牛研发"品牌　238a
"锦江岸"小区　16
《金牛要情》　243a
机动车尾气　250a
机构编制管理　107b
机械制造业　53a
基本养老保险　170b
基本医疗保险　170b
基本医疗卫生情况（表）　146b
基本原则　246b
基层党建　214a
基层群众自治制度　11
基层文明创建　96b
基层治理模式创新　191a
基层治理水平　237a
基层组织建设　91b
基础管理　164a
基础及配套设施建设　79b
基础教育　138a
计划生育扶助政策　167b
计算机　24
纪检监察　90b
绩效评价试点　112a
家庭教育　131a
价格管理　118b
监督检查　90b
监督权　12
监控系统更新改造　104b
见义勇为公民　220a
建筑行业管理　60a
建筑企业　57a
建筑市场　57a
建筑业·房地产业　57
建筑业基本情况（表）　59
建筑业总产值前20名企业　59a
健欣总部基地项目　55b
涧漕社区　215a
蒋惠英　219b
交大路特色街区　43b
交桂巷8号　197a
交通安全　49b
交通秩序管理　50a　50b
教育·卫生　135
教育服务内涵　25
教育国际化海外分中心　135b
教育和科技　222a
教育机构　246a
教育配套工程建设　135a
教育实践活动　231b
教育实践区　23
教育事业基本情况（表）　136
教育体制　23
教育需要　25
教育战略合作协议　26
秸秆综合利用和禁烧　87b
街道　185
街道面积　11
街道名单（表）　4b
街道政务服务体系建设　108b
解放北路整治工程　43b
解放路二段棚户区　37b
解放路周边中小街道整治　46b
金凤凰大道　41a
金芙蓉大道　40b　3a
金府路茶店子段　41b
金府石材城　9
金府市场片区实施规则　37a
金华社区　212a
金科苑社区法治文化广场　205a
金粮路　41a
金罗社区　215b
金美安防总部　82b
《金牛年鉴（2013）》　165a
金牛区机关第三幼儿园　142a
金牛区科技顾问团　156a
金牛区人口构成及变动情况（表）　167a
金牛区委工作机构　90a
金牛区政府派出机构　107a
金牛山庄有限责任公司　69a
金牛社区　214b

金牛实验中学 146a
金牛市民中心 239a
金桥社区 205b
金琴路社区 186b
金琴南路社区 188a
金泉街道 203a
金泉小学 142b
金沙公园东、北社区 203a
金沙路社区 187b
金沙遗址博物馆 161b
金仙桥社区 190a
金亚科技 73b
金鱼街社区 187a
锦城社区 200b
锦西外国语实验小学 142b
经济和社会发展 5
经济计划执行情况报告 98a
经济总量 5
精品院落 42a
精神文明建设 96b
竞技体育 166a
九里堤北路社区 197a
九里堤街道 196b
九里堤锦河两岸生态环境 45a
九里堤南路88号 194a
九里堤小学 143a
九里堤遗址 161a 4a
旧城改造 37
就业援助 169a
居民院落小单元治理 176a
居民自治工作法 229a
居住区 42b
决策督查 95b
军队代表小组负责人 233b
军队离退休干部服务管理中心 174a
军区总医院改扩建工程 150a

K

凯德广场·金牛二期 81b
刊物·电视 162b
刊物宣传 162b
康弘药业 204b
康禧路社区 196b
科技服务业发展 6
科技奖励 153b
科技人员 36
科技商务纳税十强企业 51b
科技月 20
科普活动 155b
科普项目 155a
科普阵地 155b
科普资助项目（表） 155a
科普组织 155a
科学·文化 153
科学技术 153a

L

“量体裁衣”式个性化服务 171b
“六步工作法” 207a
“龙头” 24
蓝海天地项目 55b
郎家社区 205a
劳动保障监察 248b
劳动争议调解仲裁 168a
老成灌路提升工程 44a
老旧居民院落 248b
老旧院落整治 42a
老龄化问题 231a
老年餐桌 19b
老年人 35
老年人权益保护 172b
离退休人员 25
理财小组 12
联络员 23
联谊活动 18
粮食市场监管 120b
两河社区 206b
量力钢铁物流有限公司 70a
零售行业O2O电商平台 236b
零售业商品销售额分类情况（表） 67

领导干部经济责任审计　114b
刘军　218b
流动育龄人口服务管理　168a
六届人大二次会议代表建议、批评、意见（表）　101
龙湖·北城天街　81b
楼栋防盗门　16
楼宇资源　244a
陆家桥社区　208b
罗帅　218a
旅游业　74b
旅游业提档升级　75a
绿地面积　2a
绿地世纪城　82b

M

马鞍东路社区　191b
马家公馆　238a
马家花园社区　190a
玛丽亚妇产儿童医院　151b
茅草堰　250a
每百户城镇居民家庭年末耐用消费品拥有量（表）　183b
每百户涉农居民期末主要耐用消费品拥有情况（表）　184b
米贵生　219b
绵阳市　35
民办教育　141a
民办培训机构安全管理　141a
民生·社会　167a
民生保障　198b　177a　193a　196a　217b　203b
民营经济工作　131b
民政局　17
民政事务　174a
民主促进会　129b
民主党派　128
民主建国会　129a
民主同盟会　129a
民族宗教工作　93b
名词解释　235b　239b　242a
明月锦苑二期　86b
木龙湾社区　213a
木综厂—铁路片区实施规则　37b
目标管理督查　95b
目标任务　247a

N

纳税大户　29
年度工作内容　27
年度重点项目　54b
农产品质量安全监管　87b
农村产权制度改革　83a
农工民主党　129b
农业　221b
农业产业化　87a
女性权益维护　131b

O

O2O电商平台　239b

P

彭州石化项目　233b
批发·零售业　64a
批发和零售商品销售情况（表）　65
批发业商品销售额分类情况（表）　66
评估机制　251b
圃园路社区　187a
普高中专任教师专业技术职称、年龄结构情况（表）　140

Q

“7·9”特大暴雨洪涝灾害　204a
“青少年关爱之家”　34
“全国青少年校园足球定点学校”　33

七大电子商务平台　71a
七项专项行动　236a
七中八一学校　146b
七中万达学校　145a
企业安全生产标准化建设　117a
企业服务　131b　73b
企业技术中心　156a
企业科技创新　54b
企业质量信用管理　119b
侨台事务工作　94a
桥梁加固维修工程　47a
亲人　242a
青春活力工程　130b
青杠社区　216a
青年（大学生）创业园　131a
青年志愿服务　130b
青羊北路社区　188b
清淳家园电表改造　204a
清淳家园二期　238b
清水河社区　205b
区档案新馆　164a
区公安分局　233b
区划地名　175a
区级教育国际化海外分中心　29
区情概貌　1a
区人大常委会会议　97b
区人大常务会和工作部门　99a
区人民医院　151a
区委常委（扩大）会议　89b
区委常务民主生活会　89b
区委和工作部门　90a
区委全委会议　89a
区委中心组　92a
区域化党建工作　194a
区域竞争力　245b
区域粮食应急配送中心　120b
区长公开电话　242b
区政府常务会议　103a
区政府和工作部门　105a
区政协委员会和工作部门　123b
全国安全社区　229a　216a
全国安全生产大检查　116b
全国敬老文明号　237a
全国科技进步考核先进区　6　36　156b
全国科普行动计划先进单位　203b
全国侨联系统先进组织　36
全国社区教育实验区　141b
全国社区卫生服务示范中心　28
首个“教育评价与质量管理”改革试验区　136a
全国志愿服务记录制度试点区　21
全民健身400惠民工程　166a
全民健身示范区　22
全民健身体育设施建设　166b
全兴小学　143a
泉水人家　86b
泉水社区　209b
群众工作　211a
群众诉求　246a
群众团体　130a
群众文化　158a

R

“人民调解案例工作法”　20
绕城高速　31
人才服务　109a
人大代表大会常务委员会　99a
人大工作　99b
人大监督　99b
人大街道工作委员会　99a
人大信访　100b
人大业务知识　235a
人口和计划生育　222b
人民北路街道　189a
人民北路社区卫生服务中心巡回医疗活动　189b
人民北路小学　143a
人民北路一段6号、8号院　38b
人民代表大会　97b
人民法院　132a
人民防空　122b
人民检察院　133a
人民陪审员　132b
人民调解　110a

人民武装　94b
人民政府　103a　105a
人民政协　123a
人物　218
软件企业名录（表）　73a
人事任免　100b
蓉北市场　6
肉类蔬菜溯源体系建设　118b
入选四川省战略性新兴产业发展项目（表）　53
软件及信息服务业上市企业名录　73b
软件企业选介　73b
软件业　73a
瑞安城中汇项目　82a
瑞安云科技　74b
瑞邦国际酒店　75b
弱势群体　18

S

“4·20”芦山地震　237a
“三本台账”　216b
“三公”经费　233b
“三进三入”活动　187b
“三无”院落　7
“扫黄打非”工作　160b
“社区公益大讲台”　27
“十大金牛好人”30　206b　219a
“十二五”规划中期评估修编　111b
“十佳社区”　188b
《3-6岁儿童学习与发展指南》实验区　138b
三大发展战略　231b
三分球电子商务有限公司　71b
三级网络培训模式　19a
三泰电子v时代项目　55a
三项服务　19a
三型政府　239a
沙河源街道　207a
沙河源社区卫生服务中心　207b
沙湾路220号　39b
商标品牌战略　118a
商贸大道北延线　41b
商贸纳税十强企业　63b
商贸市场　240b
商贸业·服务业　63a
商品主要集散地　192b
商铺　30
社保　170b
社保体系　231a
社工服务协会　21
社会保障　210a
社会管理　7
社会化服务平台建设　186a
社会环境　230b
社会矛盾　16
社会事业　7
社会消费品零售总额（表）　225
社会治安　195b
社会治安综合治理网格化管理　217a
社会组织　21
社教节目　163b
社科联工作　93a
社情民意　124b
社区“好人墙”　202b
社区工作人员　12
社区工作者队伍　12
社区建设　175b
社区教育工作站　24
社区教育实验项目研究　141b
社区警务室　197b
社区居民　19b
社区居民院落自治运行机制　176a
社区居委会换届选举　175b
社区民主管理　176a
社区人才队伍建设　176a
社区网络化管理运行机制　186a
涉农地区居民纯收入　183a
涉农集体“三资”管理　217a
涉农集中居住区　86a
涉农街道“三资”监管平台建设　84a
涉农街道基层治理机制建设　84b
涉农街道集体经济组织　84a
涉农街道农村产权制度改革　83b
涉农居民家庭基本情况　183a

涉农居民家庭人均消费食品情况（表）　184b
涉农居民家庭人均总收入与总支出（表）　183a
涉农居民人均生活消费支出　184a
审计　114b
生产许可证　249b
生活服务环境　245b
生活水平　182a
生态环境保护　250b
生态环境建设　44b
生态建设方案　80b
省、市民生工程完成情况（表）　177
省、市重点项目　111b
省级安区社区建设　193b
省级安全社区创建　213b
省级服务贸易特色示范基础　63b
省级软件认证企业　73a
盛大天府　54b
石门社区　211a
时间银行　22
实施办法　242b
实施曹家巷　103b
阳光安居工程　171a
实施意见　249b
食品安全专项整治　119a
食品药品及医疗器械监管　119a
食品制造加工业　54a
食品质量安全监管　119a
世界500强　231a
世界华商交流合租对接会　34
市场监管　118a
市级新优质学校　138b
市容管理　47a
市容专项行动　48a
市政建设　44a
事业单位登记管理　108a
试验中学　137b
首个区级家庭教育学会　31
首届国际理解教育课程研讨会
首届医学学术年会　36
书香金牛　158b
蜀都大道特色街区　44a
蜀西社区　207a
数字化管理预防接种门诊　148a
数字化社区教育港　25
数字化学习平台　22
双拥工作　174a
水域环境质量　248a
水资源保护区　17
税收征管　112b
思力威网络科技有限公司　72a
四川徽记食品股份有限公司　56b
四川省测绘局　32
四川苏宁云南销售有限公司　68a
四川文轩在线电子商务有限公司　72a
四大支柱产业运行情况（表）　53
四轴八片　232a
驷马桥二期变电站工程　44b
驷马桥街道　190b
驷马桥街道办事处　11
诉讼服务中心　132b

T

“太极蓉城”嘉年华活动　35
踏水桥社区　209a
太华社区　213a
太极拳　30
特色街区建设　43b
特殊教育　141b
特殊教育中心　141b
特邀顾问　36
特载　8
特种设备安全监察　120a
提案工作　125a
体育彩票　166b
体育产业　166b
体育经营市场行业监管　166b
体育竞赛获奖情况（表）　166
天回旧场镇　229b
天回社区　212b
天回镇街道　210a
天乐集团城北综合体　82b
天龙大道　41a

调研报告 242b
铁二院小学 143b
铁路新村社区 187a
停车场智能停车系统 200b
通锦中学 145b
统计 114b
统计公报 221a
统计资料 221
统一战线 93b
投融资管理体制改革 113a
图书馆 22
土地管理 115b
土地执法监察 115b
土门社区 212a
土桥社区 206a

W

“文化惠民”四大品牌活动 159b
“5·12”地震 13
瓦子社区 216a
万圣社区 213a
万石路 41a
王官忠 220a
王贾8组 87a
王贾桥社区 208b
为民路和光荣西路片区 38a
违纪违法案件 91a
维稳工作 134a
委托权 13
卫生 146b
卫生信息化平台 148a
未成年人权益保护 133b
未成年思想道德建设 97a
文博保护 161a
文化、旅游和体育 222b
文化旅游纳税十强企业 76a
文化旅游体育产业项目 75a
文化旅游资源 3a
文化市场管理 160b
文化市场长效管理机制 160b
文化事业 158a
文化艺术协会活动 160a
文化元素 230a
文件·文献 228
文件简报 243a
文件选登 242b
文联工作 93a
文明创建 198a
文艺创作 160a
五大兴市战略 231b 236a
五福社区 196a
五块石电子电器市场 195b
五块石街道 195a
五块石片区实施规则 37a
五块石社区 196a
五块石新社区 196a
物流·市场 69b
物业管理 62b

X

《新闻联播》 28
西安路街道 187b
西北街社区 187a
西北桥社区 194b
西博会金牛分会场 245a
西部地理信息科技产业园 35
西部建材家居行业发展高峰论坛 72a
西藏军区成都八一学校 34
西华大学社区 216b
西华街道 213b
西联钢铁物流港 71a
西南交通大学社区 197b
西南交通大学子弟小学 144b
西南街社区 187a
西三巷社区 195a
西体路社区 190a
西一路小学 143b
行政审判 132a 149a
行政审批服务 108a
行政审批制度改革 10 108a

行政执法规范 109b
行知小学 144a
系列报道 18
现代化国际化新金牛 228a
项目环评联动机制 250b
项目评审监管 111b
消防 121b
消防宣传 122a
消费 183b
消费维权 118b
销售额前50名批发企业 64b
销售额前50名限额以上零售企业 65a
校园特色 142a
协勇仓储项目 55b
谢辉良 220b
新标准 28
新村河边街社区 189b
新华印刷厂北片区 38b
新华印刷厂南片区 9 38b
新加坡富康德高企业 186b
新建居住小区(表) 43a
新金牛 164a
新桥社区 209a
新市民健康倍增计划 32
新闻报道工作 233b
新载体 229b
新增国家、省市科技计划项目汇总情况(表) 156
鑫地公司 38a
鑫房名苑 86b
信访群众工作 95a
信息化工程 25
信息化建设 164b
星河路社区 197a
星辉东路社区 192a
星级社区 176b
刑事检察 133b
刑事司法政策 133a
兴盛国际项目 56a
兴盛社区 215a
兴盛世家社区 216b
幸福指数 218b
徐弟全 219b
宣传 92a
宣传方式 249a
薛公馆 162a
学校红十字青少年活动 173b
学校体育 166b

“12319”城管服务热线 46b
“12356”阳光计生服务热线 168a
“一把手”工程 249a
“一卡通” 17 201b
100个老旧院落 42a
163个“三无院落” 42a
亚热带温润气候 1a
烟花爆竹 117b
研发中心 70b
研讨会 243a
羊西街西延线 3a
羊西线特色街区 44a
阳光体育示范学校 139a
阳光学生艺术团 136a
阳光圆梦助学金 174b
杨家云 218a
杨柳巷社区“四点半”乐园 194a
杨柳巷社区 195a
药品市场 119b
叶谷兰 219a
一府两院 232b
一环路北四段社区 192b
一品天下健康巷 39b
一品天下站 198a
医疗服务 149a
医疗卫生体制改革 147a
医疗资源 149a
医药执照业 53b
义务教育外来人口子女 241a
因公出国(境)管理 109a
银桂桥社区 199a
银行·保险 77a
银沙路社区 199a

银杏园社区　212b
迎宾路社区　206a
营门口街道　197b
营门口路社区　199b
营业额前50名住宿餐饮企业　68a
应急管理　121a
应急救护培训　173a
应急逃生演练　197b
应急宣传教育　121a
永陵博物馆　161b
永陵公园　2a
优惠政策　244a
优秀成果奖　26
优秀作品　163a
邮区中心局　39a
邮政·通信　76a
邮政局网点名录（表）　76b
友联社区　209a
幼儿园　27
幼儿园园长、专任教师学历情况（表）　139
余家巷社区　211b
余家新居　87a
娱乐动漫　244b
玉局庵社区　196a
育苗路社区　201b
预期目标　229a
预算管理　112a
园林绿化环境整治　48b
袁定清　219b
原成都电子机械高等专科学校办公楼　162b
原光荣街道　185a
原市委党校片区　38b
远东百货　9　236b
院落环境专项整治　193a
院落自治新模式　189b
跃进社区　215b

Z

“钟氏”商标　30
“自治改革”模式　7
再生资源回收站　248b
枣子巷社区　188a
展会业　72a
张从国　218b
张大千故居　33　162a
张家巷小学　144a
张治珍　219b
长虹网络科技　74b
长久社区　209a
长庆路社区　199b
长胜社区　212b
征地拆迁补偿　85b
政策调研　96a
政法工作　94a
政府部门管理县级事业单位（表）　106
政府采购　109b
政府工作报告（节选）　235b
政府工作部门　105b
政府信息公开　110a
政府直属事业单位　106
政通路社区　209b
政务服务　107a
政务会议和活动　103a
政务微博大厅　31
政务微博微信　108b
政协工作　124a
政协金牛区委员会工作机构　124a
政协六届二次会议提案目录（表）　125
政协六届二次会议重要提案及领导督办分工（表）　125
政协协商成都市金牛区委员会　123b
政治　89a
蜘蛛网　247b
直属公房　62b
直属中等职业中学专任教师职称情况（表）　141
职工互助保险　130b
职工民主管理　130a
职业健康监管　117b
志愿者工作　173b
制造业　53a
质量技术监督　119b
致公党　129b

中等职业教育 140a
中等职业学校招生 140b
中国驰名商标 236b
中国电信股份有限公司 77a
中国工商银行股份有限公司 78a
中国共产党 89a
中国好人 218a
中国建设银行股份有限公司成都第四支行 77b
中国联合网络通信有限公司 77a
中国梦 163a
中国农业银行股份有限公司 78a
中国人民财产保险股份有限公司 78b
中国人寿保险股份有限公司 78b
中国移动通信集团四川有限公司成都金牛分公司 76b
中国银行股份有限公司 77a
中铁轨道交通科技产业园二期 81a
中央电视台 15
中央欢乐区 214b
中药材专业市场监管 119b
中医药大学附属医院 149a 151b
中医药事业 148b
钟崇贵 219a
种植养殖户 87a
重大节会 244b
重大科技项目 151b
重大事项 243a
重大投资项目 246a
重大展贸节会 244b
重点领域 249b
重点旅游项目 75a
重点企业选介 186a 189a 204b 207b 214a
重点项目 186a 210b
重点学科 152a
重点用能服务监督 120a
重点职业学校建设 140a
重要政治任务 241b
重要抓手 11
朱悦熑墓遗址 161a
主任会议 98b
主体教育实践活动 91b
主席会议 123a 241a
主要场所 24
主要畜牧业产品产量（表） 88a
主要工作 237b
主要会议 123a
主要农产品生产情况（表） 88a
主要做法 18
住宿·餐饮业 68a
专利工作 155a
专题访谈节目 163b
专题视察 124b 240b
专题研讨会议 23
专项督查 95b
专业技能大赛 140b
专职人员 24
准物业管理 195b
资金渠道 249a
自改模式 237a
自治改造委员会 13
综合管理 111a
总体思路 233b 246b
组织建设 91b
最佳案例称号 32
最佳经销商 204b
最佳商业短片奖 33
最美街景奖 34

图书在版编目（CIP）数据

金牛年鉴.2014／成都市金牛区地方志编纂委员会办公室编.
—北京：新华出版社，2014.10
ISBN 978-7-5166-1232-3
Ⅰ.①金… Ⅱ.①成… Ⅲ.①区（城市）-成都市-2014-年鉴 Ⅳ.①Z527.11
中国版本图书馆CIP数据核字（2014）第225165号

金牛年鉴（2014）
Jinniu Yearbook

成都市金牛区人民政府　主办
成都市金牛区地方志编纂委员会办公室　编

出 版 人：张百新　　责任编辑：朱思明
封面设计：远　近　　特约编辑：四川远近文化有限公司

出版发行：新华出版社
地　　址：北京石景山区京原路8号　　邮　　编：100040
网　　址：http://www.xinhuapub.com　　http://www.press.xinhuanet.com
经　　销：新华书店
购书热线：010-63077122　　中国新闻书店购书热线：010-63072012

设计制作：四川远近文化有限公司
印　　刷：成都市新都华兴印务有限公司

成品尺寸：210mm×285mm 1/16　　印　　张：16.75
字　　数：530千字　　版　　次：2014年10月第一版
印　　次：2014年10月第一次印刷

书　　号：ISBN　978-7-5166-1232-3
定　　价：180.00元